## Zu diesem Buch

Das Thema Wiedergeburt oder Reinkarnation beschäftigt immer mehr Menschen. Berichte von Beinahe-Gestorbenen und von Leuten, die bei verschiedenen modernen Psychotherapien Erfahrungen von früheren Leben gemacht haben, lieferten Material für eine leidenschaftlich geführte Diskussion. Was die verschiedenen Kulturen der Welt über das Leben nach dem Tod und die mögliche Wiedergeburt lehren, beschreibt Topper in diesem Buch. Erstaunlicherweise stimmen die Grundüberzeugungen der unterschiedlichsten Völker überein, als gäbe es ein geheimes Wissen, das allen Kulturen gemeinsam ist, und nur die wenigsten wissen, daß auch im frühen Christentum der Gedanke der Wiedergeburt völlig selbstverständlich war.

Topper untersucht anschließend, wie weit das Konzept der Wiedergeburt sich mit den neuesten Erkenntnissen der Wissenschaft über den menschlichen Geist in Einklang bringen läßt, und er zeigt, daß die Vorstellung von einem Weiterleben nach dem Tod sich nicht als Aberglaube abtun läßt.

Uwe Topper, geboren 1940, Studium des Islam in Pakistan, Forschungen in Nubien zur Rettung der Felsbilder, Aufzeichnungen bei einem Karifenstamm im Hindukusch, Entdeckung von Felsbildern in Andalusien, machte ausgedehnte Reisen in Asien und Afrika, spricht mehr als ein Dutzend Sprachen und hat einen Lehrauftrag an einer Universität in Portugal.

Uwe Topper

# *Wiedergeburt*

## Das Wissen der Völker

rororo
transformation

rororo transformation
Herausgegeben von Bernd Jost
und Jutta Schwarz
Umschlagentwurf Peter Keller

Originalausgabe
Veröffentlicht im Rowohlt Taschenbuch Verlag GmbH,
Reinbek bei Hamburg, April 1988

Satz Trump Mediaeval (Linotron 202)
Gesamtherstellung Clausen & Bosse, Leck
Printed in Germany
1480-ISBN 3 499 18430 3

# Inhalt

## Teil 4: Neue Forschung



## Teil 5: Die Wissenschaft vom Geist



## Teil 6: Die Grundlagen der Lehre



## Anhang

*Dieses Buch*
*widme ich meinem Freund*
*Arthur Raake-Märchen in Berlin.*
*Er hat 1970 den Satz geprägt,*
*den ich als Motto voranstelle:*

*«Man hat begonnen,*
*den Tod zu neuem Leben*
*zu erwecken.»*

# Vorwort

«Wenn der Seidenwurm spänne, um sein Leben als Wurm zu fristen, so wäre er ein richtiger Kuli», sagt Brecht im Buch der Wendungen. Er wollte wohl sagen: Wenn der Mensch alle diese gewaltigen Anstrengungen, die er in seinem Leben vollbringt, nur für dieses Leben selbst unternehmen würde, dann wäre er nicht mehr als ein Sklave.

Denn aus der Seidenraupe wird eines Tages – vorausgesetzt, daß der Kokon gut gesponnen wurde – nach der gewissen Wartezeit ein Schmetterling. Aber was wird aus dem Menschen? Oder ist er tatsächlich nicht mehr als ein Kuli?

Die Frage wirft das Problem der Erkenntnis auf: Man sagt, daß der Seidenwurm nicht wisse, daß er eines Tages zum Schmetterling wird; er spänne seinen Kokon infolge instinktiver Programmierung. Vielleicht ist es auch beim Menschen so, vielleicht ist auch in ihm schon der Trieb angelegt, der ihn seine jetzige Stufe als Mensch überwinden läßt.

Es gibt jedoch viele Hinweise darauf, daß dies beim Menschen nicht so automatisch abläuft wie beim Seidenwurm, daß vielmehr guter Wille und zielbewußtes Handeln nötig sind, wenn die Überwindung des Daseins gelingen soll.

Den guten Willen zu erzeugen ist Anspruch aller Religionen, aber das Zielbewußtsein kann auch durch wissenschaftliche Erkenntnisse erreicht werden. Wer das Ziel, das jenseits des Todes liegt, nicht kennt, wird zum Sklaven des Daseins.

Soweit es sich um die Erkenntnis des Weges von der Geburt bis zum Tode handelt, ist eine Fülle – ein Übermaß – an Wegesbeschreibungen vorhanden; die Zahl der philosophischen Systeme ist Legion. Überschreitet man aber diese Grenzen, dann befindet man sich in wissenschaftlichem Niemandsland; es sei denn, man greift auf die Hinweise zurück, die im religiösen oder traditionellen Bewußtsein des einzelnen und der Völker enthalten sind. Diese mögen anonym sein wie Märchen oder Bräuche, oder geformt von Persönlichkeiten, deren Bedeutung überzeitlich und international ist – es sind Hinweise von unschätzbarem Wert, die den Bereich jenseits der normalen Erfahrung betreffen. Damit will ich keineswegs behaupten, die großen Lehrer hätten «alle das gleiche» gesagt, wie man heute von vielen Seiten zu hören bekommt. Die Unterschiede in der Weltschau sind gerade das Beachtenswerte; die Fülle der oft entgegengesetzten Vorstellungen ergibt erst das Gesamtbild menschlicher Erfahrung. Diese Gegensätze – etwa zwischen der Gottlosigkeit des Buddhismus und dem Vatergott der Christen, der Göttervielfalt der Griechen und dem strengen Dualismus der Parsen –, diese unüberbrückbaren Gegensätze sollen nicht verwischt oder gar aufgehoben werden, sondern wie ein Mosaik zusammengesetzt werden zu dem Ganzen, das der Mensch als Gattung sich schuf.

Zum erstenmal seit Menschengedenken zeichnet sich dieses Neue am Horizont ab: Alle Menschen der ganzen Erde treten in Beziehung zueinander, tauschen Wissen und Fragen miteinander aus, lernen sich kennen und sogar verstehen. Völkerkundler erforschen die entlegensten Stämme und verzeichnen die jahrtausendelang mündlich weitergegebenen Erfahrungen. Radio und Schrift durchdringen die Urwälder und belehren diejenigen, die jahrtausendelang von den Fortschritten der anderen abgeschnitten waren. Heilige Schriften, die seit vielen Generationen verschollen waren, werden ausgegraben und in die heutigen Weltsprachen übersetzt. Die Archäologen haben das Archiv der Erde geöffnet und lesen staunend die lange Geschichte des Menschen.

Dabei zeigt sich das ganz Überraschende: Die Menschheit ist wie ein großes Wesen zusammengesetzt aus vielen Organen, die wiederum aus vielen Zellen aufgebaut sind; die Organe sind die Völker und Kulturbereiche, die Zellen sind die Familien und Personen. Dieses große Wesen beginnt nun zum erstenmal in unserer Geschichte sich selbst als Ganzes zu betrachten, es wird sich seiner selbst zum erstenmal bewußt. Mit großem Blick schaut es zurück in die unendlichen Zeiträume, aus denen es hervorgewachsen ist, und vorwärts in die Grenzenlosigkeit des Alls, die ihm offensteht. Es gewinnt ein neues Verständnis: Wie die vielen Einzelwesen aus allen Zeiten zusammenwirken müssen, damit das Gesamtwesen bestehen kann, und wie die Organe – die Völker alle gesund sein müssen und keines fehlen darf, damit das Wesen Menschheit voranschreiten kann, so müssen auch im geistigen Bereich alle Lehren und Erkenntnisse zusammenkommen, damit dieses Selbstverständnis erreicht wird.

«Es ist eine Grundwahrheit, daß in diesem Fragen nach Leben und Tod unsere Vorstellung recht kindlich geblieben ist. Fast überall sonst schreitet der Verstand voran; aber hier bleibt er noch hinter den ersten Kinderspielen zurück.»

*Maurice Maeterlinck, «Der Tod», Kap. IV*

# Teil 1: Totenkult

1. THANATOLOGIE, die uralte Wissenschaft vom Tode, ist heute zu neuen Ehren gekommen. Berichte von jenseits der Todesgrenze. Welchen Sinn haben unsere Bestattungsbräuche?

2. EINE TOTENFEIER bei den letzten Kafiren im Hindukusch. Die Entstehung des Denkmals. Kopfjagd und Blutrache. Geburt als Wiedergeburt.

3. DIE WEISHEIT TIBETS. «Das Buch von der Befreiung durch Zuhören» (Bardo Thödol) und «Die hell strahlende Lampe, die die drei Zustände Tod, Zwischenreich und Wiedergeburt darstellt».

4. DER STEINZEITLICHE MENSCH. Lepenski Vir, eine klösterliche Siedlung aus dem 6. Jahrtausend. Eskimos als Beispiel für ein Jägervolk. Geisterfürsorge.

5. DAS TOTENBUCH DER MAYA. Ein neuer Deutungsversuch. Hilfe für den Geist bei Neugeborenen.

6. DAS BEGLEITOPFER. Bestattungsbräuche bei den Sioux-Indianern. Stierkampf der Toda in Südindien. Der abgeschnittene Finger. Ein Begräbnis bei Warägern im 10. Jahrhundert. Der Wert der Ehe in frühgeschichtlicher Sicht.

# 1. Thanatologie

In den letzten Jahren ist es immer häufiger vorgekommen, daß Menschen berichten, sie hätten ihren eigenen Tod erlebt. Dies geschah vor allem nach Unfällen oder ärztlich geleiteten Operationen, in deren Verlauf ein Mensch für Augenblicke starb und dann durch die Kunst des Arztes ins Leben zurückgeholt worden war. Der Betreffende war also nur «klinisch» tot gewesen, und dieser Zustand gilt heute in vielen Fällen als umkehrbar. Man braucht dabei nicht gleich an eine wunderbare Wiedererweckung eines Toten zu denken – etwa an Lazarus, der schon drei Tage im Grabe gelegen hatte –, sondern eher an eine Rettung in letzter Sekunde, wie sie einem im Zirkus abstürzenden Artisten zuteil wird, der in einem schnell herbeigezogenen Fallnetz landet. Das Neue an den aufsehenerregenden Rettungen Gestorbener in den letzten Jahren beruht auf dem Hinausschieben der Grenze, die als Tod angesehen wird. Nicht der Herzstillstand, sondern das Erlöschen elektrischer Vorgänge im Gehirn wird in Zukunft als Eintritt des Todes, als nicht mehr umkehrbares Geschehen gewertet.

Die Erlebnisse, die jene Personen im Bereich zwischen dem «alten» und «neuen» Todesmoment hatten und an die sie sich oft mit aller Schärfe erinnern können, haben große Ähnlichkeit mit denjenigen Erlebnissen, die Schamanen und Yogis seit Jahrtausenden berichtet haben. Sie gehören kaum zum medizinischen Forschungsgebiet, wenn sie sich auch meist in Krankenhäusern abgespielt haben; eher gehören sie zum religiösen Bereich und entziehen sich in vieler Hinsicht der wissenschaftlichen Nachprüfbarkeit. Dennoch sind sie von großer Bedeutung für unser Selbstverständnis, wie die Diskussion gezeigt hat, die überall in den hochzivilisierten Gesellschaften um dieses Thema entbrannt ist. Dabei sind sehr verschiedene Ansichten zur Sprache gekommen, die ich bei weitem nicht alle betrachten will, zum Beispiel die rechtliche Frage: Bis zu welchem Augenblick darf oder muß ein Gestorbener ins Leben zurückgeholt werden? Oder die medizinische Frage: Wo liegt die Grenze zwischen belebtem und lebensfähigem Körper? Oder die Frage nach der Wirtschaftlichkeit derartiger Wiederbelebungen. Oder das ethische Problem: Wieweit darf der Mensch zu Versuchszwecken an der Lebensgrenze verwendet werden? Dann die religiöse Frage: Ist der Tod ein für jeden einzelnen festgelegter Moment wie die Geburt oder kann man mehrere Male sterben? Und zum Schluß die naturwissenschaftliche Frage: Wohin begibt sich der Geist, wenn der Körper stirbt, und wie geschieht es, daß er zurückkehren kann?

Diese letzte Fragestellung ist es, die mich zwei Jahrzehnte lang bewegt hat. Ich bin ihr auf vielen Wegen nachgegangen: durch Studium der Geschichte und der heiligen Bücher der Menschheit, durch Anhören gelehrter Menschen im Orient und Okzident, durch Erforschen der Gedanken «primitiver» Volksstämme und durch Versuche am eigenen Körper. Es wäre zuviel behauptet, wenn ich sagen würde, ich hätte Licht auf dieses uralte Menschheitsproblem geworfen. Doch dies ist gewiß, daß ich durch meine Frage nach dem Sinn des Todes, durch ungehindertes Forschen und durch Nachvollziehen der Antworten anderer Menschen die Grenzen meines Bewußtseins erweitern konnte und auf diese Weise die wandelbare Gestalt des menschlichen Geistes erkennen lernte. Der Leser möge mir folgen auf meinem Gang durch die Zeit und die Völker, das eng gesteckte Feld seiner Herkunft verlassend mit der Bereitschaft, die Erfahrungen anderer Menschen einer kritischen Untersuchung für wert zu halten.

Die hitzige Diskussion um die Erlebnisberichte der «klinisch» Gestorbenen und Wiederbelebten war es, die mir den letzten Anstoß zur Niederschrift dieses Buches gab; darum soll sie am Anfang stehen. Diese Erlebnisse im Grenzbereich zwischen Leben und Tod sind ja in vielen Büchern und Zeitschriften in allen Kultursprachen verbreitet worden, so daß es genügt, wenn wir das Übereinstimmende dieser Untersuchungen zusammengefaßt betrachten. Einige Ärzte und Psychologen haben viele hundert Fälle beobachtet und ausgewertet.[1] Obgleich diese Berichte zunächst uneinheitlich wirken, kann man doch sieben Punkte als immer wiederkehrende Gemeinsamkeit herausschälen. Doch gerade diese Gemeinsamkeit, die zunächst so überzeugend wirkt, büßt einiges von ihrer Kraft ein, wenn man sich vor Augen hält, daß sie durch zwei Tatsachen ausgelöst wird:

1. Alle untersuchten Personen unterlagen der gleichen Erziehungsform und Umwelterfahrung, sie entstammen der gleichen kulturellen Prägung und können vielleicht gar nicht verschieden empfinden oder sehen.

2. Die Begrenztheit der menschlichen Ausdrucksmöglichkeit, eben unsere für diese Art Erlebnisse noch unzureichende Sprache, schafft eine Ähnlichkeit der Beschreibung selbst dann, wenn die Bilder in den einzelnen Gehirnen verschieden gewesen wären.

Weiterhin ist zu beachten, daß der Sensationseifer einiges entstellt haben mag, denn die berühmtesten Zeugnisse kamen von Schauspielern u. ä. (Daniel Gélin, Curd Jürgens, Victor de Solow, Charles Aznavour u. a. m.). Auch die Untersuchungen lassen oft Tendenz erkennen; Raymond Moody zum Beispiel verbindet mit seinen Beobachtungen deutlich eine christliche Absicht. Dennoch lohnt es sich, das Gemeinsame dieser Sterbeerfahrungen zusammenzustellen.

Dies sind die sieben Grundbilder:

1. Zuerst hört der Gestorbene ein lautes Klingeln oder Summen, ein sich näherndes Geräusch, das oft als unangenehm empfunden wird, wie beim Narkoseeintritt.

2. Dann bewegt er sich sehr schnell durch einen langen dunklen Gang, wie von unwiderstehlicher Kraft gezogen oder von starkem Sturm gejagt.

3. Er erfährt nun die Trennung vom Leibe, sieht sich entfernt von sich selbst, manchmal schwebt er über seinem Körper. Dabei besitzt er alle Sinnesfähigkeiten, oft noch gesteigert gegenüber dem Normalzustand, etwa so wie in manchen Träumen; er sieht und hört alles, ohne Augen oder Ohren zu brauchen. Im übrigen ist er völlig machtlos in bezug auf seinen Körper und seine Umwelt. Er kann also die Leute, die seine Leiche umstehen, hören und verstehen, ihnen aber nicht antworten, zumindest können sie seine Antwort nicht wahrnehmen, wie in gewissen Alpträumen.

4. Plötzlich findet eine Begegnung mit einem grellen Lichtstrahl oder einem liebevollen Wesen statt, was je nach Veranlagung als grausam oder friedlich empfunden wird.

5. Währenddessen kann es geschehen, daß das gesamte Leben dieses Menschen vor seinen Augen wie ein Film abgespult wird, blitzschnell, wie in ungeheurem Zeitraffer.

6. Danach nähert sich der Tote einer Schranke, an der er zurückgewiesen wird. Diese Schranke deutet man als den wirklichen – den unumstößlichen – Sterbemoment, und das Nichtüberschreiten hat die Rückkehr ins Leben zur Folge.

7. In den weitaus meisten Fällen wird der eben dargestellte Zustand zwischen Leben und Tod als unbeschreiblich schön geschildert, als wahre Erlösung und Befreiung. Die durch die ärztliche Hilfe erzwungene Rückkehr ins Leben sieht der Betroffene dagegen als grausame Handlung an, die gegen seinen Willen im Sterbezustand erfolgt.

Bezeichnend ist auch, daß alle Patienten, die vor ihrem Sterbeerlebnis Angst vor dem Tod hatten, danach von freudiger Gewißheit eines beseligenden Weiterlebens erfüllt wurden. Der schmerzlose und friedvolle Zustand des Nachtodes erschien ihnen als erstrebenswertes Leben.

Es ist ja bekannt, daß im Traum oder im Rausch, beim Unfallschock oder in der Narkose Erlebnisse vorkommen, die den genannten sehr ähnlich sind, ohne direkt mit dem Sterben verbunden zu sein. Ferner wissen wir, daß man zum Zwecke des Lernens solche Erlebnisse im Grenzbereich auch künstlich hervorrufen kann, sei es durch Rauschgifte oder durch Meditation, wie es Schamanen und Mönche seit der Steinzeit geübt haben. So ergibt sich auf einer breiten Basis, die alle todesähnlichen Zustände mit einschließt, eine gewisse Objektivität. Dies gilt besonders für zwei der sieben Grundbilder der Todeserfahrung, die wir aus den Erzählungen abgestürzter Bergsteiger oder in Seenot geratener Matrosen kennen: der rasend schnell abgespulte Lebensfilm und die Trennung des Bewußtseins vom Körper, dieses Heraustreten aus der eigenen Hülle. Seit undenklichen Zeiten ist dies immer wieder berichtet worden; als vielgelesene Schriftsteller unseres Jahrhunderts seien Waldemar Bonsels («Indienfahrt») und Gorch Fock («Seefahrt ist not») erwähnt. Die Begegnung mit dem grellen Licht wiederum ist so universell in allen Religionen gelehrt worden, daß sie ebenfalls als fester Bestandteil der Erfahrung gelten kann.

Kürzlich hat sich in unserer Nähe folgende Begebenheit abgespielt: Ein kleines Kind fiel beim Spielen in ein metertiefes Wasserbecken und blieb auf dem Grund auf dem Rücken liegen, mit offenen Augen und geschlossenem Mund. Die anderen Kinder rannten zu den nahen Häusern und benachrichtigten die Mutter.

Diese kam eilig und sah ihr Kind in der gleichen Stellung auf dem Grund des Wasserbeckens liegen. Kostbare Minuten waren vergangen. Die Mutter stieg sofort ins Wasser und hob ihr Kind heraus, da öffnete es den Mund und lachte die Mutter an. Es hatte keinen Schaden davongetragen; das Wasser hatte den Sturz gebremst, und die durch den Schreck eingetretene totenähnliche Starre (Katalepsie) hatte den Körper unter Wasser geschützt, denn durch das augenblickliche Aussetzen der Atmung konnte kein Wasser in die Lungen eindringen und das Kind nicht ertrinken.

Wenn dieses Kind erzählen könnte, was es in jenem Zeitraum erlebt hat – es würde sich wie ein Märchen anhören, wie eines jener Märchen, die es bei sehr vielen Völkern gibt, die ihr Wasser seit Jahrtausenden vom Brunnen holen: Ein Kind fällt in einen Brunnen und gelangt dadurch in einen herrlichen Garten, ins Paradies, oder ins Wolkenreich von Frau Holle..., ins Jenseits. Von dort kehrt es dann beglückt oder besudelt zurück, je nach seinem charakterlichen Wert.

Auch das sind also Berichte von Erlebnissen an der Grenze zwischen diesem und dem anderen Lebenszustand.

Aus der Antike haben wir recht viele Berichte mit diesem Inhalt; einen der vertrauenswürdigsten verdanken wir Platon, der in seinem Dialog «Der Staat» jene halb mit sagenhaften, halb mit geschichtlichen Gestalten ausgeschmückte Erzählung vom Jüngling namens Er wiedergibt, die sich tatsächlich zugetragen habe. Zehn Tage, so erzählt Platon, lag der Jüngling Er mitten unter den Gefallenen auf dem Schlachtfeld, und während jene schon in Verwesung übergingen, war sein Körper noch vollständig erhalten, als man ihn heimtrug, um ihn nach der Sitte zu verbrennen. Doch am zwölften Tag, als er schon auf dem Scheiterhaufen lag, kam er wieder zu sich und berichtete, was er im Jenseits oder an dessen Grenze erlebt hatte. Mit den Seelen der anderen Gestorbenen zusammen war er an einen Ort gekommen, wo sich in der Erde und im Himmel ein tiefer Spalt befindet. Dort saßen Richter, welche die Ankommenden durch ihr Urteil in zwei Gruppen schieden, eine zum Aufgang in den Himmel, die andere zum Abstieg unter die Erde bestimmt. Es kamen auch andere Seelen dorthin aus der Erde und vom Himmel, die von ihrem langen Weg, ihrer Strafe und ihrem Lohn erzählten. Sie ruhten sieben Tage auf jener Wiese aus, bevor sie weitergingen zu einer «Spindel der Notwendigkeit». Dort wählten sie sich aus einer großen Zahl von Losen, die ihnen ein Bote vorwarf, ein neues Erdenleben aus. Als schließlich jeder gewählt hatte, gingen alle gemeinsam zum Fluß des Vergessens, der durch eine kahle Landschaft fließt, und tranken – die einen unmäßig viel, die anderen mehr mit Bedacht. Danach wurden sie, von ihrem Dämon begleitet, hüpfend leicht wie Sterne herumgetrieben und traten in ihr jeweiliges Leben ein. Nur Er, der noch nicht gerichtet worden war, durfte auch nicht vom Wasser des Vergessens trinken, sondern kehrte auf eine ihm unbekannte Weise in sein altes Leben zurück mit dem Auftrag, den anderen von seinem Erlebnis zu erzählen.

Wie man diesem Bericht entnehmen kann, hatte sich schon damals ein Gesamtbild von diesen Erlebnissen geformt, in dem es feste Begriffe gab, wie zum Beispiel die Richter oder der Fluß des Vergessens. Es bestand schon damals eine Wissenschaft vom Sterben; nach dem griechischen Gott des Todes, Thanatos, dem Bruder des Hypnos (Gott des Schlafes), nennen wir diese Wissenschaft «Thanatologie». Sie begann tatsächlich weit im Dunkel der Vorgeschichte und formte einige Bräuche, die wir noch heute ausüben, obgleich sie mit unserer jetzigen Sachlichkeit unvereinbar sind. Nach moderner Auffassung ist der tote Körper reine Materie wie Erde oder Holz, dennoch legen die meisten Menschen dem Leichnam gegenüber ein Verhalten an den Tag, das vom genauen Gegenteil zeugt: Man wäscht und bekleidet den leblosen Körper, bahrt ihn auf und erweist ihm Ehren wie einem Lebenden. Das dauert gewöhnlich dreieinhalb Tage, und dieser Zeitraum beruht auf sehr altem und genauem Wissen, wie ich an Hand von Texten und Bräuchen verschiedener Völker zeigen werde.

Nach Ablauf dieser Wartezeit wird der Tote verbrannt oder in einem kostbaren Holzsarg beerdigt; Urne und Grab werden noch lange – normalerweise dreißig Jahre lang – geschützt und geschmückt. Manche Gräber sind herrliche Bauten in Marmor, mit Figuren versehen, die Inschriften auf den Steinen mit goldenen oder eisernen Lettern gesetzt. Die Schändung eines Grabes steht unter Strafe. Alles das müßte jedem aufgeklärten Menschen widersinnig vorkommen, wenn es nicht tief im Gefühl verwurzelt wäre, seit uralter Zeit im Unterbewußtsein eingegraben. Sicher glaubt man allgemein, daß die letzte Ruhestätte des leblosen Körpers noch eine echte Beziehung zu dem Verstorbenen hat.

Wenn wir uns nicht als schizophren ansehen wollen, ist es wichtig, den Sinn dieser absurd scheinenden Verhaltensformen zu erkennen und zu bejahen. Der Sinn unseres pietätvollen Verhaltens angesichts der Toten kann aber nur darin liegen, daß der Geist, der als der unsterbliche Teil der Person betrachtet wird, sich im Augenblick des Sterbens noch nicht vollständig vom Körper trennt, sondern zur Loslösung eine gewisse Zeit braucht, die in der Regel bei allen Menschen etwa gleich lang ist. Diese Loslösung geht in mehreren Stufen vor sich, gekennzeichnet durch die nacheinander ablaufenden Bräuche.

Den ersten Schritt nimmt der Sterbende noch selbst vor, indem er seine wichtigsten Angelegenheiten regelt durch eine letzte Verfügung, das Testament, einem Seelsorger seine Sünden beichtet und von ihm die Segnung und letzte Ölung empfängt. Diese – heute nur noch bei den Katholiken übliche – christliche Sterbefürsorge war ursprünglich ein Heilmittel, das bei Sterbenskranken angewandt wurde; Augen, Ohren, Nase, Mund und Hände, bei Männern auch die Füße, werden mit geweihtem Öl kreuzweise bestrichen, wobei Gebete und Sündenvergebung gesprochen werden. Der Brauch findet seine Grundlage im Brief des Jakob (5,14) und ist seit dem 8. Jahrhundert ein katholisches Sakrament.

Die Gewährung oder Ausführung des «letzten Willens» eines Sterbenden ist für alle Europäer eine Ehrenpflicht, die selbst Verbrechern gegenüber eingehalten wird. Oft handelt es sich um die Aufteilung des Erbes oder die Begleichung einer Schuld, manchmal auch um die Ausübung der Rache oder um Vorsorge für die zurückgelassenen Angehörigen. Die große Bedeutung des letzten Willens entsprang aus dem Glauben, daß dessen Nichtbeachtung den Geist des Toten zum Wiedergänger, zum ruhelosen Gespenst machen könne. Unzählige Sagen wie auch moderne Berichte erzählen von solch einer Bindung des Togengeistes an seinen letzten Wirkungsort, sei es aus Rachsucht oder Sorge um die Hinterbliebenen. Mit der Erfüllung des Testaments wird der Geist erlöst von seiner Bindung und findet die «Grabesruhe».

Auch durch die Sammlung von Aussprüchen Sterbender, die letzten Worte berühmter Menschen, und durch die Abnahme einer Totenmaske ist unsere Kenntnis vom Sterben bereichert worden. Über den Weg, den der Geist nun antritt, haben sie uns aber wenig lehren können.

Nach dem Eintritt des Todes beginnt das zweite Stadium, das ebenfalls sehr wichtig sein muß, denn es wird mit großem Aufwand besorgt: Man richtet den Leichnam her, wäscht und kleidet ihn und stellt ihn zur Schau. Tag und Nacht halten Angehörige Wache bei ihm, und man denkt sich den Toten eher wie schlafend, denn in seiner Gegenwart wird kein lautes Wort gesprochen, schon gar nichts Abfälliges, als könnte er es hören und dadurch beleidigt sein. Wenn auch die Anwesenheit seines Geistes nicht mehr klar erkennbar ist, wird dies doch allgemein angenommen.

Der Sarg, in dem der Tote ruht, ist aus kostbarem Holz hergestellt, verziert und beschlagen mit Metall. Er hat eine eigenartige Form, wie eine Truhe, deren Seitenwände schräg zueinander geneigt sind. Brennende Kerzen und Blumen schmücken den Raum.

Die Beisetzung selbst muß ebenfalls als Sterbehilfe bezeichnet werden, denn auch hierbei spielen sich eine ganze Reihe von Bräuchen ab, die unverständlich oder unbegründbar wirken. Nach Möglichkeit werden alle Angehörigen und Freunde des Toten dazu versammelt, und von der Grabrede bis zum Kranz darf nichts fehlen. Den Abschluß bildet eine festliche Mahlzeit. In den folgenden Wochen und Monaten läßt man mehrere Messen zum Heil der Seele des Toten lesen, denn man glaubt, daß diese es auf ihrem Weg im Jenseits nötig haben. Noch nach vielen Jahren und selbst nach Jahrhunderten feiert man die Todestage zum ehrenden Andenken.

Die Totenfürsorge, besonders die Seelenmesse, hat sich in der Kunst zu höchster Blüte entfalten können: das Requiem, so genannt nach dem Anfangssatz dieser Messe «Requiem aeternam dona eis», «die ewige Ruhe gib ihnen», als selbständiges Musikstück. Viele Komponisten haben hierin ihr Bestes geleistet, von Palestrina, Mozart, Cherubini und Berlioz bis Schumann, Brahms und Verdi, um nur die berühmtesten zu nennen.

Wie die Anfangsworte des Requiems schon ausdrücken, bittet man Gott vor allem darum, daß der Tote (beziehungsweise sein Geist) die «ewige» Ruhe erlangen möge und nicht mehr gezwungen sei, am irdischen Leben zu haften. Während der wichtigste Wesenszug der Totenfürsorge des vorgeschichtlichen Menschen zugleich ein Fruchtbarkeitszauber war, also darin bestand, den Totengeist zur Rückkehr ins Leben zu bewegen, ist dieser Gedanke in den Hochreligionen ganz entfallen. Judentum, Christentum und Islam verstehen sich als Glaubensformen der Endzeit, in der die Personen durch viele Lebensläufe geläutert sind und die Loslösung vom Lebenskreislauf anstreben. Sie suchen Aufnahme im «ewigen» Reich, im «Himmel».

Neben dieser gewiß sehr hochstehenden Form der Totenfürsorge, die das Requiem darstellt, nehmen sich die anderen Maßnahmen sehr viel primitiver aus: die Pflege des Grabes, zu der gewisse Blumen und Stauden bevorzugt werden, da sie festgelegten Symbolwert besitzen, sowie die Errichtung eines Grabmals oder Steines, und schließlich auch die Sitte, «nur Gutes» von den Toten zu reden. Offensichtlich glaubt man an ihr Weiterleben in der Nähe der Grabstätte und in der Gegenwart der Angehörigen. Die völlige Lösung, um die man im Requiem bittet, braucht ihre Zeit.

Ferner spielt auch der Ort der Beisetzung eine wichtige Rolle: Unter großen Unkosten befördert man den Verstorbenen in die Heimat, damit er «bei den Vätern» liegen kann. Dieser unerklärliche Wunsch ist bei Europäern und Chinesen stark ausgeprägt. Vielleicht geht es nicht nur darum, daß man dem Toten nur in der Heimat die gebührende Ehrung zukommen lassen kann, sondern auch um ein tief eingewurzeltes Verlangen, um den Wunsch, als Toter mit der Erde und den Pflanzen und den Winden verbunden zu sein, die beim Werden seiner Person beteiligt waren. In Heimaterde ruhen bedeutet wohl, dahin zurückzukehren, woher man gekommen ist.

Alle diese Bemühungen um den zerfallenden Leib entspringen also aus der Vorstellung, daß der wesentliche Teil der Person, ihr Geist, auch nach dem Tode noch mit dem Körper in Verbindung steht. Dies beruht auf Glaubenssätzen, die bis in die Anfänge der Menschheit zurückreichen. Bei unserer heutigen Sachlichkeit scheinen sie sinnlos. Es geht nun darum, den Sinn dieser Bräuche wiederzugewinnen und in unserer Sprache und naturwissenschaftlichen Denkweise auszudrücken.

Ein kleiner Rest vom Glauben an ein Weiterleben nach dem Tode ist bei vielen Menschen noch vorhanden, wenn auch nur in nebelhafter Weise, indem man versichert: «Energie kann nicht verlorengehen», oder: «Wenn mit dem Tode alles vorbei wäre, dann hätte das Leben keinen Sinn» ... und einige glauben auch, daß die Seele nach dem Tode gerichtet wird und mit ewigem Leben im Himmel oder Feuerstrafen in der Hölle rechnen muß. Was mit diesen bildhaften Ausdrücken wirklich gemeint sei, können sie meist nicht sagen.

Dieser Zustand ist bedrückend. Angesichts unserer himmelstürmenden Technik und atomspaltenden Wissenschaft ist unsere Kenntnis vom Geist und seiner Entwicklung nach dem Tode des Körpers geradezu steinzeitlich. Ja, ich behaupte, daß man in der Steinzeit mehr darüber wußte als heute.

Um nun zuerst einmal einen Überblick über die Grundvorstellung zu gewinnen, die praktisch allen Totenbräuchen seit der Vorgeschichte zugrunde liegt, stellen wir uns die Frage, welche Einstellung unsere «indogermanischen» Vorfahren, die Kelten, Germanen und Griechen, Iranier und Inder, von der Weiterentwicklung des Geistes nach dem Tode hatten. Mit einem Satz läßt es sich sagen: Jener menschliche Geist, der nicht so vollkommen geworden ist, daß er beim Tode ins Reich des Lichtes eingehen kann, sucht sich einen anderen lebenden Körper in dem Augenblick seiner Zeugung, um in diesem der Vollkommenheit entgegenzureifen. Das nennt man Wiedergeburt.

Aus heutiger Sicht kann man sagen, daß vom Beginn ihrer (geschichtlichen) Erkennbarkeit bis zum Ende der letzten Völkerwanderung im 5. Jahrhundert fast alle «Völker» der gemäßigten Zone, von den Iberern bis zu den Chinesen (und Indianern) in dieser Weltanschuung lebten.

Eine bemerkenswerte Ausnahme machten nur die Römer, die mit ihrer gröberen Einstellung zum Leben und Tod die umliegenden Reiche eroberten und im Laufe der Jahrhunderte ihrer Herrschaft auch das Wissen von der Wiedergeburt verdrängten. Es gab jedoch auch in Rom – vor allem beim nicht so straff erzogenen Volk – einen Glauben an die Unsterblichkeit des Geistes und seine Wiederkehr, wie aus der Einhaltung gewisser Riten erkennbar ist. Zwei davon will ich hier erwähnen: Über die Totenehrung bei den Römern schrieb Ovid in seinem «Festkalender»[2]: Alljährlich vom 18. bis 21. Februar fanden die Feiern zu Ehren der Verstorbenen statt. Man verstand sie als eine Versöhnung mit den Geistern der Familie, die zu jenem Zeitpunkt in der Welt der Lebenden umgingen. Durch fromme Gebete und kleine Gaben – wie zum Beispiel eine Scherbe mit Kränzlein, Früchten und etwas Salz, auch Getreidekörnern, die in Wein getränkt waren, oder Veilchenblüten –, die man auf die Gräber legte, ferner auch durch kleine Feuer, die man am Wege anzündete, machte man sich die Familiengeister geneigt. Während dieser Feralientage waren die Tempel geschlossen, es fanden keine Hochzeiten statt, und auf den Altären wurde nicht geweihräuchert; sogar der häusliche Herd blieb ohne Feuer, denn man glaubte, daß die Geister auch schaden könnten, und wollte ihnen keine Gelegenheit dazu bieten. Die armen Leute, die – wie überall – eine ältere Sitte befolgten, spendeten Trockenfisch und Wein im Namen der «Stummen Göttin», wobei sie sich betranken.

Wie so manche andere römische Sitte führte Ovid diese Totengeisterversöhnung auf Äneas und dessen griechische Vorfahren zurück, um ihnen den Anschein größerer Ehrwürdigkeit zu geben. Jedenfalls nahmen die Feralientage im Leben der Römer eine bedeutende Stellung ein. Auch Augustinus berichtet davon[3] und erwähnt, daß Ambrosius diese Feiern bei den Christen durch ein allgemeines Verbot austilgen wollte, was ihm aber nicht gelang.

Die andere Sitte ist noch um einiges seltsamer: Die Römer besaßen in der Stadt einen offiziellen Eingang zur Unterwelt, der außer an drei Feiertagen des Jahres durch einen «Geisterstein» verschlossen war. Nur am 24. August, 15. Oktober und 8. November wurde dieser «Mundus» geöffnet, damit die Geister hinausgelangen konnten in die Welt der Lebenden.[4] Der Zweck kann wohl auch hier nur der sein, daß man ihnen eine Möglichkeit zur Wiederverkörperung geben wollte.

Jener grundlegende Gedanke, daß alle Lebewesen unzählige Male wiedergeboren werden und daß sich nur in dieser Weise die Entwicklung der Lebewesen zu höheren Formen vollzieht, hatte als Erfahrungstatsache gegolten und war daher nur schwer auszurotten. Die Umwandlung der Weltanschauung brauchte viele Generationen und Kriege und war bei uns erst im zehnten Jahrhundert so gut wie abgeschlossen. Aber unter der Oberfläche trug man die alten Vorstellungen weiter in Bräuchen, Liedern und Märchen, wie ich im einzelnen noch zeigen werde. Auch das Christentum, das erst *nach* seiner Ausbildungsphase den römischen Staatsapparat durchdrang, wobei es sich dessen Gedankengebäude anpaßte, enthielt ursprünglich die Wiedergeburtenlehre als Grundlage und drückte dies auch im Glaubensbekenntnis aus; dessen vorletzter Artikel lautet: «Ich glaube an die Auferstehung des Fleisches!» Wie könnte man das verstehen? Wenn es ein geistiges Reich Gottes gibt, ein zeitlich und räumlich nicht begrenztes Himmelreich, dann kann der fleischliche Körper dort keinen Platz haben. Die Auferstehung des Fleisches muß sich wohl auf das irdische Leben beziehen, so wie die anderen Glaubensartikel, die in diesem Bekenntnis vorher aufgezählt werden (nämlich die Kirche, die Gemeinschaft der Heiligen und die Vergebung der Sünden), alle in der diesseitigen Welt verwirklicht werden. Was ist aber die irdische

Auferstehung des Fleisches, wenn nicht eine Wiedergeburt? Daß die Kirchenväter genau das meinten, als sie das Glaubensbekenntnis festlegten, werde ich im dritten Teil dieses Buches zeigen; dort bringe ich auch einige Aussprüche Jesu und seiner Jünger, die nur in dieser Weise verständlich sind.

## 2. Totenfeier

Der Tod und der damit verbundene Kult nahm bei allen Völkern und zu allen Zeiten einen sehr breiten Raum im Bewußtsein ein. Offensichtlich hat sich der Mensch mit dem Problem des Todes weit intensiver beschäftigt, als dies aus heutiger Sicht zu erwarten wäre. Unser Geschichtsbild ist geprägt davon, denn viele Kulturen – auch Hochkulturen – kennen wir nur durch die Bauten, die jene Menschen zu Ehren ihrer Toten errichteten, durch den Schmuck und die Grabbeigaben, die sich darin fanden, durch die Standbilder, Mumien und Reliquien. Das Grab überdauerte die Zeit besser als alle anderen menschlichen Bauten. Dabei half auch die Verehrung der Gräber mit, denn noch nach Jahrtausenden werden die Grabstätten der Könige und Propheten gehütet, von Pilgern aufgesucht und geschmückt. Oft stellen die Gräber tatsächlich die größten sichtbaren Anstrengungen dar, die ein Volk im Laufe seiner Geschichte erbracht hat: die goldgefüllten Hügelgräber der Reiterfürsten Asiens, die Ruhestätte Agamemnons, das Tadsch Mahal und viele andere Denkmäler bezeugen dies. Die größten Bauten bis zum Beginn des technischen Zeitalters waren Gräber: die Pyramiden Ägyptens. Zwar ist man sich heute nicht mehr sicher, daß die Pyramiden Gräber waren, denn sie enthielten keine Särge, doch hat man sie bisher für die Gräber der Pharaonen gehalten, und nur diese Einstellung zur Geschichte wollte ich hier betonen: sie ist geprägt von der Bemühung des Menschen angesichts des Todes.

Ebenso ist auch der Aufwand, den viele Naturvölker beim Todesereignis treiben, wirklich beachtenswert. Auffällig ist dabei oft ihre vergeistigte Einstellung zum Tode, die deutlich im Gegensatz steht zu den viel primitiveren Verhaltensformen, die sie bezüglich Krankheiten, Fortpflanzung oder Naturereignissen an den Tag legen. So verrät zum Beispiel die Totenverbrennung eine lange und tiefgehende Beschäftigung mit dem Problem des Todes und ist als vergeistigte Antwort zu werten. Von einigen vorgeschichtlichen Völkern Europas wissen wir, daß sie schon vor viertausend Jahren die Brandbestattung durchführten, denn ihre Urnenfelder hat man überall gefunden. Kelten, Germanen, Griechen und Inder äscherten ihre Toten ein, während andere «indogermanische» Kulturgruppen, vor allem die Iraner und ihre dardischen Nachbarn im Osten, ihre Toten aussetzten, da ihrer Meinung nach ein Begraben oder Verbrennen diese heiligen Elemente Erde und Feuer verunreinigen würde.

Bei einem kleinen Volksstamm im Norden des indischen Subkontinentes, bei den Kalasch im Hindukusch, fand ich diesen Brauch noch lebendig. An drei ihrer aufwendigen Totenfeste habe ich teilgenommen und kann aus eigener Anschauung eine Schilderung davon geben.

Noch vor knapp hundert Jahren waren die Kafiren – wie man diese aus vielen Stämmen bestehende Kulturgruppe allgemein nannte – über einen großen Teil Afghanistans und den Norden des heutigen Pakistan verbreitet. Die Kalasch sind der letzte Rest jener heidnischen Bevölkerung, bei denen sich Sprache und Religion, Sitten und teilweise auch Wirtschaftsformen der Arier, die vor rund dreitausendfünfhundert Jahren Nordindien eroberten, erhalten haben. So wurden sie für Ethnologen, Künstler und Reisende zum Musterbeispiel einer fast untergegangenen Kultur und sind eifrig erforscht worden. Der Dichter des Dschungelbuches, Kipling, hat die Kafiren bekannt gemacht; durch zahlreiche Bücher und Fernsehsendungen sogar sind die letzten Kafiren, die Kalasch, heute populär und zu einem beliebten Reiseziel geworden.[5]

Als ich vor zwanzig Jahren zum erstenmal die Gebirgstäler der Kalasch aufsuchte, staunte ich über die große wirtschaftliche Bedeutung, die die Totenfeier bei diesem so lebensfrohen Völkchen einnimmt. Während Kindesgeburt und Hochzeit ohne öffentliche Feier vor sich gehen, ist das Totenfest ein Ereignis, von dem der ganze Stamm ergriffen wird. Wenn ein Kalasch stirbt, herrscht in allen Tälern große Aufregung, ja, man kann sagen: freudige Erregung. Durch lautes stetiges Trommeln wird die Nachricht verbreitet und bald darauf durch Boten bis in die fernsten Häuser des Kalaschlandes gebracht.

Man läßt alle Arbeit liegen und begibt sich zum Fluß, der klar und kalt von den Gletschern herab durch das grüne Tal schäumt. Alle baden und schmücken sich, die Mädchen und Frauen flechten ihre fünf Zöpfe neu, während die Männer sich rasieren und neue Hemden anziehen. Sie putzen ihre Gewehre und hängen einen Stoffetzen als Fahne an einen langen Speer. Gruppenweise ziehen sie aus allen Dörfern über die Bergpässe zum Dorf des Gestorbenen, wo sich im Laufe des Tages und der nächsten Nacht mehrere hundert Kalasch zur Trauerfeier versammeln. Wenn das Wetter nicht gar zu unwirtlich ist, findet die Feier im Freien auf einer großen Wiese unter hohen Maulbeerbäumen statt, nur im Winter feiert man auf dem engen Dorfplatz und im Versammlungshaus.

Schon bald nach dem Verscheiden wird der Körper mit seinen Schmuckstücken und Waffen auf seinem Bett aufgebahrt und über die schmale Balkenbrücke zum Tanzplatz auf der anderen Flußseite getragen. Nur die engsten Familienangehörigen, vor allem die Frauen, zeigen auch nach außen hin Schmerz und Trauer: sie haben ihre muschelbesetzte Haube und den Schmuck abgelegt, die Zöpfe aufgelöst, das Haar verwirrt und mit Asche bestreut, die Gesichter mit schwarzem Rußfett bestrichen. Sie sprechen nicht mit den Trauergästen. Mit zitternden Händen streichen sie über die Decke, unter der der Tote liegt, als wollten sie ihn heilen oder ihm Kraft zukommen lassen. Mir ist, als würden die bewußt zum Zittern gebrachten Hände tatsächlich eine – fast elektrische – Kraft ausströmen, die dem Gestorbenen zukommen soll. Den entsprechenden Sinn habe ich auch in der Gestik der Männer gesehen: Die ankommenden Gäste laufen herzu, schießen nacheinander ihre Gewehre ab und treten an das Bett heran, decken das Gesicht des Aufgebahrten ab und rufen laut seinen Namen. Dann fordern sie den Toten auf, sich zu erheben und mitzufeiern. Jeder hält eine Rede, in der er dem Dahingegangenen ein großes Fest verspricht, wenn dieser sich nur erheben würde. Man erinnert ihn an gemeinsam verbrachte Feste, an Abenteuer und Gefahren, die man zusammen überstanden hat, ja, man fordert ihn sogar zum Ringkampf auf, das alles mit der Absicht, den Toten zur Rückkehr ins Leben zu bewegen oder – wenn das nicht mehr möglich ist – ihm in seinem jetzigen Zustand Stärke und Hilfe zu geben.

Mit Speer und Rundschild tanzt der Redner dann um die Bahre, laut klagend zum Rhythmus der unablässig dröhnenden Trommeln. Diese Klage klingt ergreifend, doch ist auch hierfür die Form genau festgelegt, man läßt sich nicht gehen. Nun tritt der nächste an die Bahre und beginnt wieder mit der aufmunternden Aufzählung der Taten des Mannes, an die sich alle erinnern, klagt auch und beschreibt, wie die Witwe und die Kinder hier um ihn trauern, und mahnt ihn, er solle sie doch nicht im Stich lassen.

Das geht mehrere Tage und Nächte hindurch. Gewiß, alle diese Gesten sind gespielt in Erfüllung der rituellen Pflicht, doch sie sind von der Überzeugung getragen, daß sie eine Notwendigkeit für den Verstorbenen und die Hinterbliebenen darstellen.

Wie bei den anderen Tanzfesten auch wechseln langsame, getragene Weisen mit schnellen, lustigen Rhythmen ab, so daß die Jugend ausgiebig auf ihre Kosten kommt. Während die Stimmung am ersten Tag noch sehr gedrückt ist, hört man am nächsten Tag schon fröhliches Lachen, und am dritten Tag hat man fast vergessen, warum man hier zusammengekommen ist. Nachts werden große harzige Fackeln herangetragen, es kommen immer noch Gäste aus fernen Tälern und selbst von den Nachbarvölkern. Da der Leichnam im Sommer schnell in Verwesung übergeht und schon nach drei Tagen einen üblen Geruch verbreitet, sind die Feste zeitlich begrenzt. Im Winter dagegen kann man eine ganze Woche lang feiern. Den Abschluß bildet in jedem Fall ein großes gemeinsames Mahl, das oft schon am zweiten Tag beginnt und sich steigert. Es werden viele Ziegen und Schafe aus der Erbschaft des Toten geschlachtet, dazu wird Brot gebacken und weißer Käse von der Alm herbeigebracht. Auch Honig verteilt man freigebig und schenkt aus großen Krügen den herrlichen Wein aus. Alle essen auf der Festwiese in Gruppen um die Bahre herum, bis sie über alle Maßen satt sind. Ausgiebig lobt man laut die Freigebigkeit des toten Mannes. Dann machen sich die ersten Gäste auf den Heimweg, sie werden noch einmal mit Wegzehrung beschenkt.

Einige Männer nehmen nun die Bahre auf die Schultern und tragen sie zum Friedhof. Dort legen sie den Toten mit Schmuck und Waffen in die hölzerne Truhe, die aus dem Sterbehause dorthin gebracht wurde. Man schließt den beweglichen Deckel und legt schwere Steine darauf, damit wilde Tiere nicht an den Leichnam herankönnen, denn die Truhe wird nicht vergraben, sie bleibt oberirdisch stehen. Das Bett zerbricht man und läßt die Teile auf dem Friedhof liegen. Eines dieser aufwendigen Totenfeste, das ich im Sommer 1966 in Birir miterlebte, endete mit einem Gewitter und starkem Regenguß, was von allen als günstiges Zeichen des Himmels aufgefaßt wurde. In gleicher Weise haben auch andere Völker, zum Beispiel Tibeter und Eskimos, aus dem Wetter, das einer Totenfeier folgte, auf die Reise des befreiten Geistes und seine Aufnahme im Jenseits Schlüsse gezogen.

Bemerkenswert an den Totenfeiern der Kalasch fand ich, daß die Zeitspanne zwischen Sterben und Bestatten, also die Dauer des Festes, «organisch» bestimmt wird: der verwesende Körper zeigt von selbst an, wann sich der Geist völlig aus ihm gelöst hat, nämlich dann, wenn sich der Leichnam zu zersetzen beginnt. Dadurch wird nicht nur die Gefahr ausgeschlossen, einen Scheintoten zu bestatten, und nicht nur den entfernt wohnenden Verwandten die Möglichkeit gegeben, an der Beisetzung teilzunehmen, sondern – und das muß der Hauptgrund dieses Brauches sein – dem Geist wird Zeit gewährt und Hilfe, sich aus dem Körpergefängnis zu befreien.

Viele Kulturvölker haben diese Frist auf drei (oder dreieinhalb) Tage normiert und beachten dies indirekt auch dort noch, wo die Toten wegen des heißen Klimas schon am Sterbetage beerdigt werden, zum Beispiel Juden, Moslems und orientalische Christen. Sie halten Totenwache am frischen Grabe und statten ihm am dritten Tag einen Besuch ab. Man erinnere sich an die drei Frauen, die am ersten Wochentage nach Jesu Grablegung Salben kauften und zu seinem Grab gingen, um den Leichnam zu pflegen, wie alle vier Evangelien berichten. Die byzantinische Kirche hält Seelenfeiern am dritten, siebenten und vierzigsten Tage nach dem Tode ab, und ebenso haben auch die Berber – entgegen den islamischen Vorschriften – den Grabbesuch am dritten Tage, die Nachfeier nach einer Woche und eine Erinnerungsfeier am 40. Tage bis heute beibehalten.

Ein Jahr nach der Beisetzung findet bei den Kalasch noch einmal eine öffentliche Feier statt, bei der alle Gäste großzügig bewirtet werden. An diesem Tage darf eine aus einem Baumstamm geschnitzte Statue in Lebensgröße, die in groben Zügen den Verstorbenen darstellt, neben seinem Sarg aufgestellt werden. Man kann sie als Urform des Denkmals bezeichnen. Diese Figuren haben gewisse Ähnlichkeit mit den in Mooren gefundenen Holzstatuen der Germanen.

Für besonders freigebige Männer werden auch denkmalartige Figuren am Dorfrand errichtet, oft an einer Wegkreuzung oder in einem nahen Feld. Natürlich ist die Aufstellung wieder mit einem großen Fest verbunden. An diesen Denkmälern feiert man außerdem jedes Jahr beim Erntedankfest ein kleines Gemeinschaftsmahl, so als habe der Verstorbene seinen Anteil an der Ernte verdient. Der kindlich starke Glaube dieser Männer, die durch ihre rauhe Umwelt zu einer sehr nüchternen und wirklichkeitsnahen Denkweise erzogen werden, hat man dabei stets berührt: Sie rufen dem hölzernen Herrn auf seinem Sockel beim Essen frohe Dankesworte zu und fordern ihn auf, mitzuessen. Sicher glauben sie, daß der Geist des Mannes in gewisser Weise anwesend sei.

Dies hat jedoch nichts mit Ahnenkult oder «Geisterglauben» zu tun. Man stellte sich vielmehr vor, daß der Geist des Verstorbenen nach einer gewissen Zeit wieder in einem neugeborenen Kind verkörpert wird. Auch diese Zeitspanne war wieder organisch festgelegt: da die Särge und Denkmäler aus Holz hergestellt wurden, zerfielen sie im Laufe der Jahre durch Sonne und Regen, Wind und Schnee. Außer dem Namen und einer schwachen Erinnerung blieb nicht viel mehr von dem «Großvater» übrig.

Zur Wiedergeburt gehört noch ein anderer Sittenkomplex, der von vielen Völkern in der Frühzeit ausgeübt wurde, auch von den Kafirenstämmen des Hindukusch bis zu ihrem Untergang im Winter 1896: Kopfjagd und Blutrache.

Ein heranwachsender Jüngling galt erst dann als Mann in seinem Stamm, wenn er einen gleichwertigen Feind erschlagen hatte, wenn er einen Kopf erbeutet hatte. Allerdings galten nur die echten Kafiren, also in gewisser Weise die eigenen Volksgenossen, als vollwertig, nur sie besaßen jene Kraft, die ein Mann durch das Töten erwerben konnte. Hatte ein Jüngling einen Feind erlegt – und das mußte nicht unbedingt im offenen Kampf geschehen, sondern konnte auch bei Nacht und mit List ausgeführt werden –, dann erst galt er als heiratsfähig, dann erst glaubte man, daß er Söhne zeugen könne, die dem Stamm Ehre bringen würden. Man nahm nämlich an, daß der Töter mit dem Schädel seines Feindes auch dessen Geist erworben hatte und daß dieser sich nun in einem Kind, das der Töter zeugte, wiederverkörpern werde.

Daraus ergab sich die Blutrache. Indem ein Angehöriger des Getöteten den Mörder seines Verwandten erschlug und dessen Kopf heimbrachte, holte er den geraubten Geist in die Familie zurück und gab ihm die Möglichkeit, im Kreise der Seinen wiedergeboren zu werden.

Die Namensgebung bei den Kalasch verrät sehr deutlich, daß hier die Grundzüge der Wiedergeburtenlehre noch verstanden werden. Alle Kalasch werden in einem besonderen Gemeinschaftshaus der Frauen geboren, das von Männern nie betreten wird. Die bei der Geburt helfende Amme beginnt eine Reihe von Namen aufzusagen, sobald das Kind aus dem Leib der Mutter austritt. Derjenige Name, bei dem das Kind den ersten Schrei ausstößt, der, durch den es ja erst lebensfähig wird, gilt als der vom Kind selbst kundgetane Name des Geistes, der in ihm verkörpert ist. Dieser Geistname wird im täglichen Gebrauch nicht genannt, da er sonst seine große Kraft verlieren könnte. Nur bei Krankheiten oder in Gefahren wird er ausgesprochen und bewirkt dann Heilung oder Rettung.

Auch diese Vorstellung bestand bei vielen Völkern der Erde.[6] Man hat den Eindruck, daß der Zusammenhang zwischen Lebenskraft und Name eines Menschen in unabhängiger Weise mehrmals entdeckt worden sei.

«O daß ich jetzt den Müßiggang aufgebe –
da das Leben keine Zeit zum Verschwenden hat –
und den Pfad des Hörens, des Nachdenkens
und der Meditation beschreite…
so daß, nachdem ich nun einmal die menschliche Gestalt
erlangt habe,
keine Zeit durch nutzlose Zerstreuung vergeudet werde.»

*Wurzelverse des Tibetanischen Totenbuches*

## 3. Die Weisheit Tibets

Von den Bergen des Hindukusch herab eroberten die frühen arischen Stämme ganz Nordindien und verbreiteten ihre neue Lebensform, die uns in den heiligen Schriften der Veden und Upanischaden, des Mahabharata und Ramayana erhalten sind. Das ganze Leben dieser Menschen war durchdrungen von der Anschauung, daß die materielle Welt nur Schein sei und daß alle Wesen den Kreislauf der ungezählten Wiedergeburten durchlaufen müssen. Als Hinduismus beherrscht sie noch heute Herz und Hirn vieler Menschen in Indien. So ist es eigentlich selbstverständlich, daß immer wieder Fälle von bewußt gewordener Wiedergeburt bekannt werden, wie zum Beispiel von jenem Mädchen, deren Erlebnis vor einigen Jahren in aller Welt berichtet wurde. Sie wuchs in einem kleinen Dorf auf und erzählte mehrmals, daß ihr «eigentliches» Zuhause in einem anderen Dorf wäre, das einige Kilometer entfernt liegt. Genau beschrieb sie das Haus, in dem sie dort gewohnt habe, auch einen Mann, der dort lebte, usw. Schließlich ging jemand auf ihr Drängen ein und machte mit ihr die Reise in jenes andere Dorf, in dem sie in ihrem jetzigen Leben nie gewesen war. Sie erkannte sofort die Gasse und das Wohnhaus und trat beglückt ein; auch «ihren Mann» erkannte sie sogleich. Dieser bemerkte an dem jungen Mädchen ebenfalls Züge, die ihn an seine jung verstorbene Ehefrau erinnerten. Man stellte einige Proben an, verglich die Erzählungen der beiden und staunte über die Sicherheit, mit der das Mädchen sich in ihrer ehemaligen Familie zurechtfand. Nachprüfungen ergaben, daß der Todestag jener Frau und der Geburtstag des Mädchens nur wenige Wochen auseinanderlagen.

Ein schöner Beweis für die «Theorie der Reinkarnation»? Fromme Hindus beachten derartige Fälle, die in Indien immer wieder vorkommen, nur wenig oder gar nicht. Die Kenntnis von der Gesetzmäßigkeit der Wiedergeburt aller Lebewesen gehört so fest zu ihrem Weltbild, daß sie Beweise nicht nötig haben. Und was ist schon gewonnen, fragen sie, wenn ein Mensch nach so kurzer Zeit in fast gleichen Formen und Umständen wieder ins Leben zurückkehrt?

Zwei große «Überwinder» lehrten Indien, wie der Mensch sich lösen kann von diesem eisernen Gesetz der Wiedergeburt: der Mahavira Dschaina und sein Zeitgenosse, der Prinz Gautama, genannt Buddha, das heißt: der Erleuchtete. Während die Religion, die der erste gestiftet hat, noch heute im Westen von Bharat, dem «Mutterland» Indien, viele Millionen Anhänger hat, ist der Buddhismus in seinem Entstehungsland schon lange verschwunden. Um so weiter hat er sich nach Norden und Osten sowie Südosten ausgedehnt und fast die Hälfte Asiens für sich gewonnen.

Seine schönste Prägung erfuhr der Buddhismus im Hochgebirgsland Tibet, wohin ihn fromme Mönche vom 4. Jahrhundert an, dann besonders König Songtsen (609–49) und schließlich der große Missionar Padmasambhava (Ende des 8. Jahrh.) brachten. Er verband sich dort mit der alten Weisheit der Bön-Religion zu jener strahlenden Lehre, die Vajrayana, diamantenes Fahrzeug, genannt wird. In wissenschaftlicher Weise pflegte man in den Klöstern die Überlieferung der Reden Buddhas, schuf makellose Übersetzungen ins Tibetische, überwachte die Anwendung der Lehren und entwickelte sie weiter zu einer nirgends sonst gekannten Klarheit.

Die Lehre, die Buddha gestiftet hatte, war zunächst eine streng auf Selbsterfahrung ausgerichtete Disziplin, eine Flucht aus der Religion in die Wissenschaft. Nur im tibetischen Buddhismus blieb diese Gestalt erhalten, nur dort sind immer wieder Mönche hervorgetreten, die aus eigener Erfahrung lehrend das große Gebäude der buddhistischen Wissenschaft vergrößert haben. Denn nichts galt ihnen als festgelegt, nichts so gesichert, daß es nicht in Frage gestellt werden könnte. In dieser Haltung gelangen die weitreichendsten Entdeckungen der Geistesgeschichte. Davon ist erst wenig zu uns gedrungen, erst wenig übersetzt worden in die Sprachen Europas. Ein einziges Buch der Weisheit Tibets hat den engeren Raum der Forschung verlassen können und Heimatrecht in Europa gewonnen: das «Bardo Thödol», nach dem ägyptischen Vorbild «Tibetanisches Totenbuch» getauft. Seit Jahrhunderten wird es in Tibet vorgelesen, wenn ein Mensch stirbt, um ihm den Weg im Jenseits zu erleichtern. Der Engländer Evans-Wentz gab es 1927 zusammen mit dem Mönch Kazi Dawa-Samdup heraus, nachdem er es jahrelang studiert hatte; C. G. Jung schrieb eine Einführung dazu, die mithalf, diese Weisheit Asiens in Europa zu verbreiten.

Seit der Vertreibung der Tibeter aus ihrer Heimat durch die chinesische Eroberung (1950 und besonders 1959) sind einige weitere Bücher Tibets zugänglich geworden durch die Mithilfe der Flüchtlinge selbst, die hierin eine Möglichkeit zur Rettung ihrer geistigen Schätze sehen.[7] Aus diesen wie auch aus dem Totenbuch selbst läßt sich das Bild der tibetischen Kunst des Sterbens, einer Thanatologie von überraschend hohem Wert, erkennen, das ich hier in einfachen Strichen nachzeichnen will.

Da in den Übersetzungen ebenfalls von «Reinkarnation» die Rede ist und damit oft der Weg zum Verständnis der buddhistischen Philosophie verstellt wird, möchte ich voranstellen, daß die Weisen Tibets eine andere Vorstellung von diesem Vorgang haben: Es wird nämlich nicht die «Person» wiedergeboren – der Gedanke der Person selbst ist dem Buddhisten fremd –, sondern nur ein gewisses Verlangen, ein Durst nach Dasein, der aus der Unwissenheit entspringt und vom Karma genährt wird, also den nichtverbrauchten Resten früherer Lebensläufe, die in positiver und negativer Weise nachwirken. Im Gegensatz dazu gibt es noch eine zweite Form der Wiederverkörperung, die der erleuchteten Lehrer, der «Erwachten». Bei ihnen ist der Durst nach Dasein erloschen, die Unwissenheit überwunden. Nur ihre vollkommene Liebe, ihr grenzenloses Mitleid mit allen Wesen führt dazu, daß eine Kraft von ihnen ausgeht und einen Körper belebt. Sie werden zu Führern der Herumirrenden auf dem Wege zur Erleuchtung. In der vergangenen Generation gab es in Tibet etwa dreihundert derartige Verkörperungen von Erleuchteten, einige von ihnen in langer Kette immer wiederkehrend seit dem 12. Jahrhundert. Sie werden Trülku genannt und bekleideten meist hohe Ämter in diesem Staat der Mönche. Die höchsten dieser Hierarchie sind der Dalai Lama und der Karma-Pa, die beide als Verkörperungen des Boddhisatva Avalokiteschvara bezeichnet werden, ohne daß dies die Einheitlichkeit der Lehre stören würde; schon daraus ist ersichtlich, daß es sich nicht um Personen handelt, die ins Leben zurückkehren, sondern um Kräfte, die die Bindung an ein Ich überwunden haben.

Meistens hinterläßt der Trülku bei seinem Tode schon einige Hinweise auf seine künftige Wiederkehr, indem er Ort und Zeit der Geburt seines Nachfolgers angibt. Diese Angaben sind ähnlich wie Orakelsprüche nicht eindeutig genug und müssen durch die in Träumen und Visionen seiner Schüler oder anderer Meister gewonnenen Daten ergänzt werden. Dann begibt sich eine Abordnung von Mönchen auf die Suche nach dem Kind, in dem der entsprechende Trüku erneut ins Leben getreten ist. Sie nehmen einige Gegenstände des verstorbenen Trülku mit und legen sie zusammen mit anderen viel schöneren Objekten dem Kind vor, das durch die Auswahl der «ihm gehörenden» Gegenstände deutlich anzeigt, daß es die gesuchte Wiedergeburt des Boddhisatvas ist. In manchen Fällen mußten die Mönche Monate oder gar Jahre hindurch suchen, aber wenn dann das Kind gefunden war, ließen die Gesten des Knaben keine Zweifel mehr über seine Bestimmung aufkommen. In ergreifender Weise wird geschildert, wie diese Kinder lächelnd ihren Willen kundgaben, eigensinnig, besserwissend Fehler aufdeckten und sich in der Umwelt ihrer Vorgänger sofort zurechtfanden.[8]

Das Buch von der Befreiung durch Zuhören, tibetisch «Bardo Thödol» genannt, ist heute in allen Kultursprachen verbreitet. Seine Aufgabe besteht in der Fürsorge für den Geist eines Menschen auf seinem Wege im Jenseits nach dem Eintritt des körperlichen Todes. Wie bei uns wird auch in Tibet der Verstorbene noch dreieinhalb Tage aufgebahrt und mit Gebeten und Riten umsorgt. Während dieser Zeit liest man ihm die ersten Teile des Buches vor, damit sein Geist, der ja anwesend gedacht wird und so, als könne er alles hören, eine Hilfe hat auf seinem neuen Wege. Zunächst einmal, so heißt es hier, weiß der Tote gar nicht, daß er gestorben ist, und darum versetzt ihn die Neuigkeit seines Zustandes in Verwirrung. Die Aufklärung, die er durch das Vorlesen des Buches erhält, befreit ihn von dieser Ungewißheit.

Wenn er im Leben durch häufiges Hören und Lesen dieses Buches sowie durch Einweihung und Meditation die grundsätzlichen Gedanken dieses Buches verstanden hat, sich «zu eigen» gemacht hat, dann wird es ihm leichtfallen, beim Wiederhören dieser Sätze den rechten Weg zu finden, die rechten Verhaltensformen anzunehmen.

Denn nur wenigen gelingt es, sofort im Todesmoment Erlösung zu erlangen. Wie es möglich ist, erfahren wir aus folgender «Anweisung für den Helfer»:

Wenn die Ausatmung fast aufhört, lege den Sterbenden auf die rechte Seite. Falls er in Schlaf hinüberzugleiten droht, drücke die Schlagadern an der rechten und linken Seite des Halses sanft, aber fest; dadurch kann die Lebenskraft nicht aus dem Mittelnerv zurückkehren und wird sicher durch die Öffnung in der Mitte des Schädels austreten. Dadurch kann der Sterbende bewußt und wach ins Jenseits hinübergehen.

In diesem Augenblick erscheint dem Geist das klare Licht. Dieses plötzliche klare Licht ist ein NICHTS, ein Unbeschreibliches, nackt und fleckenlos wie der leere wolkenlose Himmel, durchsichtig und ohne Umkreis oder Mitte.

In diesem Augenblick soll sich der Geist selbst als eins mit dem klaren Licht erkennen. Er ist nun völlig leer, ungeformt, natürlich und wirklich, gut, rein, unbehindert, leuchtend und glückselig. Er ist das wahre Bewußtsein, die Allgüte. Bleibt er darin, dann ist er unveränderlich, erlöst. Denn dieses Licht, das ihn umgibt, ist die unaufhörlich brennende Flamme des Lebens in nie endender Verwandlung. Da der Geist ein Teil davon ist, kann er – wenn er dies erkennt – mit ihr verschmelzen. Wie man Wasser in Wasser gießt, schwingt der Geist im klaren Licht, entspannt, losgelöst, frei.

Die Strahlung dieses wahrhaftigen Lichtes wird auch beschrieben wie die Spiegelung über einer verschneiten Landschaft im Frühling, als ununterbrochener Strom von Schwingungen: sanft, sprühend hell, blendend, wunderbar und ehrfurchterregend.

Vielleicht müssen wir uns in Gedanken nach Tibet versetzen, auf die kahlen Hochebenen fünftausend Meter über dem Meeresspiegel, um die Beschreibung des Lichtes ganz erfassen zu können: Es ist sicher grell, es blendet die Augen. Aus diesem Grunde schreckt der «normale Sterbliche» davor zurück, und damit hat er den ersten Augenblick verpaßt, in dem er vollkommene Erlösung erlangen konnte.

Erstaunlich finde ich die Beschreibung der Anzeichen des Todes, die der Sterbende selbst empfindet. Zuerst spürt er einen körperlichen Druck, wie wenn «Erde in Wasser sinkt», dann klamme Kälte, als ob der ins Wasser getauchte Körper überginge in fiebrige Hitze, «Wasser sinkt ins Feuer», und dann ein Gefühl, als werde der Körper wie Gas zerblasen, «Feuer sinkt in Luft».

In jenem anderen Buch, «Die helle Lampe, die die drei Lebenszustände Tod, Zwischenzustand und Wiedergeburt erleuchtet» (aus dem Orden der Gelugpa im 18. Jahrhundert), wird der Vorgang des Sterbens noch viel genauer dargestellt. Hier die wichtigsten Merkmale:

1. Der Körper wird sehr dünn, die Glieder gelöst und kraftlos. Die Sehkraft wird unscharf und dunkel, die Augenlider können nicht mehr bewegt werden, die Körperkraft ist aufgebraucht. Dabei taucht eine bläuliche Spiegelung vor dem geistigen Auge des Sterbenden auf, wie eine Fata Morgana, die vom heißen Sonnenlicht in der Wüste erzeugt wird.

2. Speichel, Schweiß, Urin, Blut und Geschlechtsflüssigkeit trocknen aus, der Körper fühlt nichts mehr. Das Bewußtsein für Empfindungen geht verloren. Er kann weder äußere noch innere Geräusche mehr hören. Dazu gehört ein Bild wie von blauem Rauch oder blauen Rauchwolken, die inmitten von viel Rauch hervorquellen.

3. Der Sterbende kann Speisen oder Getränke nicht mehr verdauen. Die Angelegenheiten Nahestehender sind ihm nicht mehr bewußt, selbst ihre Namen kennt er nicht mehr. Die Einatmung wird sehr schwach, die Ausatmung stark und lang. Der Geruchssinn hört auf. Das innere Bild des Geistes wird als «Feuerfliegen» bezeichnet, brennende rote Funken, die im Rauch aufsteigen wie leuchtende Punkte im Ruß einer Eisenplatte auf dem Feuer.

4. Ein- und Ausatmung hören auf. Die zehn Ströme ziehen zum Herzen. Nun kann keine körperliche Handlung mehr erfolgen, keine weltlichen Vorkommnisse werden mehr bewußt. Die Zunge verdickt und verkürzt sich, an der Wurzel blau gefärbt. Auch der Geschmackssinn hört auf, selbst Weichheit und Rauheit werden nicht mehr wahrgenommen. Das innere Bild gleicht einer flackernden Öllampe, die ausgehen will.

Diese ersten vier Stadien sind in wissenschaftlicher Sprache abgefaßt und wollen auch so verstanden sein. Sicher gelten sie nur für denjenigen, der bei vollem Bewußtsein und gesund stirbt.

Während der nächsten vier Stufen des Sterbens sieht der Geist die folgenden vier Formen von Licht:

1. eine klare Leere, erfüllt von weißem Licht,
2. eine sehr klare Leere, gefüllt mit rotem Licht,
3. eine Leere, die von dichter Dunkelheit beherrscht wird, wie im Zustand der Bewußtlosigkeit, und

4. die völlig klare Leere, ohne jede Lichterscheinung – das ist das Bewußtsein des klaren Lichtes, das Erlösung bringt.

Kehren wir zurück zum Buch «Bardo Thödol», das zwar weniger wissenschaftlich wirkt und durch die verschiedenen Anweisungen an den Helfer oft nicht erkennen läßt, wo der «heilige» Text anfängt oder endet, doch wegen seiner Volkstümlichkeit und guten Absicht gewiß leichter zu verstehen ist.

Dort heißt es, daß der Verstorbene, wenn er die erste Chance der Erlösung verpaßt hat, von schaurigen und schreckensvollen Bildern bestürmt wird, von überlauten Klängen und Donnern. Es sind die Klänge und Bilder, die sein eigenes Bewußtsein hervorruft; es sind die Strahlungen seiner eigenen Natur, die Spiegelbilder seines Ichs. Wenn er das erkennt, hat er die Schrecken überwunden, wenn die wie tausend Donner erschallenden Klänge als natürlicher Widerhall des eigenen Selbst verstanden werden, fällt die Furcht ab. Auch in diesem Augenblick kann noch Erlösung erlangt werden. Es heißt, daß dieser Augenblick etwa zwanzig Minuten nach dem ersten eintritt, etwa so lange nach dem Sterbemoment, «wie es dauert, eine Mahlzeit einzunehmen».

Hierin ist die Lehre von der Nichtigkeit aller Erscheinungen, vom Scheinwesen der Welt, enthalten. Wer voll begreift, daß nur der eigene Geist diese Scheinwelt geschaffen hat, ist im gleichen Augenblick erlöst.

Wer jedoch nicht einsieht, daß alle Empfindungen nur Ausdruck der eigenen Gedankenwelt sind, muß den Kreislauf alles Lebendigen weiter durchlaufen, muß wiedergeboren werden.

Gewöhnlich, so heißt es in diesem Buch weiter, bleibt das Bewußtsein eines solchen Menschen drei und einen halben Tag beim Körper, danach verläßt es ihn ganz. Bis dahin also lohnt es sich, die Verse dieses Buches laut und deutlich vorzulesen. Das Verlassen des Geistes aus dem Körperbereich wird am Körper selbst erkennbar: durch den Austritt von Eiter und Blut aus Nase und Geschlechtsöffnung. Danach erst darf man den Leichnam beisetzen, sei es durch Verbrennen, Begraben oder durch Versenken ins Wasser oder indem man ihn den wilden Tieren vorwirft.

Doch die Lesung des Totenbuches setzt man gewöhnlich noch siebenmal sieben Tage fort, denn der Geist hat Hilfe auf seinem Wege nötig, bis er sich wieder neu verkörpert.

Dieser Geist wird als Zwischenzustandskörper bezeichnet. Er ist ein unsterbliches Gedankengebilde, besitzt vielfach geschärfte

Sinnesempfindungen, kann weite Reisen unternehmen und alle Hindernisse überwinden. In Übereinstimmung mit dem, was sein Bewußtsein enthält, kann er verschiedene Gestalten annehmen. Dennoch empfindet er Furcht und wird durch seine Neigungen hierhin und dorthin gezerrt, ohne festes Ziel. In diesem haltlosen Zustand hilft das Vorlesen des Buches ganz besonders. Außerdem erfüllt das laute Vorlesen den Zweck, die Lebenden zu belehren, die ja durch das Erlebnis des Todes nun besonders aufnahmebereit sind.

Am ersten Tage nach der Beisetzung liest man laut für den Geist des Toten: «Du bist in einer Ohmacht gewesen während der letzten dreieinhalb Tage, und nun findest du dich nicht zurecht. Alles um dich herum ist in Aufruhr, und der Himmel erscheint tiefblau. Das ist das Licht des in seinen Urzustand versetzten Bewußtseins. Es kommt aus dem Herzen der strahlenden Gottheit ‹Vater–Mutter› und blendet dich. Erschrick nicht davor, denn dies ist die Gnade, die dich über den schmalen Felsengrat geleitet! Wenn du dich ihm demütig anvertraust, gelangst du in einem Lichtschein, der wie ein Regenbogen schillert, in die Schwerelosigkeit des Mittelreiches, ins Herz der strahlenden Gottheit.»

Gleichzeitig mit dem blendenden blauen Licht trifft den Geist auch ein trübes weißes Licht, das – da es nicht blendet – weniger schrecklich wirkt und so auf den Geist einen angenehmen Eindruck macht, weshalb er ihm folgen will. Doch dieses Licht ist Ausdruck der eigenen bösen Taten und führt abwärts zur Hölle.

In den folgenden Tagen erscheinen sehr ähnliche Bilder, wiederum je ein strahlend helles Licht, dessen Strahlen am Ende wie Haken gekrümmt sind, damit sie den Suchenden an sich ziehen, und ein trübes Licht, das dem Hilflosen angenehmer erscheinen wird und ihn darum verleitet, in eine der Formen des Seins zurückzukehren. Wenn man also die Gnade nicht annimmt, die von dem hellstrahlenden Licht ausgeht, sondern den abwärtsführenden Weg beschreitet, muß man sieben oder vierzehn Tage so herumirren, an jedem Tag von anderen Trugbildern genarrt und von andersfarbigen Strahlungen betroffen, bis man die Gerichtsszene erlebt. Hier werden die guten Taten wie weiße Kieselsteine gezählt oder auf die eine Seite der Waage geworfen, die bösen Taten sind wie schwarze Kieselsteine und werden dagegen abgezählt oder abgewogen. Der Todesgott schaut in den Spiegel des Vergeltungsgesetzes und sieht darin klar jede gute und böse Tat.

Auch diese Szene mit aller ihr nachfolgenden Grausamkeit der Höllenstrafen ist natürlich nur Ausdruck des eigenen Selbst, und wenn das erkannt wird, ist schon Befreiung erreicht. «In einem winzigen Augenblick wird eine deutliche Unterscheidung geschaffen, in einem winzigen Augenblick wird vollkommene Erleuchtung erlangt.» Wenn man jedoch bis zu diesem Punkt nicht erlöst ist, dann brechen die Stränge der göttlichen Barmherzigkeit ab, und man gelangt dorthin, von wo es keine sofortige Erlösung mehr gibt. Wiedergeburt in einer der sechs Welten ist die Folge: in der Welt der Götter, der Engel, der Menschen, der Tiere, der unreinen Geister oder in der Hölle. Was immer der einzelne wünscht, wird sich ereignen. Darum ist es wichtig, sich der früheren religiösen Erziehung zu erinnern und gute Taten zu tun. Hier liegt dic letzte Grenze zwischen Aufwärts- und Abwärtsgehen.

Es gibt vier Arten der Wiedergeburt: die Geburt durch ein Ei, durch einen Schoß (der ersten sehr ähnlich), durch Feuer oder durch Feuchtigkeit ( wie die Pflanzen, die durch Feuchtigkeit keimen). Man kann also als Tier, als Mensch, als Geist oder als Pflanze wieder in die Formenwelt zurückkehren, und jede einzelne Form bringt unzählige Leiden mit sich. Darum sollte großer Wert auf die Auswahl der Schoßespforte gelegt werden. Dabei besitzt der Geist ganz erstaunliche Fähigkeiten; seine Wahrnehmung ist übernormal gesteigert. Er hört alles, was an ihn gerichtet gesagt wird, kann überallhin gehen, wohin ihn sein Bewußtsein wünscht, hat ein neunmal so waches Gedächtnis und wird fähig, über sich selbst nachzudenken. Doch von Schauer und Schrecken verfolgt wie von einem Sturm getrieben, weiß er nicht, was ihm zum besten dient. Auf der Flucht vor den Furien – die nichts anderes als seine eigenen Gewissensbisse sind – wird er in einer Schoßespforte sich verbergen wollen, und zwar in einer solchen, die seinen Neigungen entspricht. Er wird sich zu ihr so stark hingezogen fühlen, daß er Form annimmt und wiedergeboren wird.

In dem vorhin zitierten Buch «Die helle Lampe...» werden einige recht modern anmutende Einzelheiten über die Wiedergeburt in Menschengestalt mitgeteilt, zurückgehend auf eine Rede (Sutra) des Gautama Buddha an Nanda, «Über den Eintritt in den Mutterleib». Da der Zwischenzustandskörper Verlangen spürt, am Geschlechtsakt des von ihm erwählten Paares teilzuhaben, wird er sich entweder dem Weibe – seiner zukünftigen Mutter – zuwenden und den Mann entfernen wollen, weil er selbst als männliches Kind geboren werden wird, oder umgekehrt eifersüchtig gegen die Mutter sich zum Vater hingezogen fühlen und als weibliches Kind geboren werden: Der von Freud erkannte Ödipuskomplex besteht schon im vorembryonalen Zustand. Das Sterben des Zwischenzustandskörpers – also die Einkörperung des Geistes in der vereinigten neuen Zelle – geschieht rückwärts in denselben Stufen wie der Tod des Körpers vorher; aus dem Luftzug, der den Geist trägt, bildet sich ein Feuer, daraus Wasser und aus diesem Erde.

In derselben Sutra beschreibt Gautama Buddha die einzelnen Stadien der embryonalen Entwicklung mit solcher Genauigkeit, daß sie sich sogar heute noch hören lassen können (während man beim Lesen entsprechender abendländischer Beschreibungen selbst aus dem 17. Jahrhundert nur mitleidig lächeln kann). Dabei entsteht keineswegs der Eindruck, daß hier von der buddhistischen Art der Erkenntnisgewinnung, der reinen Meditation, abgewichen worden wäre, um etwa diesen Teil, die Embryoentwicklung, auf Grund naturwissenschaftlicher Forschung, etwa Vivisektion, zu erlangen, sondern Sprache und Bildhaftigkeit sind auch hier von der gleichen Eigenart wie die übrigen Betrachtungen, halbwegs biologisch und vergeistigt zugleich. Und gerade die kleinen Fehler – die Lage des Embryos oder die Länge der Schwangerschaftszeit, die um 2 Wochen oder 10 Tage zu kurz angegeben wird – lassen durchblicken, daß es sich um rein meditativ gewonnene Einsichten handelt. Das gerade macht die anderen Aussagen, die sich auf den Zwischenzustandskörper beziehen, um so wertvoller: Wenn sie nur etwa die gleiche Genauigkeit aufweisen, sind sie von unschätzbarem wissenschaftlichem Wert!

Alle buddhistischen Texte, auch die tibetischen und ihre Kommentare, geben die Meinung wieder, daß Wiederverkörperung in allen vier Arten von Lebewesen vor sich geht, wobei auch der Wandel von einer Art zur anderen durchaus möglich ist. In seinem berühmten Kommentar zum Tibetanischen Totenbuch wehrt sich jedoch der Psychologe C. G. Jung dagegen, daß ein Mensch als Tier oder gar als Pflanze wiedergeboren werden könne, so als wären diese Lebensbereiche dem Menschen völlig fremd; er läßt nur die Wiedergeburt in Menschengestalt zu, wenn es sich um den Geist eines Menschen handelt. Die sehr genauen Beschreibungen des Totenbuches, denen er sonst wörtlich folgt, hält er in diesem Punkte für «volkstümlich», als Warnung, die die Priester erfunden hätten, etwa so wie die Vorstellung von Fegefeuer und Hölle eine Abschreckungslüge der Kirche sei. So sollen die Beschreibungen im Totenbuch nur im übertragenen Sinne zu verstehen sein, etwa so, daß ein Mensch, der als «Hund» wiedergeboren wird, eben ein Mensch wird mit üblem Charakter, so daß man von ihm sagt: «So ein Hund!» Auch Platon, der in seinem Buch «Der Staat» ausführlich über die Wiedergeburt menschlicher Seelen in Tieren berichtet, soll das alles nur bildlich gemeint haben. Dem ist entgegenzustellen, daß die alten Griechen und Kelten und Germanen voll davon überzeugt waren, genau wie es Tibeter und Inder noch heute sind, daß Menschen entsprechend ihrer Neigungen und Taten auch als Tiere, Pflanzen oder Geister wiedergeboren werden. Jedenfalls läßt der Text des Tibetanischen Totenbuches – genau wie Platons Text – keinerlei Zweifel zu über das, was gemeint ist: «Früher ist er ein Mensch gewesen, jetzt aber, wo er ein Hund geworden ist, macht er die Leiden in einer Hundehütte durch, oder als junges Schwein in einem Schweinestall, oder als Ameise in einem Ameisenhaufen...usw.»

Auch über eine Wiederverkörperung als Gottheit oder Geist werden genaue Angaben gemacht. Zur Gottheit kann ein Mensch werden, der sich diesem Ziele durch Gedankenversenkung mehr und mehr angenähert hat. Doch die buddhistischen Götter sind nicht unsterblich, früher oder später beginnt auch bei ihnen wieder die Teilnahme am Lebenskreislauf. Zum unglücklichen Geist wird ein Mensch, der sich aus dem Zwischenzustand des Nachtodes nicht lösen wollte, weil er diesen für erstrebenswert hielt. Je nach seinem Bewußtseinsinhalt kann er verschiedene Schalen annehmen und frei herumreisen. Diese Geister sind in ihrer aufwärtsführenden Entwicklung unterbrochen, vollführen sinnlose Taten und stiften Verwirrung im Reich der Lebenden, zum Beispiel wenn sie von Menschen angerufen werden, die nicht im Vollbesitz ihrer Kräfte sind: Medien im Trancezustand. Die buddhistischen Lehrer bekämpfen darum – seit Jahrhunderten erfolglos – die Geisterbeschwörungen, die bei den asiatischen Völkern weit verbreitet und sehr beliebt sind. Nur den Erleuchteten steht es zu, sich mit den Geistern in Verbindung zu setzen; alle anderen würden Schaden an ihrer Seele nehmen. Es heißt, daß eine Verzögerung der Entwicklung eines Geistes im Zwischenzustand, also eine Leidenszeit als unreiner Geist, viele Jahrhunderte andauern kann, ja, sogar Jahrtausende. Erst durch eine Wiedergeburt kann er diesen Zustand beenden und hat dann erneut die Möglichkeit, durch gute Taten auf den höherführenden Weg zur Seligkeit zu gelangen.

Wie wir sehen, sind die beiden Anschauungen von der Unsterblichkeit der Person – einerseits der Glaube an eine Gerichtsverhandlung mit Belohnung oder Strafe, andererseits die Kenntnis vom Rad der Wiedergeburten – in der tibetischen Lehre bruchlos miteinander vereint wie zwei sich ergänzende «Naturgesetze». Erst jenseits dieser begrenzenden und begrenzten Gedanken tut sich die Weite des wahren Lichtes auf. Wiedergeburtenzwang sowie Verweilen in himmlischen oder höllischen Bereichen sind nur Vorspiegelungen der Person, in der jeder gefangen ist. Es geht dem Tibeter nicht darum, in einer der beiden Lösungen sein Heil zu suchen, sondern beide zu überwinden, denn sie sind nur Ansichten des gleichen Spiegelbildes, das uns narrt. Für den tibetischen Mönch ist die Person nur Ergebnis ihrer eigenen Einbildung. Zusammengetreten aus den zeitlich-räumlich bedingten Kräften, in schemenhafter Seinsform, empfindet sie sich als einmalig und unsterblich zugleich, während sie im Gegenteil vieltausendfältig und zerbrechlich ist wie ein Traumbild. Sie ist im wahrsten Sinne wandelbar und unbegrenzt, und ihr Ziel heißt: Nicht-mehr-verkörpert-werden und nicht-gerichtet-werden – – – Licht-werden.

Die indischen und tibetischen Mönche unternahmen die größten Anstrengungen zur Lösung vom Kreislauf der Wiedergeburten. Im Kloster von Nyanto Kyiphu, 20 km nördlich von Gyantse in Tibet, ließen sich junge Mönche probeweise für drei Monate und drei Tage allein in eine lichtlose Zelle einsperren; nur einmal täglich wurde ihnen durch ein kleines Loch eine Mahlzeit aus gerösteten Gerstenkörnern (Tsampa) und Tee gereicht. Ihrem eigenen Geist ausgeliefert, lernten sie die Beherrschung aller Körperregungen. Wer die Probe bestand, bereitete sich auf die zweite Stufe vor: drei Jahre, drei Monate und drei Tage eingesperrt zu leben. Manche verloren dabei den Verstand. Wer auch diese Prüfung überstand, konnte die letzte Stufe erklimmen: Er wurde lebenslänglich eingemauert. Nach seinem Tode verbrannte man ihn mit großer Feierlichkeit wie einen Heiligen. Manchmal fand man dann in der Asche ein kleines Steinchen, das sich im Kopf des Mönches gebildet hatte; solche Steine haben oft die Gestalt eines Idols, z. B. eines sitzenden Buddhas, und wurden fortan als Talismane verwendet.[9] Das berühmte Kloster Nyanto Kyiphu war um

1100 unserer Zeitrechnung durch den großen Lehrer Milarepa gegründet worden und hatte nie Mangel an Mönchen, die zu diesen Proben bereit waren. Auch Sven Hedin berichtet davon: einer der Mönche lebte schon 69 Jahre eingemauert.

Weit großartiger muß uns der Mensch erscheinen, den man in Tibet einen «großen Wanderer» nannte. Zur Erlangung dieses Titels lebte ein Mönch drei Jahre in einer kleinen Höhle im Hochgebirge in völliger Einsamkeit. Anfangs nahm er noch von Zeit zu Zeit einen Schluck Wasser oder einen Bissen Tsampa zu sich, doch im Laufe der Monate versank er in einen Zustand tiefer Abgeschiedenheit, einer Starre, in der der Körper nicht mehr ernährt werden muß. Eiskalt und staubbedeckt, mit langem Barthaar und langen Fingernägeln – so beschreiben ihn jene Menschen, die ihn nach Ablauf der drei Jahre wieder ins Leben zurückholen. Tage und Wochen braucht der Mönch, bis er seinen Körper wieder benützen kann, bis er Sprache und Verständnis für seine Umwelt wiederfindet. Man verehrte ihn wie einen Heiligen und lauschte ehrfürchtig seinen Erzählungen von der seltsamen Reise ins All des Geistes, der weitesten Reise, die ein Mensch unternehmen kann.[10]

Leider kenne ich die Tibeter nur als Flüchtlinge, also fern ihrer majestätisch schönen Heimat in den großen Städten Indiens, in Nepal und Hinterindien. Doch was mir an ihnen besonders auffiel, muß um so mehr für jene zutreffen, die nicht entwurzelt wurden: Sie sind überaus fröhlich und glücklich in ihrem innersten Wesen, außerdem erstaunlich ehrlich und offenherzig, ohne jegliche Vorurteile, sei es rassischer oder religiöser Art. Ihre weltzugewandte lebensbejahende Einstellung kam mir unerwartet angesichts der vergeistigten asketischen Haltung ihrer Lehrer, und doch läßt sich der menschenfreundliche und lebensbejahende Zug auch bei diesen feststellen. Die Rückkehr ins Leben war für jenen «großen Wanderer» ganz offensichtlich eine mit Leiden verbundene Tat, die nur den einen Sinn erfüllt, das gewonnene Wissen weiterzugeben an diejenigen, die dessen bedürfen.

Die Weitergabe des Wissens ist von großer Wichtigkeit, sie ist eine Bedingung zur Erlösung jedes Menschen. René Daumal hat es in seinem «Mont Analogue» auf schöne Weise ausgedrückt: Nur derjenige kann auf den Gipfel des Berges gelangen, der die Kühe am Hang eine Weile gehütet hat, und zwar so lange, bis sich ein anderer Bergsteiger bereitfindet, der nun seinerseits die Kühe hütet und damit eine Pause einlegt auf seinem Weg zum Gipfel.

In vertrauten Worten wird uns dies im Märchen der Brüder Grimm (Urfassung I,29) «Von dem Teufel mit den drei goldenen Haaren» klargemacht: Ein Fährmann muß die Leute immer über den Fluß hinüber und herüber bringen und fragt sich, wie er erlöst werden kann. Er wird erlöst, indem er einem der Reisenden die Stange der Fähre in die Hand drückt und selbst an Land geht. Die Weitergabe der Lehre ist es, die zur Erlösung aller führt.

## 4. Der steinzeitliche Mensch

Nach dieser Einführung in die Gedankenwelt der Wiedergeburtenlehre will ich nun die verschiedenen Formen betrachten, die sich im Laufe der Zeit – fortschreitend von der Vorgeschichte zur Geschichte und vom «primitiven» zum zivilisierten Menschen – ergeben haben.

Es ist eine merkwürdige Tatsache, daß die aufwendigsten Bauten der Menschheit bis zum Beginn der Neuzeit ihre Gräber waren. Darin spiegelt sich eine vorrangige Beschäftigung mit dem Problem des Todes, die weit über das als selbstverständlich anzusehende Maß hinausgeht.

Das auffälligste an dieser Gestaltungskraft angesichts des Todes ist der Kult, der den Ahnen und Geistern gezollt wird. Fast immer mündet er in einen Fruchtbarkeitskult ein, der darauf abzielt, den Geist des Verstorbenen dazu zu bewegen, wieder in einen Körper einzuziehen, also wiederzukehren ins diesseitige Leben. Viele steinzeitliche Riten lassen das schon erkennen, wie ich in Kapitel 4 zeigen werde; außerdem gibt es ein literarisches Dokument dieser Denkweise: das sogenannte «Totenbuch der Maya» (Kapitel 5).

Ein anderes vorherrschendes Thema ist die Geistreise ins Jenseitsland. Da niemand gern eine Reise in fernes unbekanntes Gebiet allein antritt, wurde der Begleiter oder Führer auf der Jenseitsreise eine Notwendigkeit. Durch das Begleitopfer erfüllte man diesen Zwang in verschiedenartiger Weise, wie ich in Kapitel 6 darstellen werde.

Besuchen wir zunächst eine ganz außerordentliche Entdekkung: eine siebentausend Jahre alte Siedlung, die man als Klosteranlage der Steinzeit bezeichnen kann.

Lepenski Vir nahe dem Eisernen Tor an der jugoslawischen Donau wurde zwischen 1965 und 1968 sorgfältig ausgegraben; die Funde geben uns einen überraschenden Einblick in die Zeit des 6. und 5. Jahrtausends vor unserer Zeitrechnung. Dragoslav Srejović, der die Ausgrabungen leitete, entwirft in seinem Buch «Lepenski Vir»[11] ein vollständiges Bild dieser Siedlung, die einerseits wohl einer «jagenden» Bevölkerung Schutz bot, andererseits aber wie eine Klosteranlage wirkt, von religiösen Ideen beherrscht und durchdrungen. Jeder Stein, möchte man sagen, lag an einer Stelle, die ihm ein durchdachter Plan zuwies. Die Wohnhäuser waren in stets gleichen Maßverhältnissen erbaut wie Abbilder einer inneren Wirklichkeit. Es scheint, daß die Hausgrundrisse von einer frühen Bestattungsform her entwickelt waren, erklärt der Autor; denn alle Häuser hatten eine dreieckige Grundfläche, wie das Grab eines Mannes, der im Schneidersitz um 5800 vor unserer Zeitrechnung in der frühesten Schicht von Lepenski Vir bestattet worden war. Älter am Ort waren nur einzelne Schädelbestattungen. In der Folgezeit begrub man einige Tote in ausgestreckter Lage hinter oder vor dem Herd, meist an der Westseite, was wohl in Zusammenhang mit dem Sonnenkult steht, der hier schon deutlich ausgeprägt war; auf einigen Geröllsteinen, die man wie Idole aufgestellt hatte, waren die üblichen Sonnenzeichen eingehauen, die uns aus den Felsmalereien der Jungsteinzeit bekannt sind: konzentrische Kreise, Kreuze und Hakenkreuze, Sinnbilder des Sonnenlaufs und der Wiedergeburt.

Im allgemeinen jedoch setzte man die Toten im Freien aus und überließ sie ihrem Schicksal, nur einige Verstorbene wurden besser behandelt. Nachdem das Fleisch abgefallen war, wurden die durch Sehnen noch zusammengehaltenen Skelette zurückgeholt und in einem Haus beigesetzt.

Stets legte man als Begleiter einige Hirschgeweihsprossen dazu, zuweilen auch einen ganzen Hirschschädel. In einem Grab fand man das ausgestreckte Skelett eines etwa sechzigjährigen Mannes und an seiner linken Schulter den Kopf einer alten Frau, an der rechten Schulter einen Rinderschädel, dessen Stirn ein großes Loch aufweist, etwas weiter rechts den Schädel einer Hirschkuh und ein Hirschgeweih. Möglicherweise haben wir hier ein Ehepaar vor uns – vielleicht war die Frau schon eher gestorben, denn ihr Skelett fehlt –, und als Begleiter der beiden dienten die Tierschädel. Unmittelbar über dem Kopf des Mannes steckte eine Geröllsteinskulptur, die vermutlich das Andenken des Mannes wahrte, denn die meisten Geröllfiguren sind in bemerkenswerter Kunstfertigkeit lebendige Darstellungen von Köpfen, so daß man glaubt, Porträts vor sich zu haben.

Es ist sicher, daß nur eine kleine Anzahl von Toten durch diese Gräber geehrt wurde, doch nach welchen Gesichtspunkten die Auswahl erfolgte, läßt sich nicht feststellen. Sie hing wohl mit dem Lebenswandel dieser Menschen zusammen. Es wurden erwachsene Männer und Frauen in etwa gleicher Zahl so bestattet, aber keine Kinder. Nur zweimal fand man Kinderskelette innerhalb der Siedlung; sie lagen *unter* den Häusern, so daß sich die Folgerung ergab, die Häuser werden über den (geopferten) Körpern errichtet worden sein. Bei den anderen Häusern ist das Gegenteil der Fall gewesen: Wenn man einen Toten darin zur letzten Ruhe gebettet hatte, benützte man dieses Haus nicht mehr; es konnte nur noch vorkommen, daß man später weitere Tote dazulegte. Einmal fand man auch einen Hund neben einem Menschen bestattet; der Mensch trug noch ein Halskettchen aus durchbohrten Belemniten (Fossilien). Sonst fehlen jegliche Grabbeigaben, was bemerkenswert ist, zeigt es doch den vergeistigten Zustand, den der Glaube dieser Menschen erreicht hatte.

Die Folgerung, die wir – mit dem Autor – aus diesen Grabsitten und der Bauweise ziehen können, ist einleuchtend: Die Häuser entsprachen weniger den Notwendigkeiten der Lebenden, sondern mehr den Wunschvorstellungen, die man für die Verstorbenen hegte; sie waren Geisterwohnungen. Da die Zahl der Häuser in der Siedlung begrenzt war – bedingt durch das Gelände –, mußte auch die Zahl der Geister, die in der Siedlung wohnen konnten, begrenzt sein, ebenso wie die Zahl der Personen, die in den aufeinanderfolgenden Wiedergeburten ständig in der Siedlung wohnte.

Das Ziel der Wiedergeburtenkette ist offensichtlich nicht das gleiche wie beim Karussell – je öfter es im Kreise herumgeht, desto schöner –, sondern eine Vervollkommnung des Geistes, damit er nicht mehr den Kreislauf des irdischen Lebens durchlaufen muß. Ich nehme an, daß die Bewohner von Lepenski Vir, die ihr ganzes Leben und sogar ihre Wohnform auf dieses Ziel ausgerichtet hatten, auch den Zeitpunkt spürten, wenn einer von ihnen die Stufe der Vollendung erreicht hatte. Vielleicht sah man auch äußerliche Anzeichen am Leichnam oder den Knochen, wie die Tibeter, oder man urteilte nach dem Wetter, wie ebenfalls bei Tibetern und Eskimos üblich ist, wo der scheidende Geist eines guten Menschen schönes Wetter, der eines unvollkommenen dagegen ein Unwetter auslöse.[12]

Denn so mag es in Lepenski Vir Brauch gewesen sein: Wenn man erkannt hatte, daß ein bestimmter Mensch sich zum letztenmal verkörpert hatte, wurde der Körper – der letzte Wohnsitz dieses erlösten Geistes – in seinem Hause beigesetzt und das Haus verlassen, denn es hatte seinen Zweck erfüllt. Man fand auch Beispiele dafür, daß eine Frau neben einem Mann beigesetzt war, was für die Gleichberechtigung der Geschlechter und hohe Achtung der Ehe schließen läßt.

## Jäger

Nicht zufällig erwähnte ich gerade den Glauben der Eskimos, denn diese Glaubenswelt, die durch christliche Missionare und besonders durch den Halbeskimo und Missionarssohn Knud Rasmussen bestens erforscht ist[13], eignet sich als Grundlage für Vergleiche und Rückschlüsse, die das Dunkel der menschlichen Vorgeschichten erhellen können. Bis zu Beginn unseres Jahrhunderts waren die Eskimos ein Jägervolk, das noch auf der einfachsten Stufe menschlicher Ernährungsweise gestanden hat: Sie lebten fast ausschließlich von der Jagd und benützten altsteinzeitliche Techniken zum Überleben. Allerdings ist diese Lebensweise hochspezialisiert auf das Leben am Rande der ewigen Eiswüsten, weshalb die Zivilisationsform nur in geringem Maße der altsteinzeitlichen Zivilisation in Europa vergleichbar ist. Doch ihre Gedankenwelt hat viele ursprüngliche Züge bewahrt, die eine Untersuchung in dieser Hinsicht sinnvoll machen, denn wir können annehmen, daß die Eskimos aus den weiter südlich gelegenen subarktischen Gebieten, die eine eiszeitähnliche Tier- und Pflanzenwelt aufwiesen, in ihre jetzigen polaren Wohnbereiche verdrängt wurden; daß sie also vor Jahrtausenden, als sich in der gemäßigten Zone die jungsteinzeitliche Umwälzung durchsetzte, ihren primitiven Zustand erhaltend nach Norden auswichen und sich dort dem extremeren Daseinskampf anpaßten, ohne ihre alte Glaubenswelt aufzugeben. Damit ist uns ein Einblick in die geistigen Räume altsteinzeitlicher Jägervölker ermöglicht.

Betrachten wir die herzlich einfachen Zeugnisse der nördlichsten Menschen an der äußersten Grenze des Lebens, dann müssen wir uns in Ehrfurcht vor diesem Wissen beugen, das sich weit über hundert Generationen erhalten hat: Sie wußten, daß die Erde eine Kugel ist! Und sie wußten auch, daß diese Kugel ungeheuer groß ist, so groß, daß es eines ganzen Menschenlebens bedarf, wenn ein Jäger mit seiner Familie einmal ganz herumgelangen will.

Ihr Wissen war aus ständiger Beobachtung der Natur gewonnen, ohne Lehre und Regeln, ohne «Systematik», eine vorurteilslose Bestandsaufnahme der Umwelt. Jeder Eskimo wußte, daß er unsterblich ist und mal als Mensch, mal als Tier auf der Erde lebt, je nach seinen Taten, die er im Laufe des Lebens beging. Nur die allerschlimmsten Verbrecher – zum Beispiel Übertreter des Inzestverbotes – wurden nicht gleich wiedergeboren, sondern mußten als Sturmgeister ruhelos über die weite Landschaft hinjagen.

Von diesem Glauben durchdrungen waren die Bräuche, in denen man Krankheit und Tod behandelte. Einen Verstorbenen ließ man zunächst vier Tage lang im Hause liegen, bevor man ihn mit Fellen umwickelt, auf den von ihm schon zu Lebzeiten bestimmten Platz in der Wildnis aussetzte. Am Kopfende dieser Fellmumie schnitt man ein Loch in die Hülle, damit der Geist entweichen kann. Man stellte sich nämlich den Geist als etwas Materielles vor, und dieses «Etwas» kehrt immer wieder zu seinem früheren Aufenthaltsort, dem verfallenden Körper, zurück. Viele Monate lang hält sich der Geist in der Nähe der Siedlung auf und wartet auf eine Möglichkeit zur Wiederverkörperung. Wurde er schließlich in einem Kinde wiedergeboren, dann erhielt dieses Kind den Namen des verstorbenen Verwandten, wodurch dann die Verkörperung für alle sichtbar stattgefunden hatte. Wenn aber in absehbarer Zeit kein Kind geboren wurde, dem man den Namen des Verstorbenen hätte geben können, dann taufte man einen jungen Hund auf diesen Namen, um den Geist des Toten nicht ziellos herumirren zu lassen. Da Hunde die einzigen lebenden Begleiter dieses Volkes waren, nahmen sie eine sehr wichtige Stellung bei ihnen ein, nach dem Menschen die höchste Wertstufe. Eine Wiedergeburt in einem Hunde war darum immer noch ehrenvoll, besser jedenfalls als ein Wartezustand als irrender Geist. Dieser könnte nämlich in seiner Verzweiflung in einen lebenden Menschen eindringen und ihm Krankheit oder Jagdunglück bringen; nur ein Schamane war durch seine Zauberkraft in der Lage, einen solchen Geist wieder zu vertreiben oder im Kampf zu überwinden.

Die Beschwörungshandlungen der Schamanen verraten ganz außergewöhnliche Fähigkeiten im Umgang mit den Geistern. Viele dieser Handlungen können heute als Musterbeispiele für telekinetische und hellsichtige Erscheinungen verstanden werden. Sie stehen den besten der indischen Yogi-Künste nicht nach. Wenn wir bedenken, daß dieses Volk unter äußerst harten Lebensbedingungen ohne Schrift oder irgendeine andere Mitteilungsform außer dem Lied und der Erzählung jene Fähigkeiten seit sehr langer Zeit erhalten und gepflegt hat, dann liegt der Schluß nahe, daß die geistigen Fähigkeiten der Schamanen eine natürliche Gabe sind, die sich von selbst offenbart. Und das haben die Schamanen der Eskimos – genau wie die der übrigen Jägervölker: Indianer, Sibiren, Buschmänner und Australneger – auch immer berichtet. Die Schamanenkraft überkam einen Menschen, ohne daß er es wollte, manchen schon in der Kindheit, andere im Mannwerdungsprozeß, auch Frauen in gleichem Maße. In stetigem Ringen mit den Geistern – ohne Lehrer oder Textbuch – vervollkommnete der Geisterseher seine Kraft, die sich auch bei jedem in anderer Form offenbarte. Diese Menschen wurden ihrerseits jedoch nicht zu Priestern oder Lehrern, sondern blieben Jäger wie alle Stammesgenossen, denn einen Priester- oder Lehrerstand gab es bei ihnen nicht.

Was ich hier von den Eskimos kurz dargestellt habe, hätte ich in gleicher Weise auch von anderen Jägervölkern, vor allem den in Nordamerika und Nordasien lebenden, erzählen können. Die Riten der Schamanen und der Glaube an die Wiedergeburt der Geister von Menschen und Tieren ist so allgemein auf dieser Kulturstufe, daß man mit gewisser Berechtigung annimmt, die entsprechenden Jägergesellschaften der Altsteinzeit – also vor mehr als 12 000 Jahren bis in die Urzeit des Menschen zurückreichend – werden in ähnlicher Weise die Probleme Krankheit und Tod aufgefaßt haben. Altsteinzeitliche Felsbilder zeigen uns verkleidete Schamanen beim Tanz, wie man ihn noch bis vor kurzem bei Indianern beobachten konnte; die mit Ocker ausgelegten Gräber der Vorzeit verraten eine Fürsorge für den Leichnam; und die bewußt sexuellen Darstellungen in der Felskunst lassen den Glauben an die Wiedergeburt erkennen. Wenn die Überlieferungen der heutigen Jägervölker nicht von jenen altsteinzeitlichen Jägervölkern stammen, dann müßte man zumindest klären, wie sie zu diesen ausgeprägten und weithin übereinstimmenden Vorstellungen gekommen sind.

## Geisterfürsorge

Eine seltsame Sitte aus vorgeschichtlicher Zeit ist durch die «Schalensteine» belegt, die sich fast überall auf der Welt erhalten haben. Das sind meist flache Felsen oder Findlinge, auf denen kleine Vertiefungen wie runde Schälchen ausgehämmert wurden. Vielfach sind diese Näpfchen durch ausgehauene flache Kanäle miteinander verbunden, so daß eine Flüssigkeit, die man hineingießt, die Kanäle entlangrinnen und alle zusammengehörenden Schälchen füllen konnte. Vermutlich goß man flüssige Butter hinein. Später hat man solche Felsbrocken auch aufrecht in Grabbauten, vor allem in Hünengräbern, verwendet, denn schon damals lag die Anlage der Schälchen viele Jahrtausende zurück, so daß man sagte, diese seien von den Feen oder Zwergen – jedenfalls von früheren Menschenrassen – geschaffen worden.

H. Wirth[14] schrieb, daß die Schälchen auf den nordischen Grabsteinen, zum Beispiel dem von Ravnkilde in Dänemark, die Bitte um Geburt von Nachkommen bedeuten. Man nennt die Schalensteine in Dänemark auch Aadeborsteine, denn so wie Aadebor, der Storch, nach dem Volksglauben die Kinder bringt, so sind eigentlich die Schalensteine der Grund für den Kindersegen. In Schweden war es noch im vorigen Jahrhundert üblich, Butter in die Näpfchen auf den Felsplatten zu gießen, wenn man sich ein Kind wünschte. Die vielen Schalensteine im Wallis werden Kindlisteine genannt, denn von ihnen erbittet man sich Kindersegen. Auch in Schottland und Norditalien gab es diese Sitte.

Man kann sich vorstellen, daß jede Schale einem Geist zugeordnet war; dieser war mit den anderen Totengeistern der Familie verbunden, wie die Schälchen durch Kanäle. Indem man dem Totengeist opferte, stärkte man ihn und sein Verlangen, sich der Welt der Lebenden wieder zuzuwenden und den Wunsch einer Frau nach Mutterschaft zu erfüllen. In ihr würde er seiner Wiedergeburt entgegenreifen.

In Nubien sah ich mehrmals einige noch recht frische Schälchen, doch konnte ich nichts über den damit verbundenen Glauben erfahren, denn man scheute sich, über derartig verpönte Dinge zu sprechen. Vielleicht mörserte man die Schälchen mit einem Mörser aus, der dabei die männliche Rolle übernahm, und die hineingegossene Butter verstand man als den Samen. Ich sah dort auch frische Ritzungen von Fußspuren und Sandalen, die einen ganz entsprechenden Fruchtbarkeitszauber beinhalten. Auch diese Sitte ist steinzeitlich, man kennt Ritzungen von Fußspuren in allen Erdteilen. In den arabischen Traumdeutungsbüchern findet man darum folgende Gleichsetzung: «Die Sandalen bedeuten die Kinder einer Frau.» [15]

Beim Stamm der Gumrassn in Tunesien wird diese steinzeitliche Sitte noch heut ausgeübt, wie Heinz Mindt [16] kürzlich von einer Reise berichtete. Die Hochzeitspaare pilgern zu einem heiligen Felsen bei Guermassa und ritzen ihre Fußspuren, teils auch mit ornamentaler Aufteilung wie Sandalen, in die Felsoberfläche und schreiben ihre Namen und das Datum dazu. Ganz offensichtlich sind es Bitten um Nachwuchs, durch den die neugeschlossene Ehe geheiligt werden soll.

Auch aus anderen Gegenden wissen wir, daß Felsbilder dem Geburtenzauber dienen sollten. In der Mittwinternacht, so erzählt man im Karakorum [17], geht Bagertham, der Herr der Tiere, im Gebirge um und klopft neue Felsbilder von Ziegen in die Bergwände. Wer ihn stört, der stört auch die Fruchtbarkeit der Herden im kommenden Jahr, heißt es dazu.

In Andalusien habe ich Versuche mit verschiedenen Farbmischungen angestellt, um herauszufinden, was die frühgeschichtlichen Menschen als Bindemittel für die Farbe ihrer roten Felsbilder angewendet haben. Dabei ergab sich, daß menschliches Eiweiß von allen Bindemitteln den ähnlichsten Effekt hervorrief. Darum möchte ich die spanischen Bilder auch einem Fruchbarkeitsritus zuordnen, und da jene zum größten Teil als Grabmalereien erkannt sind, ergibt sich wiederum der Zusammenhang zwischen Tod und neu erbetenem Leben.

In diesem Sinne hat man auch die unzähligen Spiralen und ineinandergezeichneten Kreise gedeutet, die auf der ganzen Welt als Felsbilder und besonders auf den Gräbern der Großsteinkultur am Atlantik zu sehen sind. Hans Biedermann[18] schlägt vor, daß man sie als Abbild der Troya-Burgen und symmetrischen Labyrinthe auffaßt, durch die man in spiraligen Tänzen hindurchtanzte und dabei spielerisch Tod und Wiedergeburt vorwegnahm. Solche Troya-Burgen gab es in ganz Europa während der Jungsteinzeit[19], und der Brauch bestand noch lange fort in der Kirche, in barocken Gärten und in englischen Osterbräuchen. Laut Homer ging diese Tanzform auf Dädalus, den Erbauer des kretischen Labyrinths, zurück (Ilias XVIII, 590f). Die Drehung – daher kommt der Name Troya – war das wichtigste: durch Links- oder Rechtsdrehung versetzte man sich in die Vergangenheit und Zukunft und erfuhr so seine Lebenskette vor- und rückwärts. Die kleinen auf Felsplatten und Grabsteine gravierten Labyrinthe und Spiralen dienten dann (wie Mandalas) der Konzentration, der stellvertretenden Gedankenübung, die den Tanz wieder in Erinnerung brachte und so die Wirkung wiederholte.

## 5. Das Totenbuch der Maya

Nur noch drei Abschriften gibt es heute vom Totenbuch der Maya, und diese waren bisher nur den Spezialisten der Mexikanistik bekannt. Der größte Text, der sich im Vatikan befindet, trägt italienische Randbemerkungen zu den Bildern, durch die wir wenigstens über den Inhalt einiges wissen. Er beginnt mit einer Reihe von Überlieferungen, die die Weltschöpfung und die verschiedenen rhythmischen Katastrophen der Erde darstellen. Ein Vergleich mit den Mythen der Griechen dürfte besonders aufschlußreich sein. Der weitaus größte Teil des Textes beschäftigt sich mit dem Rätsel des Todes und der Wiedergeburt, weshalb man das Buch – genauer gesagt die Vorlage dieser Abschrift – mit Recht als

Totenbuch der Maya bezeichnet hat. In Kürze wird in Graz[20] eine Wiedergabe des Textes herauskommen und damit dieses heilige Buch einem weiteren Kreis von Interessierten zugänglich sein.

Die etwa halb so lange Abschrift von Paris ist 1979[21] von dem Orientalisten Paul Arnold ins Französische übersetzt worden und inzwischen auch in einer deutschen Fassung erschienen. Diese Veröffentlichung hat einiges Aufsehen in Fachkreisen erregt, denn man hatte eine Übersetzung zwar schon lange angestrebt, doch für ziemlich aussichtslos gehalten. Das Alphabet des Bischofs Landa (der in seiner Jugend aus christlichem Eifer alle Bücher der Maya zerstören ließ, später aber den Versuch unternahm, die Maya-Schrift ins Kastilische zu übertragen) ist zu einer Übersetzung dieser Texte nicht geeignet, wie man bald gemerkt hatte. Auch die Sammlung von Überlieferungen bei den Lacandonen, einem primitiven Stamm mit heidnischen Sitten, Nachfahren der Maya, ergab nur dürftige Hinweise auf die Glaubensvorstellungen der klassischen Maya, die von einer ganz hervorragenden Ethik und Philosophie getragen waren. So hat nun diese Übersetzung durch Paul Arnold das Eis gebrochen und zum erstenmal der Allgemeinheit einen Eindruck von der geistigen Größe der Mayakultur vermittelt.

Es ist von besonderem Vorteil, daß sich ein Kenner der Einweihungsriten, ein religiös empfindender Forscher, dieses schweren Textes angenommen hat und es auch wagte, die Pionierübersetzung der Öffentlichkeit zu übergeben. Ob sie in allen Teilen richtig ist, wird erst die Zukunft zeigen; daß sie den Sinn der Maya-Religion erfaßt hat, kann jeder erkennen, der sich mit den Maya beschäftigt hat.

Und dies ist die Methode der Übersetzung: Als hervorragender Kenner Ostasiens hat Arnold die Bilderzeichen der Maya mit den alten chinesischen Schriftzeichen, wie sie auf Schildkrötenpanzern und Bambusstäben als Orakelschrift erhalten sind, verglichen und festgestellt, daß beide so ähnlich sind, daß eine Ableitung der einen aus der anderen möglich ist. Auch sprachlich stellte er viele Übereinstimmungen zwischen Maya und Chinesisch fest – beide Sprachen sind einsilbig, der Satzaufbau und sogar Formen des Zeitwortes sind gleich, selbst eine große Anzahl von Wörtern läßt sich gleichsetzen, wofür er 40 Beispiele bringt –, so daß er mit diesem Gerüst und den wenigen schon bekannten Gleichsetzungen den Maya-Text lesen konnte. Ich halte die Methode für richtig, doch die Schlußfolgerungen, die Arnold (außer für die Übersetzung) hinsichtlich der Entwicklung der Mayakultur als Tochter der chinesischen Kultur zieht, für übereilt.[22] Wie ich in meinem Buch «Das Erbe der Giganten» ausführlich dargestellt habe, sind die Felsbilder – vor allem die zu Schriftzeichen hinstrebenden schematischen Zeichen der iberischen Felskunst und ihrer Verwandten in der ganzen Welt – den Orakelzeichen der Chinesen auffallend ähnlich, und man darf sich nicht wundern, wenn auch die Mayaschrift von den gleichen Felsbilderzeichen abgeleitet ist. Die Einheitlichkeit der religiösen Zeichenschrift der frühen Metallzeit ist fast bei allen Kulturvölkern der Erde feststellbar, und nur die Sonderstellung der isolierten Gruppen bedürfte einer Hervorhebung. Der Grund für die gleiche Ausgangsform aller dieser Schriften liegt in der Mission der Großsteinleute, die China ebenso gut erreichte wie Mittelamerika.

Darum war ich auch nicht überrascht, in diesem Totenbuch der Maya jene Vorstellungen wiederzufinden, die schon den Iberern und Griechen, Chinesen und Ägyptern vertraut waren: das Wissen von der Wiedergeburtenkette und der Glaube an die Notwendigkeit, dem Geist bei seiner Wanderung im Jenseits helfen zu müssen. Einige Gedanken sind allerdings von eigener Art und sicher von den Maya weiterentwickelt. So bringt uns also auch dieses heilige Buch eine besondere Note und fügt zum Gesamtbild menschlichen Denkens wichtige Bausteine hinzu. Da begegnet uns sehr ausgeprägt die Überzeugung, daß die Wiedergeburt der Toten für die Lebenden von großer Wichtigkeit ist. Der Mensch muß also nicht nur, um seine Untaten abzubüßen und seinen Geist zu vervollkommnen, immer wieder zum irdischen Leben zurückkehren, sondern er hat auch diese Verpflichtung für die Lebenden, denn ohne seine Wiederkehr würde das Leben auf der Erde aussterben. Hier liegt ein bedeutender Unterschied zum Buddhismus (den Arnold zu Unrecht als Vater der Maya-Religion ansieht): Statt der Bemühung der Asiaten, sich vom Rad der Wiedergeburten zu lösen, steht bei den Maya die Sorge, der Geist könnte für das Leben auf der Erde verlorengehen, wenn er nicht in einen Körper eintreten kann oder will. Dieser Gedanke ist kennzeichnend für die Indianer und heute bei den Eskimos noch lebendig, aber auch die europäischen Völker der frühen Metallzeit hegten diese Vorstellungen, wenn wir die unzähligen «Schälchen» in den Felsen und Findlingen richtig gedeutet haben. Der Verschmelzung zwischen Fruchtbarkeitsriten und Ahnenverehrung ist hierin vollkommen, denn jede Bitte um Kindersegen muß automatisch eine Herbeirufung des Geistes eines Verstorbenen sein, und eine Vernachlässigung der Geister im Wartezustand würde folglich Unfruchtbarkeit nach sich ziehen. Man könnte es das Gesetz von der Erhaltung geistiger Energie nennen: Es können nur Kinder geboren werden, wenn Geister Verstorbener vorhanden und willig sind, diese Kinder zu beleben. Das erst gibt dem Zeugungsakt seine volle Bedeutung, die oft übersehen wurde: Ein neues Lebewesen kann nur dann zustande kommen, wenn einer der vielen wartenden Geister die Befruchtung durch sein Hinzutreten ermöglicht, denn Lebewesen, die ohne Geist entstehen, sind einfach undenkbar.

Wie alle Totenbücher enthält auch dieses einige Voraussagen über die künftige Katastrophe, über die Entwicklung der Menschheit in der Endzeit und das Ziel aller Lebewesen. Die Apokalypse der Maya ist düster, an schaurigen Bildern der Offenbarung des Johannes ähnlich. In jener Endzeit werden die Menschen die den Geistern nötige Hilfe bei ihrer Suche nach Wiederverkörperung verweigern, wodurch jene Geister gezwungen sind, im Zwischenreich ohne Möglichkeit der Verbesserung ihrer Lage herumzuirren. Es ist derselbe Vorgang, der in der Offenbarung (14,13) beschrieben ist, doch während Johannes den Segen für die *Erlösten* darin hervorhebt, wird den Maya der Schrecken der *Verdammten* zu Bewußtsein gebracht. Sie waren sich wohl stets über die eigenen Unzulänglichkeiten im klaren und ersehnten nichts so sehr wie die Gelegenheit zur Verbesserung durch Wiedergeburt. Daher wendet sich das Totenbuch der Maya – wie das tibetanische Totenbuch – an diejenigen Menschen, die durch sündhaften Lebenswandel im Kreislauf der Wiederkehr verhaftet sind, während von den Erlösten nicht die Rede ist; und das mit Recht: Sie haben derartige Belehrungen und Hilfen nicht mehr nötig.

Auf jeden Fall erschien den Maya das diesseitige Leben höchst wünschenswert, während der Zustand der Geister im Zwischenreich keineswegs erstrebenswert dargestellt wird, auch das ist eine Gemeinsamkeit mit den tibetischen Lehren. Man gab sich alle erdenkliche Mühe, eine Wiedergeburt zu erlangen, und für diese Aufgabe wurde ein besonderer Priesterstand, Tschilan genannt, von der Bevölkerung ernährt. Der Tschilan war ein Geisterseher wie die Schamanen, er beherrschte die Kunst, sich in

Trance zu versetzen und das Jenseits zu bereisen. Dort half er dem Geistervogel Moan, der als Bote Gottes die Auswahl der zur Wiedergeburt begnadigten Geister vornahm. Die Auswahl war demnach ein Geschenk des Allmächtigen an die jeweilige Person, doch die Hilfe von Moan und Tschilan bei der Wiederverkörperung war unerläßlich. Ohne diese ständige Verbindung zwischen den Menschen und den Verstorbenen kann die Erneuerung des Lebens nicht stattfinden, und mit der Verringerung der menschlichen Fruchtbarkeit würde sogar die Natur im Jahreslauf nicht auferstehen können. Man glaubte, daß auch der Mais an die Pflege der Totengeister und ihre Wiedergeburt gebunden war wie das Leben aller Tiere und Menschen.

Unter den rückentwickelten Nachfahren der Maya in Yucatan fanden Völkerkundler noch Überzeugungen heidnischer Art, die wahrscheinlich aus dem reichen Schatz der Mayareligion stammen. Einige Einzelheiten sind nennenswert, weil sie auch aus den europäischen und ägyptischen Totenlehren bekannt sind. Diese Indianer glauben, daß die Toten, die keine Hilfe von seiten der Lebenden erhalten, als böse Kräfte wirksam werden, indem sie Krankheiten und andere Strafen über die Lebenden bringen; schwere Sünder irren umher als heftige Winde. Bezeichnend für die Lehre der Eingeweihten ist auch der Glaube, daß man für die Verstorbenen nicht trauern darf, denn die Tränen würden den Weg des Geistes im Jenseits erschweren.[23]

Ebenso haben die Lacandonen einige bemerkenswerte Züge der klassischen Lehren erhalten: Der Geist eines Kindes kann sich gleich nach dem Tode vom Leichnam entfernen und ins Zwischenreich gelangen, da er noch nicht so fest ans Leben gebunden ist; ein Erwachsener hat es da schwerer, bis zu achtzig Tage (die Grundrecheneinheit der Maya war 20) verweilt er in der Nähe seiner Familie und nimmt an deren Leben teil. Die ersten Tage befindet er sich in einem bewußtlosen Zustand, aus dem er durch die Fürbitten der Hinterbliebenen erweckt wird. Das Erwachen kann frühestens am dritten Tag nach dem Tode erfolgen, auch diese Kenntnis ist weltweit verbreitet.[24]

Einen anderen Gedanken habe ich jedoch auch bei den Maya vergeblich gesucht, obgleich ihre ausgeprägte Hinwendung zur Wiedergeburt den besten Ansatz ergeben würde. Ich meine die geistige Fürsorge bei der Geburt eines Kindes. Darüber fand ich weder in Arnolds Übersetzungsversuch des Totenbuches noch in den Berichten der Völkerkundler aus dem Umkreis der Maya-Nachfahren Hinweise. Doch dieser Gedanke ist wichtig.

Hilflos ist der Geist des Menschen den vielen Kräften und Mächten ausgesetzt, wenn er seine Reise nach dem Tode antritt. Darum helfen ihm die Lebenden durch Vorlesen und Gebete, die Richtung einzuhalten, die er sich zu Lebzeiten vorgenommen hat. Dieses Totengeleit ist eine der dringendsten Angelegenheiten bei vielen Völkern gewesen, auch heute wird es nicht völlig vernachlässigt. Etwas anderes aber ist vergessen worden: Das Neugeborene, das aus der anderen Welt gerade in diese Welt eintritt, bedarf sicher einer entsprechenden Hilfe, denn sein Geist, der aus der Leichtigkeit nun in die Enge des Körpers hereindrängt, muß mit genauso großen Schwierigkeiten kämpfen wie der Geist des Sterbenden, der sich vom Körper löst. Der neugeborene Mensch steht in geistiger Hinsicht auf sehr hoher Stufe, vielleicht auf der höchsten, die er in seinem irdischen Leben erreicht. Wiederum ist die Zielsetzung das dringendste Problem.

Aber gerade dieser Punkt ist in den meisten Totenbüchern übergangen worden; auch die Tibeter rechnen ja mit der menschlichen Schwäche, wie die Maya, und richten eindringliche Bitten an den Geist, der sich zur Wiedergeburt anschickt: Er möge bei der Wahl seiner neuen Heimat größte Sorgfalt walten lassen, also eine Familie und ein Land wählen, wo für seine religiöse Erziehung auf das Ziel der Erlösung hin gesorgt wird. Dennoch sind keine Riten bekannt, die bei der eingetretenen Wiedergeburt – und jede Geburt ist ja eine Wiedergeburt – als Hilfe für die Einkörperung wirken.

Nur in einigen Volksbräuchen und Märchen hören wir davon, so zum Beispiel bei den Eskimos und Kalasch, wo die Namensgebung von größter Wichtigkeit ist, da der wiedergeborene Geist an seinem Namen erkannt wird. Nur durch den richtigen Namen und dessen häufige Nennung gelingt es dem Geist, sich in seinem neuen Körper wohl zu fühlen.[25]

Unsere heutige Art der Namensgebung, die Taufe, kann unter diesem Blickwinkel nicht als Einkörperungshilfe gelten, denn sie bezweckt die Aufnahme des Kindes in die Gemeinschaft der Gläubigen und entspricht damit einer Einweihungshandlung, ist also eine Vorwegnahme des Todes und damit vorbeugende Sterbehilfe.

Dennoch haben unsere Vorfahren vermutlich bei der Namensgebung auch Riten zur Erleichterung der Einkörperung durchgeführt, denn in einigen Märchen ist von den Feen die Rede, die an die Wiege des Neugeborenen treten und seinen Schicksalsweg festlegen mit Sprüchen und Segenswünschen.[26]

## 6. Das Begleitopfer

Bei einem schriftlosen Volk der Neuen Welt, den Indianern Nordamerikas, finden wir wiederum andere Gesten angesichts des Todes. Der Sioux-Häuptling Büffelkind Langspeer berichtet[27] aus seiner Kindheit von den Sitten seines Stammes folgendes: Wenn ein Indianer seinen Tod kommen spürt, stimmt er sein Sterbelied an und stirbt singend. Erst wenn er tot ist, beginnen die Frauen ihre Klage. Dann bemalen sie sich die Gesichter schwarz und hakken sich einen Finger ab oder schneiden sich mit Messern Wunden in die Oberschenkel. Die abgeschnittenen Finger werden in einen Topf geworfen, was weiter damit geschah, erzählt der Häuptling leider nicht, auch einen Grund dafür gibt er nicht an. Er fährt fort:

«Es war Sitte bei uns, die Toten rasch zu bestatten und das Sterbezelt zu verbrennen, sobald der Tote zur Beerdigung hinausgetragen war. Dies geschah, um die bösen Geister, die den Tod verursacht hatten, daran zu hindern, sich lange im Lager aufzuhalten.

Darum wurde früh am Morgen schon der Leib von Weißer-Hund in seine schönsten Festgewänder gekleidet und auf einer großen Anzahl von Häuten und Büffelfellen aufgebahrt. Seine Flinte und sein bester Bogen und Pfeil wurden zerbrochen und neben ihn gelegt – sie wurden zerbrochen, damit sie auch «sterben» und ihre Geister ihn nach den Jagdgründen begleiten konnten. Alle Gegenstände, die er am liebsten hatte, wurden neben ihn gelegt, und das ganze mit Fellen und Häuten fest umwickelt und dann mit Rohlederriemen fest verschnürt.»

Bevor der Tote dann auf einem hohen Punkt in der Prärie verlassen wurde, nahmen die Indianer das Lieblingspferd des Verstorbenen und führten es an die Leiche heran, um es dort zu erschießen. Sicher ist die Seele des Pferdes als Begleiter ausersehen worden.

Der Brauch des Begleitopfers muß uralt sein, schon in Lepenski Vir lagen Tierschädel als Totenbegleiter in den Gräbern. In eindrucksvoller Weise wird dieser steinzeitliche Brauch bis heute von einigen Volksstämmen ausgeübt.

Am ursprünglichsten erleben wir es bei einem urwüchsigen Volksstamm im Süden Indiens, den Todas in den Blauen Bergen, die nur wenig von den Wirren der letzten fünf Jahrtausende berührt wurden. Der ganze Reichtum dieses kleinen und glücklichen Völkchens besteht in Büffeln, die aber nicht geschlachtet werden, denn auch die Todas achten im allgemeinen das indo-arische Gesetz des Nicht-Tötens. Sie sind Vegetarier und leben hauptsächlich von der Milch ihrer Büffel. Um so mehr muß man staunen, wenn man erfährt, wie sich die Trauerfeiern bei ihnen abspielen. Es gibt einen anschaulichen Bericht von einem Augenzeugen, Erwin Drinneberg, der in den zwanziger Jahren dieses Jahrhunderts bei den Todas war und eine Feier miterlebte, bei der etwa 70 Menschen anwesend waren. «Viele Stammesgenossen, Frauen und Männer der übrigen umliegenden Clans, sind zu dieser Bestattungsfeier weit über die Berge gewandert, und nun sitzen sie in malerischen Gruppen auf den Hügeln, um die Zeremonie des Trauerns und Betens mit rhythmischem Gegeneinanderstoßen des Kopfes einzuleiten. Während die Frauen mit monotonem Singsang die Feier begleiten, sind die Männer damit beschäftigt, die Vorbereitungen zum Bestattungsakt in die Wege zu leiten. Der in Tücher gehüllte Tote wird in einer kleinen Hütte untergebracht, und alle möglichen Gegenstände, die ihn auf seiner Reise ins Jenseits begleiten sollen, werden in seiner Nähe niedergelegt. Nahe bei der Hütte ist man damit beschäftigt, einen Scheiterhaufen aufzuschichten... Nun beginnt die Ehrung des Verstorbenen, der aus der Hütte herbeigeholt wird, und dessen Körper man mit Erde und Asche bestreut.

Plötzlich wird die feierliche Ruhe durch ein wildes Schauspiel unterbrochen. Man schleppt einen dieser halbwilden Büffel herbei. Es ist einer der stärksten Bullen der Herde, der unter großer Mühe draußen von den Weideplätzen auf den Hügeln eingefangen wurde und nun dem Toten geopfert werden soll. Zwischen den athletischen Eingeborenen und dem wütenden Tier erhebt sich jetzt ein wilder Kampf. Einige der stärksten Männer versuchen den sich heftig wehrenden Büffel bei den Hörnern zu fassen, um ihn niederzuringen und ihm den tödlichen Schlag zu versetzen.

Gelingt es dem Tier, sich zu befreien, so wird aus dem feierlichen Bestattungsakt eine wilde Szene, die einem Stierkampf gleicht. Ich habe früher einem Totenopfer beigewohnt, in dessen Verlauf das durch den Axthieb verwundete Tier wütend seine Peiniger annahm und einen von ihnen mit fürchterlicher Wucht in die Luft schleuderte. Wenn der Büffel getötet ist, bringt man den Leichnam mit seinem Körper in Berührung, denn erst durch diese Handlung wird die Seele aus dem Körper des Toten befreit. Und nun beginnt die unruhevolle Wanderung dieses Geistes in das Reich jener phantastischen Welt der Götter und Dämonen, deren Gnade durch die Gebete der Trauernden erfleht wird. Nach Sonnenuntergang übergeben die Männer unter dem Klagegesang der Frauen den Leib des Verstorbenen der schwelenden Glut des Scheiterhaufens. So feiern die Todas den Tod des Körpers und das Weiterleben seiner Seele, die nun dazu bestimmt ist, im Leibe irgendeines anderen sichtbaren oder unsichtbaren Wesens, eines Dämonen, eines Tieres oder eines göttlichen Wesens, weiterzuleben.»[28]

Aus der Beschreibung des Stierkampfes geht hervor, daß dies wahrlich kein Spaß ist, sondern echter Kampf, und daß die Notwendigkeit des Opfers sehr groß sein muß und tiefeingewurzelt, sonst würden diese friedlichen Menschen sicher nicht den gefahrvollen Stierkampf auf sich nehmen und auf so grausame Weise ihren einzigen Reichtum verringern. Sicher glauben sie, daß der Verstorbene ohne die begleitende Seele des gleichzeitig sterbenden Stieres auf seinem schweren Weg im Jenseits verloren wäre. Trotz ihrer äußerlichen Brutalität zeigt diese Einstellung zum Tode eine hochentwickelte Kenntnis vom Geist, wie man sie bei einem schriftlosen Volk auf steinzeitlicher Kulturstufe kaum erwarten würde.

In Indien gibt es allerdings noch weit eindrucksvollere Opferhandlungen, die diesen Glauben widerspiegeln: Satti – die Hingabe der Hindufrau, die ihrem Gatten in den Tod folgt, indem sie seinen Scheiterhaufen lebend besteigt; aus dem Tieropfer ist die freiwillige Handlung eines Menschen geworden.

In der Frühgeschichte der Hochkulturen begegnen wir diesem Akt häufig. Bei einigen Fürsten wurde das Mit-auf-den-Weg-Nehmen zu einer derartigen Besessenheit, daß ihre Gräber wahre Massengräber genannt werden müssen. Hunderte von Seelen folgten dem Herrscher in den Tod: die Frauen und engsten Freunde, sogar Fürsten benachbarter Stämme, eine große Zahl Krieger und Sklaven, ferner Gefangene, dazu Pferde und Rinder, schließlich auch Gebrauchsgegenstände vom Wagen und Thron bis zu Bechern und Schüsseln, Schmuck und Waffen – wahre Schätze.

So war es Sitte bei einigen Stadtkönigen von Ur im Zweistromland, so auch bei den frühen Griechen in der von Homer beschriebenen Epoche, so bei den Skythen in ihrem goldenen 5. Jahrhundert vor unserer Zeitrechnung, so bei Kelten und Goten noch zu Beginn ihrer Geschichte. Und doch muß dieser Aufwand in den Augen jener Zeitgenossen gerechtfertigt gewesen sein, denn wie man aus der Lage der Skelette der Begleiter schließen kann und auch aus den Heldenliedern und Inschriften weiß, sind die Begleiter nicht etwa geopfert oder zur Todesfahrt gezwungen worden, sondern freiwillig mit ihrem Fürsten ins Grab gegangen. Man kann höchstens annehmen, daß sie vorher einen berauschenden Trank zu sich nahmen – in Mykene zum Beispiel ein Gemisch aus Mohn und Wein –, doch das ändert nichts an der Grundhaltung dieser Todeswilligen: sie starben mit ihrem verehrten Herrscher aus freiem Entschluß. Darum dürfen wir noch einen zweiten Wesenszug aus diesen Todesfahrten herauslesen: nicht nur der Herrscher wurde durch seine Begleiter auf der Jenseitsreise beschützt und bedient, sondern auch die Begleiter zogen ihren Nutzen daraus: sie erreichten die Gefilde der Seligen mit großer Gewißheit, indem sie dem Herrscher folgten, der den Weg kannte, wohingegen sie, wenn sie allein irgendwann sterben würden, vermutlich verloren wären. Und mußten sie nicht auch die Möglichkeit zur Wiedergeburt im gleichen Maße wahrnehmen können wie ihr Führer, wenn sie mit ihm gingen? Sie würden also wieder mit ihrem geliebten Vorbild gemeinsam ins Leben treten und weiter unter seiner Leitung der Vollkommenheit entgegenstreben. Was konnte es Besseres geben für einen Mann, der einen Freund gewonnen hatte, für eine Frau, die sich «unsterblich» verliebt hatte, für einen Gefolgsmann, der seinen Herrn vergötterte, als mit ihm für alle Zeiten verbunden zu sein, alle Wege gemeinsam zu begehen, auch den Weg des Todes und der nächsten Wiedergeburt? Und – so könnte man aus unserer Sicht fragen – was hatten jene Menschen denn zu verlieren? War es vorzuziehen, ein Leben als Witwe zu führen? Oder einem neuen König zu dienen? Oder ohne den Freund auf die Jagd zu reiten und dem Schicksal aller Wesen nachzugrübeln (wie es Gilgamesch so schmerzlich tat)? Eines steht wohl fest: Die Menschen jener Zeit waren von ihrem Weiterleben im Jenseits und der Wiederkehr ins Irdische oder der Aufnahme im Garten der Glücklichen so felsenfest überzeugt, daß sie einen Zweifel daran nicht verstanden hätten.

Damit sind wir dem Sinn des Begleitopfers nähergekommen. Doch was mag der Sinn für das Fingeropfer sein, das ja nicht nur von jenen «wilden» Indianerstämmen, sondern auch von den hochzivilisierten Maya berichtet wird? Sie schnitten ein Fingerglied oder ein Stück vom Ohr oder der Zunge ab, um das Blut und das abgeschnittene Stück den Göttern zu opfern, wenn ein Familienmitglied gestorben war. Eine Mutter, die ihren Sohn verloren hatte, schnitt sich einen Finger ab und legte ihn ins Grab.[29] Auch von den recht zivilisierten Karthagern wird berichtet, daß sie sich verletzten, wenn sie um ihre Toten trauerten. Sicher handelt es sich um eine uralte Sitte, die trotz ihres barbarischen Äußeren einen geistigen Hintergrund haben muß, denn wer schneidet sich gerne einen Finger ab, wenn er nicht überzeugt wäre, daß er damit eine wichtige Handlung vollzieht? Die Sitte des Fingeropfers bestand schon in der Altsteinzeit. In den Pyrenäen und auch in Andalusien gibt es Höhlen[30], an deren Wänden wir Abbildungen von menschlichen Händen finden, sei es als Abdruck oder als Umriß, und denen in auffälliger Weise stets einige Finger oder Fingerglieder fehlen. Auch dort wird die Beziehung zum Tod der Grund für die Selbstverstümmelung gewesen sein, wie ich im nächsten Kapitel noch zeigen werde. Und so erschließt sich nun auch der Sinn der entsprechenden Selbstverletzungen in späterer Zeit aus der Vorstellung des Begleitopfers: Statt mit dem Sohn in den Tod zu gehen, gibt die Mutter ihren Finger mit ins Grab. Das Fingeropfer wird damit zum Ersatz für den Tod. Mehr noch: Dieser Begleiter wird den Geist des Toten führen, so daß er zur Mutter zurückkehrt und in ihr wiedergeboren werden kann. Darum schreibt auch das assyrische Traumbuch: Wenn ein Mensch träumt, er habe ein Fingerglied abgenagt, bis der Knöchel rein wurde, dann wird er ein Kind bekommen. Im Unterbewußtsein lebten das Bild und die Vorstellung vom abgeschnittenen Finger noch lange fort, auch wenn die Handlung selbst nicht mehr durchgeführt wurde und jegliche Erinnerung an diese Sitte verschwunden war.

Am Beispiel des abgeschnittenen Fingers hat einer der feinsinnigsten deutschen Theologen, Nikolaus von Cues, das Wesen der Seele erklärt, als er im «Globusspiel» (1463)[31] schrieb: «Im Körper also ist die ganze Seele in jedem Teile des Körpers, wie ihr Schöpfer in jedem Teile der Welt.» Darauf stellt Herzog Johann die Frage: «Zieht sich die Seele zurück, wenn der Finger abgeschnitten wird?» Worauf der Kardinal zur Antwort gibt: «Keineswegs, sondern sie hört auf, den Finger zu beleben. Sie zieht sich nicht zurück, weil sie nicht von einem Teile des Körpers zum andern übergeht, da sie zugleich in allen und jedem Teile ist.»

Dies leuchtet ein, es läßt mit wenigen Worten die Selbständigkeit der Seele gegenüber dem Körper erkennen. Vermutlich ging es um dieses Erkennen, um eine Befreiung des Geistes, einen Todesersatz, wenn das Fingeropfer ausgeführt wurde. Es war nicht Ausdruck des Schmerzes, wie manchmal vermutet wurde, sondern Begleitopfer mit der Bitte um Wiedergeburt des geliebten Angehörigen.

Denn dies war ein Tabu bei vielen Völkern: Im Angesicht des Todes durfte man nicht trauern; Tränen zu vergießen für einen Verstorbenen galt als sinnlos, darum unwürdig.

Im Gegenteil, die meisten Völker haben angesichts des Todes eine heitere Haltung eingenommen. Sie entsprang nicht so sehr aus einer Verachtung des irdischen Lebens, sondern aus der Kenntnis des Weges, den die Seele nach dem Tode begehen wird. Und dabei sind ihr trauernde Hinterbliebene ein Greuel. Die Edda lehrt, daß der tote Helgi in seiner Grabesruhe durch die Tränen der Sigrun gestört wird. Noch ausdrücklicher klingt es im Märchen «Das Totenhemdchen»[32]: Weil die Mutter um ihr verstorbenes Kind trauert, muß das Kind nachts umgehen, es kann keine Ruhe finden. Wie in frühchristlicher Zeit trägt das Kind nach römischer Sitte ein Hemd am Leibe und einen Kranz auf dem Kopf. Durch die Tränen der Mutter wird das Hemd des Kindes immer aufs neue durchnäßt, bis das Kind der Mutter davon erzählt. Da hört sie auf zu weinen und fügt sich, wodurch das Hemd trocknet und das Kind Ruhe in seinem Grabe findet.

So galt bei diesen Völkern, die weniger einer Auferstehung in den eigenen Kindern, sondern mehr der persönlichen Wiedergeburt entgegensahen, der Tod in der Jugend als Gnadenbeweis des Himmels: «Wen die Götter lieben, den holen sie jung heim», sagten die heidnischen Griechen und ihre geistigen Erben, die deutschen Romantiker. Das schönste Beispiel für diese aufrechte Haltung beim Tode eines Kindes ist der Trostbrief, den Plutarch an seine Frau schrieb, in dem er etwa sagt: Erinnere dich an die von unseren Ahnen überlieferte Lehre und die geheimen Sinnbilder

der Dionysosfeier, in die wir beide eingeweiht wurden, dann weißt du, daß wir für verstorbene Kinder nicht trauern und nicht opfern sollen, denn ein Kind hat sich ja in seinem Leben hier noch so wenig verunreinigt, daß es den Weg in die Seligkeit leichter findet als einer, der hier alt geworden ist und dadurch mit heftigem Verlangen am Leben hängt und mit Fehlern beschwert ist.[33]

Obgleich wir zunächst nur wenig über unsere Vorfahren wußten, ist doch durch Archäologen und durch Übersetzungen aus arabischen Berichten inzwischen ein gutes Bild unserer Ahnen entstanden. In seinem Buch über die Nordgermanen gibt Eric Graf Oxenstierna eine anschauliche Beschreibung von der Art, wie sich ein Bestattungsritual bei den Germanen abspielte:

Ein Begräbnis bei Warägern im zehnten Jahrhundert.

Der Araber Ibn Fadlan[33a] aus Bagdad, der im Jahre 921 als Botschafter des Chalifen Muktadir die Bulgaren an der Wolga besuchte, beschrieb das Begräbnis eines «Russen», also eines Germanen aus Schweden, die damals noch nicht zum Christentum übergetreten waren. Die malerische Szene spielte sich am Ufer der Wolga ab, wo sich die Waräger, die als Kaufleute zwischen Byzanz und der Ostsee verkehrten, gelagert hatten. Der Tote wurde in einem großen Boot aufgebahrt, mit Kissen und kostbaren Stoffen, in Gewänder aus Seide und Brokat gehüllt, mit allen Waffen und Schmuck versehen. Brot und Fleisch, Zwiebeln und alkoholische Getränke, duftende Blumen und frische Früchte legte man ihm an die Seite. Dann wurden nacheinander ein Hund, ein Paar Pferde, Stiere und ein Hahn und eine Henne geschlachtet und zerlegt. Die Fleischstücke ordnete man um den Toten herum an. Eine Besonderheit ist anzumerken: Die beiden Pferde wurden wild geritten, bis ihnen der Schweiß ausbrach, bevor man sie opferte; dadurch wurde ihr Lebenswille aufs äußerste hervorgerufen und konnte dem Toten im Jenseits am meisten von Nutzen sein. Das Opfer von Hahn und Henne läßt an eine Fruchtbarkeitszeremonie denken, die vielleicht im Hinblick auf die künftige Wiedergeburt vollzogen wurde.

Anstelle der Ehefrau gab man dem toten Mann eine Sklavin mit, die ihm ordentlich vermählt wurde. Sie tat dies aus freien Stükken, wie der Araber erstaunt berichtet, «und voller Freude». Zwei

Mädchen dienten ihr den ganzen Tag, wuschen sie am Fluß und begleiteten sie überallhin. Die Sklavin war nun eine Freigelassene, trank nach Herzenslust, sang und freute sich auf ihre «Reise». Mit einem Dolch gab sie sich den Tod.

Um das Boot herum stand eine große Anzahl hölzerner Figuren in Gestalt von Menschen, vielleicht ebenfalls Ersatz für Begleiter aus dem Kreise der Freunde des Toten. Nun wurde das Boot, das auf Holzpfählen stand, angezündet, und alles verbrannte im Nu. An dieser selben Stelle am Flußufer schichtete man einen Hügel aus Erde auf und steckte in die Mitte einen Buchenstamm, auf den der Name des Toten und seines Königs geschrieben wurde.

Durch zahlreiche Ausgrabungen an Wolga und Dnjepr (berühmt ist die von Smolensk 1949) wurden die Aussagen dieses arabischen Reisenden bis in Einzelheiten bestätigt.

In Lepenski Vir vor siebentausend Jahren war die Ehe schon eine hochgeschätzte Einrichtung, wie aus den Gräbern hervorgeht – Mann und Frau wurden gemeinsam bestattet. Seit frühester Zeit hielten die indoeuropäischen Völker Mann und Frau für ebenbürtige Seelen, wie aus allen ihren Überlieferungen hervorgeht. Am besten haben die Parsen – die Anhänger der Religion Zarathustras – die Gleichberechtigung bis heute erhalten. Bei den alten Iranern war die Ehe dermaßen überbetont, daß es außerhalb dieser kein Heil gab: Wer als Junggeselle starb, so glaubten sie, muß an der Brücke, die über den Abgrund zur Erlösung führt, warten bis zum allgemeinen Weltgericht. Denn durch die Ehe und die Kinder erklimmt der Geist den steilen Weg zur Vollkommenheit.

Mittelmeerische und orientalische Einflüsse konnten die Stellung der Frau bei den nach Süden gezogenen Indoeuropäern zunächst nur wenig antasten. Die Griechin der klassischen Zeit nahm an allen religiösen Weihen teil und übte auch heilige Pflichten aus; sie war Priesterin, besonders an den Orakelstätten. Die Sprüche der Pythionissen von Delphi waren bindend für alle Hellenen.

Auch die Römerin blickte auf eine lange Vergangenheit der Gleichberechtigung zurück. Nach dem 15. Januar feierte sie das Fest[34] der «Thegäischen Mutter». Da diese Göttin (nach alter indoeuropäischer Sitte) das Töten der Tiere verbot, durfte die Römerin an diesem Festtag kein Lederzeug tragen, das sichtbare Zeichen der fleischessenden Menschen. Zwar waren die Frauenrechte, die diese Göttin einst schützte, in Rom weitgehend abgeschafft, zum

Beispiel das Recht auf Abtreibung oder die Berechtigung zum Wagenführen, doch blieb mit der Verehrung dieser Herrin der Frauenrechte manche andere Sitte noch lange bestehen.

Auch bei uns lebt die Erinnerung an die Gleichheit von Mann und Frau fort. In den Märchen wählt die Prinzessin ihren Gemahl selbst aus der großen Zahl der Freier. Man erzählt, daß den Germanen der Steinadler als Vorbild galt, weil bei diesem stolzen Vogel die Männchen und Weibchen in beispielhafter Treue zusammenleben und manchmal ein Adler auch dann keinen neuen Ehepartner sucht, wenn sein Gemahl gestorben ist. Unser Wort Ehe bedeutete soviel wie «ewig» und weist darauf hin, daß der Ehebund als Vereinigung über den Tod hinaus gewertet wurde. Die in Liebe und lebenslanger Gemeinsamkeit verbundenen Personen verschmolzen zu einer einzigen.

In gleicher Weise haben die Hindus die Einehe zum Gesetz erhoben und jahrtausendelang gehalten. Bei ihnen wurde die Ehe zum Inhalt der Religion selbst, so daß es außer dem Glück der ehelichen Liebe und der Fruchtbarkeit keine weiteren Werte gibt. Daraus entsprang das Verlangen der Frau, ihrem toten Ehemann auf den Scheiterhaufen zu folgen, das erst unter dem Druck der englischen Kolonialherrschaft allmählich ausgetilgt wurde. Vom Gesichtspunkt der Erlösung des Geistes hat diese erstaunliche Willensanstrengung ihren hohen Sinn. Die Schwierigkeiten des Witwenstandes erschienen dem zurückbleibenden Partner sicher nur als das kleinere Übel; viel schlimmer mußte es sein, den Weg ins grelle Licht und zum Gericht ohne den vom Schicksal bestimmten anderen Teil des Ichs zu gehen. Haltlos wie ein abgerissenes Blatt, das der Wind jagt, wirbelte der Geist der getrennten Ehe-Hälften durch das grenzenlose Reich des Zwischenzustandes, unfähig zur Lösung vom Lebenskreislauf.

Seinen vollen Sinn hatte diese gemeinsame Jenseitsreise nur, wenn es auch üblich war, daß der Mann der gestorbenen Frau ins Grab oder Feuer folgte, doch das war schon in frühgeschichtlicher Zeit nicht mehr der Fall. Nur auf einigen Inseln im Indischen Ozean hatte es sich erhalten, wenn man jene Nachricht aus den Erzählungen Sindbad des Seefahrers (in Tausendundeine Nacht) so werten will.

Und in dem Schneegebirge, da fließt ein Brünnlein kalt; und wer das Brünnlein trinket, wird jung und nimmer alt.

*Volkslied aus Schlesien*

# Teil 2: Das Geheimnis

7. Einweihung. Die Einweihung als Vorwegnahme des Todes. Der Kult in den Höhlen und die Rolle des Rauschgifts in vorgeschichtlicher Zeit. Einige Jenseitsbegriffe und ihre Herkunft.

8. Die Entstehung des Schauspiels. Andalusische Felsentheater, Felsbilder und Mumiengräber bilden eine zusammengehörende Kulteinheit. Die Sonne als Sinnbild der Wiedergeburt. Reste des keltiberischen Totenbuches?

9. Das Ägyptische Totenbuch. Die beiden Aufgaben des ägyptischen Totenbuches. Der Sinn der Einbalsamierung.

10. Die bretonischen Triaden. Die heilige Dreizahl. Der Lebenskreislauf. Ein Gottesbegriff.

11. Griechenlands Mysterien. Die Hadesfahrt des Odysseus. Der dionysische Erkenntnisrausch. Die Mysterien von Eleusis. Ein bäuerlicher Einweihungsort.

12. Keltiberische Geheimbünde. Die Kirche im verborgenen.

13. MÄRCHEN. Ein Märchen der Brüder Grimm, das die Wiedergewinnung der erlösenden Lehre beschreibt. Über Alter und Wert unserer «Kindermärchen».

14. DIE SCHEINWELT UNSERER VORFAHREN. Ausschnitte aus der Edda, dem Muspili und dem Heliandslied.

## 7. Einweihung

Die Angst vor dem Tode ist nichts anderes als die Angst vor dem Ungewissen, schrieb Maurice Maeterlinck in seinem vielgelesenen Buch «Der Tod»[35]. Diese Todesangst konnten unsere Vorfahren überwinden, indem ihnen zur Gewißheit wurde, was sie im Jenseits erwartete. Aber wie hatten sie diese Gewißheit gewonnen? Kann der Mensch denn erfahren, was sich nach dem Sterben mit ihm abspielen wird?

Ganz im Gegensatz zur heute landläufigen Meinung ist das Jenseits keineswegs ein Land, aus dem niemand je zurückgekehrt wäre oder von dem niemand je Kunde gebracht hätte. Die Fahrten in die Unterwelt und die Totenbefragungen gehören zur Geschichte der Menschheit wie die Eroberungszüge und Entdekkungsreisen. Wir wollen uns nun einmal diesen «Reisen» zuwenden, zunächst ohne die Methoden und Ergebnisse «nachzuprüfen». Folgen wir einmal den Lehrern und lassen wir uns einweihen in die Geheimnisse des Lebens und des Todes.

Wir kennen alle die Sage vom kretischen Labyrinth des Königs Minos. Dieses unterirdische Bauwerk mit seinen verschlungenen Gängen und versteckten Kammern hatte der geniale Dädalus als Sinnbild des Lebens gebaut. Es war ein Königsgrab und wurde in ganz Europa in vielen Grabbauten der Bronzezeit nachgeahmt. In Tänzen und Rätseln verherrlichte die Jugend die verschlungenen Gänge der Troya-Burgen, in denen sie den Sinn und die wechselnde Abfolge von Leben und Tod erfuhren. Theseus hieß der Held, der sich in das Labyrinth des Minos gewagt und Ariadne hieß die Prinzessin, die ihn durch ihren Faden daraus errettet hatte. Diese Sage ist ein Sinnbild der Einweihung, das wir heute etwa so ausdrücken würden: Ariadne ist der Schoß, durch den die Wiedergeburt vollzogen wird, ihr Faden ist die Kette der Geschlechter, die sie dazugibt, also ihre Herkunft, ihr Chromosomensatz. Die Errettung aus dem Grabe erfolgt durch den Schoß einer Frau, durch eine neue Geburt. Dadurch ist der verworrene Weg des todgeweihten Lebens zu einem geraden Weg in die Wiedergeburt geworden. In vielen griechischen Sagen verbirgt sich dieses Wissen, das nicht allen Menschen heute mehr verständlich ist, denn die Lehre ist in Bildern verschlüsselt, die den Augen einer nüchternen Welt undurchdringlich erscheinen. Nur diejenigen, die an der Einweihung teilgenommen haben, werden sogleich den tieferen Sinn der Sagen erfassen, die anderen müssen Schritt für Schritt herangeführt werden.

Unter den Resten der germanischen Überlieferung, die in der Edda gesammelt sind, gibt es mehrere Bruchstücke von Einweihungstexten, darunter das hübsche Märchen von Swipdagr, das als Brautwerbung dargestellt ist. Sicher wurde die Brautsuche auch bildlich vorgeführt als ein Hüpfen durch die verschlungenen Gänge eines Irrgartens: Ausdruck der menschlichen Suche nach dem Sinn des Lebens.

Und dies ist der Inhalt des zweiteiligen Liedes: Der Jüngling Swipdagr (= Schwingender Tag) erhält den Auftrag, seine ihm versprochene Braut Menglöd (= die des Goldes Frohe) zu suchen, doch niemand hat diesen Weg bisher begangen. Darum geht der Jüngling zuerst zum Grabhügel seiner Mutter (oder Ahnin) Groa und ruft die Tote heraus. Dies hat Groa selbst zu ihren Lebzeiten schon als Sitte gehalten, daß man die Toten befragen könne. Groa erscheint am Eingang des Grabes und spricht – auf einen Stein gestützt – die zauberkräftigen Worte, die dem Jüngling helfen werden, seine schwere Aufgabe zu lösen. Da die Gewinnung der Braut gleichbedeutend mit der Überwindung des Todes ist, wie wir noch sehen werden, erfahren wir hier also die «Methode», mit deren Hilfe der germanische Mensch das Wissen gewann, das zur Überwindung des Todes befähigt: die Totenbefragung.

Von den neun Zaubersprüchen der Groa gegen Flüsse und Feinde, Fesseln und Frost will ich nur am Rande den einen erwähnen, der sich auf das Umgehen der Totengeister bezieht: «Nimmer soll in Not dich bringen eines toten Weibes Trug.»[36] Auch davor also fürchteten sich unsere Vorfahren!

Im zweiten Teil des Liedes wird die Erfüllung der Aufgabe erzählt. Menglöd wohnt in einer Burg, die flammenumgeben am Rande der Welt liegt – wie in allen germanischen Sagen und Märchen – und die von Fjolswid (= dem Vielgewandten), einer Verkörperung des Gottes Odin, bewacht wird. Furchtlos beginnt der Jüngling sofort ein Streitgespräch mit dem Wächter, ohne sich selbst zu erkennen zu geben. Was der Wächter ihm mitteilt, genügt schließlich, um die Braut zu gewinnen. Dieses Streitgespräch ist sehr aufschlußreich, es enthält die gesamte Geheimlehre der Germanen. Hören wir, was der Vielgewandte dem Jüngling erklärt:

Die Pforte, vor der er steht, ist die gefährlichste von allen Türen im Reiche der Götter; sie erschreckt den Wanderer wie Donnergetöse, und wer sie aus den Angeln heben will, wird von ihr in Fesseln geschlagen. (Im Sigurdslied heißt es: Die Tür zur Unterwelt schlägt hinter dem Durchgehenden so schnell zu, daß sie fast seine Fersen abschneidet.) Das ist der Todesaugenblick, hinter der Pforte liegt das Jenseits, in das der Jüngling eindringen will. Die Mauer, von der es umgeben ist, heißt der Lehmleib; sie wird solange bestehen wie die Welt, denn sie ist ein Abbild der groben Materie, die den Geist umfängt. Der riesige Baum, unter dessen Schatten sich dies alles abspielt, ist der Lebensbaum, von dem kein Mensch weiß, aus welcher Wurzel er wächst. Er ist ein Sinnbild für die «Zeit», das Vergängliche; er bringt selbst das Leben hervor, seine Früchte sind die Geburtshelfer der Menschen. Weder durch Feuer noch noch durch Stahl kann er gefällt werden, denn er ist das Leben selbst, das immer wieder neues Leben hervorbringt. (Einmal in ferner Zukunft wird auch er gestürzt werden, doch das gehört nicht zu unserem Thema; die Lehren vom Schicksal der Verstorbenen und vom Weltende sind hier – wie in allen Sagen dieser Art – miteinander vermengt; ich habe sie säuberlich getrennt, denn über das Weltende werde ich in einem anderen Buch schreiben.) Hoch oben im Geäst des Baumes sitzt der golden glänzende Hahn, den es zu erlegen gilt. Dazu ist nur eine einzige Waffe geeignet, und diese hält eine Riesin in ihrer Truhe verschlossen. Demjenigen, der ihr die Schwanzfeder des Hahnes als Gabe bringt, händigt sie die Waffe aus, die man zur Erlegung des Hahnes braucht. Wer den Hahn töten will, muß also vorher schon eine Feder von ihm besitzen, also ihn schon gefangen haben. Damit ist die Einweihung deutlich beschrieben: Nur wer den Tod schon geschmeckt hat, zumindest andeutungsweise, kann ihn wirklich bestehen. Der Hahn ist ein Gleichnis für das Vertrauen, das die Menschen seiner Wachsamkeit entgegenbringen. Dieses völlige Vertrauen zu erringen durch Selbstaufgabe, darin besteht die Tugend, die die Wachhunde an der Todespforte gefügig macht. (Also muß jeder, der die Todespforte durchschreiten will, den beiden Wachhunden den Hahn vorwerfen, damit sie ihn hindurchlassen.) Und die Riesin ist natürlich Hella, dic Herrscherin der Unterwelt. Jene Waffe, die sie aufbewahrt, ist ein treffender Zweig, den der listige Gott des Unheils am Tor zum Totenreich brach, also ähnlich wie der Mistelzweig eine Giftpflanze, die bei richtiger Anwendung einen scheintodähnlichen Zustand bewirkt, in dem die Erkenntnisse über das Jenseits gewonnen wurden. Dazu war bedingungsloses Vertrauen nötig.

Der flammenumgebene innere Saal der Burg dreht sich auf der Spitze eines Speeres, wie die Sonne. Nur vom Hörensagen kennen die Menschen dieses Geheimnis, erklärt der Wächter dem Jüngling, doch behält er die Deutung für sich. (Ich habe dieses Bild, das auch im Runenlied Odins angedeutet wird, nicht voll durchschaut.) Im inneren Saal wohnt Menglöd, der Lohn des Helden nach seiner gefahrvollen Fahrt. Der Berg heißt darum Berg des Heils oder der Erlösung. Dort wohnen die Dienerinnen der Menglöd, die den Menschen helfen und ihr Schicksal zum Guten führen. Aber wer wird Menglöd gewinnen?

Schließlich stellt Swipdagr diese entscheidende Frage und erfährt als Antwort vom Wächter, daß nur Swipdagr, er selbst also, für dieses Glück ausersehen ist. Da gibt sich der Held zu erkennen, und sogleich öffnen sich – wie von selbst – die Türen des Hauses, die Hunde umwedeln den Eintretenden, und Menglöd empfängt ihn mit großer Freude. Von nun an wird nichts mehr das Glück dieser beiden stören können.

Die Überwindung des Todes gelingt demjenigen Menschen, der seine eigene Bestimmung erkennt. Die Erleuchtung kommt urplötzlich, ohne eigenes Verdienst – wenn man nicht das Vertrauen, die Selbstaufgabe, als Verdienst ansehen will –, und wird dem Auserwählten wie ein Geschenk des Himmels zuteil. Die unerschütterliche Liebe des Burschen zu seinem Mädchen, des Menschen zur Wahrheit, ist die Kraftlinie, auf der sich die plötzliche Eingebung einstellt. Indem der Jüngling seine Bestimmung erkennt, erfährt er die Verkettung von Leben und Tod, die ohne Unterlaß miteinander abwechseln, und wird befähigt, beides zu überwinden.

Einweihung bedeutet also: den Tod kennenlernen, ohne wirklich zu sterben; man könnte auch sagen: den Tod spielen.

Schon vor einem halben Jahrhundert wußte man, daß die prachtvollen Felsmalereien in den französischen und spanischen Höhlen keine Wohnraumdekoration waren, sondern Altarbilder und Grabschmuck, doch die weitere Deutung war offengeblieben. Sollte man in den Stieren und Pferden die mythischen Ahnen erblicken oder die Fruchtbarkeitsgötter der wichtigsten Jagdtiere? Daß alle späteren Felsbilder – mindestens seit der Jungsteinzeit – in überwiegender Zahl zum Totenkult gehören, konnte nicht mehr bezweifelt werden. Doch in den altsteinzeitlichen Höhlen fand man nur selten Gräber, und diese wenigen hatten keine erkennbare Verbindung zu den Malereien. So blieb nur eine Deutung für diese Kunstwerke wahrscheinlich: Sie gehören zu Kulthandlungen bei der Einweihung, vor allem bei der Jugendweihe. Man vermutet, daß die Heranwachsenden in den Höhlenheiligtümern in die religiösen Geheimnisse des Stammes oder Kultverbandes eingeweiht wurden. Die vielen Handabdrücke oder umsprühten Hände an den Felswänden wären dann als die «Unterschriften» der Teilnehmer, die verewigten Mitgliedermarken, anzusehen. An allen Händen fehlen Fingerglieder, weshalb man annehmen muß, daß diese als Opfer dargebracht wurden, sei es als Mutprobe oder als Erkennungszeichen oder – wie ich schon in anderem Zusammenhang erklärte – als Todesersatz, was sehr gut zur Vorstellung der Einweihungsfeier paßt. Ein schönes Märchen der Brüder Grimm, «Die sieben Raben» hat dieses Motiv[37] überliefert: Ein kleines Mädchen will in den Glasberg gelangen, um seine zu Raben verzauberten Brüder zu erlösen. Als Schlüssel zur Pforte des Glasberges dient ein Hinkelknochen, den der Morgenstern dem Mädchen geschenkt hat. Doch es hat sein Geschenk auf dem weiten Wege dorthin verloren und nimmt als Ersatzschlüssel seinen eigenen kleinen Finger, den es beherzt mit dem Messer abschneidet. Damit kann es die Tür zum Inneren des Berges öffnen und durch sein Eintreten die Brüder vom Zauber befreien.

Alle Sinnbilder dieses Märchens stammen aus der Sprache der Einweihungskulte. Der Glasberg mit seiner verschlossenen Pforte steht für das Geheimnis des Todes, er stellt die Erde mit ihren inneren Räumen wie eine Höhle dar. Der Morgenstern ist der Einweihungsführer, der Weisheitsbote und Kulturbringer. Die Verwandlung in Raben bezieht sich auf den Glauben an die Kette der Wiedergeburten, die ja auch durch die anderen Wesen der Natur verläuft; nach germanischer Vorstellung waren besonders die Raben dazu ausersehen, die Geister der Menschen zu verkörpern. Und das Mädchen, das durch sein Opfer das verlorene Geschenk ersetzt, ist ein Abbild der Einweihungslehre, die den Gläubigen zuteil wird.

Das Märchen beschreibt also einen vorgeschichtlichen Zustand, der aber dennoch schon eine zweite Stufe war: Eine Religion mit festgelegter Lehre hat sich herausgebildet als Ersatz für das unmittelbare Verständnis, das den Menschen vorher – durch den «Morgenstern» – geschenkt worden war. Das Opfer, das im Abschneiden eines Fingers bestand, machte zum Eingeweihten und Erlösten jeden, der an dieser Feier in der Höhle teilnahm.

Vom Kult in den Höhlen gibt es noch manche schöne Zeugnisse, wie zum Beispiel die beiden aus Lehm geformten Reliefs von Stieren in der Höhle Tuc d'Audoubert (Ariège) in Frankreich, deren Alter auf rund 15000 Jahre geschätzt wird. Sie waren für eine einmalige Feier geschaffen; «um die Skulpturen finden sich, hart geworden, die Fußspuren der Teilnehmer am Kulte, sie gingen nur auf den Hacken, wie Einhufer gehen. Die Spuren führen zu Phallusgebilden am Rande der Höhle. Das Feuersteinmesser, mit dem die Skulpturen gearbeitet worden sind, stak bei der Entdekkung im Jahre 1912 noch zwischen den Stalagmiten an der Seite des Kultplatzes», schrieb Herbert Kühn.[38] Menschen, die in Stierfelle gehüllt und wie Huftiere um die Lehmfiguren schreiten – so kann man sich diese Szene vorstellen, bei der die Erlösungswilligen in den geistigen Zusammenhang zwischen Tötung und Fruchtbarkeit eingeweiht wurden.

Vielleicht konnte jeder Jäger malen und formen, vielleicht aber war es Aufgabe eines geistigen Führers, eines Schamanen, in dem sich die Begabung dazu gezeigt hatte. Die Einweihung war ja nicht ganz ungefährlich, denn hierbei durchdrangen sich die beiden Welten gegenseitig: Einerseits unternahm der Schamane (und mit ihm die Gruppe) eine Reise in die geistige Welt, eine Jenseitsfahrt, die den Tod vorwegnimmt, und andererseits ließ der Schamane die Geister in sich eindringen, er wurde besessen von ihnen, ergriffen von fremden Geistwesen. Um das zu überstehen, brauchte man eine gewisse Technik, die in Atemdisziplin und der Zubereitung von Rauschmitteln bestand.

Die Regelung des Atems bedeutet für alle Erkenntnissuchenden eine Möglichkeit zur Erfüllung ihrer Sehnsucht. Durch rhythmisches Atmen und Atemanhalten, reguliert durch Trommeln,

Glocken oder Merkverse, erlangt der Geist einen neuen Zustand, in dem sich eine andere Weltschau einstellt. Denn Atem und Seele sind im Grunde eins.

Leichte Gifte fördern die Bereitschaft des Geistes zu neuen Einblicken. Die Griechen bevorzugten Lorbeerblätter, deren Rauch sie einatmeten. Bei den Kalasch im Hindukusch werden Wacholderzweige aufs Feuer geworfen und verglüht, denn ihr betäubender Geruch versetzt den «Seher» in Trance. Auch unsere Vorfahren hielten diesen Baum heilig, wie sein Name sagt, der «Weihe-Holler» lautete. Die Indianer rauchten Tabak zum Beginn ihrer heiligen Handlungen. Es gibt einige Anzeichen dafür, daß auch die Ägypter und Iberer schon den Tabak kannten. In Ägypten wurde Tabak bei der Mumifizierung der Toten verwendet und sicher auch als Heilmittel; ob sie ihn rauchten, ist nicht bekannt. Von den Iberern kann man schon eher annehmen, daß sie Tabak rauchten, denn man fand eine typische Pfeife aus gebranntem Ton in einer römischen Villa bei Tarragona (sie liegt heute im Museum dieser Stadt), und auf den Balearen wuchs eine Tabaksorte, die von den in der Neuzeit aus Amerika eingeführten Sorten verschieden ist. Vielleicht brauchte man diesen Tabak auch nur zum Mischen mit den Blütenblättchen des Hanf (des Kif, wie die Berber sagen), denn ohne Tabak – und zwar eine bestimmte alte Tabaksorte, die heute nur noch in Marokko wächst – ist der Kif «ungesund». Die Hanfpflanze war über Nordafrika, Europa und Indien bis China verbreitet; viele Völker wußten um ihre erfahrungserweiternde Wirkung.

Auf Keilschrifttafeln des Zweistromlandes fand man – in einer Liste der Heilkräuter – den Namen Quunabu, der deutlich mit dem lateinischen Wort Canabis und unserem Wort Hanf wie auch mit der indischen Bezeichnung dieser Pflanze, Gandschr, zusammenhängt.

Eines der ältesten Gifte zur Entspannung des Körpers und Erhebung des Geistes ist der Weihrauch. Sein Grundbestandteil, das Harz eines Terebinthe-Strauches, wird seit Jahrtausenden in Südarabien und Somaliland gesammelt und in fast alle Kulturländer der Alten Welt gebracht. Die Hebräer der salomonischen Zeit kauften es unter dem Namen Lebana, die Griechen nannten es Olibano und die Römer Ladanum. Noch heute verwendet die katholische Kirche es in einem bestimmten Teil der Messe. Ein anderer Weihrauch ist das Kopalharz, das die Mayas in ihrer Spätphase bei rituellen Handlungen tonnenweise verbrauchten. In China sind noch heute die Tempel in betäubenden Weihrauch gehüllt.

Etwa langsamer wirken Gifte, die man durch den Magen aufnimmt, doch auch sie können rauschartige Zustände mit Bewußtseinserweiterung hervorrufen. In den ältesten heiligen Schriften der Menschheit ist schon von berauschenden Getränken die Rede, die beim Gottesdienst verwendet wurden: Wein und Met, Soma und Pilzextrakte.

Mindestens seit Noahs Zeit spielt der Wein im Orient eine große Rolle und begleitete die sakralen Handlungen von Königen und Priestern. In Europa war ein anderes Rauschgetränk beliebt, das aus Getreide gebraut wurde, unserem Bier vergleichbar; man süßte es mit Honig und trank es warm: Met. In der frühen Bronzezeit lebte in Europa eine durch gemeinsame Kulturmerkmale geprägte große Menschengruppe, die man heute als die «Becherleute» bezeichnet, denn sie nahmen ihre Trinkbecher mit ins Grab. Als Erklärung dieses seltsamen Brauches könnte man angeben, daß sie glaubten, der Becher, der ihnen schon im hiesigen Leben den Weg ins Land des geistigen Glücks gezeigt hatte, werde diesen Dienst auch im Jenseits tun.

Jedenfalls steht fest, daß man sich früher nicht aus Freude oder Laster betrank, sondern um religiöse Erfahrung zu sammeln. Man tat dies gemeinsam unter Anrufung einer Gottheit (noch heute haben wir die Trinksprüche als Erinnerungsrest dieser Sitte) und mit dem erklärten Ziel, den Weg in die andere Welt zu betreten. Alle Rauschgifte waren zunächst heilig, ihr Mißbrauch wurde von der Gruppe bestraft. Am deutlichsten tritt uns das beim Soma der indischen Arier vor Augen, wo der Rauschtrank zur Gottheit selbst geworden war. Dieses Soma bereitete man kultisch zu: Jede Handreichung dabei war Gottesdienst. An Festtagen tranken es die Gläubigen feierlich unter Gesängen und Gebeten. Der dabei erlebte Rausch öffnete die Augen des Geistes für die wirkliche Welt, die sich hinter dem Schleier unserer Umwelt verbirgt, wie die Veden immer wieder erzählen. Man stellte Soma aus der Ephedra-Pflanze her, einem ginsterähnlichen Strauch, auch Meertreubel genannt. Er enthält den Wirkstoff Ephedrin, ein Alkaloid, das wie die modernen Weckamine eine Euphorie, ein himmlisches Gefühl, erzeugt, indem er die Gehirnrinde direkt anregt. Die chinesischen Ärzte benützen die Pflanze noch heute zur Behandlung von Atemwegserkrankungen. In dieser Hinsicht hat sie Ähnlichkeit mit dem Mohn, dessen Produkte, das Opium und Morphium, noch immer als die wirksamsten Mittel bei chronischem Husten gelten. Ihre einschläfernde und zu Visionen führende Kraft ist ebenfalls seit der Steinzeit bekannt.

Ebenso waren die Pilzgifte weltweit verbreitet; Sibirer und Indianer, Griechen[39] und Chinesen versetzten sich damit in Rauschzustände, die den Geist befreien zu Reisen und Treffen mit anderen Geistern, zu seltsam schönen Geschichten und Voraussagen der Zukunft. Seit dem vorigen Jahrhundert besteht in Nordamerika eine Kirche, die ihren indianischen Anhängern wie auf den Leib geschnitten ist: sie sind dabei nicht Zuschauer der gottesdienstlichen Handlung, sondern Mitwirkende durch den gemeinsamen Genuß der Kakteendroge Peyotl. Ein Komantschenhäuptling drückte das einmal so aus: «Der weiße Mann geht zur Kirche und spricht über Jesus, aber der Indianer geht in sein Tipi und spricht *mit* Jesus.»[40] So etwa müssen wir uns den Unterschied zwischen den rauschartigen Festen der Jägervölker und den Folklore-Darbietungen der zivilisierten Staatsreligionen denken. Für die vorgeschichtlichen Menschen war Gottesdienst ein Wagnis, eine gefährliche Reise ins Reich des Geistes, aus dem man energiegeladen zurückkehrte, mit Zauberwissen begabt für Krieg, Jagd und Zeugung.

Bei uns wohlbekannt sind die sogenannten Hexengifte, die aus Bilsenkraut und Stechapfel gewonnen wurden. Man stellte Salben daraus her, und wer sich den Körper damit einrieb, erlebte in innerer Schau die Verwandlung in ein Tier oder unternahm Geistreisen mit erotischen Begegnungen. Von solchen Salben heißt es, daß man mit ihnen die Angeln am «Tor der Unterwelt» einreiben mußte, damit es nicht so knarrt. Auch sie dienten also hauptsächlich zur Erfahrung des Jenseits. Die Griechen verwendeten eine andere Pflanze mit dem gleichen Ziel: den Eisenhut. Ovid erwähnt ihn in den «Verwandlungen» (VII, 402) unter der Umschreibung «Geifer des Höllenbewachers Cerberus», woraus man schließen kann, daß die Droge für Unterweltreisen angewandt wurde. Das Alkaloid dieser Blume, Aconitin, ist recht gefährlich: die Mauren benützten es als Pfeilgift.

Nicht nur zur Einweihung und zum Töten auf Jagd und im Kriege verwendete man Gifte, sondern auch zum Gottesurteil, das eine germanische Erfindung zu sein scheint: «Darauf kannst du

Gift nehmen», sagen wir noch heute, wenn wir etwas beteuern wollen. Um einen Eid zu bekräftigen, nahm der Angeschuldigte ein Gift ein, zum Beispiel einen Trank aus der Herbstzeitlose, deren Wirkstoff Colchicin todbringend ist. Überlebte der Angeklagte, dann galt seine Unschuld als erwiesen, und der Kläger mußte nun seinerseits das Gift schlucken, das ihm – wenn er zu Unrecht geklagt hatte – den Tod brachte. Jedenfalls glaubte man das allgemein und führte auch die Urteile öffentlich durch. Es ist denkbar, daß der im gerechten Zorn erhitzte Körper ein Gegengift entwickelt. Tatsächlich erzeugt der Mensch in seinem Blut selbsttätige Heilstoffe, die wie Antibiotika wirken, wenn er in hohe Erregung versetzt wird, zum Beispiel im Fieber. Aus diesem Grunde versetzen sich die Menschen vor einer Selbstverstümmelung (Geißelung, Beschneidung usw.) durch tagelanges Fasten und Tanzen in hohe Erregung; ihre Wunden heilen dann mit ungewöhnlicher Schnelligkeit, was ich selbst viele Male beobachten konnte.

Die Reihe der Gifte, die zur Erfahrung der geheimen Wirklichkeit des Geistes angewandt wurden, ist sehr lang, ich habe nur einige Beispiele ausgewählt. Wichtig ist noch ein weiterer Punkt: Bei den Jugendweihen wurde die heranwachsende Jugend nicht nur mit Worten und Gesten aufgeklärt, sondern auch zum erstenmal mit dem Rauschgift der Gemeinschaft vertraut gemacht; dieses Erlebnis hat sicher eine tiefe Wirkung gehabt. Der Kultraum, die dunkle Höhle, verstärkte den Eindruck des Todes und der Wiedergeburt: Als Knaben krochen sie in den Leib der Erde und «starben», bevor sie als Männer und vollwertige Mitglieder des Stammes wiedergeboren wurden und ans Licht traten.

Bei Granada in Südspanien fand man in einer Höhle eine Gruppe von Menschenskeletten, die vermutlich zur jüngeren Steinzeit gehören. Sie lagen kreisförmig, mit den Köpfen zur Mitte geordnet, und in der gleichen Schicht fand man Reste von Mohnköpfen, aus denen vielleicht Opium bereitet worden war. Ob es sich um eine mißglückte Einweihungsübung handelt? Ein vergleichbarer Fund wurde in Ostalgerien gemacht, wo in einem großen Hügelgrab bei La Meskiana menschliche Skelette strahlenförmig um ein mittleres Skelett, das genau Ost-West ausgerichtet lag, angeordnet waren.[41] Einweihungs- und Bestattungsbräuche werden einander so ähnlich gewesen sein, daß uns heute die Unterscheidung schwerfällt.

Kürzlich beschrieb Heinrich Wendel die Ergebnisse seiner Untersuchung bemalter Höhlen in Frankreich und Nordspanien unter dem Titel «Eiszeitliche und altägyptische Sanktuare, gesehen als Orte einer Wiedergeburtsreligion»[42]: In vielen Höhlen finden sich kleine Kammern, die gerade groß genug sind, daß ein Mensch darin liegen kann. Diese Sanktuare sind oft mit Malereien versehen, wobei das Motiv eines liegenden Mannes häufig wiederkehrt. Ferner findet man auch mehrfach das Zeichen für die weibliche Scheide, so daß sich die Deutung der Höhle als Mutterschoß aufdrängt. Manchmal ist die Kammer so klein, daß der darin «lebendig Begrabene» zusammengekrümmt wie ein Embryo liegt, bevor er durch die enge Öffnung wieder ins Freie kriecht wie bei einer Geburt. Manchmal wurde die gesamte Höhle, die verschiedenen Ein- und Ausgang hatte, als Einweihungsort aufgefaßt. In einem Rundgang durch die verschlungenen unterirdischen Räume erlebte der Einzuweihende die Stationen «gepeinigt, gestorben, begraben, neu empfangen, neu geboren, genährt, völlig zum reifen Mann geworden», wobei Stalagmiten, Höhlungen und Felsspalten, auch Malereien, die Kennzeichen waren, die berührt, umarmt und betrachtet wurden.

Denkbar ist auch, daß hier nicht (nur) Jugendliche eingeweiht wurden, sondern Pilger, die von weither kamen, denn die einzelnen Riten und «Stationen» erinnern an die späteren Pilgerpflichten, wie zum Beispiel zum Santiago von Compostela, wo man ebenfalls durch ein Loch im Felsen kriechen mußte, «sei es im Leben oder im Tode».[43] Dieser Kernsatz der gespielten Einweihungshandlung der Pilgerfahrt enthält einen weiteren Gedanken: der Ort, an dem ein Mensch im Leben seine Einweihung erfahren hatte, wurde auch zur Durchgangsstation seines Geistes im ersten Stadium nach dem Tode.

Aus diesem Blickwinkel erschließt sich uns die Herkunft einiger Jenseitsbegriffe, die wir seit unserer Kindheit in uns tragen: «Himmel», «Hölle» und die «Reise» dorthin.

Fast universell wird der Himmel als Herkunft und Ziel des Menschen angesehen, so daß dieses vergeistigte Sinnbild heute, im Zeitalter der Weltraumfahrt, sogar mit dem Wirklichkeitsbewußtsein vieler Menschen verschmilzt, indem sie es als Erinnerung an eine Herkunft des Menschen von anderen Himmelskörpern auffassen.

Das war früher nicht in diesem Bild vom Jenseits enthalten,

ganz im Gegenteil: Man stellte sich den Himmel recht irdisch vor wie einen herrlichen Garten, etwa wie das Paradies, das am Anfang der Menschheit stand. Durch Wunschdenken entstand jenes einzigartige Wunderland, in dem die Guten von den Sorgen des Erdenlebens befreit die Ewigkeit genießen. Im Koran ist der himmlische Garten ganz besonders prächtig geschmückt und mit Genüssen ausgestattet, die den Gläubigen im Diesseits versagt bleiben. Auch die Germanen hatten ihre Wunschträume auf das Leben im Jenseits übertragen: In hoher Halle würden sie mit den Göttern beim Trunk sitzen, bis auch jenes Wolkenheim einst vergehen wird. Selbst Jesus sprach von den Wohnungen im Hause seines Vater, als er (laut Johannes-Evangelium 14,2 und 3) sagte: «Ich gehe hin, sie euch zu bereiten.»

Wer nicht zu den Erlösten gehört, muß in die Hölle wandern, ein «ewig» brennendes Feuer, das als Läuterung oder Strafe angesehen wird. Diese seltsame Vorstellung findet sich im letzten Buch des Neuen Testaments, im Koran, in den heiligen Büchern Indiens und Tibets wie auch bei einigen Naturvölkern. Unser deutsches Wort Hölle stammt von einem alten Wort für Feuer, Helle; den häuslichen Herd nannte man so, deshalb hieß die Ofenbank noch im 17. Jahrhundert «Hellbank».[44] Wie der Geist fort und fort brennen kann, ohne sich zu verzehren, bleibt ein Geheimnis – es ist das Geheimnis des Lebens selbst. So kann man die Hölle deuten als den Zustand, in dem der Geist erkennt, daß er immerfort Verbrennungsvorgänge durchmachen muß, daß er immer wieder geboren werden muß. Die Entstehung der Hölle als Abschreckung hat allerdings andere Vorbilder, worauf ich noch zurückkomme.

Wie jedes Haus- oder Hoftor hatte auch das Höllentor seinen Wachhund. Die Griechen nannten ihn Kerberos (Zerberus) und hatten schreckliche Angst vor ihm. Wie kam es zu dieser «Einbildung»? Seit der Mensch in der Vorzeit den Hund als erstes Haustier gezähmt hatte, war dieser ihm zum engsten Vertrauten geworden. Fast jeder jagende Mensch, jede Familie und Haushüterin besaß einen eigenen Hund. Stets wird der Hund einen gewissen Anteil an der Persönlichkeit seines Herrn, einen Teil seiner Seele und seines Geistes, in sich aufgenommen haben, so daß man sagen konnte: die Wiedergeburtenkette verläuft immer wieder einmal durch einen Hund, bevor dieser Geist in menschlicher Geburt wiederkehrte. Dieser Vorgang wurde als Strafe oder Läuterung aufgefaßt. Desgleichen ging die Kette eines Menschen auch durch sein Reitpferd, durch die Vögel des Waldes – die Germanen bevorzugten Raben – und auch durch die Tiere, die er als Nahrung aufnahm, die Stiere und Steinböcke, die auf den Felsmalereien so menschliche Köpfe tragen. Mit genialem Strich hat Leonardo da Vinci die Ähnlichkeit zwischen menschlichen Charakterköpfen und gewissen Tierköpfen – Löwe, Pferd, Affe, Hund und anderen – dargestellt. Der Durchgang des menschlichen Geistes durch die Tiere, die den Menschen umgaben, wurde in der Frühzeit als natürlich aufgefaßt. In unzähligen Märchen geben wir den Gedanken an unsere Kinder weiter.

Da in der Vorzeit der Mensch vor allen anderen Tieren zuerst den Hund sich aneignete, war jener die Verkörperung des Tierreichs «an sich», und durch diese ging jeder Mensch als erstes auf seinem Wege im Jenseits. Wenn sein Geist nach dem Tode auf diese Verkörperung traf, erschrak er: Zerberus, das Tierbild seiner eigenen Vorstellung, stand vor ihm. Nur wenn er erkannte, daß dieses Schreckensbild ein Spiegel seiner eigenen Person war, die ja durch den Tod aufgehoben wurde, konnte er ungehindert seinen Weg fortsetzen.

In ähnlicher Weise gab es viele Schreckensbilder als Zerrbilder der Vorstellung. Für die Germanen war es vor allem ein großes Feuer, das ringförmig um das Jenseitsland brennt. Sie nannten es die Waberlohe. Es ist ein Abbild des Scheiterhaufens, auf dem sie ihre Toten verbrannten. Jeder von ihnen mußte durch dieses Feuer hindurch auf seiner Jenseitsreise. Bei der Christianisierung der Deutschen ging dieses Bild in den Begriff der Hölle über.

In den Pilgerreisen zu den Orten der Einweihung sah man das Modell der Jenseitsreise. Darum führte die Einweihungsfahrt nach Westen, dem Lauf der Sonne nach, an den Rand des bewohnbaren Festlandes. Germanen und Kelten pilgerten in vorrömischer Zeit nach Cádiz, um dort im Tempel des «Morgensterns» die Worte der Weisheit zu hören, etwa so wie die Deutschen im Mittelalter nach Santiago de Compostela zogen, wo sie durch die Felsenhöhlung schlüpften, die jeder einmal – «sei es im Leben oder im Tode» – durchqueren mußte.

Diese irdisch vollzogene Jenseitsreise war durch geographisch entsprechende Sinnbilder festgelegt: die Pyrenäen, deren griechischer Name schon auf das Feuer hinweist, entsprachen der Waberlohe, die das Jenseitsland (die Iberische Halbinsel) umschloß. An seinen Gebirgspässen wachte der riesige Hund, Can genannt, und ließ nur die furchtlosen hindurch. Auch einzelne Etappen der Reise waren vorgesehen als Stadien einer Einweihung.

In mancherlei Weise hat bei den Völkern die Art, wie sie ihre Toten zur Ruhe betteten, auf ihre Vorstellungen vom Jenseits eingewirkt. Diejenigen, die ihre Toten begruben, glaubten an eine Unterwelt, die man sich unterirdisch dachte. Das Wort «Grube» wurde ihnen gleichbedeutend mit Tod (z. B. in Psalm 49,9). Andere hatten die Vorstellung, daß sie nach dem Tode einen Strom durchwaten müssen (wie in der Edda) oder über einen Fluß setzen müssen, wie zum Beispiel die Griechen, die deswegen nie versäumten, ihren Toten eine Münze (den Obulus) mitzugeben, mit der er den Fährmann im Jenseits bezahlen konnte. Zu allererst treffen wir diesen Gedanken bei den Ägyptern an, bei denen der Totengeist auf einem Boot ins Land der Ahnen nach Westen reiste. Seit frühester Zeit nämlich brachten sie ihre Verstorbenen vom rechten Nilufer, der Welt der Lebenden, auf Booten über den breiten Strom ans linke Ufer, wo die Gräber und Totenstädte lagen.

Nach persischem Glauben überquerte der Geist des Toten eine schmale Brücke, um ins Jenseits zu gelangen. Dieses Bild treffen wir auch in den Liedern der Edda und im Islam an. Sein Ursprung muß im Hochgebirge liegen, wo man die Toten auf einer schmalen Balkenbrücke über den Fluß tragen mußte, um sie auf dem jenseitigen Ufer, meist im Walde, auszusetzen, wie ich es bei den Kalasch im Hindukusch erlebt habe. Ganz allgemein kann man sagen, daß unsere Begriffe Diesseits – Jenseits in einem Flußtal entstanden sein müssen und sich auf die beiden Ufer bezogen.

Schließlich gehört sogar das eiserne Tor, das in der Edda und einigen Märchen als Trennungslinie zwischen den beiden Bereichen steht, in Zusammenhang mit der Beisetzung. Es ist ein Abbild des Eisentores, mit dem einst die großen Gräber, auch die Hünengräber, verschlossen waren. Tatsächlich vereinigt die Edda – wie die anderen Hochreligionen – verschiedene Sinnbilder, die den einzelnen Stufen ihrer Entwicklung entnommen sind; mit dem Eisentor, der Waberlohe, dem breiten Strom und der schmalen Brücke beschreibt sie den Durchgang zum Jenseits in mannigfacher Weise.

## 8. Die Entstehung des Schauspiels

In der Gylfaginning (46 + 47) der Snorra Edda wird erzählt, wie drei Asen ins fernste Land im Westen reisten, nach Utgard, d. h. äußerste Stadt, nach Cadiz also, das auf einem Felsen vor der spanischen Atlantikküste liegt. Nachdem sie die hohe Burg betreten hatten, indem sie durchs Gitter des Tores schlüpften – der Todesdurchgang war also nicht echt, sondern gespielt worden –, standen sie ihren eigenen Wesenheiten, ihrem eigenen Geist, gegenüber und versuchten vergeblich, sich mit diesen riesenhaften Gestalten zu messen. Loki, dessen Name von Lohe = Feuer kommt, mußte als Probe mit dem Feuer um die Wette essen und verlor natürlich; Thialfi mußte mit dem Gedanken um die Wette laufen und wurde ebenso besiegt; schließlich mußte Thor drei Proben bestehen, die unmöglich zu gewinnen sind: er sollte das Strafhorn leertrinken, doch da es mit der Spitze im Meer steht, konnte Thor nicht mehr erreichen, als daß er Ebbe und Flut verursachte. (Nur die Turdetaner wußte, wodurch Ebbe und Flut des Meeres bewirkt werden und lehrten es im Herkules-Tempel von Cadiz, schrieben die Griechen.) Als zweites sollte er eine Katze vom Boden aufheben, doch es gelang ihm nur, eine ihrer Pfoten zu lüpfen, denn die Katze war eine Gestalt der Midgardschlange, die das Sinnbild der Zeit ist, und diese kann niemand aufheben. Zum Schluß mußte er mit einem alten Weibe ringen und unterlag, denn das Weib war das Alter selbst, und dieses vermag niemand zu beugen. Nachdem die Asen am nächsten Morgen die Erklärung für ihre Schwäche erhalten hatten – «mit Blendwerken seid ihr getäuscht worden» –, durften sie wieder heimreisen; zum Abschied sagte der Burgherr ihnen: «Ihr werdet nicht zum zweitenmal kommen, um mich zu besuchen!» Das ist der typische Spruch, der die Einweihung abschließt: einen zweiten Tod wird der nicht schmecken, der in die Lehren von Tod und Wiedergeburt eingeweiht wurde durch den gespielten Todesdurchgang.

Jahrtausendelang waren Wissensdurstige nach Westen gereist und hatten sich von den Priestern am Atlantik einweihen lassen. Nachdem Cadiz seine Vormachtstellung eingebüßt hatte, übernahm Compostela in Galizien diese Rolle; der Jakobsweg wurde vom 7. Jahrhundert an die Einweihungsfahrt der Mitteleuropäer. Da die einstige Bedeutung von Cadiz bis heute wenig bekannt ist, begann ich von 1969 an mit meiner Frau auf mehreren Reisen die Reste jener glanzvollen Zeit in Andalusien zu suchen. Wir erforschten die Gebirge in der Umgebung von Cadiz, um Felsbilder zu entdecken und sie zeichnerisch und fotografisch zu «bewahren». Im Laufe der Zeit lernten wir, außer den Höhlen und Felsüberhängen auch andere Dinge zu beachten: Felsengräber, Gebäudereste und Treppen und Wege, die alle mit den Bildern in den Felsnischen einen Zusammenhang haben. Da gab es eine besondere Art von Anlagen mit Freiplätzen, die entfernt an urtümliche kleine Theater erinnern, und meist befanden sich auch mumienförmige Felsengräber in der Nachbarschaft. Das mehrfache Zusammentreffen dieser drei Gegebenheiten: Felsbilder, Theater und Gräber, gab uns zu denken. Vermutlich handelte es sich bei der Gesamtheit der Anlage um ein Heiligtum, das dem Totenkult geweiht war.

Eines dieser Felsenheiligtümer, die ich in unserem Buch über die Entdeckung von Atlantis schon erwähnte, will ich hier etwas genauer betrachten. Es liegt an der Küste des Atlantiks und trägt den modernen – doch sehr romantischen – Namen Atlantierra, was etwa «Land der Atlanter» heißen soll. Auf dem Gipfel der Sierra de la Plata (= Silbergebirge) befand sich einst die Felsenstadt Silla del Papa (= Thron des Papstes), und an ihrem Fuße, der vom Atlantik umspült wird, liegt das Heiligtum, das typisch für alle Felsenheiligtümer in Südandalusien ist. Ganz unten, fast am heutigen Strand, befinden sich die Mumiengräber, die in flache Felsen eingehauen sind. Einst waren sie mit großen Steindeckeln versehen, doch nirgendwo fand man ein Grab, das nicht aufgedeckt wäre. An dieser Stelle kann man nur ungefähr zwanzig Gräber zählen, die meisten werden wohl heute unter dem Meeresspiegel liegen. Eines der großen Gräber in der Mitte der Gruppe zeigt deutlich einen doppelten Heiligenschein am Kopfende, der wohl die Bedeutung des Verstorbenen hervorheben sollte.[45]

Steigt man von der Gräberstätte einen kurzen Weg zu einer kugelförmigen Höhlung in der Felswand hinauf, dann erkennt man an einigen Stellen des Weges – vor allem auf den letzten Schritten – schöne Stufen, die in den Fels gehauen sind. Das Begehen dieses Weges war wohl Teil einer kultischen Handlung, ähnlich wie später die Kreuzwege mit ihren vierzehn Stationen, die zu christlichen Kapellen auf Bergeshöhen führen.

Die gut erhaltenen Malereien in der kleinen Höhlung zeigen

vier menschliche Gestalten mit vogelähnlichen Masken auf den Köpfen. Die elegante Darstellungsweise erinnert an ägyptische Grabmalereien, vor allem wegen der aspektivischen Körperhaltung, die wir als typisch ägyptisch empfinden: die Schultern sind von vorne zu sehen, doch die Hüften von der Seite, so daß sie wie gedreht wirken. Alle vier Gestalten tragen gemeinsam ein großes Kreuz. Dies ist aber hier kein christliches Sinnbild, denn diese Malereien sind sehr viel älter: die Bilder links und rechts der Gruppe gehören zur Kultur der frühen Metallzeit, sind also etwa 4000 Jahre alt. Das Kreuz ist schon seit vielen Jahrtausenden das bevorzugte Sinnbild für die Darstellung des Menschen, auf Felsbildern wie auf Webmustern, in Keramikmalerei und Tätowierungen.

Ein gleich hohes Alter haben die entsprechenden ägyptischen Wandbilder, die mit den andalusischen vergleichbar sind. Auch dort tragen die Menschengestalten tierköpfige Masken. Die Vermutung liegt nahe, daß auch die andalusischen Bilder dem Kult der Toten dienten. Die Thematik der Felsbilder weist deutlich darauf hin: Wir sehen hier einen geflügelten Geist, dort eine Biene, das Sinnbild des ewigen Lebens (und zur Einbalsamierung wurde Honig verwandt); rechts am Rande ist ein Begräbnis dargestellt, genauer gesagt ein Toter, der von Steinen umgeben ist. Auf anderen Bildern aus der gleichen Zeit in andalusischen Höhlen sieht man auch die Feiernden, die in stolzer Haltung wie im Tanze daherschreiten, und die Beigaben, die mit dem Körper ins Grab gelegt wurden oder bei der Totenfeier wichtig waren: ein Krug, ein Huhn, ein Brot usw.

Die Beziehung der andalusischen Felsbilder zum Totenkult ist seit vielen Jahrzehnten bekannt[46], doch hatte man nicht bemerkt, daß zu den bemalten Höhlen auch Kultanlagen gehörten. Da sie – zumindest ihre Fundamente – in den gewachsenen Fels gehauen sind, kann man sie bis heute ansehen. Geht man links an der kleinen Höhlung von Atlantierra vorbei, so gelangt man auf einen freien Platz, der als Basis eines Gebäudes gedient haben kann, denn an seinem Rand sind viele Pfostenlöcher erkennbar, in denen die hölzernen Stützen des Daches gesteckt haben. Etwas höher liegt noch ein größerer freier Platz, und es ist denkbar, daß der Kult auch hier, unter freiem Himmel, stattgefunden haben kann. An einer anderen Stelle im Gebirge, einen Tagesweg nach Osten, habe ich ein sehr ähnliches Zusammentreffen dieser drei Elemente gefunden: Gräber in Mumienform, eine bemalte Höhle und Treppen mit einem freien oder bedachten Platz. Es handelt sich um die Cueva del Piruetano im Bergzug Junquillo, deren Malereien schon Henri Breuil beschrieb, ohne jedoch die dazugehörigen Anlagen zu beachten. An jener Stelle sieht der Kultraum – wie an zwei weiteren Anlagen in diesem Gebirge – deutlich wie ein kleines Theater mit mehreren Terrassen aus. Auf den Terrassen könnten die Zuschauer Platz genommen haben, und vor ihnen wurde ein Stück aufgeführt, das in einem gewissen Zusammenhang mit dem Toten stand.

Allmächlich begann ein Bild in mir Gestalt anzunehmen, ich ahnte den Sinn der gesamten Anlage. Hier ist die antike Tragödie entstanden! Aus dem kultischen Schauspiel, dem Mysterienspiel, das hier zu Ehren der Toten aufgeführt wurde, hatten sich das alteuropäische Heilandspiel, das Autodafé der Iberer und das klassische griechische Theater entwickelt. Ich stand an der Geburtsstätte der Oper. Vor meinem geistigen Auge sah ich, wie hier, im Bereich der atlantischen Kultur und Religion, aus dem kultischen Schauspiel, das als Sterbehilfe oder Hinübergeleiten des Geistes eines Verstorbenen begonnen hatte, eine volkstümliche Einrichtung geworden war, die sich im Laufe der Generationen von der Totenfeier zum Trauerspiel umwandelte, bis sie schließlich eine selbständige Form angenommen hat. Ursprünglich dachte man sich dieses Lehrstück für den Verstorbenen wohl als notwendigen Dienst: sein Geist wurde hinüber ins Jenseits geleitet, indem man den Vorgang durch Lebende mit Gesang und Gedicht auf der kleinen Bühne darstellte. Die vier Personen, die das Kreuz tragen, sind vielleicht Schauspieler, genau wie auch die anderen andalusischen Menschendarstellungen, die diesen gleichen. Ihre «stolze tänzerische Körperhaltung» läßt an Schauspieler denken. Auch der Reigen der fünf Frauen in der Cueva de las Bailadoras[47] wird dasselbe bedeuten. Die mittlere Figur mit der Strahlenkrone auf dem Haupt stellt vielleicht die Verstorbene dar, die von den anderen vier Damen geleitet wurde. Diesem Bild sehr ähnlich ist die Malerei in der Cueva de las Mujeres, auf der ebenfalls fünf Frauen zu sehen sind; Henri Breuil deutete das Bild schon 1924 als Bestattungsszene.

Möglicherweise können wir einige Totenbuchtexte der Etrusker und Ägypter als Niederschrift jener Rollentexte ansehen, die die Schauspieler in dem Kultspiel aufsagten. Die heitere Haltung der Tänzerinnen auf den erwähnten Felsbildern zeugt vom Wissen der Eingeweihten. Für sie ziemte es sich nicht zu trauern, denn die Seele kehrte ja nun in die Urheimat zurück, in die Freiheit des klaren Lichtes. Das Spiel half dem Geist bei dem schwierigen Durchgang, es beflügelte ihn auf seiner Reise in die Heimat.

Im Anschluß an die geistige Hilfe wurde der Körper versorgt. Man brachte ihn zu einem anderen Bauwerk, wo man ihn wusch, ausweidete, dann mit Binden umwickelte und zum Trocknen aufstellte. Ein solches Bauwerk entdeckten wir einige Jahre später im gegenüberliegenden Bergzug Sierra de Retin.[48] Professor Mergelina hatte 1921 die aus dem Felsen gehauenen Räume ausgegraben, jedoch den Sinn dieser seltsamen Anlage nicht erkannt. Am hinteren Ende des größeren Raumes, der wie eine Zisterne aussieht, sprudelte vermutlich eine Quelle hervor, deren Wasser in Becken geleitet wurde, in denen man die Körper der Verstorbenen wusch. Die Felsenkammern waren früher abgedeckt mit Steinplatten, wie man noch an den Rillen am oberen Rand sehen kann. In mancher Hinsicht hat dieses Felsenbauwerk Ähnlichkeit mit den keltischen Totenkammern, von denen bisher achtzehn im Nordwesten der Iberischen Halbinsel bekannt wurden. Sie enthalten ebenfalls steinerne Wasserbecken zum Waschen der Leiche und gedeckte Kammern mit torartigen Durchgängen. An ihrem Ende befindet sich ein kreisrunder «Ofen», denn die Kelten verbrannten ihre Toten.[49] Unser andalusisches Bauwerk hat ebenfalls einen Tordurchgang und am Ende einen runden Raum, der hier eher wie ein Brunnen wirkt. Vielleicht wurde der gewaschene Körper hier zunächst in Salz gebettet, natürlich aufrecht stehend, bevor man ihn ins Freie trug und auf einem Thron am Südabhang des Felsens zum Trocknen in die Sonne stellte. Denn daß die Mumien früher standen und nicht lagen, geht aus alten Texten klar hervor; man erkennt es auch an dem «Fuß», den alle Mumiensärge, auch der berühmte Sarg in Cadiz, noch haben, obgleich diese Steinsarkophage auf dem Rücken lagen.

Erst nach diesen sorgfältigen Vorbereitungen wurden die Mumien mit Leinenbinden umwickelt in jene Felsgräber gelegt, die am Fuße des Heiligtums noch heute zu sehen sind. Die Gräber, die genau die Gestalt von Menschen in allen Größen haben, deckte man mit schweren Steinplatten zu. Auch an dieser Stelle führte man wohl ein kleines Opfer durch, denn wir sahen öfters neben

einer Gruppe von Mumiengräbern eine kleine kreisrunde flache Schale in den Fels gehauen; vielleicht hat man Butter, Öl oder Blut hineingegossen.

Aus der Sitte der Mumifizierung können wir entnehmen, daß neben der Vorstellung vom Weiterleben der geistigen Person auch recht materialistische Gedanken zum damaligen Totenkult gehörten. Man glaubte offensichtlich, den Körper so lange wie möglich erhalten zu müssen, vielleicht um die Loslösung des Geistes so bruchlos und allmählich wie möglich zu erlauben. Zwar wird man nicht an eine Wiederbelebung desselben Körpers gedacht haben, denn man hatte ihn ja ausgeweidet und die Leibeshöhle mit einer festen Masse gefüllt, doch war man überzeugt, daß ein gewisser stofflicher Bestandteil des Geistes, die «Seele», es nötig habe, ihren Körper von Zeit zu Zeit wieder aufzusuchen. Alle Großsteingräber haben daher ein «Seelenloch» am Kopfende, durch das sich die wie ein kleines Wesen oder Mäuschen vorgestellte Kraft hindurchbewegen konnte. (Auch diese Vorstellung ist im modernen Spiritismus und in der Theosophie wieder aufgetaucht.)

Noch eine andere Eigenart habe ich an frühgeschichtlichen Gräbern in Südspanien kennengelernt. Bei Villanueva de la Algaida in der Provinz Malaga sah ich die bekannten unterirdischen Grabkammern der frühen Metallzeit, deren Eingang und runde Kammer mit falscher Gewölbedecke in den Fels gehauen sind. Diese Eingänge sind in der Waagerechten derartig versetzt, daß nur ein schmaler Lichtstrahl ins Innere gelangen kann. Das erinnerte mich sogleich an den großen Grabtempel der Pharaonen in Abu Simbl in Nubien, bei dem durch seitliche Begrenzung – dort also in der Senkrechten – der ins Innere gelangende Lichtstrahl so geschickt eingeschränkt worden war, daß er nur am Tage der Sonnenwende auf den hintersten Altar fallen konnte. (Als ich Nubien 1961 im Frühling besuchte, befand sich der Altar in absolutem Dunkel.) Offensichtlich ist bei dieser Bauweise der Kult an der Sonne mit dem Dienst an den Toten zu einer gemeinsamen Aufgabe verbunden worden.

Dies zeigen auch die Grabstellen der iberischen Metallzeit: die meisten tragen als Abbild ein Sonnenzeichen. Die Sonne wurde als Lebensrad, Sinnbild des Schicksals und Rad der Wiedergeburten aufgefaßt, etwa wie das Chakra der Hindus noch heute. Wie das Tagesgestirn, das abends im westlichen Meer versinkend starb und am nächsten Morgen wiedergeboren wurde, sahen die Großsteinleute das Sonnenzeichen als Versprechen der Wiedergeburt an. Totenkult und Sonnenkult waren miteinander verschmolzen. Alle Indogermanen glaubten an diesen Zusammenhang, ebenso die Ägypter, wie ihr Totenbuch verkündet.

«Seht, täglich bei Sonnenaufgang
bemächtigt sich jener Gott seiner Krone.
Dies schafft er für künftige Geschlechter.
Wahrlich! Werde ich wiedergeboren, wird wiedergeboren Osiris.»
(Kap. 46)[50]

## 9. Das ägyptische Totenbuch

Das Wissen ist aus Ägypten gekommen, schrieben viele Griechen seit Solon, dem Weisen. Immer wieder fuhren lerneifrige Hellenen übers Mittelmeer, um im Niltal in die Geheimnisse von Leben und Tod eingeweiht zu werden, um Mathematik, Medizin und Geometrie zu studieren. Während der europäischen Renaissance war man sich durchaus dessen bewußt, daß das «griechische» Wissen, das man gerade wiedergewann, ursprünglich aus ägyptischer Quelle geströmt war. Was hätten Paracelsus, Faustus oder Kircher darum gegeben, ägyptische Texte in Händen zu halten und übersetzen zu können!

Doch als es endlich soweit war, als man im 19. Jahrhundert das alte Ägypten wiederentdeckte und die Schrift auf den Tempelwänden und Papyrosrollen wieder lesen konnte, war man verwirrt. Die Urteile der europäischen Gelehrten über das ägyptische Totenbuch, das Lepsius 1842 herausgab, lauteten meist ganz abwertend: Unsinn, Wahnvorstellungen, Schizophrenie, Kinderei... Man kann keinen Zugang mehr zur zeitlosen Wahrheit, die in dieser bruchstückhaften Überlieferung enthalten war.

Je länger ich mich mit jenem rätselhaften ägyptischen «Totenbuch» beschäftige, desto mehr geht mir auf, wie viele Bilder und Gedanken wir der alten Kultur der Ägypter verdanken. Eine beachtliche Anzahl der Sinnbilder, die in der Bibel und im Koran immer wieder vorkommen, sind in Ägypten geprägt worden, und manche von ihnen gewinnen erst aus diesem Blickwinkel ihre volle Kraft, wie zum Beispiel «die ruhig dahingleitenden Barken auf dem breiten Strom» – die Boote des Sonnengottes auf dem wie ein See ausgebreiteten Nil.

Die Sammlung der ägyptischen Totenbuchtexte, die uns heute vorliegt, ist eine sehr späte Schöpfung der Ägypter; die einzelnen «Kapitel» waren früher selbständige Einheiten, nämlich Gesänge, Gebete, Unterweisungen, Berichte von Visionen, Anordnungen für den Kult und anderes mehr. Ihre Zusammenfassung zu einem Buch erfolgte erst im 7. Jahrhundert vor unserer Zeitrechnung in der Stadt Sais. Doch nicht einmal diese Sammlung ist vollständig erhalten, wir müssen mit Bruchstücken zufrieden sein. Im übrigen beziehen sich keineswegs alle Teile des Buches auf Jenseitserlebnisse, gar manches Stück ist dem Diesseits zugewandt. Im ersten Kapitel werden die beiden Ziele, die das Buch anstrebt, gleich genannt:

«Hier beginnen die Sprüche, die vom Hinausgang der
Seele berichten zum vollen Lichte des Tages,
berichten von ihrer Auferstehung im Geiste,
dem Eintritt in die Bereiche des Jenseits,
von ihren Reisen darin.

Hier sind die Worte zu sprechen
am Tag der Bestattung,
da in die Welten des Jenseits die Seele einzieht,
vom Leibe getrennt.»

Wie das tibetische Buch ist es also ein Lehrbuch für das Weiterleben nach dem Tode und zugleich ein Textbuch für die Lebenden zur Verrichtung der Begräbnisriten, der Totenhilfe.

Einige Kapitel sind sehr alt, ihr Ursprung verliert sich im Dunkel der ägyptischen Vorgeschichte. Sie gehören noch einer «anderen Religion» an, die um 2400 vor unserer Zeitrechnung, als der größere Teil des Buches abgefaßt wurde, schon nicht mehr voll verstanden und daher durch die Schreiber auch nur unklar überliefert wurde. Diese ältesten Stücke sind meist sehr kurz; sie bringen die Beschreibung eines Landes im fernen Westen, das vermutlich die Heimat dieser ersten Religion, vielleicht auch der frühesten Herrscherfamilien Ägyptens, gewesen ist. Da lesen wir, daß die Sonnenbarke auf ihrem nächtlichen Weg eine Gegend durchqueren muß unter großer Mühe, ähnlich wie das Boot des Gilgamesch, das (laut 10. Tafel) die flache Lagune, das «Wasser des Todes», nur mit Hilfe von 120 Stangen überwindet.

Dann gibt es im ägyptischen Text noch einen besonders schwierigen Engpaß für die Sonnenbarke: von der vierten Nachtstunde an muß das Boot durch einen Schlitten ersetzt werden, der durch einen finsteren abschüssigen Gang gleitet. Ich sehe die iberischen Felsenstädte von Meca und Termest vor mir, deren Felsengeleise durch abschüssige gedeckte Gänge führten, finster und eng. Die dort benützten Fahrzeuge hatten noch keine lenkbare, sondern eine starre Achse, vielleicht nicht einmal Räder, so daß die Beschreibung «Schlitten» gut paßt. Ob hier der Urgrund für das archetypische Bild vom «Tunnel» gelegt wurde, das in den heutigen Berichten der «Fast-Gestorbenen» (Kap. 1) immer noch vorkommt?

Die iberischen Felsengeleise enden vor einer palastartigen Anlage, in der sich wohl der Herrschersitz befand. Entsprechend gelangt auch der ägyptische Tote auf seiner Reise nun vor den Richter und erlebt seine Umwandlung in den Geistkörperzustand wie eine Geburt. Dies beschreibt Kapitel 158, das als ältestes Bruchstück des Buches gilt und wörtlich übersetzt etwa lautet:

> «Mein Vater, mein Bruder, meine Mutter Isis
> Ich bin entbunden
> Ich sehe
> Ich bin unter den Entbundenen
> Sie sehen
> Die Erde.»

Das klingt wie eine Geburt. Es sind die Eindrücke des Geistes während der ersten Augenblicke nach dem Todesdurchgang. Der Geist wird in eine neue Seinsform hineingeboren, er beginnt, die Wirklichkeit zu sehen. Um sich sieht er die anderen Entbundenen, also Geister Verstorbener, und diese sehen ihn. Sein Lebenskreis ist noch immer die Erde. Es ist ein bewegendes Erlebnis!

Geblendet, wie ein im Dunkel Aufgewachsener vom vollen Tageslicht, verliert der Geist kurz das Bewußtsein und erwacht dann wieder bei seinem Leichnam, umgeben von anderen Geistwesen, die ihn nun durch das Dunkel der Unterwelt vor den Totenrichter Osiris führen. Dieser wird selbst wie ein Toter dargestellt, reglos schweigend. Aus seinen Händen empfängt der Geist die heilige Nahrung: Brot und Trank. Er legt einen hellscheinenden Körper dort an und kann nun den Anblick der Götter ertragen. (Kap. 118/119).

Darauf folgt die Gerichtsverhandlung, in der das Herz des Verstorbenen auf einer Waage vor den vierzehn (oder dreimal 14) Richtern gewogen wird durch Anubis, den Gott mit dem Schakalkopf. Die Schakalgottheit, Urvater des Hundes, wurde in ganz Nordafrika angebetet; sogar in der Edda gilt «hundweise» als hohes Lob. Wie Reineke Fuchs bei uns nimmt der Schakal in den Märchen der Berber die Rolle des Listig-Weisen ein.

Wenn das Urteil negativ ausfiel, muß der Geist in die dunklen Gegenden der Unterwelt einziehen, wo der Feuersee liegt und wo in tiefen Räumen schreckliche Wesen hausen, die die Verdammten quälen. Als gläubiger Ägypter rechnete man jedoch fest mit einem Freispruch, durch den der Geist unbegrenzte Freiheit erhielt. Er kann nun wie ein Gott alle Welten bereisen oder den anderen Geistern mildtätige Hilfe gewähren.

Er erfährt sich selbst als unsterblichen Geist und freut sich darüber: «Wahrlich ich bin ein Geist, aus der Zahl der geheiligten Geister und der Geister des unerschaffenen Lichts.» Und wie die Geister besitzt er die Fähigkeit, riesige Räume zu durchdringen: «Die Beine gehorchen dem Willen, kräftig und schnell sind die Schritte.» (78) Sicher ist das ein schönes Erlebnis, wenn der Geistkörper sich so schnell bewegen kann, wie er «will». Und auf diesen Reisen im Jenseits erfährt er auch «seine aufeinander folgenden Wandlungsformen, welche die Kraft seiner Seele erschuf», heißt es im gleichen Kapitel. Ihm wird also die Kette seiner früheren Geburten bewußt. Doch von nun an wird er frei sein von diesem Zwang, lautet ein anderes Gebet: «Nicht zweimal werd ich die Pforte des Todes durchschreiten.» (42) Die Verhinderung der Wiedergeburt war das Ziel aller strebsamen Menschen.

Darüber hinaus gab es für den Ägypter ein noch höheres Ziel: er übernahm die Gestalt und die Pflichten der Götter, er wurde selbst zu Osiris, Horus, Tum oder Ptah..., denn die Götter sind gealtert; sie freuen sich über den Ersatz, den der junge Geist für das Jenseits darstellt! Der Gedanke mag uns ungewohnt sein, uns Deutschen, die wir im milden Dämmerlicht des Nordens erwachsen wurden.

Im blendenden Glanz der südlichen Sonne sind die Ziele höher gesteckt. Auch in Indien und Tibet rückte der Erlöste ein in die Schar der Götter, er konnte als Gott wiedergeboren werden. Die letzten Verse des 179. Kapitels sagen: «denn ich bin der Wandlungen Meister, aller Götter Keime ruhen in mir.» Vielleicht wußten die Ägypter mehr über das Ziel menschlicher Entwicklung als wir bescheidenen Europäer...

Noch eine andere Vorstellung der Ägypter erstaunt uns durch ihren ungewöhnlichen Anspruch. «Ich bin Khepra, der Gott des Werdens, und mit meinem Leichnam bleib ich in alle Ewigkeit hin verbunden... Er löst sich nicht auf, verwest nicht, zerfällt nicht in Fetzen, wird nicht von Würmern verzehrt... Ich bleibe bestehen!» (Kap. 154) In diesem und vielen anderen Kapiteln erfahren wir von der entsetzlichen Furcht, die der Ägypter vor der Verwesung seines Körpers hatte. Ob er glaubte, daß er unweigerlich aufs neue geboren werden müßte, wenn sein Körper verfallen sei?

Die Einbalsamierung der Toten begann schon in den Anfängen der ägyptischen Kultur, und die Kapitel 152 bis 154, aus denen ich eben zitierte, gehören zu den ältesten des Totenbuches. Tatsächlich erreichte die Kunst der Mumifizierung in Ägypten einen Höhepunkt, der nie übertroffen wurde, wenn gleich die Sitte bei frühgeschichtlichen Völkern weitverbreitet war, von Peru über die Kanarischen Inseln und Nordafrika und die Iberische Halbinsel bis nach Tibet, wo sie noch in jüngster Zeit ausgeübt wurde. Bei den Ägyptern war das Verfahren, die Leichen von Menschen und Tieren zu erhalten, in höchstem Grade entwickelt und wurde von einer großen Berufsgruppe ausgeführt.

Auf den Wandbildern ist dargestellt, wie ein Gott selbst, Igau, die sterbliche Hülle des Menschen in einen Sarg legt, das Totenbuch erzählt es in Kapitel 64. Igau wurde später hundsköpfig abgebildet, er galt allgemein als Herr der Toten. Der Jago der Iberer und der griechische Unterweltsgott Äacus entsprechen ihm. Die Hundegestalt weist noch auf einen besonderen Zug der ägyptischen Religion hin: ursprünglich handelte es sich bei den Versen des Totenbuches um Einweihungslehren, die nur wenigen bekannt waren. Wer das Ziel der Einweihung erreicht hatte, starb nicht mehr, sondern verließ zum festgelegten Zeitpunkt seinen wie kataleptisch erstarrten Körper, um vollen Bewußtseins die Reise im Jenseits zu vollziehen. Nach Belieben, so glaubte man, konnte der

Geist den leblosen Körper wieder aufsuchen, solange dieser nicht verweste.

Seit alter Zeit hat man immer wieder beobachtet, daß Menschen, die im Leben als heilig galten, auch nach dem Tode nicht zerfielen. Durch ihren guten Lebenswandel hatten sie soviel Energie in sich gesammelt, daß ihr Körper dem Verwesungsprozeß widerstand. Man sagte von ihnen, daß sie im Alter wie verklärt aussahen und daß ein unbeschreiblicher Wohlgeruch von ihnen ausging. Dieser Wohlgeruch sei es, der sie vor Zersetzung schützte, ähnlich wie die Mumien durch Salben und Honig erhalten blieben. Das bekannteste Beispiel dafür ist bei uns Therese von Avila; ein anderes ist ihr Zeitgenosse Bu Abdallah , ein islamischer Heiliger von Oran, um dessen Leib eine Schlange geringelt lag, als man ihn 83 Jahre nach seinem Tode ausgrub, weil steigende Flut sein Grab gefährdete. Der Körper des Heiligen war völlig erhalten, obgleich er nach islamischer Sitte nur mit einem weißen Leinentuch bedeckt war.[51]

So könnte man die Einbalsamierung als operative Nachhilfe für diejenigen ansehen, denen es zu Lebzeiten nicht gelang, die Vollkommenheit zu erreichen. Jenen Völkern, denen ein Leben im Jenseits als begrüßenswertes Ziel vor Augen stand – den Inkas und Turdetanern, Ägyptern und einigen Tibetern –, wird darum die Erhaltung der Leichen als wichtige Totenfürsorge am Herzen gelegen haben.

Der krasseste Gegensatz dazu ist die Verbrennung der Toten, die unsere Vorfahren – wie die meisten Indoeuropäer – für richtig hielten. Doch auch diese Sitte beruht auf den gleichen Vorstellungen von Wiedergeburt und Jenseitsreise, denn diese waren bis in Einzelheiten von Nordafrika über ganz Europa bis Südasien verbreitet und bis zu den Eigennamen der Götter und Sinnbilder gleich. Nur die Zielsetzung war für die Völker verschieden, denn bei den indoeuropäischen Gruppen vermischte sich das Wissen vom Jenseits mit der apokalyptischen Vorstellung vom nahenden Weltende. Bei Kelten, Germanen und Indern können wir in den heiligen Texten noch nachvollziehen, wie eng diese beiden Gedankenkreise miteinander verschlungen waren.

Und aus dem Gefühl, daß die Zeit ihrem Ende entgegeneilt, ergab sich die Notwendigkeit zur Feuerbestattung; wer nicht im Augenblick des Todes erlöst war, sollte keine Zeit mit langem Aufenthalt am leblosen Körper verlieren, sondern so bald wie möglich ins Leben zurückkehren, um erneut für seine Erlösung zu kämpfen. Je kürzer die Zeitspanne des Zwischenzustandes wurde – und dazu glaubte man durch die Verbrennung einen Teil beizutragen –, desto eher ergab sich eine Wiederkehr ins Diesseits. Außerdem wurde durch die Verbrennung der Toten die Zahl der umgehenden Geister verringert, was unseren Vorfahren erstrebenswert vorkam.

## 10. Die bretonischen Triaden

Einige Jahre nach meiner Erforschung der vieltausendjährigen Vergangenheit von Cadiz stehe ich wieder in dieser Stadt vor dem großen Holztor eines alten Gebäudes, hinter dessen Fassade Tausende von Büchern den Traum der Jahrhunderte träumen. Ich denke an den Griechen Apollonius, den Dichter der Argonautensage, der aus Rhodos kam und hier – am fernsten Gestade Europas – das Wissen suchte und fand, das seine Zeit brauchte: das Wissen um die Ursache von Ebbe und Flut, das Wissen von den Katastrophen der Menschheit und ihre lange Geschichte, die in dieser Stadt seit mehr als sechstausend Jahren getreu überliefert worden war.

Eines der Bücher, die ich diesmal erhielt, hatte mich vom Titel her angezogen: «L'Immortalité», Die Unsterblichkeit, von Alfred Dumesnil, gedruckt vor etwas mehr als hundert Jahren, 1861 in Paris. Es war in modernem Französisch geschrieben und nahm mich bald gefangen. Dem Freidenker Dumesnil waren die letzten dreitausend Jahre abendländischer Geschichte wie eine kleine Episode im großen Bogen der Menschheitsentwicklung vorgekommen, so daß ich mich beim Lesen recht bald geistesverwandt fühlte. So stieß ich auf die Triaden, das sind Gesänge der Barden der Bretagne, in Dreiersprüchen abgefaßt in der alten Sprache, hier ins moderne Französisch übersetzt und erklärt.

Dieses Dokument vom Glauben der alten Bewohner Galliens war sogleich nach seiner Entdeckung übersetzt und vielfach besprochen worden.[52] Über die «Echtheit» des Dokuments mag schon damals der Streit entbrannt sein, doch das ist nebensächlich, wie auch Dumesnil sagt: «Die archäologische Frage kann die geistigen Wahrheiten dieses Sprachdenkmals nicht anfechten.»[53] Mit anderen Worten: ob es sich bei den Bardensprüchen um eine direkte Überlieferung aus vorchristlicher Zeit handelt oder um eine Neuschöpfung auf der Grundlage vorschristlicher bretonischer Überlieferungen, ist gleichgültig: Tatsache bleibt, daß die Sprüche den Geist der damaligen Glaubensvorstellungen wiedergeben, wie an Hand einiger Vergleiche mit «echten» Quellen, zum Beispiel Cäsars Gallischem Krieg oder den Schriften des Lukianus, nachweisbar ist. Form und Inhalt der Dreiersprüche sind sehr alt und können so wenig erfunden sein wie die Lieder der Edda oder die Veden Indiens, mit denen sie stellenweise durchaus vergleichbar sind. Dennoch nehmen sie einen ganz eigenen Platz ein, wie schon an der ersten Triade spürbar wird, die in deutscher Übersetzung lautet:

> «Es gibt drei ursprüngliche Einheiten, und von jeder kann es nur je eine geben: ein Gott, eine Wahrheit und einen Augenblick der Freiheit; der letztere ist der Augenblick, in dem sich alle Gegensätze im Gleichgewicht befinden.»

Wir wissen ja, wie wichtig die Dreizahl den indoeuropäischen Völkern war. Die Götter der Kelten und Germanen, der Inder ebenfalls, traten stets als Dreigestirn auf, wie heute noch die «Herrscher» an den drei tollen Tagen im Kölner Karneval. Und dies sind die drei absoluten Werte der Gallier: der *eine* Gott, wie bei Iberern und Kanariern; die Wahrheit – das ist ein neues Element, zu dem mir Vergleiche fehlen – und die Freiheit, von der Kelten und Keltiberer geradezu besessen waren. Freiheit verstanden sie als das Gleichgewicht der Gegensätze, als einen Balanceakt, wo die kleinste Neigung eine unwiderrufliche Entscheidung bedeutet. Sinnbild für die Freiheit waren die «tanzenden Steine», jene Felsbrocken, die durch eine Laune der Natur auf einem winzigen Punkt, ihrem Schwerpunkt, auf einem größeren Felsen aufliegen und dadurch balancieren, so daß sie bei geringen Bewegungen der Erdkruste, kleinen Erdbeben, zu tanzen anfingen. Vielleicht brachte man sie auch durch klingende Worte oder Musik zum

Schwingen und hörte oder las aus ihren Bewegungen orakelhafte Antworten auf gestellte Fragen.[54]

In der zweiten Triade werden zu den ersten drei Einheiten «Gott, Wahrheit und Freiheit» drei weitere Begriffe gegeben:

> «Drei Dinge entstehen aus den drei ursprünglichen Einheiten: das ewige Leben, das vollkommen Gute und die Allmacht.»

Beide Triaden ergeben zusammen drei Begriffspaare: Gott gibt das ewige Leben, die Wahrheit bewirkt das vollkommen Gute, und die Freiheit ist Ausdruck der Allmacht. Im Folgenden wähle ich nur einige der 46 Triaden aus. Manche sind schwer zu verstehen, da sie mit dem Ausdruck der doppelten Verneinung arbeiten. Andere gewinnen ihren Sinn erst durch die veränderte Reihenfolge der Sprüche, die die Gelehrten neu festgelegt hatten. An einen Brief des Paulus erinnert mich die 11. Triade:

> «Auf drei Dinge sind die Lebewesen gegründet: die göttliche Liebe, die im Einklang mit dem vollen Verständnis steht; die göttliche Weisheit, die Kenntnis von allen Mitteln hat; und die göttliche Allmacht, die im Einklang mit dem höchsten Willen, der Liebe und der Weisheit steht.»

In der nächsten Triade ist der Kernsatz abendländischen Denkens enthalten:

> «Drei Dinge hat Gott allen lebenden Wesen gegeben: die Fülle seiner Gattung (das heißt: seiner Wesensart); die Unterscheidung seiner Persönlichkeit (gegenüber anderen Lebewesen); und die Eigenart seines ursprünglichen Geistes. Das ist es, was die eigene und vollständige Person jedes Wesens ausmacht.»

In diesem Satz ist die Besonderheit des europäischen Selbstverständnisses mit makelloser Klarheit eingebettet; deutlich hebt sie sich von der Weisheit Sumers oder Indiens ab. Er ist ein Bekenntnis zur Unantastbarkeit der Person, wie ihn selbst die klassischen Griechen nicht in solcher Genauigkeit geprägt haben. So ist jeder Mensch ein Abbild der Menschheit, sagt die Triade, zugleich ist er eine unverwechselbare Person, belebt von einem seit dem Ursprung eigenen Geist. Das wird noch weiter ausgeführt mit den Worten:

«In drei Dingen unterscheidet sich ein Lebewesen vom anderen: im ursprünglichen Geist, in der Erinnerung und in der Wahrnehmung. Denn diese drei Fähigkeiten sind bei jedem vollständig vorhanden und brauchen mit keinem anderen geteilt zu werden. Jeder hat sie in ausschließlicher Fülle; und von keiner Sache kann es zweimal die gleiche Fülle geben.»

Ich glaube, diese Triade verstehen wir heute besonders gut, sie paßt so genau in unsere psychologisierende Denkweise, daß sie keiner Erklärung bedarf. Wäre nicht die altertümliche Form und der Zusammenhang mit den anderen Triaden vorhanden, dann könnte man sie für eine moderne Aussage zur Erkenntnistheorie halten. Doch in den folgenden Dreisätzen erfahren wir etwas grundlegend anderes – wir werfen einen Blick in die Gedankenwelt der Europäer vor ihrer Umgestaltung durch die römische Militärmacht. Die Sätze zeichnen ein Bild der Wirklichkeit, wie es uns immer wieder bewußt war und nur in Augenblicken verloren schien:

(15) «Es sind drei Kreise des Seins: der Kreis der Leere, in dem es außer Gott nichts Lebendes und nichts Totes gibt, und den kein Wesen außer Gott durchqueren kann; der Kreis der Wanderung, in dem jedes beseelte Wesen vom Tode herkommt, und den der Mensch durchquert; und der Kreis der Glückseligkeit, in dem jedes beseelte Wesen vom Leben herkommt, und den der Mensch im Himmel durchquert.»

Der erste Kreis heißt im Urtext CYLCH Y CEUGANT, wobei das Wort Cylch wie Zirkel, Zyklos und iberisch Gergal unser Wort Kreis wiedergibt und Ceugant am besten mit Hohlheit, Leere, Blindheit zu übersetzen ist. Handelt es sich hierbei um das Nirwana der Inder, das absolute Nichtsein? Zwar springt die Verwandtschaft der beiden Vorstellungen ins Auge, aber auch ihr Unterschied: Der Kreis der Leere bei den Kelten ist vom lebendigen Gott durchdrungen, anders als das Nirwana der Hindus und Buddhisten, für die selbst Gott nur als Teil der Erscheinungswelt denkbar ist und darum im Gegensatz zum Nirwana steht.

Der zweite Kreis wird CYLCH Y'R ABRED genannt; Abred hat die Bedeutung «Übel, Böse» angenommen, doch kommt es von Bred = Pfad, wie im Iberischen, Arabischen und den ihnen verwandten Sprachen. Der Kreis des Pfades bedeutet also die Wanderung, wobei wie in der indischen Lehre vom Samsara, dem Kreislauf des Lebendigen, die Bewertung «böse, schlecht» schon im Wort enthalten ist. Jedes beseelte Wesen, so sagt der Barde, kommt vom Tode her und betritt den Kreislauf der Wanderung, wenn es geboren wird. Alles Lebendige ist schon einmal gestorben, es hat schon einmal gelebt. Am Anfang stand die tote Materie, und Ziel der Kette ist das beständige Leben. Dieses wird im dritten Kreis, CYLCH Y GWYNFYD, dem «Kreis der schönen Welt», beschrieben. Alle beseelten Wesen dort stammen aus dem Lebenskreislauf von Tod und Geburt, sie sind am Ziel der Wanderung:

> (16) «Drei Seinsformen muß alles Lebendige durchlaufen: Den Anfang im Abgrund, die Wanderung und die Erfüllung im Himmel; nichts außer Gott kann ohne diese drei Formen sein.

Das Wort Abgrund lautet im Original ANNWFN und entspricht dem griechischen Begriff «Abismos», es bezeichnet das Grundlose, die Welt des Formlosen, der Schatten.[55] Die beiden folgenden Triaden erläutern diese drei Seinsstufen:

> (17) «Die drei aufeinanderfolgenden Stufen der Lebewesen sind: Der Zustand des Versinkens im Abgrund, der Zustand der Freiheit im Menschsein, der Zustand der Liebe oder des Glücks im Himmel.»
>
> (18) «Dies sind die drei Kräfte des Seins: Nicht anders sein zu können (im Abgrund), nicht anders sein zu müssen (auf dem Lebensweg) und nicht besser sein zu können in der Auffassung; im letzten liegt die Vollendung der Dinge.»

Wer diese Vollendung erreichen will, braucht drei Hilfsmittel, die in Triade 28 genannt werden: die Unempfindlichkeit (gegen Schmerzen und Ängste), die Veränderung und die Freiheit zur Entscheidung. Und drei Grundübel gibt es auf unserem Lebensweg, wie Triade 37 sagt: die Notwendigkeit, das Fehlen des Gedächtnisses (also die Erinnerung an die früheren Lebensformen) und der Tod (denn er bewirkt neue Wiedergeburt im Kreislauf). Diese drei Begriffe klingen im Bretonischen sehr ähnlich und zeigen den gleichartigen Aufbau, die dichterische Form der Triaden an: ANGEN ANGHOF und ANGEU. Auch das macht sie den heiligen Schriften der alten Völker ähnlich: ihre Ausdrücke haben die Sprache geprägt und versteinert.

So kommt also alles Lebendige vom Tode her, wie auch Leibniz sagte und wie die heutige Naturwissenschaft allgemein lehrt: aus der unbelebten Materie ist das Leben entstanden. Die Lebenskraft, die dieses Wunder bewirkt, ist der zeitlose Geist, der alles Lebendige durchdringt und zu höheren Formen voranbringt. Zuerst war Tod, dann kam das Leben, und am Ende steht der befreite Geist, sagen die Triaden. So wie (religiös) das Datum am Abend beginnt und aus der Nacht der Tag geboren wird, wie zuerst Dunkel war und dann Licht wurde, so kommen wir alle aus dem Schattenreich und wandern zum befreiten Licht. Indem wir erkennen, daß wir schon viele Male gestorben sind, verlieren wir die Todesangst, die so viele Menschen heute in ihrem Griff hält. Das ist die schönste Lehre der Bardenlieder.

Daß diese Lehre in Gallien allgemein verbreitet war, erkennen wir aus einer Mitteilung Cäsars im Gallischen Krieg: «Die Druiden wollen (ihre Leute) glauben machen, daß die Seelen nicht verderben, sondern nach dem Tode von dem einen Körper zu einem anderen übergehen; und sie (die Druiden) glauben, daß dies die Menschen nachdrücklich zum Mut erzieht, indem es sie die Todesangst vergessen läßt.» Wie wirksam diese Lehre war, haben die römischen Heere in vielen Schlachten gegen die Kelten zu spüren bekommen.

Die eigentliche Macht des keltischen Glaubens lag allerdings noch weit jenseits dieser naturwissenschaftlichen Kenntnis von den Wiedergeburten in dem vollen Vertrauen gegenüber Gott, wie es erst einige Jahrhunderte nach Cäsar die Herzen der Römer eroberte. Diese versöhnliche Haltung, die ganz christlich anmutet, kommt in Triade 14 zum Ausdruck:

> «An drei Dingen nehmen alle Lebewesen teil durch die Gerechtigkeit Gottes: am Mitleid (oder der Hilfe) Gottes bei der Wanderung, denn ohne dieses könnte niemand etwas wissen; am Vorrecht auf göttliche Liebe; und an der Übereinstimmung mit Gott hinsichtlich der Erfüllung durch die Allmacht Gottes, denn er ist gerecht und barmherzig.»

# 11. Griechenlands Mysterien

Die Hadesfahrt des Odysseus im elften Gesang der Odyssee[56] scheint aus zwei getrennten Überlieferungen zusammengesetzt zu sein: einer Einweihung und einer Geisterbefragung. Als Einweihung erscheint sie, weil Odysseus mit seinen Gefährten ins Land und zur Stadt der Kimmerier segelt, im «hohen Norden», vielleicht an der Küste des Atlantiks gelegen. Hätte er nur die Toten heraufbeschwören wollen, dann wäre die weite Reise nicht nötig gewesen, denn der Ritus, den Homer im folgenden beschreibt, kann überall durchgeführt werden, und als Tor zur Unterwelt kannte man viele Orte: überall dort, wo eine Höhle ins Innere der Erde führt oder ein Wasserstrudel in die Tiefe stürzt, wo heiße Quellen oder Gase aus der Erde strömen, glaubte man das Reich der Toten betreten zu können. Vielleicht war die Reise zu den Kimmeriern, Nordeuropäern, nötig, weil nur sie jenes Wissen noch besaßen, das zu einer Befragung der Geister gebraucht wird.

Diese Totenbefragung trägt einige Züge, die mich sehr an die Sitzungen der Spiritisten erinnern, die vor hundert Jahren in Amerika und Europa Mode waren. Das gibt der homerischen Schilderung den Anstrich des echten Erlebnisses. Zum Beispiel jene Szene, wo Odysseus sich fragt, als er unter den auftauchenden Schatten seine Mutter erblickt, ob sie es wirklich sei oder nur ein Trugbild, das die Göttin der Unterwelt ihm geschickt habe. (XI, 213–222) Bezeichnend ist auch, daß die Geister der toten Schönheiten und Helden, mit denen sich Odysseus unterhält, keineswegs über die Geschehnisse auf der Erde Bescheid wissen; sie freuen sich über die Nachrichten, die ihnen der lebende Odysseus bringt. Nur der Geist des Propheten Teiresias besitzt Erkenntnis, wie Kirke vorhergesagt hatte: «und er allein ist weise; die andern sind flatternde Schatten.» (X, 495) Schließlich ist noch ein dritter Wesenszug nennenswert: Die Geister, die Odysseus heraufbeschwört (in den ersten beiden Teilen des Berichtes, nicht in dem angefügten dritten Teil, bis XI, 567), gehören zu Toten des vergangenen Jahrzehnts; es sind die Geister der kürzlich Verstorbenen, mit denen ein Gespräch möglich ist, da sie noch nicht völlig von ihrem früheren Leben gelöst sind.

Im dritten Teil der Geisterbefragung erinnert Homer an einige berühmte «Halbgötter» und Riesen, wie zum Beispiel Minos,

Orion und Tityos, die selbst zu Lebzeiten eine Hadesfahrt gewagt hatten und daher zu den «Zweimalgeborenen» zählen; auch Herkules, Theseus und Peirithoos gehören dazu. Durch diese Namen wurden die Griechen an ihre Einweihung erinnert, in der sie die geistigen Grundlagen dieses Erlebnisses erfahren hatten. Euripides schrieb, daß Herkules nur durch die Einweihung in die Mysterien jene Kraft bekommen hatte, die ihn befähigte, den Wachhund der Unterwelt zu besiegen.[57] Hermes und auch Athene galten als Helfer und Führer des Herkules und anderer Wahrheitssucher bei der Hadesfahrt, fügt Homer hinzu (XI, 625). Auch für die Griechen war der Unterweltsbesuch ein Todeserlebnis, das seine Gefahren barg. Nur die lange darauf vorbereiteten «Initianden» (das heißt «die sich auf den Weg gemacht haben») konnten daraus wieder auftauchen, neu geboren werden und durften dann den Ehrentitel der Eingeweihten tragen: die «Zweimalgeborenen».

Einer jener Männer, der die Griechen das Verständnis des Todesgeheimnisses gelehrt hatte, war Dionysos, dieser nimmermüde Reisende, der vom fernen Westland am Atlantik bis zu den Hochgebirgen Indiens gezogen war und die Völker unterrichtet hatte. Er war ein genialer Denker und Techniker, baute Brücken und legte Straßen an, pflanzte Weinreben und erklärte die Herstellung des Weines. Seine größte Schöpfung – eigentlich eine Erneuerung, wie wir uns denken können – war das Theater, das Kultspiel, bei dem die Wanderung der Seele und ihre Aufgabe dargestellt wurde. Den Lernwilligen wurde durch das Schauspiel die «Theorie» vermittelt, die Gottschau. Wie einst der Zauberer der altsteinzeitlichen Kultgemeinschaft seinen Kommandostab, so hielt Dionysos seinen Thyrsos-Stab, der mit Efeu und Weinranken umkränzt war und in einem Kienzapfen auslief. Um ihn herum schwärmten die Mänaden, begeisterte Frauen, die im Rausche das Licht der Wirklichkeit schauten und in Verzückung davon sangen. Im Weinstock und im Ziegenbock sahen sie ihren Gott verkörpert und vollbrachten während des Festes das Opfer, das uns unheimlich und doch seltsam vertraut zugleich vorkommen muß: sie zerrissen den Bock, der die Gottheit darstellt, opferten den Bock sich selbst, denn Gott und Opfer waren eins geworden und damit der Tod überwunden. Stellvertretend für ihren eigenen Tod vollzogen die Einweihungswilligen das blutige Opfer des Bockes und erlangten damit das Bewußtsein ihrer Erlösung. Es ist das gleiche unfaßbare Geheimnis darin enthalten wie in den Liedern der Edda, wo Odin dem Odin sich opfert, und im Evangelium, wo das Lamm Gottes stellvertretend am Stamme des Kreuzes stirbt und damit den Tod überwindet. Fast scheint es, daß die den Vorgängen bei der Einweihung innewohnenden Bilder zwangsläufig die gleichen sind.

Über diesen Zusammenhang schrieb schon Herder in der Vorrede zum zweiten Teil seiner Volkslieder (1779): «Die Namen und Stimmen der ältesten griechischen Dichter bezeugen dasselbe. Linus und Orpheus, Phantasia und Hermes, Musäus und Amphion... Wir mögen von den umherziehenden Sängern der Griechen soviel der Fabel geben, als wir wollen: so bleibt am Boden des Gefäßes die Wahrheit übrig, die sich auch in andern Völkern und Zeitaltern gleichartig dargetan hat.» Und an anderer Stelle[58] führt er weiter aus: «... und wenn Arion, Orpheus, Amphion lebten, so waren sie edle griechische Schamanen. Die alte Kommödie entsprang aus Spottliedern und Mummereien voll Hefen und Tanz;» also aus Fastnachtsbräuchen und Kultspielen, aus obszönen Phallusliedern gar (wie Aristoteles im Kapitel 4 seiner Dichtkunst schrieb), während «die Tragödie aus Chören und Dithyramben, das ist alten Volkssagen und Göttergeschichten» entstanden war.

Denn so war das griechische Schauspiel aufgekommen: Der fahrende Thespiskarren setzte den Dionysoskult fort, und noch die späteren Tragödien des Äschylos und Sophokles trugen die Züge des Mysterienspiels, bei dem der Zuschauer auf eindringliche Weise in die Wahrheit eingeweiht wird. Die Schauspieler trugen Masken und gingen auf tönendem Kothurn, sie galten nur als Träger der Handlung, als Sprachrohr der erweckenden Gottheit. Mag diese Vorführung dem einfachen Mann aus dem Volke noch religiösen Schauer eingejagt haben, in den Kreisen der Gebildeten war man in jener klassischen Zeit in Griechenland schon lange vom Theater abgerückt und hatte sich in geheimen Bünden vereinigt, war also einen Schritt zu den Uranfängen in der Höhle zurückgekehrt. In unterirdischen Gewölben nahm die Gemeinde der Auserwählten an Einweihungsfeiern teil, die das Verborgene durch Lieder und Sprüche offenbarten. Auch hier hat ein stellvertretendes Durchschreiten der Todesgrenze – sei es im Schlaf oder in Hypnose, im Rausch oder in der Versenkung – die entscheidende Rolle gespielt.

Den Anstoß zu einer Erneuerung des Glaubens an die Wiedergeburtenkette und die Wiedereinrichtung der Einweihungsspiele verdanken die Griechen den Orphikern, jenen Wanderpredigern aus dem nördlichen Nachbarland Thrakien, die im 6. Jahrhundert durch Hellas zogen und die Unsterblichkeit der Seele lehrten. Sie forderten die Reinhaltung des Körpers und der Seele durch Entsagung und Zucht, forderten Liebe und Mitleid gegenüber allen Wesen. Ihr Vorbild war der Sänger Orpheus, ein Gottkundiger, der in die Unterwelt hinabgestiegen war wie Gilgamesch und Osiris, Odin und Krischna. Durch sein Saitenspiel gewann er dem Herrscher der Toten die Erlaubnis ab, seine Gemahlin Eurydike wieder in die Oberwelt zurückzuführen, was einer Überwindung des Todes, einer Auferstehung gleichkommt. Die magisch-mystischen Schriften des Orpheus wurden von seinen Anhängern gesammelt und in Griechenland verbreitet. Sie haben viele Philosophen und Schulen angeregt.

Auf der Suche nach den Ursprüngen der orphischen Wanderprediger stieß ich noch auf eine zweite Prophetengestalt, die großen Einfluß ausgeübt haben muß, wie aus den zahlreichen Nennungen bei antiken Schriftstellern hervorgeht. Herodot, Platon, Arrianus, Diodor von Sizilien, Strabon, Hiormandes, Dion Cassius (um 200 n. Ztr.) und mehrere andere schrieben über Zamolxis, den Religionsstifter Thrakiens.[58a]

Platon verdankt einem Schüler der Lehre des Zamolxis seine Kenntnis von der Heilkraft des Gesprächs, wie er im Charmides (I, 5) mitteilt: «Dies lernte ich im Heere von einem thrakischen Arzt, einem jener Schüler des Zamolxis, dessen Wissenschaft, wie man sagt, die Menschen unsterblich macht.» Durch Besprechungen, das heißt durch gute Gespräche, so hatte Zamolxis gelehrt, wird Weisheit in den Seelen der Menschen erzeugt, und durch diese gelingt die Heilung des Kopfes und des übrigen Körpers. Darum verlangte der thrakische Arzt von Platon: «Hüte dich wohl, dich durch irgend jemanden dazu bewegen zu lassen, ihn mit Mitteln zu heilen, bevor er dir nicht seine Seele übergeben hat, damit du sie durch Besprechungen heilst. Dies ist ein Fehler, verbreitet unter den heutigen Menschen, daß sie getrennt voneinander Seele und Körper heilen wollen!» «Und er bat mich inständig», fährt Platon fort, «daß ich niemanden, sei er reich oder adlig oder schön, nachgeben möge, anders zu handeln. Ich schwörte es.»

Über das Leben des Zamolxis ist wenig bekannt, es scheint, daß er schon im 6. Jahrhundert v. Ztr. eine sagenumwobene Gestalt war, eher einem Gott vergleichbar, weshalb Herodot in seinem Geschichtswerk (IV, 93 und 94) ausdrücklich betont: «Jedenfalls hörte ich sagen unter den Griechen des Hellespont und des Pontus, daß dieser Zamolxis ein Mann (– kein Gott –) war, und daß er in Samos gewesen sei, Sklave des Pythagoras...» Die Verbindung mit Samos dürfte eine der typisch griechischen Fälschungen sein, die gerne einen Eigennamen (Zamolxis) mit einem ihrer Orte oder Inseln verbanden. Auch der Zusammenhang mit Pythagoras («sein Sklave») hängt mit der giechischen Überheblichkeit zusammen. Wahrscheinlich hat Zamolxis lange vor Pythagoras gelebt und gelehrt. Hiormandes berichtet, daß mehrere griechische Geschichtsschreiber die erstaunlichen philosophischen Kenntnisse des Zamolxis mitteilen. Er kennt auch die Vorgänger des berühmten Religionsstifters: «Zuerst hatten die Thraker als Lehrer den weisen Teutas, dann Deceneus, und als dritten Zamolxis.»

Ehrlicherweise merkt Herodot bei seiner Schilderung an: «Ich glaube aber, daß Zamolxis um viele Jahre vor Pythagoras lebte.» Und Flavius Josephus (Contra Apionem, I, 22) widerlegt die Behauptung, Zamolxis habe die Lehre des Pythagoras verbreitet, indem er feststellt: Pythagoras lehrte nach jüdischem und thrakischem Vorbild.

Durch den Text des Herodot wird uns die Person des Zamolxis recht nahegebracht. «Mitten beim Mahle lehrte er sie, daß weder er noch seine Tischgenossen noch alle ihre Nachkommen jemals sterben würden, sondern an einen Ort gingen, wo sie für alle Zeiten jede Art von Glück erführen.» Dies mag eine Grundlage seiner Lehre gewesen sein, noch lange Jahrhunderte erhalten bei seinen Landsleuten, wie aus einer Bemerkung von Kaiser Julianus Apostata (361–363 n. Ztr.) hervorgeht, der eine Wiederbelebung des antiken Glaubens gegen die christliche Kirche anstrebte: «Die Thraker gingen fröhlicher zum Tode als auf irgendeine andere Reise.»

Obgleich Zamolxis Reichtümer besaß, berichtet Herodot, lebte er doch zurückgezogen und entsagungsvoll in einer Höhle. Im nächsten Abschnitt (95) beschreibt er dann die erstaunliche Tat, der «großen Reise» der Tibeter vergleichbar, drei Jahre lang in einer Höhle eingemauert zu verbringen:

«Während er auf diese Weise seine Landsleute lehrte, ließ er sich eine unterirdische Wohnung bauen, und nachdem diese fertig war, entzog er sich den Augen der Thraker, stieg in die unterirdische Wohnung und blieb etwa drei Jahre darin. Währenddessen wurde er wie ein Toter betrauert. Schließlich, im vierten Jahre, erschien er wieder und machte mit diesem Kunstgriff alle früher verkündeten Lehren glaubwürdig (die sich auf die Unsterblichkeit des Menschen und die Herrschaft des Geistes über den Körper beziehen).»

Wie bedingungslos das Volk der Thraker seinem Propheten glaubte, geht aus einer anderen Notiz des Herodot hervor, die den Griechen ebenfalls höchst staunenswert vorkam: Eine Vorschrift, die bis in die Zeit der römischen Besetzung Thrakiens durchgeführt wurde, sah vor, daß alle fünf Jahre ein Bote an Zamolxis entsandt wurde. Das gesamte Volk versammelte sich, legte eine Gemeinschaftsbeichte ab und verfaßte eine Liste aller guten UND bösen Taten des vergangenen Zeitraums sowie aller Wünsche und Bitten für die Zukunft, dann – so berichtet Herodot – «bestimmten sie durch Los irgendeinen aus dem Volke und schickten ihn mit dieser Botschaft an Zamolxis, mit der Aufgabe, ihm ihre Klagen mitzuteilen. Diese Entsendung spielt sich folgendermaßen ab: Drei von ihnen werden beauftragt, je einen Speer mit der Spitze nach oben zu halten, während andere denjenigen, der entsandt werden soll, an Händen und Füßen fassen, ihn schwingen und so in die Luft werfen, daß er auf die Spitzen der Speere fällt.»

Auch wenn dies den Griechen «barbarisch» erschienen sein mag, so ist doch nicht zu übersehen, daß sie der Lehre des Zamolxis – auf dem Weg über die orphischen Wanderprediger – viele Anregungen verdankten. Die «große Wanderung», die sie in ihren Einweihungszentren von drei Jahren auf drei Tage verkürzten, ist wohl das grundlegende Merkmal griechischer Mystik gewesen, in symbolischer Weise bis heute im christlichen Osterfest erhalten.

Die berühmtesten Einweihungsfeiern fanden in Eleusis statt. Sie waren von Freunden und Feinden der Griechen hochgeachtet und bestanden bis in die Zeit der römischen Kaiser. Cicero und Pindar lobten die eleusinischen Mysterien als die beste Einrichtung der Griechen. Wie Aristoteles schrieb, lag der Hauptwert nicht im Lernen und Üben, sondern im Verstehen des Geheimnisses, in einem blitzartigen Bewußtwerden. Dazu wurden nur diejenigen Männer und Frauen zugelassen, die sich durch einen reinen Lebenswandel darauf vorbereitet hatten. Suetonius teilt mit, daß Kaiser Nero nicht wagte, daran teilzunehmen, weil er zu schuldbeladen war.

Dic großen Mysterien von Eleusis wurden alle fünf Jahre abgehalten, und zwar im September nach der Weinernte. Sie dauerten neun Tage. In einem unterirdischen Labyrinth tranken die Mysten (das heißt «die Schweigsamen») narkotische Säfte, die ähnliche Halluzinationen hervorrufen wie Soma, Mohn oder Fliegenpilz. Vor allem aber wurde ein «heiliges Erschrecken» als erzieherische Maßnahme genutzt: Die im Dunkel harrende und niedergebeugte Gemeinde blendete man durch einen Lichtschein von oben[59], womit man den blendenden Blitzstrahl vorwegnahm, der den Geist kurz nach dem Eintritt des Todes trifft. Das ist es wohl, was Aristoteles mit dem «blitzartigen Erkennen» gemeint hat.

Leider wissen wir nur sehr wenig über die Einweihungsriten, denn die Mysten wurden zu strengem Schweigen verpflichtet und haben dies auch eingehalten. Durch die Orphiker waren manche Kenntnisse zum Allgemeinwissen geworden, vor allem die Vorstellung von der Seele und ihrer Wanderung durch den Lebenskreislauf; ferner wußte man auch, daß die persönliche Kraft des Verstorbenen noch drei Tage lang in der Umgebung des Leichnams weilt, ehe sie in die Höhe entschwindet.[60] Und man wußte, daß Totenklage und Trauer sich nicht ziemen für einen aufgeklärten Menschen. Doch manche Einzelheiten blieben den Uneingeweihten – und damit uns Heutigen auch – verschlossen.

Außer Eleusis gab es eine ganze Reihe von Einweihungsorten, die jeder für sich das befreiende Erlebnis vermittelten. Hören wir von einem derben bäuerlichen Einweihungsritus, den Robert Graves[61] nach den Texten von Pausanias und Plutarch beschreibt. Trophonius, der Sohn des Argonauten Erginus, hatte bei Lebadeia ein Orakel gestiftet, bei dem der Wahrheitssucher recht brutal das Erlösungserlebnis erfuhr. Zunächst mußte der Einweihungswillige sich mehrere Tage lang durch Baden und Opfern reinigen, bevor er zugelassen wurde. Er aß vor allem Widderfleisch, das dem Geist des Agamedes, des Bruders des Trophonius, geweiht war. Am entscheidenden Tage wurde er von zwei Knaben zum Fluß geleitet, gebadet und gesalbt. Dann trank er von einer Quelle, die als Wasser des Vergessens galt, denn hier legte er sein früheres Leben ab, um ein neues erwerben zu können. Danach nahm er einen Schluck von einer anderen Quelle, die als Wasser der Erinnerung bezeichnet wurde; alles, was er nun erfuhr, sollte ihm für immer im Gedächtnis bleiben. In bäuerliche Leinengewänder gehüllt und mit Stiefeln bekleidet, geschmückt wie ein Opfertier mit einem Haarband, führte man ihn zum «Abgrund», einem zwei Meter tiefen Loch in Form eines Backofens. Auf einer Leiter stieg er hinab und steckte seine Beine durch eine kleine Öffnung am Grunde. In beiden Händen hielt er honigbestrichene Haferkuchen. Plötzlich wird er an den Fußgelenken erfaßt und wie von einem Wasserstrudel hinabgezogen, wobei er einen Schlag auf den Schädel erhält, der ihn der Todesgrenze nahebringt, ohne ihm das Bewußtsein zu nehmen. Ein unsichtbarer Sprecher weiht ihn nun in die Geheimnisse des Lebens ein, bis er das Bewußtsein verliert. Dann wird er wieder hinaufbefördert, die Beine voran, während seine Honigkuchen als Bezahlung der Unterweltgottheiten im «Abgrund» verbleiben. Man setzt ihn auf einen «Thron der Erinnerung» und befragt ihn nach seinem Erlebnis. Den noch immer leicht Benebelten bringt man dann ins Wohnhaus zurück, wo er wieder zu sich kommt und die Fähigkeit zu lachen wiedergewinnt. Sicher war durch die sorgsame Vorbereitung dafür gesorgt, daß ihm das Lachen nicht für immer verging...

Die großen Philosophen der klassischen Zeit hatten ihre Einweihung allerdings nicht in Eleusis oder einem der anderen Geheimbünde Griechenlands erfahren, sondern in Ägypten selbst, dem Ursprungsland dieser Weisheit. Die gebildetsten Hellenen: Solon, Pythagoras und Thales, Lykurg, Platon und Herodot, Plutarch, Apuleius und Jamblikos hatten an den Isismysterien im Niltal teilgenommen. Sie alle haben Stillschweigen über die Form der Einweihung gewahrt, doch der Inhalt der Lehre spricht aus allen ihren Werken. Einige allgemeine Hinweise verdanken wir Plutarch, Proklos und Apuleius; der letztere[62] schrieb, daß die Göttin Isis selbst über die Auslese der Lehrer und Schüler ihres Heiligtums wache, und daß sie gewöhnlich nur diejenigen dazu ausersähe, die an der Pforte der Nacht stehen und deren Ende nahe sei, ferner diejenigen, denen man die Geheimnisse sorglos anvertrauen könne. Im Traum erschien sie dem wartenden Gottsucher und verkündete ihm den Tag, an dem er ihr nahen durfte. Es wurde also eine bestimmte Reife der Einweihungswilligen verlangt, denn man fürchtete einerseits um die Preisgabe der Geheimnisse, wie es in Ägypten zweitausend Jahre vorher schon einmal geschehen war, und andererseits war die Einweihung wohl immer noch mit Gefahr für den Mysten verbunden, denn er näherte sich ja der Todesgrenze, überschritt sie sogar für einen Augenblick und vertraute sich dem strahlenden Licht der Wirklichkeit an, in dem man die Götter von Angesicht sieht.

Hatte man diese gefahrvolle Prüfung überstanden, dann wurde

man neu geboren, ein erneuerter Mensch für ein neues Leben. Sicher war die Anzahl der auf diese Weise zum Leben berufenen Menschen zu allen Zeiten klein gewesen, und das mag auf den Begriff der kleinen Schar der Erlösten in der Johannesoffenbarung hingewirkt haben.

Der Syrer Jamblikos, ein Meister der gnostischen Weisheit, faßte den Sinn der Einweihung in seinem Buch «Über die Geheimnisse»[63] folgendermaßen zusammen: «Die Theurgie vereint uns so eng mit der göttlichen Macht und allen schöpferischen Handlungen der Götter, daß die Seele entsprechend den Fähigkeiten jedes einzelnen – nachdem sie die heiligen Riten vollzogen hat – in ihren Handlungen und ihrer Einsicht gestärkt ist und sich schließlich mit dem Schöpfergott vereinigt. Das ist der Sinn der heiligen Einweihung bei den Ägyptern.»

## 12. Keltiberische Geheimbünde

Der Totenkult der keltiberischen Völker ist noch wenig erforscht, doch es sind zahlreiche griechische und lateinische Berichte über die Kämpfe im 2. und 1. Jahrhundert vor unserer Zeitrechnung bekannt. Aus diesen läßt sich ein Bild der damaligen keltiberischen Kultur machen, das durch die Ausgrabungen in Spanien und Portugal unterstützt wird, bei denen kostbare Grabbeigaben in Form von Schmuck und Waffen zutage traten. Wie alle Mittelmeervölker glaubten auch sie an die Ewigkeit des Geistes und ein Weiterleben der Person nach dem Tode. Das zweite Leben schien den meisten so viel wertvoller als das irdische Leben, daß sie lieber in den Tod gingen als unter unwürdigen Bedingungen oder als Sklave weiterzuleben. Wenn karthaginische oder römische Heere ihre Städte eroberten, gaben sich alle Einwohner gemeinsam den Tod. Männer und Frauen töteten ihre Kinder und starben dann gemeinsam in ihren brennenden Häusern, singend und mit glückstrahlenden Gesichtern (wie die erstaunten Römer berichteten). Auch in Friedenszeiten folgten einige Männer ihrem Heerführer in den Tod, sei es im Zweikampf sich gegenseitig tötend oder durch Sprung in die Flammen des Scheiterhaufens, auf dem der tote Führer verbrannte. Ein Söldner – berichtet Valerius Maximus –, der seinen Bruder im Kampf getötet hatte, richtete ihm den Scheiterhaufen, stürzte sich in sein Schwert und sprang ins Feuer, um mit seinem Bruder vereint den Weg ins Jenseits zu gehen.[64]

Bemerkenswert an den Grabbeigaben finde ich die knöchernen Spielwürfel. Sicher verwendete man sie nicht zum Zeitvertreib, sondern als heilige Gegenstände bei der Schicksalsbefragung, ähnlich wie die Chinesen noch heute die Seite ihres heiligen Buches I Sing mit Würfeln bestimmen. Ein Geheimnis bleiben die beschriebenen Bleitafeln, die man in Alcoy und Cigarralejo fand, da man die Texte nicht übersetzen kann. Aus dem Wenigen, das vermutet wird, läßt sich sagen, daß sie mit Themen des Lebens im Jenseits zusammenhängen; vielleicht sind es Anrufungen an die Gottheiten der Unterwelt, vielleicht sogar Aufträge, die der Tote im Jenseits ausführen soll. Der Gedanke an Reste eines Totenbuches ist dabei aufgetaucht.[65]

Die Vorstellungen von der Jenseitsreise werden den etruskischen und phönizischen ähnlich gewesen sein; man fand ja auch griechische, punische und sogar ägyptische Götterfigürchen in den Gräbern auf der Iberischen Halbinsel, besonders in Andalusien. Mit Ausnahme der Menschenopfer, die nur bei Lusitanern und Karthagern üblich waren, haben die Iberer eine vergleichbare Todesverachtung an den Tag gelegt wie ihre Zeitgenossen rund ums Mittelmeer. Ihre ausgeprägte Religiosität und ihre Hochschätzung des Freitodes sind nur denkbar in Zusammenhang mit einer frohen Erwartung des unvergänglichen Lohnes, den die Treuen für ihre irdischen Taten im Jenseits erhalten.

Auch die Idee des heiligen Tieres als Führer der Toten war in Iberien noch lebendig. An manchen Stadttoren oder Brückenköpfen stehen noch heute Steinfiguren, die meistens Eber oder Stiere darstellen. Sie sind rundlich wie Findlinge, sehr ästhetisch und sparsam behauen, aus dauerhaftem Gestein. Paarweise hat man Stier und Kuh oder Eber und Sau aufgestellt wie stumme Hüter, die den Vorbeigehenden mahnten, daß er beim Durchgang des Tores oder bei der Überquerung des Flusses sich jener anderen Grenzüberschreitung bewußt wurde, die ihn am Ende seiner Lebensspanne erwartet. Denn alle diese Steinfiguren gehörten zum Kult der Toten, ebenso wie die Gravuren von Hirschen und Pferden auf flachen Felsplatten in Galizien.[66] Vermutlich waren sie nicht nur Totenführer, sondern auch mythische Ahnen und Fruchtbarkeitsgötter. Dieser Zusammenhang ist ja sehr eng, wie wir schon an den Höhlenbildern erfahren haben. Wie wichtig die Verehrung dieser Steinfiguren war und wie stark sie sich über die Jahrtausende erhielt, können wir daran ermessen, daß noch im 15. Jahrhundert eine Gruppe von Steinstieren bei der Einsetzung der spanischen Könige eine Rolle spielte: das sogenannte Schwurheiligtum von Guisando in Kastilien.

Die enge Verbindung mit ihren vorgeschichtlichen Vorfahren ist eine wesentliche Eigenschaft der iberischen Menschen. Namen und Bräuche haben sich bei ihnen seit der Megalithzeit kaum noch gewandelt. Vielerorts sind die heidnischen Sitten ohne Schwierigkeiten in katholische Riten eingemündet und dadurch vollständig erhalten. Dafür haben vor allem die Bruderschaften gesorgt, in Andalusien Peñas genannt, deren Bezeichnung allein schon die uralte Herkunft anzeigt: Peñas sind Felsen, jene Felsen, auf denen die Mumien zum Trocknen aufgestellt wurden, weshalb sich auf diesen Sitzen die Götter und Menschen versammelten, um mit den Geistern der Verstorbenen vereint ihre Beratungen abzuhalten.

In der Karwoche vor Ostern treten die Bruderschaften in höchst eindrucksvoller Weise in Aktion. In lange Gewänder mit hohen spitzen Kapuzen gehüllt, die deutlich an die keltische Vergangenheit erinnern, schreiten sie mit gemessenem Schritt unter absolutem Schweigen in langem Zuge durch die nächtlichen Straßen der großen Städte Andalusiens, unerkannt von den anderen Bewohnern des Ortes, die den Straßenrand säumen; mit taktmäßigem Aufschlagen eines langen Stockes, den jeder in der Hand hält, unterstreichen sie bizarr das Unheimliche ihres Ganges.

Im Zuge werden Götterbilder mitgeführt, die auf einem Podest stehen, von dem Tücher herabhängen, die die darunter tragenden Burschen verhüllen, so daß die Götter überirdisch zu schweben scheinen. Die Bildnisse stehen an Grausamkeit und Phantasie den indischen nicht nach. Da gibt es eine Herrin der Schmerzen, in schwarzem Gewand mit goldener Strahlenkrone und engelsgleichem Gesicht; in ihrem Herzen stecken sieben Schwerter als Ausdruck aller Leiden der Menschheit. Den Saum ihres langen Mantels umstehen hundert weiße Azucena-Blüten, aus deren strahlenden Kelchen wie Phallussinnbilder die gelben Stempel hervorragen.

Da ist ein Schmerzensmann, der unter der Last des Kreuzes gebeugt geht oder gegeißelt am Marterpfahl steht, umgeben von gelb-lila Schwertlilien. Auf einem Thron sitzt die Gottesmutter und beweint mit vom Schmerz entstelltem Gesichtsausdruck ihren toten Sohn, den sie auf den Knien hält; blutrot ist das Blütenmeer zu ihren Füßen.

Die Schmerzensbilder sind Meditationshilfen, stellvertretend für die wahren Schmerzen, die der primitive Mensch bei der Einweihung auf sich nahm. Sie lösen die Erkenntnis aus, wie es aus dem Leben des Prinzen Gautama berichtet wird, der durch die Erlebnisse von Krankheit, Alter und Tod auf den Weg der Erleuchtung gebracht wurde.

Die Annahme, schon die vorchristlichen Götterbilder hätten die gleiche Thematik gezeigt, ist kaum beweisbar, aber durch viele Hinweise nahegelegt. Nicht nur die Märchen, die von wunderbaren Frauenbildnissen erzählen und die wir in die lange vorrömische Geschichte der Tartesser einordnen können, sondern auch die hier und da erhaltenen ältesten Madonnenbilder, die meist eine schwarze Jungfrau nach ägyptischer Manier darstellen, und die vielen Felsmalereien, die bruchlos bis in frühchristliche Zeit ausgeführt wurden, legen den Schluß nahe, daß sich auf der Iberischen Halbinsel Heidentum und Kirche sehr entgegenkamen, so daß sie nathlos ineinander übergehen konnten. Manche Felsmalerei aus dem letzten Jahrtausend vor der römischen Eroberung ist in den ersten Jahrhunderten unserer Zeitrechnung von Christen erneuert oder übermalt worden. In der durch zahlreiche vorgeschichtliche Felsbilder berühmten Schlucht Las Batuecas kurz vor der Grenze zum kastilischen Hochland gibt es eine Felswand, die «Grotte des Christus» heißt. An ihren Wänden kann man Ornamente aus christlich-gotischer Zeit sehen. Die Kultorte der Heiden wurden fast überall von den Christen beibehalten, lange Zeit auch die Einweihungsorte unter der Erde. Die ältesten Kirchen lagen in Bergwerken und Höhlen, und manche Kirche hieß auch später noch – längst überirdisch errichtet – «Höhle» oder «Kirche im Berge»; die Altäre waren «Unserer Herrin von Früher» oder «Unserer Herrin des Altertums» geweiht. An manchen Orten sind sogar die Namen des heidnischen Götterpaares noch erhalten: Lugar und Enena. Der Vergleich mit den ägyptischen Osiris-Isis oder vorderasiatischen Adonis-Astarte-Paar trifft nur wenig zu, denn Enena ist keine Muttergöttin, sondern ein jungfräuliches Mädchen, und Lugar nicht ihr Sohn, sondern ihr Bruder und Gemahl. Darum konnte nur Enena in die Rolle der Maria (als Jungfrau) eingehen, während Lugar verschwand.

Auch der Name des alten Totengeleiters, der vielerorts mit dem Lugar gleichgesetzt wurde, mußte weichen. Während die frühen Christen Jesus als den «Morgenstern» bezeichneten und damit den Kult der Tartesser fortsetzten, von dem die Phönizier (wie wir über die Griechen erfahren haben) erzählten, wurde dieser Lichtbringer, Luzifer, die Gottheit der Tempel an der Atlantikküste, von den späteren christlichen Konzilien zum Teufel erklärt und verdrängt.

An manchen Stellen kam das Evangelium den Einweihungslehren so nahe, daß man von einer Übernahme der Todesgeheimnisse reden kann. Paulus verwendet im Brief an die Epheser (5, 14) einen typischen Mysterienspruch: «Erwache, der du schläfst – stehe auf von den Toten – so wird dich Christus erleuchten!» Und die Bekenntnis-Formel «Auferstanden am dritten Tage» gehört zur Sprache der antiken Einweihungsfeier, bei der der erste Tag «Untergang», der zweite Tag «Fasten» und der dritte Tag «schöne Geburt» genannt wurde.

Auch die Einweihungsfeier selbst ist nicht völlig verschwunden; wichtige Teile der katholischen Messe erinnern noch an das alte Mysterienspiel, in dem Tod und Auferstehung von der Gemeinde mitvollzogen wurden. Doch anders als die Brüder der keltischen Geheimbünde oder die griechischen Mysten, die in gewagter Hingebung die Wandlung am eigenen Leibe erlebten, hatten die Christen die Einweihung einen Schritt weiter entwickelt. Die stellvertretende Tat Jesu enthob den einzelnen der gefährlichen Erweckung aus dem Scheintod. Sie zeigte für alle und offenbar die Überwindung des Todes, bewies die Freiheit des Geistes vom Körper und machte zu Eingeweihten und Erlösten alle diejenigen, die bedingungslos an das Wort glaubten.

# 13. Märchen

Wie unser Volk in der Frühzeit das Wissen von der Wiedergeburt verlor und wiederfand, erzählt ein deutsches Märchen, das die Brüder Grimm aufgezeichnet haben (Urfassung 1812, I 69).

Das Märchen von Jorinde und Joringel

Es war einmal ein altes Schloß mitten in einem großen, dicken Wald, darinnen wohnte eine alte Frau ganz allein, das war eine Erzzauberin. Am Tage machte sie sich zur Katze oder zur Nachteule, des Abends aber wurde sie wieder ordentlich wie ein Mensch gestaltet. Sie konnte das Wild und die Vögel herbeilocken, und dann schlachtete sie's, kochte und briet es. Wenn jemand auf hundert Schritte dem Schloß nahekam, so mußte er stillestehen und konnte sich nicht von der Stelle bewegen, bis sie ihn lossprach; wenn aber eine keusche Jungfrau in diesen Kreis kam, so verwandelte sie dieselbe in einen Vogel und sperrte sie dann in einen Korb ein und trug den Korb in eine Kammer des Schlosses. Sie hatte wohl siebentausend solcher Körbe mit so raren Vögeln im Schlosse.

Nun war einmal eine Jungfrau, die hieß Jorinde, sie war schöner als alle anderen Mädchen. Die und dann ein gar schöner Jüngling, namens Joringel, hatten sich zusammen versprochen. Sie waren in den Brauttagen, und sie hatten ihr größtes Vergnügen eins am andern. Damit sie nun einsmalen vertraut zusammen reden könnten, gingen sie in den Wald spazieren. «Hüte dich», sagte Joringel, «daß du nicht so nahe ans Schloß kommst.» Es war ein schöner Abend, die Sonne schien zwischen den Stämmen der Bäume hell ins dunkle Grün des Waldes, und die Turteltaube sang kläglich auf den alten Maibuchen.

Jorinde weinte zuweilen, setzte sich hin im Sonnenschein und klagte; Joringel klagte auch. Sie waren so bestürzt, als wenn sie hätten sterben sollen: Sie sahen sich um, waren irre und wußten nicht, wohin sie nach Hause gehen sollten. Noch halb stand die Sonne über dem Berg, und halb war sie unter. Joringel sah durchs Gebüsch und sah die alte Mauer des Schlosses nah bei sich; er erschrak und wurde todbang. Jorinde sang:

«Mein Vöglein mit dem Ringlein rot
singt Leide, Leide, Leide:
Es singt dem Täublein seinen Tod,
singt Leide, Lei –
Zucküth, zicküth, zicküth.»

Joringel sah nach Jorinde. Jorinde war in eine Nachtigall verwandelt, die sang: «Zicküth, zicküth.» Eine Nachteule mit glühenden Augen flog dreimal um sie herum und schrie dreimal: «Schu, hu, hu, hu.» Joringel konnte sich nicht regen: er stand da wie ein Stein, konnte nicht weinen, nicht reden, nicht Hand noch Fuß regen. Nun war die Sonne unter; die Eule flog in einen Strauch, und gleich darauf kam eine alte krumme Frau aus diesem hervor, gelb und mager: große, rote Augen, krumme Nase, die mit der Spitze ans Kinn reichte. Sie murmelte, fing die Nachtigall und trug sie auf der Hand fort. Joringel konnte nichts sagen, nicht von der Stelle kommen; die Nachtigall war fort. Endlich kam das Weib wieder und sagte mit dumpfer Stimme «Grüß dich, Zachiel, wenn's Möndel ins Körbel scheint, bind los, Zachiel, zu guter Stund.» Da wurde Joringel los. Er fiel vor dem Weib auf die Knie und bat, sie möchte ihm seine Jorinde wiedergeben, aber sie sagte, er sollte sie nie wiederhaben, und ging fort. Er rief, er weinte, er jammerte, aber alles umsonst. «Uu, was soll mir geschehen?» Joringel ging fort und kam endlich in ein fremdes Dorf: Da hütete er die Schafe lange Zeit. Oft ging er rund um das Schloß herum, aber nicht zu nahe dabei. Endlich träumte er einmal des Nachts, er fände eine blutrote Blume, in deren Mitte eine schöne große Perle war. Die Blume brach er ab, ging damit zum Schloß: alles was er mit der Blume berührte, ward von der Zauberei frei; auch träumte er, er hätte seine Jorinde dadurch wiederbekommen. Des Morgens, als er erwachte, fing er an, durch Berg und Tal zu suchen, ob er eine solche Blume fände: Er suchte bis an den neunten Tag, da fand er die blutrote Blume am Morgen früh. In der Mitte war ein großer Tautropfen, so groß wie die schönste Perle. Diese Blume trug er Tag und Nacht bis zum Schloß. Wie er auf hundert Schritt nahe bis zum Schloß kam, da ward er nicht fest, sondern ging fort bis ans Tor. Joringel freute sich hoch, berührte die Pforte mit der Blume, und sie sprang auf. Er ging hinein, durch den Hof, horchte, wo er die vielen Vögel vernähme: endlich hörte er's. Er ging und fand den Saal, darauf war die Zauberin und fütterte die Vögel in den siebentausend Körben. Wie sie den Joringel sah, ward sie bös, sehr bös, schalt, spie Gift und Galle gegen ihn aus, aber sie konnte auf zwei Schritte nicht an ihn kommen. Er kehrte sich nicht an sie und ging, besah die Körbe mit den Vögeln; da waren aber viele hundert Nachtigallen, wie sollte er nun seine Jorinde wiederfinden? Indem er so zusah, merkte er, daß die Alte heimlich ein Körbchen mit einem Vogel wegnahm und damit nach der Tür ging. Flugs sprang er hinzu, berührte das Körbchen mit der Blume und auch das alte Weib: nun konnte sie nichts mehr zaubern, und Jorinde stand da, hatte ihn um den Hals gefaßt, so schön, wie sie ehemals war. Da machte er auch alle die andern Vögel wieder zu Jungfrauen, und da ging er mit seiner Jorinde nach Hause, und sie lebten lange vergnügt zusammen.

Ein schönes Märchen! Wirklich nur ein Märchen für Kinder? Oder ob ein verborgener Sinn in der Erzählung liegt, eine geheime Lehre, die in Märchengestalt vorgetragen werden mußte, weil sie anders nicht verständlich wäre – so wie die Lehre Jesu stets in Gleichnisse gekleidet ist, damit sie das Volk fassen kann. Ja, tatsächlich, dieses Märchen ist eine Parabel, die uns sehr viel zu sagen hat. Und dies ist der Schlüssel:

Es handelt sich um die Darstellung eines frühgeschichtlichen Kampfes, um einen Religionswechsel vor viertausend Jahren, an den sich die Abendländer in vielen Liedern und Sagen erinnern. In dem alten Schloß, das von einem dicken Wald umgeben ist, erkennt man das atlantische Reich auf der Iberischen Halbinsel, umgeben von einem breiten Waldgürtel beiderseits der Pyrenäen, im Baskenland und der Aquitaine. Die Edda weiß dasselbe zu berichten – im Lied von Skirnirs Fahrt.

Aber wer ist die Alte, die tags wie ein Tier lebt und nur nachts ein Mensch ist? Sie lebt im Einklang mit der Natur, und zwar zu einem so hohen Grad, daß sie die Tiere, die sie essen will, nur heranzulocken braucht und wie mit Zauber einzufangen weiß. Sie übt Magie aus und braucht sich auch vor Feinden nicht zu fürchten, denn ihr Schloß ist von einem Bann umgeben, der alle zu Stein werden läßt, die zu nahe kommen. Jagd- und Bannzauber, magische Riten, beherrschten die religiöse Szene jener Zeit. Und ein weiterer religiöser Zug läßt sich erkennen: der Kult der Jungfrauen. Die Alte hält 7000 Jungfrauen gefangen, verwandelt in Vögel. Nun muß man wissen, daß die Verwandlung in den Märchen stets das Durchgangserlebnis darstellt, den Eintritt in die andere

Welt, sei es im Rausch oder der Ekstase, sei es im Gebet oder im Tod. Hier ist das Sterben gemeint, denn das ist der wahre – und für viele der einzig rechtmäßige – Durchgang ins Jenseits. Die Jungfrauen wurden geopfert, getötet; man schnitt ihnen die Kehle durch, wie aus dem Lied hervorgeht, das Jorinde singt:

«Mein Vöglein mit dem Ringlein rot
singt Leide, Leide, Leide:
Es singt dem Täublein seinen Tod, ...»

Das rote Ringlein um den Hals ist der Blutstreifen vom Messerschnitt beim Opfertod. Die Zahl der Jungfrauen – siebentausend – ist nur eine symbolische Zahl; es bedeutet: die Zahl ist voll, das Maß erreicht, die Zeit erfüllt. Wir erleben die Spätphase einer atlantischen Zivilisation: die Herrschaft der Horra vor rund vier Jahrtausenden. Es ist Abend, heißt es bezeichnenderweise; die Sonne geht gerade unter. Jorinde setzt sich zuweilen in den letzten Sonnenschein. Die lyrisch schönste Stelle des Märchens liegt in der Beschreibung der Sonnenstrahlen, die auf den Waldboden fallen. Jorinde und Joringel sind Sonnenanbeter, ihre Namen klingen fast wie Geschwisternamen. Hatten die Ägypter nicht die Geschwisterehe? Die sagenhaften Stammeltern der Germanen waren Geschwister gewesen. Diese und viele andere Völker, die den Sonnenkult ausübten und sich auf atlantische Ideen beriefen, sind von Todesangst befallen im Anblick der schrecklichen Macht des Horra-Reiches, das sich der ehemaligen Hauptstadt Atlantis und fast ganz Europas bemächtigt hat. Mit grausamer Strenge verlangt es das Opfer der Jungfrauen, die als Sinnbild atlantischer Frömmigkeit keusch in den Tempeln lebten. Damit zerstören die Horra die Sonnenreligion.

Joringel wird zu Stein. Da seine Liebste, die Jungfrau Jorinde, der Magie der Horra-Religion zum Opfer fällt, ist es mit ihm aus. Nichts bleibt von der alten Geisteswelt der Atlanter als einige Steinstatuen, die hier und da herumstehen wie Totenmale. Die Alte zeigt sich nun von ihrer wahren Seite: ein tagscheues Wesen, das nur nachts seinen Kult ausübt, am Tage aber den Tieren gleicht, barbarisch kulturlos. Sie hat eine krumme Nase, lang und herabhängend, und große rote Augen: Zerrbild eines schrecklichen Menschen, eines fremden Menschenschlages, der Horra. Gelbhäutig, mager, klein und gebückt wird sie beschrieben, wie ein Mongole. Und sie spricht eine semitische Sprache: ihr Gott heißt Zachiel, das war ein Geisterfürst der frühen semitischen Religion, eine Ziegengottheit, die von Nordafrika bis zum Ararat ihre Anbeter hatte.[67] Aus jenem Raum stammt die Magie, die im Zweistromland noch einmal zu ungeahnter Höhe aufblühte. An den Oberläufen der beiden Ströme hatten die Horra einst einen Staat errichtet; am Berge Hazzi in Kleinasien hatte der große Eroberungsfeldzug des Heerführers Gullinkambi[68] begonnen, jener Hurrikan, der Europa überbrauste. Von der viel überlegeneren semitischen Sprache und Zivilisationsform geprägt, hatten diese hunnen-ähnlichen Horrastämme eine Militärherrschaft errichtet, die bald alle Europäer unterwarf. Zur Hauptstadt des gewaltig großen Horra-Reiches wurde Skadi erwählt, das spätere Tartessos (und heutige Cadiz). Magog, so schrieb Hesekiel (Kap. 4, 38 u. 39), die «große Horde», unterdrückte die Völker von Ägypten bis zu den Kanarischen Inseln, ja, sie machte sogar Überfälle auf die Küstengebiete Mittelamerikas. Die Horra beteten den Mond an wie ihre Vorbilder und geistigen Lehrmeister, die Völker von Euphrat bis nach Arabien. Das meint die Alte, wenn sie sagt: «Wenn's Möndel ins Körbel scheint...»

Als Opfer für ihren Gott Zachiel läßt die Alte einen unterworfenen Stamm frei; Joringel, unser Ahnherr, zieht in ein fremdes Dorf, wo er die Schafe hütet. Deutlich erkennen wir in ihm nun den wandernden Arier, der mit seinen Schafherden die weiten Räume Zentralasiens durchzieht. Bis nach China und Indien sind diese Stämme gekommen, und dabei haben sie etwas Bedeutsames gelernt. Im Traum findet Joringel die Erkenntnis, mit der er seine Geliebte, den Inbegriff seiner Verehrung, den väterlichen Glauben, wiedererlangen kann. Die Blume ist blutrot – auch dies ist ein Sinnbild des Todes –, und in der Blüte verbirgt sich wie ein Geheimnis eine große Perle. Wer würde da nicht an das Gebet der Buddhisten denken, das sie bis auf den heutigen Tag sprechen: «Om mani padme hum», «O Kleinod in der Lotusblüte». Indem Joringel diese Blume nimmt, kann er seine Geliebte und alle anderen Jungfrauen befreien. Indem er sich zu dem Glauben bekehrt, der in dem eben genannten Gebet enthalten ist, zum Glauben an die Wiedergeburt und die Lehre von Maya (das heißt, daß die Welt nur ein Schein ist, der ihm nichts anhaben kann), besiegt er den Opfertod der Magiegläubigen und kann seine Freiheit – und die der anderen gleich mit – wiedererlangen.

Eigenartig wie die Vorahnung vom Ende des ersten Glücks ist

auch dieser Traum. «Den Seinen gibt's der Herr im Schlaf», pflegen wir zu sagen, und meinen: Gott inspiriert die Menschen immer wieder, er gibt ihnen einen Anstoß, der zur Erlösung führt. Joringel erinnert mich an den wandernden Schafhirten Abraham, der das Opfer des erstgeborenen Sohnes abschaffte, und dessen Name wie der des indischen Gottes Brahman klingt. Neun Tage lang suchte Joringel die Blume; neun ist die Zahl der Ganzheit bei Germanen und Indern, und hier soll das heißen: eine ganze Ära lang suchte er. Dann fand er eines Morgens die Blume; ein neuer Tag beginnt, die Sonne geht wieder auf, der uralte atlantische Sonnenkult tritt in eine neue Phase. Die finstere Zeit der Nacht und des Leidens mit Mondkult und Menschenopfern ist vorbei. Man könnte meinen, daß ein Naturgesetz wie der Lauf der Sonne diesem Wechsel von Glück, Leid und erneutem Glück der Brautleute zugrunde liegt.

Nun ruht Joringel nicht mehr. Tag und Nacht dauert sein Feldzug zur Rückeroberung seines heiligsten Schatzes an. Eine weltweite Mission findet statt, durch die die Indoeuropäer ihre Ideen verbreiten und die geistige Herrschaft zurückgewinnen.[68a] Mit der Blume, das heißt mit dem Glauben an die Wiedergeburt und der Verachtung der Scheinwelt, bricht Joringel den alten Bannzauber und öffnet die Pforte des Schlosses: Die Magie kann ihm nichts mehr anhaben, die Scheinwelt ist überwunden. Wird er auch das Opfer erlösen können?

Dazu muß er eine wichtige Aufgabe erfüllen: Er muß seine Jorinde wiedererkennen, das heißt, er muß die ihm bestimmte Form religiösen Verhaltens wiederfinden. Die Erkennung der Braut stellt in vielen deutschen Märchen ein wichtiges Motiv dar. Bei den Kalasch im Hindukusch, die viele alte Bräuche bis heute bewahrt haben, konnte ich das miterleben:

Für den nächtlichen Tanz haben sich die Mädchen durch Veränderung ihrer Kleidung und durch Schminke unkenntlich gemacht – bei der schwachen Beleuchtung durch Mond und Fackeln ist dies recht wirksam –, und nur jener Bursche, der seine Braut erkennt, sie aus dieser Verzauberung erlöst, kann sie als Bräutigam zum Tanz führen. Das Wiedererkennen gelingt auch Joringel, jedoch nicht durch seine eigene Klugheit, sondern durch einen Fehler der Alten. Diese will nämlich die verzauberte Jorinde beiseite schaffen, um sie gänzlich zu vernichten, denn sie weiß ja genau, warum Joringel gekommen ist und sie bedroht. Sie versucht ihn einzuschüchtern wie ein giftspeiender Drachen, aber sie kann ihm nicht einmal nahekommen. Mit der roten Blume ausgerüstet, mit dem genauen Wissen um die wahre Gestalt des Lebens begabt, wird Joringel unverwundbar für die Magie der Alten. Er kennt keine niedrigen Beweggründe, tötet die Alte nicht, sondern «er kehrte sich nicht an sie». Indem er beobachtet, welche Nachtigall sie beiseite schaffen will – indem er aufpaßt, welche Lehre der Feind vernichten will, *welche* Bücher er verbrennt –, gewinnt er den Schatz, den die Alte aufbewahrt hat, zurück. Das ist das Ergebnis eines Kreuzzuges, durch den die Wiedergeburt einer Weltanschauung ausgelöst wird. In geschichtlicher Zeit sehen wir das noch einmal, als die Araber ihre Vorherrschaft einbüßten, während sie Philosophie und freiheitliche Mystik unterdrückten, und die Europäer in den Kreuzzügen die Geisteswelt der Antike und damit einstige Macht zurückgewannen. So ähnlich wird es sich auch vor knapp viertausend Jahren abgespielt haben, als die Europäer das altgewordene Horra-Reich besiegten und damit ihre religiöse Freiheit wiedergewannen.

Daß auch die anderen siebentausend Jungfrauen frei werden, ist ein unbeabsichtigtes Seitenergebnis, bezeichnend für eine Renaissance: «Laßt tausend Blumen blühen.» Denn alle Religionen sind berechtigt – 7000 ist die Zahl der Vollkommenheit –, doch nur eine ist jedem jeweils beschieden. So lebt Joringel mit «seiner» Jorinde lange und vergnügt. Diese Ethik ist schön, sie ist von hohen Idealen getragen. Die mächtige Kraft, die alles zuwege bringt, ist die Liebe zwischen den beiden Brautleuten. Dadurch wird die Bindung von Braut und Bräutigam zum Abbild eines unaussprechlichen Geheimnisses, in dem sich das religiöse Verlangen des Burschen spiegelt. Wahrheitsstreben und Brautsuche sind ineins verschmolzen.

Wie ein Geschenk für seinen Mut und Glauben erhält der Jüngling tatsächlich die von der Zauberin geopferte Jungfrau zurück. Die Sinnbilder behalten im Märchen neben der übertragenen Bedeutung ihren direkten Bezug: der Jüngling, der nach langer Wanderung in die Heimat zurückkehrt und sein Volk erlöst, gewinnt die Geliebte wieder, da sie ins Leben zurückkehrt – zurückkehrt durch die Wiedergeburt, an die er nun – dank seines Traumes – wieder glaubt. So wird die Mißachtung des Todes zur höheren Stufe, auf der er die Macht der Magie überwindet und einen schöneren Weg einschlägt; ihm wurde die Gewißheit geschenkt, daß er den einmal begonnenen Versuch, wenn er vereitelt wurde, im nächsten Leben fortsetzen darf.

Je mehr Märchen wir lesen, desto stärker wird uns auffallen, daß immer wieder die gleichen Bilder auftreten und daß diese geheimnisvollen Bilder immer wieder auf die gleiche Art entschlüsselt werden können, denn diese Bilder sind genormte Geschichtsbegriffe, sind Erinnerungen des Volkes an seine Vergangenheit. Sie sind festgefügt und unantastbar wie eine heilige Schrift.

Aber nicht jeder Leser wird mir gleich bei meiner Deutung des Märchens zustimmen, und das aus vielen Gründen; der wichtigste Grund ist dieser: Wir kennen alle jene Märchen, die ich hier meine, wir glauben jedenfalls, sie gut zu kennen; und doch kennen wir sie eigentlich gar nicht, denn wir haben sie in unserer Kindheit gehört und seitdem nicht mehr. Darum trauen wir diesen «Ammenmärchen» auch keinen tieferen Gehalt zu, sie gelten uns als Kinderschnackschnack, womit sich ein Erwachsener nicht mehr abgibt. Und selbst wenn uns Muße oder der Genuß der Sprache hin und wieder dazu verleiten, ein Märchen zu lesen, glauben wir doch nicht, daß darin so viel geschichtliches Bewußtsein und so hoher – oder tiefer – Sinn liegen könnte.

Tatsächlich sind diese Märchen – wenn wir von einigen Liedern und unbewußten Resten in Festbräuchen und religiösen Riten absehen – das einzige Überbleibsel unserer einst sehr reichen Überlieferung, unsere einzige Verbindung zur Kultur unserer vorgeschichtlichen Ahnen. Und weiter: daß diese jahrtausendealten Märchen ganz gewiß nicht so beharrlich von Mund zu Mund weitergegeben worden wären, wenn es sich nur um Zeitvertreib für die Kinder gehandelt hätte, ist offensichtlich. Schließlich muß man sich wundern, wenn man den gesamten Märchenschatz betrachtet, daß diese in so verschiedenen Zeiten abgefaßten und aus weit voneinander entfernten Gebieten stammenden Erzählungen einen so einheitlichen Sinn verfolgen und gleichlautende Sprachbilder verwenden, so daß der einmal gefundene Schlüssel auf alle paßt.

Damit dieses Buch nicht zu lang wird, verzichte ich darauf, weitere Märchen zu deuten – ich habe sie in einem anderen Buch zusammengefaßt –, und bringe hier nur einige allgemeine Betrachtungen, die aus den Märchen gewonnen sind.

Um zu zeigen, wie weit die Erinnerung, die in den Märchen enthalten ist, zurückreicht, greife ich eines der Bilder, die immer wiederkehren, heraus: den Glasberg. Wer weiß, ob darin eine Anspielung auf die Gletscher der Eiszeit versteckt ist oder nur die Beschreibung einer Riesenburg mit glasglatten Wänden? Fest steht nur, daß es ein Sinnbild des Todesreiches ist, und daß es in gleicher Gestalt schon auf einem ägyptischen Papyros aus dem zweiten Jahrtausend vor unserer Zeitrechnung vorkommt. Und auch in der ägyptischen Fassung des Märchens reitet der Jüngling auf den Glasberg auf einem *Pferd* hinauf, woraus man schließen kann, daß dieses Märchen etwa um 1700 v. Ztr. durch die Hyksos aus dem Norden nach Ägypten gebracht wurde, denn dort war vorher das Reiten auf Pferden unbekannt. Wenn aber schon damals das Sinnbild selbst in so fester Form bestand, ist anzunehmen, daß es schon sehr alt war, wohl in «grauer Vorzeit» entstanden, warum nicht in der Eiszeit? Vielleicht sind auch die Bilder vom Einhorn und sogar vom Drachen Erinnerungen an Tiere der menschlichen Frühzeit, an das Elasmotherium der Eiszeit und die letzten Saurier, die der Mensch noch erlebte.

Doch die Märchen sind mehr als nur genormte Geschichtsbilder. Der Kampf gegen den Drachen ist nicht einfach ein Zweikampf zwischen einem Mann und einem Tier, sondern der ewige Kampf des guten Menschen gegen das verkörperte Böse, ein ethischer Streit von zeitlosem Ausmaß. Das gleiche gilt für die anderen Bilder, zum Beispiel für die Jungfrau, die zeitloses Modellbild des menschlichen Ringens um die rechte Form des Kultes ist, wie ich gerade im Märchen von Jorinde gezeigt habe. Mit diesen Augen betrachtet, werden die Bilder durchschaubar und wirklichkeitsgefüllt. Wilhelm Gauger sagt in einer Besprechung der wiederkehrenden Märchenmotive[69]: «Es ist gleichgültig, ob die Jenseitigen (hier die Zwerge und Feen) bewußt handeln oder nicht. Sie sind Agenten eines im Menschen angelegten Schicksals.»

Im gleichen Sinne ist auch die Jenseitsreise in den Märchen eine Darstellung der inneren Wirklichkeit, eine Selbstbetrachtung des Geistes. Zwar geht die Reisebeschreibung von geographischen Begriffen aus, so, als zeichne sie eine Pilgerfahrt zu den heiligen Stätten der Einweihung nach – meist führt sie nach Westen an die Küsten des Atlantiks –, doch die Antriebskräfte und das erzielte Ergebnis zeigen deutlich, daß hier von einem inneren Geschehnis erzählt wird, von einer Wahrheitssuche, die sich im Geist des Helden abspielt. Anders als bei den Griechen, die auf der Suche nach einem verstorbenen Freund oder der Gemahlin in die Unterwelt stiegen, sind die Beweggründe der Deutschen von unpersönlichem Verlangen gekennzeichnet, das ihnen Allgemeingültigkeit verleiht. Auf der Jagd nach einem seltenen Tier, einem weißen Hirsch zum Beispiel, verirrt sich der Prinz und gewinnt schließlich das Heil; auf der Suche nach der für ihn bestimmten, ihm aber oft unbekannten Braut findet er die Wahrheit; den Auftrag eines Königs oder seines eigenen Vaters erfüllend, erlangt er das Wasser des Lebens; manchmal ist es sogar die Suche nach dem verlorenen Wort (!) oder – gar nicht selten – Unachtsamkeit, zum Beispiel der Sturz in einen Brunnen, der zur Erlösung führt.

Auf seiner Reise muß der Held als Bedingung manchmal gewisse Kulturgüter verteilen; er bringt eiserne Äxte mit oder Korn zur Aussaat oder gar eine Katze (die sicher aus Ägypten kam, einem klassischen Land der Einweihungslehren). Vor allem muß er freigebig sein, Mitleid zeigen, die Wahrheit reden oder jemanden lehren. Oft muß er auch ein Opfer bringen, sei es, daß er sein Pferd schlachtet oder gar einen Gefährten tötet oder sich einen Finger abhackt. Hierin vor allem dürfen wir einen Hinweis auf das Begleitopfer sehen. Selbst an die bewußtseinserweiternde Droge wird erinnert: Das Höllentor muß mit einer Salbe geschmiert werden, damit es nicht knarrt – die Hexensalben befähigten ja vorzüglich zum «Reisen». In der Hölle (genauer gesagt: Unterwelt) angelangt, darf er nicht essen und nicht trinken, denn er weilt ja nur vorübergehend dort; er will dort kein Heimatrecht erwerben, sondern das Wissen, das es ihm ermöglicht, den Tod zu verstehen und zu überwinden. Hat er dieses Wissen erlangt, dann kehrt er ins Leben zurück und beglückt mit der Erkenntnis alle anderen: den König und den eigenen Vater, auch die Menschen, die er auf seiner Reise getroffen hat, die ihn um Rat gebeten hatten, wie zum Beispiel im Märchen «Von dem Teufel mit drei goldenen Haaren» (Brüder Grimm, Urfassung I, 29), wo der Jüngling nun weiß, warum der Brunnen versiegt war, warum der Apfelbaum keine Früchte mehr trug und wie der Fährmann erlöst werden kann.[70]

# 14. Die Scheinwelt unserer Vorfahren

Wie dachten sich die Germanen und die Vorfahren der Deutschen den Tod? Wir dürfen nicht erwarten, daß ihre Vorstellungen völlig verschieden von denen der Kelten oder der Ägypter gewesen seien, denn sie lebten mit jenen und anderen Mittelmeervölkern schon seit der frühen Metallzeit im Warenaustausch: Für Gold und Bernstein erhielten sie Bronze und Erdpech. Dennoch haben sie erstaunlicherweise recht eigene Bilder besessen und das Geheimnis in ihrer eigenen Sprache auszudrücken gewußt. Wenn sie einzelne Ideen aus dem Süden übernommen haben, so fügten sie diese doch in ihre eigene Glaubenswelt passend ein, denn diese – die «Weltanschauung» – war ihnen von jeher ein Lebensbedürfnis. Bei Betrachtung der älteren Stücke der Edda erkennt man, daß diese Sprüche eher an die altsteinzeitlichen Kulte anschließen als an die verfeinerten mittelmeerischen Gesänge. Auch umgekehrter Einfluß – von Skandinavien nach Mesopotamien und Ägypten – ist spürbar, wie zum Beispiel in dem an die Sonne gewandten Monotheismus des Echnathon im 14. Jahrhundert vor unserer Zeitrechnung in Ägypten.

Betrachten wir zunächst unser noch heute so wichtiges Weihnachtsfest, die Feier der Wintersonnenwende.[71] Den Germanen war sie Gedenkfeier für die Toten des vergangenen Jahres. Man glaubte, daß in den zwölf heiligen Nächten (vom 24. 12. bis 6. 1.) die Geister der Verstorbenen in den Lüften umgehen, zu einer wilden Jagd vereinigt mit Wotan, dem Fürsten der Toten. In diesen Nächten erschienen sie auch den Lebenden in Träumen und verkündeten ihnen Glück und Gefahren des kommenden Jahres, die sie als Geister schon wissen und in eingeschränkter Weise auch mitteilen konnten. Dieses wilde Heer in den Lüften mußte man durch milde Opfergaben – Äpfel und Nüsse – und durch Lieder und gemeinsamen Trunk besänftigen. Man glaubte allgemein, daß die Toten neue Leiber für die Wiedergeburt suchten. Deswegen war Weihnachten für unsere Vorfahren eine Erneuerung der himmlischen und irdischen Fruchtbarkeit. Den Abschluß dieser Weihezeit bildete das Erscheinungsfest am 6. Januar, an dem man sich mit Mummenschanz und Geschlechtertausch (Männer verkleideten sich als Frauen und umgekehrt) zur Fruchtbarkeit anregte. Beide Ansichten gehören nämlich stets zusammen, sie waren getrennt nicht denkbar: Ehrung der Toten und Anreiz zur Vermehrung, sie sind wie zwei Seiten der gleichen Münze. Man mußte in den Lebenden die Fruchtbarkeit erregen, um den Totengeistern Möglichkeiten zu ihrer Wiederverkörperung zu verschaffen. Noch heute feiern die Kalasch im Hindukusch, die viele frühgeschichtliche Sitten bewahrt haben, ihr Weihnachtsfest mit Riten, die die Verstorbenen herbeilocken, und mit Liedern, die an Derbheit keine Zweifel über die sexuelle Absicht zulassen.

Bei den Germanen galt Wotan (= Odin) als Herr der Toten. Einer seiner fünfzig schönen Namen im Grimnirslied der Edda lautet Yff, «der Schreckliche»; er ist der Todesengel, der von den Schicksalsfrauen, den Disen, begleitet wird, wenn er die Erschlagenen auf der Walstatt aufhebt und in seine hohe Halle heimträgt. Dort erwachen die Helden zu neuem Leben und feiern mit dem Fürsten der Asen. Neben dieser volkstümlichen Vorstellung sind im Grimnirslied noch andere – sehr viel schwerer zu verstehende – Gedanken enthalten, und darum möchte ich den Anfang des Liedes als Ganzes kurz vorstellen.

Das Grimnirsmal ist fast bis zur Unkenntlichkeit in eine moderne Sage von König Hraudung und dem Kampf seiner beiden Söhne um die Herrschaft umgestaltet. Die Randerzählung stammt eigentlich aus dem Land der Goten, wie die zweite Strophe verrät. Aber der «innere Text», die wichtige Mitteilung, ist sehr viel älter. Sie stammt aus der Zeit, da das mächtige Volk der Horra über den größten Teil Europas herrschte, von der Iberischen Halbinsel über das südliche Mitteleuropa bis Südrußland und Kleinasien. Eingeschlossen zwischen den großen Heermassen der Horra wie «zwischen zwei Feuern» saß der Asenfürst acht Tage lang: die Odin-Verehrer wurden fast erdrückt von der fremden Übermacht. Doch ihre Erben, so weissagt Odin, sollen den Sieg erringen. In den Strophen 4 bis 17 wird die neue Landverteilung dargestellt, eine Art Friedensvertrag der vom Horra-Joch befreiten Volksstämme. (Diese Völkertafel habe ich in meinem ersten Buch, S. 88–90, beschrieben.) Erkennbar ist auch, daß der Sieg der Odin-Verehrer kaum auf eigene Anstrengung zurückgeht, sondern eher durch eine geologische Katastrophe (die Landhebung von 1650 v. Ztr.) bewirkt wurde. Ein deutlicher Hinweis steht in Strophe 11, in der von der Erneuerung der Stadt der Thursen als Skadis Festung die Rede ist. Indem der Sänger diese ältesten geographischen und geologischen Überlieferungen dem Lied voranstellt, weist er sich bei seinen Zuhörern als Kenner des kostbarsten Schatzes aus, und so nehmen sie ihm auch die mystischen Lehren ab, die er nun vorträgt.

Denn die jetzt folgenden Mitteilungen sind in der Sprache der Eingeweihten abgefaßt, wie Strophe 18 aussagt:

«doch nur wenige wissen, welches Essen die Einherier nährt.»

Wir merken schon, von welcher Art Essen hier die Rede ist: es sind die Totenbuchlehren, die in diesen knappen Versen weitergegeben werden; in Strophe 19 lautet der Kernsatz:

«Von Wein allein lebt der waffengeschmückte Odin alle Zeit.»

Darin gleicht er Dionysos und Bakchos, den Totenführern der griechischen Antike. Und Strophe 20 lehrt, daß Gedanken und Erinnerungen immerwährend über die Erde hinfliegen, ungewiß ist nur, ob sie ihr Ziel erreichen. 21: Die Gefallenen müssen einen breiten Strom durchwaten, um das «Jenseits» zu erreichen, anders als Griechen und Ägypter, die bequem auf einem Boot hinübergebracht wurden. Denn so schrecklich wie ihr Lebensraum, die vom Meer umspülten Inseln an der Küste der Nord- und Ostsee, sind auch die Glaubensbilder der Germanen. Um so tiefer erscheint mir ihre Einsicht, denn in der folgenden Strophe (22) gelangen wir einen entscheidenden Schritt über die Wiedergeburtslehren der Orphiker hinaus:

«Walgrind heißt das Gitter, das auf dem Grunde steht
heilig vor heiligen Türen.
Alt ist das Gitter, doch ahnen wenige,
wie sein Schloß sich schließt.»

Das Gitter steht an der wirklichen Grenze zum Jenseits, der Grenze zum Leben. Nur derjenige, der weiß, wie sein Schloß sich schließt, darf für immer bei Odin weilen. Er hat den Zwang zur Wiedergeburt überwunden. Es gibt welche – wenn auch wenige –, die diese Tat vollbringen. So haben Gautama Buddha und Wardhamana Dschaina gesprochen, und Krischna zu Ardschuna im 14. Kapitel der Bhagavad Gita.

Es folgt ein mir unverständliches Zahlengeheimnis, das mich wiederum an Indien erinnert, und dann in Strophe 25 und 26 ein Sinnbild der Erlösung, das wir aus der Felskunst der frühen Metallzeit gut kennen. Die doppelte Darstellungsweise – einmal als Ziege, das andere Mal als Hirsch – entspricht den beiden Kultformen, die damals in Europa nebeneinander bestanden. Die ältere

Edda enthält auch eine Totenbefragung und eine Unterweltsfahrt, wie schon Herder feststellte, der beide Stücke in seinem 3. Buch der Volkslieder (2. Teil) aufnahm. Das eine handelt vom Tod des Lichtgottes Baldur, der unabänderlich bestimmt war, wie der Tod des Osiris bei den Ägyptern, der Tod des Adonis und das Sterben Jesu mit anschließender Fahrt in die Unterwelt. Baldur, dessen Name «Herr» bedeutet (wie der Name Adonis), war ein Sohn Odins. Er träumte sein Schicksal in dunkler Weise, bevor es ihn ereilte. Alle Götter kamen zusammen und berieten über Baldurs schwere Träume, fanden aber nicht den Sinn, der sich darin verbarg. Da begab sich Odin auf eine Fahrt in die Hölle, vorbei an dem schrecklich heulenden blutbefleckten Hund zum Hause der Herrin der Unterwelt, Hel. An dieser Stelle scheint ein Bruch im Liede vorzuliegen, denn nun folgt ein ganz anderes Bild: eine Totenbefragung. Odin reitet zum Grabhügel der toten Seherin Wölva und weckt sie durch ein Lied, das sie herauszwingt. Das ist kein leichter Gang für die Wölva, wie sie zürnend sagt, doch muß sie dem Frager antworten. Natürlich verschweigt Odin nach altem Brauch seinen Namen, um ungeschminkte Antwort auf seine Frage zu erhalten. So verkündet sie Odin den Tod seines Sohnes und die Namen des Mörders und des Rächers. Durch eine Frage über die Endzeit verrät sich Odin. Die Wölva erkennt ihn und verkündet, daß er der letzte war, dem sie Auskunft gab; bis zur Endzeit wird sie schweigen. Auch hier also sind eschatologische Lehren mit den Totenbuchsprüchen vermengt; die Trennung der beiden Bereiche habe ich hier – wie auch an anderen Stellen – künstlich vorgenommen, um dieses Buch nicht mit zuviel Stoff zu belasten.

Die Ähnlichkeit von Odins Befragung der Wölva mit der Befragung des Samuel durch Saul und der des Teiresias durch Odysseus ist offensichtlich. Totenbefragungen haben sich eben zu jeder Zeit unter recht ähnlichen Formen bei den verschiedenen Völkern abgespielt. Ein direkter Einfluß von der einen auf die andere Schrift liegt nicht vor, denn sowohl die Einzelheiten als auch die Einstellung des Erzählers sind ganz verschieden.

Ebenso hat der zweite Todesgang Odins, den Herder auswählte, große Ähnlichkeit mit dem Opfertod anderer göttlicher Gestalten der Antike und ist doch in dieser Form wiederum ganz eigen dargestellt und empfunden: das Runenlied im «Hohen Lied» der Edda. Um die Weisheit der Runen zu erlangen, opfert sich Odin dem Gott Odin – er selbst sich selbst, so wie Dionysos Bock und

Weinstock zugleich war, wie Jesus Vater und Sohn zugleich. An einem gegabelten Baum, dem Abbild der Weltesche, hing er neun Nächte lang – eine ganze Weltzeit – vom Speer verwundet, bis er die Runen greifen kann, durch die der Menschheit das Wissen und damit die Erlösung zuteil wird. Denn erst nach dem Opfertod, der als Durchgang verstanden wird, kann Odin sagen:[72]

Zu gedeihn begann ich und bedacht zu werden,
ich wuchs und fühlte mich wohl;
ein Wort fand mir das andere Wort,
ein Werk das andere Werk.

Überbleibsel von der Kenntnis des Todesdurchgangs finden wir auch in Schottland; die Sage von Tamlane (oder Tam Lin), die Anthony Roberts in «Atlantean Traditions in Ancient Britain» (London 1977, S. 82–83) verkürzt wiedergibt, erzählt, wie der Held Tod und Wiedergeburt erlebt: Zuerst wird er zu einem Eisklotz, dann zur Feuerflamme, danach zu einer zischenden Schlange und dann zu einer Taube, die davonfliegen will. Zum Schluß verwandelt er sich in ein feuriges weißglühendes Schwert, das die Geliebte, die ihn erlösen will, beherzt ergreift – sie weiß ja, daß alle diese Wandlungen nur Schein sind – und in einen Brunnen (oder eine Quelle) wirft, wodurch der Held wieder zum Leben erweckt wird als ein nackter Jüngling, den sie kleidet und heimführt. Es entsprechen zwar nur die ersten beiden Stufen denen der tibetischen Erfahrung, doch die Auffassung ist sehr ähnlich, die selbständige Form verrät, daß es sich um eine eigene Beobachtung eines universellen biologischen Vorgangs handelt.

In einem mittelhochdeutschen Text, dem «Muspili», finden wir einen Rest jener altdeutschen Religion, die sonst nur noch aus Sagen und Märchen sowie aus dem Epos «Heliand» herausschimmert. Das Muspili könnte man eine deutsche Apokalypse nennen; die Form, in der es erhalten ist, stammt aus dem 9. Jahrhundert. Darin sind 14 Zeilen, die man als Totenbuch-Text bezeichnen kann, denn sie sprechen vom Weg, den die Seele nach dem Tode betritt, sind Belehrung und Fürbitte zugleich. In der neudeutschen Fassung von Karl Wolfskehl[73] klingen sie so:

Denn stracks wenn die Seele in ihre Straße sich aufhebt
Und sie den Leichnam liegen läßt,
Da kommt ein Heer von Himmelslichtern,

Ein anderes von Peche die packen sich gleich an.
Sorgen trag die Seele bis die Sühne angeht,
Zu welchem der Heere sie geholet werde.

Denn wenn des Satans Gesind sie gewinnet,
Das leitet sie stracks hin wo es ihr leid wird,
In Feur und Finstres da ist ganz fürchterlich Richten.

Wenn aber sie holen die, die hernieder vom Himmel kommen,
Und sie der Engel eigen wird:
Die tragen sie stracks auf ins Himmelreich.
Da ist das Leben ohne Tod, Licht ohne Finstres,
Selig sein ohne Sorgen, da ist niemand siech.

Die Genauigkeit des Ausdrucks entspricht den heiligen Texten anderer Völker, der Inhalt gleicht noch am ehesten dem tibetanischen Totenbuch: Im Augenblick, da die Seele den Körper verläßt und sich auf den Weg macht, kommen zwei Lichterheere auf sie zu, ein himmlisch helles und ein pechschwarzes, und beide ringen um die Seele! Doch die Seele entscheidet sich selbst, zu welchem Heere sie gehören will. Wenn des Satans Heer sie gewinnt, wird sie ins Feuer und die Finsternis geleitet, zu einem furchtbaren Gericht, das ihr leid tun wird. Wenn aber die Engel, die vom Himmel niedersteigen, die Seele holen dürfen, tragen sie sie ins Himmelreich; dort ist ewiges Leben und helles Licht, sorglose Seligkeit frei von Krankheit.

Das besagt auch der Volksglaube, der noch heute unter uns lebendig ist, trotz mehr als einem Jahrtausend christlicher Unterweisung. Alte Vorstellungen halten sich mit unglaublicher Zähigkeit und erwachen neu beim geringsten Anlaß.

Eine der ältesten Vorstellungen der Europäer ist uns heute allerdings fremd geworden: die Vorstellung, daß die Welt um uns nur Schein ist, Abbild einer anderen Wirklichkeit, die einzig als Wirklichkeit bezeichnet zu werden verdient. Wir leben in einem tiefen Traum und erwachen – wenn wir erlöst werden – zum wirklichen Sehen, das uns eine völlig andere Welt enthüllt. Dies war die feste Überzeugung der Germanen und heidnischen Deutschen, sie ist noch heute fester Glaube der Hindus und Buddhisten. In der Sanskrit-Theologie wird hierfür der Begriff Maya verwendet, und dieses Wort hat sich seit fast zweihundert Jahren auch in Deutschland eingebürgert. Wir können das seltsame Wort mit «Masche» übersetzen, denn wie ein Netz aus vielen Maschen ist die Trugwelt über den Betrachter geworfen, und seinslos wie das, was die Masche «umhüllt», nämlich Nichts, ist unsere Welt.

Ich wähle ein einfaches Beispiel aus der Technik, um den Begriff Maya besser verständlich zu machen: Wir stellen uns eine Batterie vor, die ein Birnchen mit Strom speist, so daß es aufleuchtet. Unterbreche ich den Strom, so leuchtet das Birnchen nicht mehr. Natürlich bleibt der Strom in der Batterie erhalten. Dieser Strom soll in unserem Vergleich für die wahre Wirklichkeit stehen, der Schein des Birnchens für unsere Umwelt, die Schein- oder Trugwelt Maya. Wer den Schalter betätigt, kann die Scheinwelt nach seinem Belieben an- oder abstellen: So schuf Gott unsere Welt und kann sie ebensoleicht wieder vernichten. Der Strom in der Batterie aber besteht fort, unabhängig von der zeitweiligen Erscheinungsform, dem Aufleuchten der Glühbirne. Das Leuchten wird wohl einen Sinn haben, zumindest einen Zweck, doch dieser ist nur dem bewußt, der den Schalter betätigt. Leider können wir den Strom nicht sehen, sondern nur durch kluge Überlegung aus dem Schein der Glühbirne auf sein Fließen schließen. Entsprechend geht es uns mit der wahren Wirklichkeit. – Dieser Vergleich ist von mir schnell herangezogen und soll nicht weiter ausgeschöpft werden. Darum will ich noch zwei weitere Vergleiche hinzufügen, die das Bild verdeutlichen helfen.

Wenn ein neugeborenes Kind zu sehen beginnt, sieht es zunächst die Welt «auf dem Kopf stehend», denn das ist das Ergebnis der Linse in unserem Auge. Durch die Erfahrung der ersten Sehtage entwickelt sich im Gehirn des Kindes eine Schaltung, die das Bild umdreht. Die Augen «sehen» fortan, was der Geist für richtig erkannt hat. «Ich traute meinen Augen nicht», heißt es oft, wenn ein wunderbares Geschehnis beschrieben wird. Genau das meine ich hier: die Erfahrungswelt wird zunächst an einer Wertskala oder einem ethischen Filter gemessen, bevor die Erlaubnis an die Sinne erteilt wird, das entsprechende Bild zu empfangen.

Und das andere Beispiel: Einem Menschen, der unter Hypnose steht, kann man jeden Sinneseindruck übermitteln, den man will; man kann ihn Gegenstände sehen lassen, die nicht vorhanden sind, und umgekehrt Gegenstände für ihn unsichtbar machen, obgleich sie sich vor seinen Augen befinden. Sein Verstand sieht nur das, was ihm der Wille des Hypnotiseurs aufzwingt. Im Normalbewußtsein ist jeder sein eigener Hypnotiseur, das heißt, er sieht, hört, riecht, schmeckt und fühlt nur jene Dinge, die sein Filter hindurchläßt. Die Erscheinungswelt wird von uns nur ausschnittweise erfaßt, der Ausschnitt ergibt sich aus dem Erfahrungsbereich. Erst die Erweiterung dieser Erfahrung – zum Beispiel durch Mitteilung in Wort und Schrift – ermöglicht eine neue Einstellung zum Umwelt und damit eine neue Erfahrung. Die Aussage: «Ich habe es mit eigenen Augen gesehen» hat für einen anderen Menschen nur wenig Wert, solange er nicht dieselbe Einsicht in diese Erlebnisform besitzt.

Unzählige Philosophen von Platon bis Rudolf Steiner haben das gelehrt, und viele Völker – außer den genannten möchte ich noch besonders die Indianer Nordamerikas erwähnen – erlebten und sahen ihre Welt unter diesem Blickwinkel. Der Priester der Ogallala-Sioux, Schwarzer Hirsch, beschreibt in seinem Lebensbericht[74] eindrucksvoll diese Auffassung, nach der die Dingwelt nur ein Abbild der größeren Wirklichkeit ist. Schwarzer Hirsch hatte eine Vision, und eines Tages läßt er die Bilder dieses Gesichtes durch seine Stammesgenossen darstellen, indem er mit ihnen einen Pferdetanz aufführt. Während des Tanzes sieht er im Himmel in einer Wolke die wahren Vorgänge sich abspielen und erkennt, daß das, was er mit seinen Genossen auf der Erde darstellt, wie ein Schatten ist «von jenem Gesicht im Himmel auf die Erde geworfen». «Ich wußte», sagt er, «die Wirklichkeit war dort und der trübe Traum davon spielte hier.»

So sind bei ihm die inneren und äußeren Vorgänge stets miteinander verbunden; den Tänzen und Riten folgen Blitze und Schauer, ja, sogar die Vögel fliegen herbei, wie durch Magie angezogen. Doch dies ist keine Magie, sondern die Übereinstimmung zwischen der Handlung der Menschen und dem Naturgeschehen, die beide vom gleichen unsichtbaren Mechanismus bewegt werden, eben jenem Vorbild, das der Seher im Ausnahmezustand sieht.

Es gibt ein Epos, das sich an Schönheit mit dem Nibelungenlied und der Odyssee messen kann, das urdeutsch im Ausdruck und doch aus ganz anderem Stoff gewoben ist: der Heliand. Mit gewisser Berechtigung kann man sagen, daß es der einzige Versuch der Europäer war, das orientalische Heilsgeschehen in eigener Sprache zu verarbeiten und sich inhaltlich anzueignen. Der Dichter des Heliand, ein Sachse des neunten Jahrhunderts, hat aus dem Text der Evangelien dieses Epos geschaffen, das es allen Deutschen möglich machte, die christliche Lehre anzunehmen, denn er hatte nicht nur die Gestalten in ihrem Äußeren heimisch gemacht, also statt Feigenbäumen und Eseln Eichen und Rosse gesetzt, sondern auch den geistigen Zustand des noch unbekehrten Deutschen auf die Personen der christlichen Handlung übertragen, so daß sich die Zuhörer angesprochen fühlten. Und sie waren betroffen, denn das Bild des Dichters war genau: in der «Menge der Menschen in diesem Mittelkreis» erkannte der Deutsche sich selbst.[75]

In diesem Epos gibt es viele Anspielungen auf den Glauben der Deutschen, wie er seit undenklichen Zeiten bestanden haben muß und selbst während der frühen Zeit christlicher Bekehrung in Deutschland noch weiterlebte. Es ist der Glaube, daß alle Umwelterscheinungen nur wie der Widerschein einer jenseitigen Welt anzusehen sind. Das, was wir heute Traum nennen, heißt im Heliand «den Schlafenden bei Nacht ein Gesicht zeigte, ein Scheinbild im Schlummer»,[76] aber das Wort Traum ist für schwerwiegendere Aussagen vorbehalten: «der Leute Traum» bedeutet im Munde des Dichters soviel wie: die diesseitige Welt, Materie. Die Verse, die sich auf den weisen Seher beziehen, der die Geburt Jesu Jahrhunderte vorher angekündigt hatte (der Prophet Daniel wird gemeint sein), lauten:

> «Dann als er sollte diese Wohnungen räumen, der Verwandten Genossenschaft, der Leute Traum verlassen, andres Licht zu suchen, und nun die Jünger sich näher gehen hieß, ...»

Kein Wort von Sterben steht da, und doch ist nur das mit diesen Worten gemeint: den Traum der Leute verlassen, die Wohnung und Gemeinschaft der Verwandten aufgeben, andres Licht zu suchen. So sah der Dichter – und so sahen es mit ihm seine Zuhörer – das, was wir Sterben nennen. Tief eingewurzelt war der Glaube an die Unwirklichkeit dieser Welt und an die Wanderung, die jedem in der jenseitigen, der wahren Wirklichkeit, vorgeschrieben ist. Diese Anschauung ist der jüdischen entgegengesetzt, denn in der Bibel heißt es ja, Daniel werde ruhen bis zum Ende der Tage, wenn er aufstehen werde, um das Erbe seiner Väter in Empfang zu nehmen.[77] Der Deutsche kannte diese Ruhe nicht; sein Weg wand sich durch die unendlichen Räume einer anderen Wirklichkeit, stets auf der Suche nach dem reinen Licht. Auch der im Heliand so gepriesene Seher, dessen großes Wissen zeitlich weit zurück und vorwärts reichte, mußte noch weiter das Licht suchen!

Und an anderer Stelle, anläßlich des Todes von Herodes, lesen wir:

> «bis das Geschick hinwegnahm den König Herodes, daß er die Kinder der Welt ließ, der Männer Traum.»[78]

Diese Erfahrung können viele Menschen heute wieder verstehen, auch ohne religiös vorgebildet zu sein. Im Rausch, der durch Schmerztabletten, Haschisch oder eine Spritze im Krankenhaus ausgelöst sein kann oder auch beim umkehrbaren Todesdurchgang bei einer Operation erlebt sein kann, tritt der Zustand des unbeschreiblichen Glücks, der Leichtigkeit und Gelöstheit im wahren Sinne des Wortes auf. Man glaubt heimzukehren in ein Land, das man zu Unrecht verlassen hat. Dieser Glückszustand macht den Eindruck der Zeitlosigkeit, der «Ewigkeit». Er ist das Paradies der Süchtigen, der ersehnte Erlebnisraum der Schamanen und Sufis, die wahre Wirklichkeit der Erleuchteten.[79] Dagegen erscheint das zurückgelassene «normale» Leben wie ein übler Traum, eine vorübergehende falsche Einstellung zu den Dingen.

Auf diesem sprunghaften Gang durch die Geschichte der Einweihung bei den Völkern sind wir im Kreise wieder an den Anfang zurückgekehrt. Durch den Apfel am Baum der Erkenntnis erlangten Eva und Adam die Weisheit und erfuhren den Tod. Sicher war es ein Rauschapfel (ähnlich wie der Stechapfel), und die Erkenntnis des Todes führte die frühen Menschen zur Erkenntnis des ewigen Lebens, das hinter der Scheinwelt aufleuchtet. So wurde der Apfel zum Sinnbild des Lebens in den Märchen der Völker. Auf dem «punischen» Marmorsarg in Cadiz[80] hält der Tote einen Apfel in der Hand wie ein Zeichen, das besagt, daß er zu den Eingeweihten gehört. Schließlich wurde der Apfel zum Sinnbild der Macht im Reichsapfel, denn nur derjenige kann wirklich herrschen, der die Erkenntnis von Tod und Leben in Händen hält.

Denn nichts andres kann (der Geist) mitnehmen, wenn er in die Unterwelt kommt, als nur seine Bildung und Nahrung, die ja auch, wie man sagt, sogleich nach dem Tode den größten Nutzen oder Schaden bringt, gleich am Anfang der Wanderung dorthin.

*Platon im «Phaidon», 107, d.*

# Teil 3: Die Kraft der Bücher

15. Feuerschein. Der Kampf zwischen Herrschaft und Wissensdurst.

16. Zarathustra. Die älteste Buchreligion, die bis heute fortlebt.

17. Die griechischen Philosophen. Pythagoras und Empedokles, Sokrates und Platon wirkten als Vorbilder der griechischen Ökumene.

18. Das Alte Testament. Der jüdische Glaube an die Wiedergeburt war aus eigener Quelle gespeist und glich sich im Laufe der Jahrhunderte immer mehr dem der Perser und Griechen an.

19. Die frühen Christen. Auch Jesus und die junge Kirche dachten ganz in den Bildern dieser Lehre.

20. Die Gnosis. Mani, der Sendbote des Lichts.

21. Derwisch und Sufi. Selbst im Islam lebte die Wiedergeburtenidee weiter, wenn auch oft unterdrückt.

22. Meister Eckehart verschmolz östliche und abendländische Vorstellungen ineins.

23. DIE BOGUMILENKIRCHE und ihre Nachfolger, die Albigenser.

24. NEUZEIT. Die Wiedergeburt des Wissens in der Dichtung.

## 15. Feuerschein

Der deutsche Dichter Lessing war der festen Überzeugung, daß die Lehre von der Wiedergeburt der Person die älteste aller Vorstellungen und daß sie richtig ist. Auf welchem Wege mag dieses Wissen zu ihm gelangt sein? Wer waren die Träger der Lehre? Gibt es überhaupt eine fortlaufende Kette der Überlieferung, oder ging das Wissen mehrmals verloren und wurde wieder neu entdeckt, etwa so, wie es den Europäern mit der Kenntnis des amerikanischen Kontinents ging?
Wenn man sich heute auch nicht völlig klar ist über den Vorgang der Weitergabe dieses Wissens, so können wir doch mit einiger Gewißheit sagen, daß nur selten Geheimbünde und noch seltener übersinnliche Erfahrungen daran beteiligt waren, obgleich sie möglicherweise ihren bescheidenen Teil beitrugen. Grundsätzlich bestand die Weitergabe in Form des geschriebenen und gedruckten Wortes, in Büchern und auch in auswendiggelernten Texten. Da aber vor allem Bücher, in geringerem Ausmaß auch mündliche Überlieferung, durch Feuer recht leicht zu vernichten sind, hat sehr oft ein flammender Holzstoß am Ende einer geglückten Überlieferungskette gestanden. Daß auch diese das einmal gefundene Wissen nicht völlig vernichten konnten, liegt zum Teil an der Schwäche der Feinde. So erhalten wir manchmal nur Kenntnis von der Lehre durch die Kampfschriften der Theologen, die mit dialektischer Schärfe das Wissen zu widerlegen versuchten. Die Ketzerschriften der Kirchenväter lehren uns, was die Ketzer gepredigt haben, und oft sind dies die einzigen Reste jener Gedankengebäude, die von Nestorianern und Manichäern, Arianern und Gnostikern errichtet worden waren.

Bücherverbrennungen sind fast so alt wie die Bücher selbst. Als die Israeliter das gelobte Land einnahmen, vernichteten sie mit

Feuer und Schwert alles, was vor ihnen dort bestanden hatte; und das nicht etwa aus Angst vor der Pest oder Lepra der Kanaaniter, sondern aus Angst vor deren überlegener Kultur. Auch die Griechen verbrannten die Paläste ihrer Vorgänger in Mykene und Kreta, und das mag das einzige Mal gewesen sein, daß die Verbrennungen direkte Vorteile für spätere Geschlechter gebracht haben: die beschriebenen Tontafeln wurden durch die Feuersbrünste dermaßen gehärtet, daß sie sich bis ins 20. Jahrhundert erhielten und nun von den Archäologen entziffert werden konnten.[81]

In den beiden Bibliotheken von Alexandria, im Bruchion und im Serapion, befanden sich rund 700 000 Bücher und ein 120 Bände starker Gesamtkatalog mit kurzen Lebensbeschreibungen der Autoren. 14 000 Studenten lernten hier das Wissen kennen, das sich seit Jahrtausenden angehäuft hatte. Wäre nicht einiges davon durch griechische Schriftsteller verarbeitet worden, dann wären wir von der Vorgeschichte menschlicher Forschung völlig abgeschnitten worden, als diese Bibliotheken während der Belagerung durch Cäsar im Jahre 48 vor unserer Zeitrechnung niederbrannten. Auch die Vernichtung der Bücher der druidischen Priesterschaft von Bibraktis (dem heutigen Autun in Frankreich) geht zu Lasten von Cäsars Kriegszug. Eine andere große Bibliothek der Antike, die von Pergamon in Kleinasien, enthielt 200 000 Bücher, als sie den Flammen zum Opfer fiel. Die Beobachtungen von ungezählten Generationen sind auf diese Weise ausgelöscht worden, ein unwiederbringlicher Verlust.

Was nicht den Kriegen zum Opfer fiel, wurde durch religiösen Eifer zerstört: die frühen Christen brüsteten sich damit, daß sie in Ephesus Bücher im Werte von 50 000 Groschen ins Feuer geworfen haben, Bücher, in denen eine «vorwitzige Kunst» gelehrt wurde, wie Luther sich bei der Übersetzung der Apostelgeschichte (Kapitel 19, Vers 19) ausdrückte. Diese Haltung gegenüber den Schriften der heidnischen Antike wurde zum Vorbild für viele Eiferer. Ein deutscher König, Ludwig – er regierte von 814 bis 840 und war der dritte Sohn Karls des Großen –, tat sich in dieser Nachfolge besonders hervor und verbrannte alles, was die heidnische Überlieferung der Deutschen enthielt; seitdem wird er Ludwig der Fromme genannt. Eine andere tragische Vernichtung durch religiösen Eifer beraubte die Menschheit um die Bibliothek der Mayas: Diego de Landa, der zweite Bischof von Yucatan, entdeckte die heiligen Aufzeichnungen, die vor den spanischen Eroberern in dem kleinen Dorfe Mani versteckt worden waren, und verbrannte sie unter den schreckerfüllten Schreien der anwesenden Indianer.[82] Heute, vierhundert Jahre danach, bemühen sich Hunderte von Maya-Forschern, um aus zufällig erhaltenen Resten die Geschichte und Wissenschaft dieses stolzen Volkes zu rekonstruieren. Sogar im vorigen Jahrhundert noch war christlicher Bekehrungseifer schuld an der Vernichtung völkerkundlicher Dokumente: die Anhänger der schwedischen Erweckungsbewegung des Lars Laestadius verbrannten die heiligen Trommeln der Lappen, auf denen in archetypischen Zeichen ihre Traumwelt aufgemalt war.

Man kann es fast zur Regel machen: Wenn irgendwo jemand auf den Scheiterhaufen steigen mußte oder ein Buch verfemt wurde, dann ist anzunehmen, daß hier eine wichtige Wahrheit unterdrückt werden sollte. Denn unbedeutende Menschen läßt man in Ruhe, und Bücher, die nur Geschwätz bringen, übergeht man bedenkenlos. Am deutlichsten wurde dies durch die Gerichte der «Heiligen Inquisition», die jahrhundertelang über die Reinheit der christlichen Lehre wachte und Tausende von Menschen und Büchern den Flammen übergab. Allerdings hatte auch sie eine Schwäche, die uns heute zugute kommt: sie bewahrte von jedem Buch mindestens ein Exemplar auf, und so konnten sich immer wieder aufgeschlossene Menschen daran anstecken. Schließlich muß ich noch die Bücherverbrennung von 1933 durch die Nationalsozialisten erwähnen, der zwar nur eine symbolische Bedeutung zukommt, da sie wegen der großen Verbreitung der Bücher in unserer Zeit nicht mehr die Gesamtheit eines Werkes auslöschen konnte, wie dies früher möglich gewesen war; aber auch hier ist es gut, wenn wir uns die Namen der «Verbrannten» merken, denn sie hatten Wichtiges zu sagen: Franz Kafka und Stefan Zweig waren darunter, Dichter von großer Bedeutung in diesem weltlichen Jahrhundert.

Da die Bücher die Hauptquelle waren, aus denen die Lehre der Friedfertigen immer wieder gespeist wurde, betrachte ich nun diejenigen Gedankengebäude, die grundsätzlich auf Bücher aufgebaut waren: die sogenannten Buchreligionen. Auch die phönizische und die etruskische Religion würden hierher gehören, denn jede hatte zur Grundlage ein Buch, das ein Prophet «empfangen» hatte, doch da diese Bücher verlorengingen, bleibt nicht mehr als die Vermutung und Rückschlüsse aus anderen Überresten.

An den Anfang stelle ich die älteste Buchreligion, die bis heute fortlebt, die des Zarathustra.

## 16. Zarathustra

Seit der Franzose Anquetil-Duperron in der Mitt des 18. Jahrhunderts nach Indien fuhr, um bei den Parsen von Bombay herauszufinden, was noch über die Person Zarathustras und seine Predigten bekannt sei – von dieser Reise brachte er die ersten Texte und Übersetzungen des Avesta mit –, seit also in Europa die Begeisterung für Zarathustra und die Religion der Mazdäer einen neuen Baustein ins Bewußtsein der indogermanischen Vergangenheit einfügte, ist sehr viel geforscht und geschrieben worden über jene «erste Weltreligion», und doch ist man sich über die Lebensdaten dieses Vorbildes späterer Religionsstifter nicht klar geworden, wir wissen nicht, wann Zarathustra gelebt hat. Wenn wir die allzu phantastischen Thesen ablehnen und uns Mittelwerte vornehmen, erhalten wir immer noch einen Zeitraum von vier Jahrhunderten, nämlich vom 10. bis 7. Jahrundert vor unserer Zeitrechnung.[83]

Es gilt zumindest als erwiesen, daß die Juden während ihrer Gefangenschaft in Babylon die Religion Zarathustras kennenlernten und gewisse Gedanken daraus aufgenommen haben, da sie sich zur Lehre Zarathustras als einziger unter den heidnischen Religionen hingezogen fühlten, denn in beiden war der Glaube an einen einzigen Gott das zentrale Thema. Ob nicht auch umgekehrt jüdisches Gedankengut in die damals noch nicht erstarrte persische Religion eingedrungen sein kann, wird oft übersehen. Tatsache ist jedenfalls, daß wir in den heiligen Büchern der Parsen eine erstaunliche große Zahl von Glaubenssätzen und Bildern finden, die uns bei den späten Propheten «Daniel» und «Henoch», bei Essenern, frühen Christen und Gnostikern, wieder begegnen. Der Einfluß dieses persischen Propheten auf die griechischen Philosophen war nicht geringer, und seine Nachwirkung auf das kaiserliche Rom und das abendländische Christentum ist ebenfalls spürbar. Ich will darum in einigen Abschnitten die wesentlichen Gedanken dieser iranischen Religion aufzeichnen, die sich als Reform der «arischen Religion» verstand, als Erneuerung des Glaubens der Eroberer Irans. Im Zend-Avesta und den anderen heiligen Büchern der Parsen zeigt sie sich uns allerdings schon als voll entwickelte, ausgereifte Religion eines genau umgrenzten Volkes.

Der Geist des Menschen ist ein Teil der Gottheit, lehrte Zarathustra; er ist unsterblich, existiert vor der Geburt und kehrt zu Gott zurück, wenn er seine Aufgabe in dieser Welt erfüllt hat. Zwei Zeremonien im Leben eines Mazdäers sichern diese Rückkehr: die Einweihung oder Aufnahme in die Glaubensgemeinschaft und die Eheschließung. Die erste findet im Kindesalter zwischen dem 7. und 12. Lebensjahr statt, entspricht also etwa der Firmung der Christen. Der Junge und das Mädchen legen ein neues weißes Kleid mit Gürtel an und erhalten den Titel Nauzada = Neugeborener. Diese neue Geburt ist Voraussetzung für die Aufnahme im Himmel nach dem Tode, denn sie befähigt den Jugendlichen zur Unterscheidung von Gut und Böse und der Entscheidung für gute Taten, Worte und Gedanken, durch die er sich eine unvergängliche Gestalt schafft, die zum Helfer der Gottheit wird. In der zweiten Zeremonie, der Eheschließung, wird der Geist des Mannes durch den Geist der Frau ergänzt zum vollkommenen Frohar (Geistwesen); ohne diese gegenseitige Ergänzung wäre die Geistgestalt eines Menschen nur ein Halbes und müßte nach dem Tode an der Brücke vor dem Abgrund warten bis zur allgemeinen Erneuerung der Welt.

Die Beisetzung des Toten ist keine Zeremonie, sondern wird unter strenger Wahrung von Hygiene in kürzestmöglicher Zeit vollzogen. Man setzt den Leichnam auf einem Turm den Geiern aus, und da diese nach wenigen Stunden nur noch die sauber entblößten Knochen übriglassen, kann man diese nun im Innern des Turmes zu Staub zerfallen lassen. Eine problemlosere Art der Totenbeisetzung ist kaum denkbar; sie läßt erkennen, daß die Mazdäer dem leblosen Körper keine Bedeutung mehr beimessen. Dagegen nimmt die Vorstellung von der Jenseitsreise einen breiten Raum in ihrem Leben ein.

Nur ein wichtiger Punkt wird heute übergangen: In den heiligen Texten steht, daß der Frohar (Geist) des Menschen nach dem Tode noch drei Tage beim Kopf des Leichnams verweilt, bevor er sich auf die Reise begibt. Durch die schnelle Aussetzung wird dieser Zeitraum wohl auf Stunden verkürzt... Als erstes im Jenseits begegnet der Frohar seinem eigenen Ebenbild, Daena genannt, die in Gestalt einer schönen Frau oder häßlichen Alten auf ihn zutritt; sie entspricht der Gestalt, die er sich während der Lebensspanne durch seine Taten, Worte und Gedanken geschaffen hat. Das Wort «Daena» bedeutet vielleicht Führerin («Psychopomp») und läßt sich (über das arabische «Din») mit dem Begriff Religion gleichsetzen. An der Gestalt selbst erkennt der Geist schon, ob er erlöst ist oder verdammt. Diese Erkenntnis wird als Gang über die Brücke Tschinwat dargestellt, die den Abgrund zur himmlischen Welt überbrückt. Dem guten Menschen erscheint die Brücke wie eine breite Ebene, und seine schöne Daena führt ihn sicheren Schrittes hinüber; dem bösen dagegen kommt sie schmal wie eine Schwertklinge vor, und während er zagend hinübergehen will, reißt ihn die häßliche Daena in die Tiefe hinab. Dieser Abgrund (die Hölle würden wir sagen) ist dem göttlichen Licht entgegengesetzt, also dunkel und kalt (darum ist dort «Heulen und Zähneklappern»). Der gute Frohar aber steigt durch die sieben Himmelsschalen, wobei er sich von seinen erdhaften Begierden reinigt, aufwärts ins Reich des Lichtes, wo er mit himmlischen Liedern begrüßt wird. Damit ist seine Kette der Wiedergeburten überwunden. Diesseits und Jenseits bestehen jedoch nur begrenzte Zeit, sie werden gerichtet und nach einer allgemeinen Zerstörung erneuert. Dann werden die erlösten Frohar mit neuen Körpern versehen – man spricht von der allgemeinen Auferstehung.

Diese Ideen (und viele andere, die ich hier übergehe) haben eine große Wirkung auf die Antike und das Christentum ausgeübt, in ihnen ist unsere heutige Ethik und sogar unsere wissenschaftliche Denkweise vorgeformt. Die Bilder des Avesta wurden zu Archetypen der westlichen Zivilisation. Deutlich spüren wir ihren Einfluß auf die griechischen Naturphilosophen, auch auf Heraklit und auf die «klassischen» Schulen, besonders auf Pythagoras und Platon. Das zweipolige Denken Gut – Böse, Licht – Dunkel usw. löste die griechische Dialektik aus. Und schließlich wirkte es auf die orphischen Wanderprediger, die dieses Gedankengut im griechischen Volke breit ausstreuten.

## 17. Die griechischen Philosophen

Als Fachausdruck für die Wiedergeburtenfolge benützt man noch heute das griechische Wort Metempsychosis, womit der Wechsel der Psyche von einem Körper zum anderen bezeichnet wurde; die Griechen hatten auch einen noch genaueren Ausdruck: Metensomatosis, das heißt Körperwechsel. Da die Psyche auf ihrer Reise im Jenseits einen Führer braucht, sprachen die Griechen vom Psychopompos, und auch dieses Wort ist bis heute Allgemeinbesitz im Abendland. Je nach Zugehörigkeit zu den verschiedenen Einweihungslehren rief man seinen Psychopomp oder «Seelengeleiter» an, zum Beispiel Dionysos oder Bakchos, wie ich im zweiten Teil erläuterte, oder allgemein Hermes, den Boten und Schützer der Grenzen und Wege. Allbekannt ist der Fluß der Unterwelt, den der Geist des Verstorbenen, genauer gesagt, sein Schatten (also der «Zwischenzustandskörper» der tibetischen Ausdrucksweise), auf einem Fährboot überqueren mußte, wofür der Fährmann einen Obulus verlangte. Eigenartigerweise führen uns die Namen, die mit dem Fluß genannt werden, vor allem Lethe und Styx, in die Länder im fernen Westen Europas, nach Andalusien und Lusitanien. Vermutlich sind die Sinnbilder der Griechen von dort gekommen. Der Fluß Styx, der neunmal die Unterwelt durchströmt und in einem Sumpf endet, sei ein Arm des Atlantischen Ozeans, erzählten die Griechen; die zur Eidesgöttin erhobene Nymphe Styx wohnte im äußersten Westland an seinem Ufer in einem von hohen Felsen überschatteten Haus, das auf silbernen Säulen ruht. Sie war die älteste Tochter des Ozeans und der (ebenfalls iberischen) Meeresgöttin Tethys. Das alles weist auf die Gegend um Cádiz in Westandalusien hin, wo Silber im Überfluß vorhanden war und wo ein wie ein Meeresarm wirkender Fluß, der Betis (heute Guadalquivir) durch einen Sumpf floß, der vielen Schiffen der Griechen zum Verhängnis wurde; an seinem Ufer lag die Stadt Astigia, die «stygische». Bei der stygischen Nymphe falsch zu schwören, jagte sogar den Griechen, die sich in aufgeklärter Weise über die religiösen Tabus hinwegsetzten, «heilige» Schauer ein. Sie müssen alle diese Bilder für Wirklichkeit gehalten haben.

Auch der andere Unterweltsfluß, der Lethe, aus dem die Seelen Vergessen tranken, ist mit Namen und Beschreibung leicht in der

Gegend von Cádiz wiederzuerkennen: als heute langsam versiegender Fluß Guadalete.

Für die Griechen lag das Land der Seligen, Eleusien, an den Gestaden des Atlantiks; dort, in der Zone des ewigen Frühlings, befanden sich die Gärten der Hesperiden mit den goldenen Äpfeln (vermutlich Apfelsinen). Zwei Namen der Töchter des Ozeans sind westandalusische Ortsnamen: Erytheia (Cádiz) und Hesperia (Sevilla). Nur Wohlverdiente fanden nach dem Tode eine ruhige Heimstatt in Eleusien, alle anderen mußten der Sonne folgen, die im Westmeer versank und nach kurzer Nacht erneut im Osten aufging.

Wenn auch der Sonnenkult eine bildhafte Erklärung dafür gab, daß man das Westland als Land der Toten ansah – wie es auch Ägypter und Germanen glaubten –, war der innere Grund doch die Tatsache, daß die Einweihungslehren aus dem atlantischen Bereich gekommen waren und daß man von überall aus dem Mittelmeerraum zum Tempel von Cádiz pilgerte, um dort das geheime Wissen vom Jenseits aus dem Munde der Priester zu hören.

In der klassischen Zeit haben die Griechen ihr Wissen jedoch aus zweiter Hand erhalten, von jenen, die die atlantischen Lehren am besten bewahrt hatten, den Ägyptern. Der berühmteste Philosoph, Pythagoras (582–507), gab sein Wissen nur einem kleinen Kreis von Schülern in den von ihm gegründeten Zirkeln von Delphi, Athen und Krotona weiter. Wir wissen von ihm hauptsächlich durch Jamblikos, der aus Texten des Porphyrios eine Lebensbeschreibung des großen Philosophen verfaßte. Pythagoras hatte 22 Jahre in Ägypten gelebt und die Offenbarungslehren von den Priestern des Sonnengottes selbst gelernt. Um 525 wurde er von den persischen Eroberern Ägyptens nach Babylon verschleppt und verbrachte weitere 12 Jahre seines Lebens dort, im Mittelpunkt der assyrischen Geheimlehren. Auch den Trägern der jüdischen Weisheit begegnete er dort; seine Zeitgenossen waren die späten Propheten des Exils: Daniel, Haggai und Sacharja. Und sicher hatte er Berührung mit der persischen Religion des Zarathustra, die damals eine neue Blüte erlebte und alle Geistesströmungen – auch die jüdischen Propheten – beeinflußte. Das Gedankengebäude, das Pythagoras aus den orientalischen Lehren geformt hatte, war durchdrungen von der Klarheit des griechischen Wesens. Die Erkenntnisse waren in Zeichen und Sinnbildern zusammengefaßt, die einerseits einprägsam genug sind, um die Jahrhunderte auch mündlich überstehen zu können, andererseits für Nichteingeweihte unverständlich genug, um vor Mißbrauch geschützt zu sein. Die grundlegenden Gesetze der Lehre waren: die Wiederkehr alles Gleichen, die Wiedergeburt alles Lebendigen und das Verständnis des geschlossenen Zahlensystems als Ausdruck der natürlichen Harmonie des Kosmos.

Ähnlich klang auch die Lehre des großen Arztes, Philosophen und Dichters Empedokles (490–430) aus Agrigent auf Sizilien. Es gibt weder Geburt noch Tod, schrieb er, sondern alles ist Wandel und Mischung der Grundelemente. Wenn die Elemente zusammentreten, sei es als Tier, Pflanze oder Mensch, so spricht man von Geburt; wenn sie sich trennen, nennt man es den Tod. Durch die Wanderung entwickeln sich die Lebewesen von niedriger zu höherer Stufe, und zwar durch Auswahl der jeweils fähigeren Wesen gegenüber den schlechteren. So führte er schon damals das Prinzip der Nützlichkeit der Entwicklungskette in die Philosophie ein, das mehr als zwei Jahrtausende später durch Darwin so große Bedeutung gewann. Die Grundkräfte, die den Kosmos zusammenhalten, sind Liebe und Haß, erklärte Empedokles und erlangte im Verständnis dieser Wechselwirkungen eine solche Vollkommenheit in der Heilkunst, daß er vom Volk fast göttlich verehrt wurde.

## Sokrates

Sokrates (469–399) gilt als Prophet der Redlichkeit. In seiner Verteidigungsrede vor dem Athener Gerichtshof, die sein Schüler Platon der Nachwelt erhielt, erzählt er selbst sein Berufungserlebnis (21 A): Mit seinem Freund Chairephon und dessen Bruder besuchte er das Orakel von Delphi, das in ganz Griechenland so große Bedeutung hatte, daß selbst der höchste Gerichtshof der Hellenen sich an dessen Sprüche hielt. Chairephon befragte bei diesem Besuch das Orakel, ob jemand weiser sei als Sokrates, worauf die Pythia, von Lorbeer und Erdgasen in Trance versetzt, mit einem klaren Nein antwortete – niemand sei weiser als Sokrates. Dieser wollte jedoch die Antwort nicht glauben, aber da er ebensowenig annehmen wollte, daß das Orakel log, nahm er diesen Spruch zum Anlaß für eine Umfrage unter den weisesten Männern seiner Zeit und mußte schließlich feststellen, daß diese Leute sich zwar weise dünkten, doch gerade deswegen nicht als so weise wie er selbst zu bezeichnen sind, denn er selbst hielt sich für einen Unwissenden, dem es an Weisheit fehle.

Daher kam es, daß man ihm als alten Mann wegen «Gotteslästerung» zum Tode verurteilte und hinrichtete.

Im «Phaidon» berichtet Platon von den letzten Stunden seines großen Lehrers und zeichnet darin das Bild eines gewissenhaften Mannes, der sich über die Auswirkung seiner Rede bewußt ist und die Worte mit Bedacht wählt: «Und so ist denn dieses, ihr Männer, wohl wert, bemerkt zu werden, daß, wenn die Seele unsterblich ist, sie auch der Sorgfalt bedarf – nicht nur für diese Zeit allein, welche wir das Leben nennen, sondern für die ganze Zeit, und das Wagnis zeigt sich nun eben erst recht furchtbar, wenn jemand sie vernachlässigen wollte.» (107 c). So wägt Sokrates die ethische Pflicht des Menschen ab, die das Geheimnis der Unsterblichkeit beinhaltet. Er spricht auch von dem entscheidenden Augenblick, der gleich zu Anfang der Jenseitswanderung eintritt, er kennt das Gericht der Seelen und die Wiederkehr der Person nach langer Zeit. Dies alles weiß er durch die «heilige Feier», die – wie er sagt – «bei uns eingeführt und gebräuchlich ist». Wer nun durch die Einweihungsfeier oder durch einen reinen Lebenswandel so weit gelangt ist und wer nicht begehrlich an seinem Leibe haftet, wird im Jenseits auf den schwierigen Wegen Helfer und Führer finden und angenehme Wohnungen aufsuchen. Die anderen aber müssen herumirren und werden schließlich mit Gewalt an Orte gebracht, die zu ihrem unreinen Lebenswandel passen.

Etwas später (113 d) führt er dann noch genauer aus, wie die Strafen für Mörder und Räuber im einzelnen aussehen werden, nennt auch einen Zwischenzustand für die Mittelmäßigen, die ihre Schuld abbüßen müssen, und deutet schließlich den höchsten Lohn an, der den wahrhaft Erlösten winkt: «diese leben für alle künftigen Zeiten gänzlich ohne Leiber und kommen in noch schönere Wohnungen ...» Natürlich ist er sich darüber im klaren, daß dies alles nur ungewisse Bilder sind, und daß es sich nicht wirklich so verhält. Doch «ziemt es sich und lohnt sich auch, es darauf zu wagen, daß man glaube, es verhalte sich so. Denn es ist ein schönes Wagnis ...»

Diese verantwortungsbewußte Haltung angesichts des Todes, ohne Schwärmerei oder Besserwissen, ist wahrhaftig vorbildlich. In vollkommener Ruhe, «ganz frisch und unverdrossen», trank er den Schierlingsbecher aus, zu dem er verurteilt war.

*Platon*, dem wir die Erinnerung an Sokrates verdanken, wurde vor allem durch seinen Dialog «Timaios» unsterblich, denn dieses Buch wurde wie eine heilige Schrift gehütet und hat viele Jahrhunderte hindurch auf das Denken der Gebildeten im Orient und Abendland eingewirkt. Erst heute verblaßt der Glanz dieses großen Mannes, seine Lehre gerät in Vergessenheit. Ganz zu Unrecht, denn gerade wir hätten die Möglichkeit zu einem neuen Verständnis seiner geheimnisvollen Bilder, in denen er die Natur beschreibt. So stellt er zum Beispiel die Weltseele dar wie das Modell eines Ribonukleinsäure-Moleküls, des Trägers der Intelligenzspeicherung aller Lebewesen, das die moderne Chemie ganz ähnlich zeichnet: «Indem er nun die gesamte Zusammenfügung der Länge nach zweifach spaltete, die Mitte der einen an die der andern in der Gestalt eines Chi (X) fügte, bog er sie zusammen und verband sie zu einem Kreis ineins, jede nämlich der Stelle des (ersten) Zusammentreffens gegenüber mit sich selbst und mit der andern, umschloß sie rings durch die gleichförmige und in *einem* Raume kreisende Bewegung und führte den einen der Kreise von innen, den andern von außen herum.» Ich sehe das Unendlichkeitszeichen vor mir, dessen Band so gedreht ist, daß es einmal außen, einmal innen liegt und doch unablässig kreist.

Und jener andere Gedanke aus dem «Timaios»: Es gibt nur eine einzige wirkliche Welt und ihr Abbild, die werdende Welt. Alles was wir wahrnehmen können, gehört zur werdenden Welt; alles was wir mit der Vernunft erkennen, gehört zur wirklichen Welt. Das mag selbstverständlich klingen, ist aber heute gerade wieder aktuell, wo man versucht, die physikalisch nicht erklärbaren Erscheinungen – seien sie aus dem Bereich der Atomphysik oder der Parapsychologie – auf einem Nebengleis abzustellen, indem man sie als Ausfluß einer «zweiten» Wirklichkeit bezeichnet.

Im «Timaios» spricht Platon auch von der Wiedergeburtenlehre und stellt sie eigenartigerweise als eine abwärts verlaufende Abstammungskette dar. Der Mensch ist nicht Endpunkt, sondern Ausgangspunkt aller Entwicklung; die anderen Lebewesen, die ja weniger vollkommen sind, müßten die durch Verunreinigung und niedere Wünsche der menschlichen Seele entstandenen Entwicklungsformen sein...

Am Schluß des «Timaios» wiederholt Platon diesen Gedankengang, indem er einzelne Beispiele für seine abwärts laufende Abstammungslehre anführt. «Zum Geschlechte der Vögel aber, welchen statt der Haare Federn wachsen, gestalteten sich Männer um von zwar harmlosem, aber leichtem Sinne, welche wohl mit den Erscheinungen am Himmel sich beschäftigen, aber aus Geistesbeschränktheit meinen, die auf den Augenblick sich gründenden Schlüsse über dieselben seien die zuverlässigsten. Ferner entstanden die auf dem Lande lebenden Tiere aus solchen, die um die Weisheit sich nicht kümmerten noch... auf den Himmel ihr Augenmerk richteten, sondern der Leitung der in der Brust heimischen Teile der Seele sich überließen.» Im gleichen Sinne beschreibt er auch die Entstehung der Wassertiere, die als Buße in dieses schwere Element verstoßen wurden, wobei der tiefsten Unwissenheit auch der am tiefsten und dunkelsten gelegene Aufenthaltsort zufällt.

Am bekanntesten von allen Texten Platons ist sein Höhlengleichnis, das im 7. Kapitel des Dialoges «Der Staat» steht. Darin entwirft er in treffenden Bildern die Grundgedanken seiner Erkenntnistheorie, indem er saqt: Wie jemand, der in einer Höhle aufgewachsen ist und plötzlich ans Tageslicht gebracht wird, zunächst vor blendender Helle gar nichts sieht, dann allmählich im Schatten zu sehen beginnt und nach längerer Zeit auch die Sonne selbst erkennt und merkt, daß alles Licht von ihr stammt, so geht es uns Menschen im allgemeinen mit der Wirklichkeit, die jenseits dieser veränderlichen Scheinwelt liegt, in der wir aufgewachsen sind. Bis zur Erkenntnis des wahren Lichts und der Hinwendung zu ihm wird viel Zeit vergehen. Wenn dies aber einem endlich gelungen ist, würde dieser dann Lust haben, in die Höhle zurückzukehren, um seinen ehemaligen Leidensgenossen davon zu berichten? Wohl kaum!

Doch nehmen wir an, es ginge tatsächlich einer aus dem Tageslicht zurück in die Höhle und begänne, seine Mitmenschen aufzuklären, dann würde ihm das nicht recht gelingen, denn seine Augen brauchen zunächst wieder lange Zeit, bis sie sich ans Dunkel gewöhnt hätten. Schon daraus würden die Höhlenbewohner schließen, daß es sich nicht lohne, die Höhle zu verlassen, denn man büße dabei ja seine Sehkraft ein. Sie könnten ihm auch keinen Glauben schenken, denn wie läßt sich das beschreiben, was man mit eigenen Augen sehen muß, um es zu verstehen?

# 18. Das Alte Testament

In eigener Gestalt gehörte der Glaube an die Wiedergeburt auch zur jüdischen Religion. Psalm 90, «ein Psalm Moses», redet davon in dieser Weise: Gott läßt die Menschen sterben und spricht dann zu ihnen «Kommt wieder, Menschenkinder!», selbst wenn tausend Jahre (zwischen zwei Geburten) vergehen, denn «tausend Jahre sind vor Dir wie der Tag, der gestern vergangen ist, und wie eine Nachtwache». Ähnlich heißt es auch in Psalm 104, Vers 29: «Du nimmst weg ihren Odem, so vergehen sie und werden wieder zu Staub. Du lässest aus deinen Odem, so werden sie geschaffen.» Es gibt also eine Neuschöpfung des menschlichen Körpers nach seinem Tode – eine Wiedergeburt.

Erst unter diesem Gesichtspunkt werden andere mosaische Gedanken verständlich, zum Beispiel das Gesetz von Gottes Rache im ersten Gebot: «Ich will die Sünden der Väter heimsuchen an ihren Kindern bis ins dritte und vierte Glied, diejenigen aber, die meine Gebote halten, will ich belohnen bis ins tausendste Glied.» (2. Mose 20, 5 + 6).

Man hat diesen Satz als unvollständige Erkenntnis der Vererbungsgesetze bezeichnet, doch damit wird man dem Text nicht gerecht. Denn hier ist die Rache auf die Taten des einzelnen bezogen wie im (etwa zu gleicher Zeit formulierten) Karma-Gesetz der Inder. Es handelt sich um die Bestimmung, die jeder Geist sich selbst erwarb und dann – wiedergeboren in seinen Nachfahren – austragen und abbüßen muß. Man dachte sich in der Generationsfolge eine gerade fortlaufende Linie desselben Geistes. In jedem, der den Einen Gott anbetete, lebte Abraham weiter.

Unter den Propheten hat vor allem Jeremias das Wissen von den verschiedenen Stufen des Geistes verkündet: Gegenüber dem langen Zeitraum, den die Seele vor der Geburt und nach dem Tode lebt, ist die kurze Spanne der Fleischwerdung nur eine Prüfungsarbeit, aus der allerdings entscheidende Schlüsse gezogen werden. Anschaulich schildert er es in Kapitel 29: Die «falschen» Propheten Ahab und Zedekia begingen mit den Frauen ihrer Mitbürger Ehebruch; für diese Dummheit strafte Gott sie, indem er sie durch Nebukadnezar auf Feuer braten ließ. Viel grausamer aber ist – in den Augen des Jeramias – jene Strafe, die den Propheten Semaja traf, der fälschlich vorgab, in Gottes Namen zu reden: Gott rottete den Samen Semajas aus, damit er in seinen Nachfahren nicht das Gute sehen soll, das seinem Volke in der Zukunft widerfahren wird! Das ist eine unerbittliche Strafe: das Abschneiden der Kette der Wiedergeburten, bevor der Geist den Zustand der Gnade erlangen konnte.

Das Bewußtsein, daß die meisten Menschen sich in ihrer eigenen Familie ja in ihren direkten Nachkommen wiederverkörpern, war seit der Steinzeit hier lebendig geblieben; in der gleichen archaischen Form bildet es heute noch die Grundlage für die meisten rituellen Handlungen der Chinesen und Japaner und eine große Zahl von «Primitiven». Allen jenen, denen der materielle Besitz Freude bereitet – und das jüdische Volk gehörte ganz gewiß dazu –, mußte es nur als «gerecht» gelten, wenn sie bei ihrer Wiederkehr auch ihre einstmals erworbenen Güter wieder in Besitz nehmen konnten.

Erst die Berührung mit dem persischen Glauben in Babylon und mit der griechischen Philosophie nach der Rückkehr aus dem Exil brachte den Juden die Hinwendung zur Einzelperson und damit eine Lösung vom Stammesbegriff. Aus der Gesamtauffassung des Gottesknechtes Israel löste sich eine Einzelgestalt heraus, der Gottesknecht Messias, dessen Geist als wahrhaftig lebend vorgestellt wurde, lange bevor er sich verkörpern würde in einem Menschen. Ebenso glaubte man, daß andere große Geister wie Moses, Elias oder Henoch, immerfort verborgen anwesend seien und eines Tages in einzelnen Männern wiederkehren würden.

Damit war der Boden bereitet für die in der ganzen griechischen Ökumene verbreiteten Lehren der orphischen Wanderprediger und der Stoa. Die zweite «Ansteckung» des Judentums mit den naturphilosophischen Ideen der Griechen erfolgte in Alexandria, jener neugegründeten Weltstadt an der ägyptischen Mittelmeerküste, die schon bald zu einer der volkreichsten und bedeutendsten Städte griechischer Kultur geworden war. Hier begegneten sich Ost und West – Semiten und Griechen – mit gegenseitiger Achtung. Ein Jahrhundert nach der Gründung durch Alexander war schon etwa die Hälfte aller Einwohner jüdischen Glaubens. In der aufgeschlossenen Atmosphäre dieses regen Austausches von Gütern aller Art lernten die Juden die Überlegenheit des griechischen Geistes kennen und anerkennen, wenn dies auch im Anfang wie ein Schock gewirkt haben muß. Sehr bald eigneten sich die Gebildeten unter den Juden griechisches Denken an und sahen nun ihre mosaische Religion im Lichte der Logik und Dialektik. Um die Mitte des zweiten Jahrhunderts vor unserer Zeitrechnung verkündete der jüdische Philosoph Aristobulos die Einheit des griechisch-jüdischen Lehrgebäudes. Er hatte Platon und Aristoteles gelesen und sie in das Offenbarungsgeschehen des Alten Testaments eingefügt.[84]

Auch die sogenannten Apokryphen entstanden in diesem Zeitgeist. Die im letzen Jahrundert vor unserer Zeitrechnung in Alexandria verfaßte «Weisheit Salomons» beginnt im 2. Kapitel so: «Denn es sind rohe Leute, die sagen, es sei ein kurzes und mühseliges Ding mit unserem Leben; und wenn ein Mensch dahin ist, so sei's gar aus mit ihm; so wüßte man auch keinen, der von den Toten wiedergekommen sei.» Gegen diese Roheit stellt der Verfasser die tiefere Einsicht von der Unsterblichkeit des Geistes und der Belohnung eines guten Lebenswandels. «Denn ich war ein Kind guter Art und habe eine feine Seele bekommen. Oder vielmehr, da ich gut war, kam ich in einen unbefleckten Leib», sagt er in Kapitel 8, Verse 19 und 20. Leib und Seele gelten ihm also nur als Fahrzeug des Geistes und entsprechen ihm im Wert.

Ein Zeitgenosse des Aristobulos, Jason von Kyrene, schrieb um 160 vor unserer Zeitrechnung das 2. Buch der Makkabäer, das ganz erfüllt ist vom Bewußtsein, daß das jetzige Leiden wenig wiegt, wenn man es an ewigen Maßstäben mißt, und daß die Wiederkehr ins Fleisch unumstößliche Tatsache ist. In Kapitel 7 erzählt er die Marterung und Tötung der sieben Brüder und ihrer Mutter, die sich geweigert hatten, ihrem Glauben abzuschwören. Einer der Söhne sagt zu dem Henker: «Das ist ein großer Trost, daß wir hoffen, wenn uns die Menschen erwürgen, daß uns Gott wieder aufwecken wird; du aber wirst nicht auferweckt werden zum Leben.» Und die Mutter spricht zu ihrem jüngsten Sohn: «Darum fürchte dich nicht vor diesem Henker, sondern stirb gern wie deine Brüder, daß dich der gnädige Gott samt deinen Brüdern wieder lebendig mache und mir wiedergebe.»

Das Werk des Aristobulos ging nicht unter; die Kirchenväter Klemens von Alexandrien und Eusebius zitieren ihn, denn sie erkannten die große Bedeutung der hellenischen Philosophie für die neue Religion. So dürfen wir uns auch nicht wundern, wenn wir im Neuen Testament immer wieder Ausdrücke und Bilder finden, die auf die griechischen Mysterienkulte und das dort gelehrte geheime Wissen zurückgreifen. Ja, man kann sagen, daß ein aramäisch geschriebenes Neues Testament fremdartig auf uns wirken würde, und daß es griechischer Geist und griechische Sprache waren, die uns die Gedanken Jesu nahegebracht haben. Das war auch der christlichen Kirche jederzeit bewußt, denn während man die meisten griechischen Schriften vergaß, pflegte man das Andenken Platons und besonders seines Dialoges «Timaios» durch das ganze Mittelalter hindurch in den Klöstern und Bibliotheken des Abendlandes.

## 19. Die frühen Christen

Aus vielen Versen in den Evangelien und Briefen kann man entnehmen, daß Jesus und seinen Zeitgenossen die Lehre von der Wiedergeburtenfolge vertraut war. Sie war so allgemein vorausgesetzt, daß man sie nicht gesondert erwähnen mußte. Vieles, was von Jesus überliefert wird, kann nur in diesem Sinne verstanden werden, und keine Gedankenfolge im Neuen Testament schließt die Wiedergeburtenidee aus. Man erinnert oft an die Heilung des Blindgeborenen und die Frage der Jünger an Jesus: «Meister, wer hat gesündigt, dieser oder seine Eltern, daß er blind geboren ist?» Und Jesus antwortete: «Es hat weder dieser gesündigt noch seine Eltern, sondern es sollen die Werke Gottes offenbar werden an ihm.» (Joh. 9, 2 + 3)

Die Jünger hielten es also für möglich, daß der Blinde für die in einem früheren Leben begangenen Sünden mit Blindheit in diesem Leben bestraft sei. Jesus sagte nicht, daß das ganz undenkbar sei, sondern, daß es in diesem Falle nicht zutreffe. Für diesen Blinden war es von höchster Bedeutung, blind geboren zu sein, denn dadurch konnte er wahrhaftig sehend werden, was mehr wert ist als nur körperlich sehend, was ihm (sozusagen als Zugabe) von Jesus außerdem verliehen wurde. Er verstand seine Heilung auch in diesem Sinne, nämlich als Heilung seines Geistes, und teilte es allen mit, die ihn ausfragten und verhörten (9, 34).

Wie aus der Frage der Jünger hervorgeht, ist das Gesetz der Vergeltung untrennbar mit der Wiedergeburtenvorstellung verbunden, und zwar in dem Sinne, daß eine Tat stets eine Wirkung zur Folge hat, die wiederum zu einer Tat führt. Das 7. Kapitel des Matthäus-Evangeliums beginnt mit den Worten: «Richtet nicht, auf daß ihr nicht gerichtet werdet. Denn mit welcherlei Gericht ihr richtet, werdet ihr gerichtet werden; und mit welcherlei Maß ihr messet, wird euch gemessen werden.» Diese Sätze aus der Bergpredigt sind klar und genau, wie auch jener Satz, den Jesus bei seiner Gefangennahme zu dem Jünger sprach, der ihn mit dem Schwert verteidigen wollte: «Stecke dein Schwert an seinen Ort; denn wer das Schwert nimmt, der soll durch das Schwert umkommen.» (26, 52) Es kommt ja bei weitem nicht jeder Mensch durchs Schwert um, der andere damit tötet, aber aufgeschoben ist nicht aufgehoben; vielleicht wird er in seinem nächsten Leben durchs Schwert umkommen...

Jedenfalls bezieht sich die Strafe oder Folge einer Tat in diesem Leben auch auf ein irdisches Leben, sei es auch zu einem anderen Zeitpunkt, denn eine Strafe durchs Schwert im Jenseits ist – zumindest in der Gedankenwelt der jüdisch-christlichen Jenseitsbilder – unmöglich.

Vom unerbittlichen Gesetz der Vergeltung spricht Jesus auch noch an anderen Stellen: «Ihr sollt nicht wähnen, daß ich gekommen bin, das Gesetz oder die Propheten aufzulösen; ich bin nicht gekommen, aufzulösen, sondern zu erfüllen. Denn ich sage euch wahrlich: Bis daß Himmel und Erde zergehe, wird nicht zergehen der kleinste Buchstabe noch ein Tüttel vom Gesetze, bis daß es alles geschehe.»(5, 17 + 18)

Der Mensch wird für seine Taten zur Rechenschaft gezogen und muß sich für alle Willensäußerungen verantworten. «Ich sage dir wahrlich: Du wirst nicht von dannen herauskommen, bis du auch den letzten Heller bezahlest.» (5, 26) Nur dadurch, daß Jesus die natürlichen Gesetze des Lebens in den Vordergrund stellt, gewinnt die «Gnade vom Vater», die er als Kern seiner Botschaft den Zuhörern verkündet, ihren rechten Wert.

Die Evangelien überliefern auch Aussprüche Jesu, in denen die Wiedergeburtslehre ausdrücklich zum Prinzip erhoben ist, wie besonders im Streit um die Person Johannes des Täufers auffällt. Der Prophet Maleachi hatte fünf Jahrhunderte vor Jesus geweissagt, daß der große jüdische Prophet Elias, der der Überlieferung nach nicht gestorben, sondern in einem feurigen Fahrzeug von der Erde weggeflogen war, wiederkommen müsse als Vorläufer und Wegbereiter des Messias (2. Könige, 2 – Maleachi 4, 5). Dies wurde von allen frommen Juden geglaubt, und darum gehörte zur allgemeinen Erwartung des Messias eine Erwartung seines Wegbereiters, des Elias. Als Johannes am Jordan taufte und zur Bekehrung aufrief, tat er dies nur mit dem Hinweis auf den Größeren, der nach ihm kommen werde, denn er verstand sich selbst als Vorläufer des Messias. Doch auf die Frage der Schriftgelehrten, ob er der wiedergekehrte Elias sei, antwortete er mit einem Nein. Erst Jesus besitzt die Einsicht und auch die Kühnheit, dies auszusprechen, als er seinen Jüngern und dem zuhörenden Volk über Johannes sagt: «Ich sage euch: ‹Er ist mehr als ein Prophet. Dieser ist es, von dem geschrieben steht: Siehe, ich sende meinen Boten vor dir her, der deinen Weg vor dir bereiten soll› (wie Maleachi geweissagt hat).» Und drei Verse später steht der Ausspruch: «Und so ihr's wollt annehmen: Er ist der Elia, der kommen soll. Wer Ohren hat, der höre!» (Matth. 11.7–15 und Luk. 7, 24–30)

Noch an einer anderen Stelle bekräftigt Jesus diese Aussage: «Es ist Elia schon gekommen, und sie haben ihn nicht erkannt, ... Da verstanden die Jünger, daß er von Johannes dem Täufer zu ihnen geredet hatte.» (Matth. 17, 10–13 und Mark. 9, 11–13)

Weniger bekannt als die Personenfolge Elias – Johannes sind die aufeinanderfolgenden Personen, die zur Inkarnation (= Fleischwerdung, Wiedergeburt) des Erlösers in der Person Jesu wurden. Es werden drei Vorläufer Jesu namentlich genannt. Der erste lebte in der Zeit Abrahams, als Jerusalem noch Jebus und Salem hieß. Damals schon stand auf dem Felsen ein Heiligtum, umgeben von einer großen Stadt, deren König zugleich höchster Priester war. Dieser mächtige Priesterkönig, Melchisedek mit Namen, segnete Abraham «dem höchsten Gott, der Himmel und Erde geschaffen hat». Die überragende Bedeutung, die Melchisedek für den jüdischen Glauben noch nach zweitausend Jahren hatte, hat sich im 7. Kapitel des Hebräerbriefes niedergeschlagen, dessen 28 Verse alle das Lob dieses «Königs der Gerechtigkeit und Königs des Friedens» singen. Dies sind Ehrentitel des Christus, ebenso wie die folgenden Worte: «Er ist ohne Vater, ohne Mutter, ohne Stammbaum und hat weder Anfang der Tage noch Ende des Lebens. So gleicht er dem Sohne Gottes und bleibt Priester in Ewigkeit.» Die nächste Person in der Reihenfolge ist David, wie der

Schreiber des Briefes weiter sagt: «Du, David, bist ein Priester ewiglich nach der Weise Melchisedeks.» Tatsächlich wurde Jesus immer «Sohn Davids» genannt, und schon in den Psalmen spricht David vom künftigen Erlöser als seinem Herrn, denn dieser Erlöser ist das Ziel seiner eigenen Entwicklung, dem er sich völlig unterwirft.

Noch ein drittes Glied dieser Linie von Personen, die den Schatz der Messiaswürde weitergaben, ist bekannt. Der Prophet Haggai, der kurz nach der Heimführung des jüdischen Volkes (um 520 vor Christus) auftrat, nannte den Fürsten Serubabel, der den Tempel neu errichten ließ in Jerusalem, den «Erwählten Gottes». Im letzten Vers seiner Weissagung heißt es: «Zur selben Zeit, spricht der Herr der Heerscharen, will ich dich, Serubabel, du Sohn Sealthiels, meinen Knecht nehmen, spricht der Herr, und will dich wie einen Siegelring halten; denn ich habe dich erwählt, spricht der Herr der Heerscharen.» Sein Zeitgenosse Sacharja sagte das gleiche: «Die Hände Serubabels haben dieses Haus gegründet; seine Hände sollen's auch vollenden, daß ihr erfahret, daß mich der Herr zu euch gesandt hat.» (4,9) Damit wird der Erbauer des Tempels nach der babylonischen Gefangenschaft und der Erlöser als Erbauer des «ewigen Tempels» wie das Nacheinander derselben Person dargestellt. Auch Serubabel hieß «Fürst von Juda», wie David und Jesus, dem es in der Gerichtsverhandlung vorgeworfen wird und über dessen Haupt es angeblich als Grund für die Hinrichtung am Kreuze stand: «Jesus, der Nazoräer[85], *König* der Juden.»

Im Gegensatz zum Täufer Johannes war sich Jesus seiner Wiedergeburtenkette bewußt und bekannte sich öffentlich dazu. Am ersten Vers des 110. Psalmes macht er den Pharisäern klar, daß Davids ganzes Sehnen und Streben erfüllt war von seiner in die Zukunft projizierten Wiederkehr als Erlöser. In einem anderen Streitgespräch im Tempel sagt Jesus zu seinen Zuhörern: «Abraham, euer Vater, ward froh, daß er meinen Tag sehen sollte, und er sah ihn und freute sich.» Da sprachen die Juden zu ihm: «Du bist noch nicht fünfzig Jahre alt und hast Abraham gesehen?» Jesus sprach zu ihnen: «Wahrlich, wahrlich, ich sage euch: Ehe denn Abraham ward, bin ich.» (Joh. 8,56–59) Jesus konnte allerdings mit Recht sagen, daß er Abraham gesehen hatte, denn er war ja selbst Melchisedek, der Priesterkönig Jerusalems, der Abraham gesegnet hatte. Jesus lebte im vollen Bewußtsein seiner Kette, er sah sich stets zugleich als Melchisedek, den ewigen Geist der Priesterschaft, und als David, den König von Juda, und als Serubabel, den Erbauer des Tempels.

Doch seine Zuhörer verstanden ihn nicht, sie «hoben Steine auf, daß sie auf ihn würfen». Sie taten das allerdings nicht, weil sie meinten, daß Jesus Unsinniges behaupten würde – einen Verrückten steinigt man nicht –, sondern weil sie vor der Kühnheit und dem Anspruch dieser Aussage erschraken. Sie hielten diese Gedanken durchaus für möglich, wollten sie nur nicht von diesem einfachen Menschen, der «aus Galiläa kam», als Wahrheit hinnehmen.

Die Jünger und frühen Christen hatten Jesus hierin voll verstanden, wie die berühmte erste Predigt des Petrus in Jerusalem zeigt (in der Apostelgeschichte 2,25–36): Petrus zitiert die vier Verse aus dem 16. Psalm, in denen David von seiner künftigen Wiedergeburt spricht, indem er die Hoffnung ausdrückt, daß seine Seele nicht in der Hölle verbleiben muß und daß er in seiner nächsten Gestalt, als Erlöser, nicht verwesen wird, sondern in den Himmel eingeht; er freut sich schon darauf, Gottes Angesicht zu schauen. Petrus argumentiert nun so: David ist gestorben und begraben, wir alle kennen sein Grab. Es kann sich also nur auf seinen Erben, seinen «Sohn» beziehen, wenn er sagt, daß seine Seele nicht in der Hölle bleiben und sein Fleisch nicht verwesen wird. Da wird auch den Zuhörern der Zusammenhang klar und «es ging ihnen durchs Herz».

Ich finde es als sehr bezeichnend, daß Petrus gerade in seiner ersten, vielleicht wichtigsten Predigt den Wiedergeburtsgedanken an Jesu Person so stark hervorhebt und mit diesem «Hauptbeweis» seine Predigt abschließt. Sicher richtete er sich auch nach den Erwartungen seiner Zuhörer; wir müssen annehmen, daß diese Gedanken im Mittelpunkt ihrer religiösen Vorstellungen standen.

Wir haben auch noch ein anderes, «nichtchristliches» Zeugnis dafür, daß die Juden im ersten Jahrhundert unserer Zeitrechnung allgemein an die Wiedergeburt glaubten. Josephus Flavius, der jüdische Geschichtsschreiber des ersten Jahrhunderts, war nach dem Urteil seiner Zeitgenossen und späterer Kritiker ein nüchterner, der diesseitigen Welt zugekehrter und streng traditionell gläubiger Mann aus dem priesterlichen Geschlecht. Mag auch sein Bericht über den jüdischen Krieg, an dem er teilnahm, vielfach zurechtgemacht sein, an politischen Verdrehungen reich, so ist doch die Haltung dieses Mannes in Glaubensfragen pedantisch genau. Er bemühte sich, das Bild des gläubigen Juden im reinsten Licht erstrahlen zu lassen. Josephus war aller Schwärmerei abgeneigt und verurteilte die revolutionären Prediger wie Johannes den Täufer und die Zeloten mit strengen Worten. In seiner Rede gegen den Selbstmord[86] drückt er seine Ansichten über das Schicksal des Menschen nach dem Tode aus, und zwar so, daß wir annehmen dürfen, er gebe allgemeine Gedanken seines Volkes wieder, gleich welcher religiösen Richtung sie angehören mögen. Mit einer rhetorischen Frage wendet er sich an seine Mitstreiter: «Ist euch etwa nicht bekannt, daß jene, die nach der Ordnung der Natur von hinnen scheiden und so das Geliehene Gott in einem Augenblick zurückerstatten, da er es zurückhaben will –... daß ihre Seelen unversehrt und gottergeben verharren und im Himmel den heiligsten Platz bekommen, von woher sie dann wieder im Umgang der Zeit ihre Wohnstatt finden in heiligen Leibern?» Er erinnert seine Genossen in einer schicksalsschweren Entscheidung an die Tatsache, daß die Menschen nach Ablauf einer gewissen Zeit im Himmel wieder auf die Erde und in Leiber zurückkehren – und wenn sie gottergeben lebten, in heilige Leiber –, was demnach allen Juden bekannt war. Auch die frühen christlichen Abschreiber des Buches müssen den Text in diesem Sinne für richtig gehalten haben, sonst hätten sie ihn ausgelassen oder verändert, was an anderen Stellen des Buches nachweislich geschehen ist.

Auch von den Essenern, der Sekte im Judentum, deren Auffassungen denen von Jesus und den frühen Christen am nächsten kamen, teilt Josephus denselben Glauben mit. Als Titus Jerusalem belagert und viele Essener gefangennahm und folterte, gaben sie ihrer Überzeugung Ausdruck: «Lächelnd unter Schmerzen spotteten sie ihrer Henker, und freudig gaben sie ihre Seelen dahin in der sicheren Hoffnung, sie einst wiederzuerhalten.» In unserer Zeit haben Theologen den Gedanken der Wiedergeburt in der frühen Kirche aufgespürt und den Wandel der Auffassung erforscht. K. O. Schmidt hat eine ganze Reihe von Texten bei den alten Kirchenvätern herausgesucht und verglichen; sie lassen in ihrer Eindeutigkeit nichts zu wünschen übrig: Origenes lehrte in der ersten Hälfte des dritten Jahrhunderts die «Reincarnation» mit folgenden Worten: «Jeder von uns eilt der Vollkommenheit durch eine Aufeinanderfolge von Lebensläufen zu. ...Wir sind gebunden, stets neue und stets bessere Lebensläufe zu führen.» Und Hieronymus, der Schöpfer der lateinischen Bibelübersetzung (Vulgata) um 400 nach Christus, schrieb in einem Brief an den athenischen Staatsmann Demetrius, daß «die Wiedergeburtenlehre unter den ersten Christen als geheime Überlieferung gelehrt und den Auserlesenen mitgeteilt wurde». Geheim war ja die ganze Lehre der frühen Christen gewesen, und ihre Anhänger bezeichneten sich als Auserlesene. Im 4. Jahrhundert schrieb Gregor, Bischof von Nyssa: «Für die Seele ist es Naturnotwendigkeit, daß sie sich durch mehrere Lebensläufe reinigt.» Auch die anderen beiden Kirchenväter, Justinus und Augustin, hatten sich in diesem Sinne geäußert.[87]

Der Wandel trat ganz allmählich ein, indem gewisse großzügige Gedanken eingeschränkt und später durch Konzilsbeschlüsse als irrig bezeichnet wurden. Als Beispiel will ich einen Urteilstext des vierten Konzils von Konstantinopel zitieren, das unter Kaiser Justinian I. im Jahre 553 abgehalten wurde, und in dem gewisse Vorstellungen, die als Grundlage zur Wiedergeburtenlehre gehörten, nämlich die Lehre, daß die Seele vor ihrer Geburt in dieses Leben schon da sei, verdammt wurden. Platon hatte dies gelehrt, ebenso der Prophet Jeremias, als er sagte: «Und des Herrn Wort geschah zu mir und sprach: Ich kannte dich, ehe denn ich dich im Mutterleibe bereitete...» (1,4 und 5 a) Und Origenes hatte diesen Gedanken bekräftigt, ja, bis heute ist er volkstümlich geblieben, denn man sagt landläufig, wenn ein Kind stirbt, sei seine Seele in Gottes Schoß zurückgekehrt. Man glaubt nämlich, daß sie von dort gekommen sei. Der Konzilstext besagt wörtlich allerdings nur, «daß diejenigen Seelen der Verstorbenen, die zu guten Geistern und heiligen Tugenden geworden waren, sich nicht durch Sättigung (bei der Betrachtung Gottes) oder durch Abkühlung (von Gottes Liebe) so verändern können, daß sie zur Bestrafung wiedergeboren werden müssen».[88] Wie wir sehen, galt wiedergeboren zu werden als Strafe, wie im Buddhismus, doch die Tatsache der Wiedergeburtenfolge wurde noch nicht in Zweifel gezogen, genaugenommen nicht einmal die Lehre, daß die Seele vor der Wiederverkörperung im Himmel wohne. Es ging nur darum, daß die Heiligen und verdienten Gläubigen ihre Belohnung, das gottnahe Leben, für immer behalten dürfen, das heißt, daß auf der himmlischen Seite kein Zwischenzustand dem Fegefeuer auf der Höllenseite entsprechen könne, so daß es keine Belohnung für beschränkte Zeit gebe (wie das Fegefeuer eine Strafe für beschränkte

Zeit ist). Dabei erinnern die Konzilsworte sehr deutlich an das Tibetanische Totenbuch, wo es heißt: «Alle bösen Geister, die im Raum existieren und den Himmel durchreisen, und die achtzigtausend Arten der Unfug anrichtenden Gespenster sind so geworden, weil sie ihre Gefühle änderten, während sie Geist-Körper (d. h. Seelen Verstorbener) waren.» Nur gegen diese Anschauung also wandte sich das Konzilsurteil, doch später wurde es immer häufiger gegen die Wiedergeburtenlehre insgesamt herangezogen. In einem Märchen der Brüder Grimm, «Marienkind» (I, 3 der Urfassung) lebt die heidnische Vorstellung bis heute: Als Strafe für eine im Himmel begangene Sünde kehrt die Seele ins Elend der Welt zurück und findet hier erst volles Glück, nachdem sie die himmlische Sünde getilgt hat.

## 20. Lichtreligionen: Gnosis und Mani

### Die Gnosis

Das Wort Gnosis bedeutet Wissen, Erkenntnis. Die gnostische Lehre war ein Nachfolger der pythagoreischen Mystik und genoß lange Zeit Heimatrecht in den frühchristlichen Gemeinden, bis das kirchliche Dogma diesen allzufreien Geist besiegte. Denn die Gnosis war keine langsam gewachsene bodenständige Philosophie, sondern eine Verbindung der vielen damals bekannten Lehren, eine Mischung aus ägyptischer Totenbuchweisheit, griechischen Erlösungslehren und persischer Frömmigkeit: dazu kam die semitische Zahlenmystik, Vorläufer der Kabbala, sowie babylonische Magie und Astrologie. Diese Lehre war weltoffen und duldsam und nahm alle religiösen Systeme der Antike auf, die eine entsprechende Haltung wahrten. Sie lebte von der Überzeugungskraft, die allen wissenschaftlich begründeten Lehren innewohnt.

In frühchristlicher Zeit gab es zwei regional getrennte Gruppen der Gnosis, die eine in Syrien, die andere in Alexandrien. Beide verbreiteten ihre eigenen Erlösungslehren, ohne von der jungen Kirche kontrolliert zu sein. Da die Gnostiker zwar hochintellektuell, aber weltfremd waren, erlagen sie im Machtkampf um die Herde und wurden schließlich auf dem Konzil von Nizza im Jahre 325 verurteilt. Die meisten Schriften wurden ausgemerzt, nur ein Werk, die «Pistis Sophia» (= Weg der Weisheit) ist uns als Ganzes erhalten. Weitere Werke ahnen wir aus den Streitschriften der Kirchenväter Irenäus, Epiphanes, Justinus, Klemens von Alexandria, Eusebius, Philistres und anderen, doch ihre bewußten naiven Verdrehungen der gnostischen Lehre machen es uns schwer, die Originale zu erkennen. Nachträglich kann man sagen, daß die Gnosis – und hier können wir die christliche Gnosis des Origenes und Klemens von Alexandria getrost dazurechnen – die schönste Blüte philosophischer Arbeit der ausgehenden Antike war.

Die gnostische Weltanschauung umfaßt das All, sie schließt alles ein ohne einen Rest. Nicht blinder Glaube, sondern gesichertes Wissen, Gnosis, führte zu Erlösung. Einer der besten Gnostiker, Simon von Samaria, der zu Lebzeiten der Apostel lehrte,[89] hatte Kenntnisse wie die indischen Yogis. Einer Version zufolge ließ sich Simon lebendig begraben, sei jedoch beim Versuch der Wiedererweckung gestorben. Er lehrte, daß die irdische Welt sich nach dem Gesetz der Ähnlichkeit entsprechend der himmlischen Welt entwickelt. Innerhalb jedes Mikrokosmos entstehen alle Formen nach dem Gesetz, das im Makrokosmos vorgebildet ist. Auf Grund des brennenden Verlangens der Nachahmung der himmlischen Welt wird die irdische Welt ihr Abbild. Wir würden heute sagen, daß die Gesetze des planetarischen Raumes und der Atome die gleichen sind.

Ein würdiger Schüler von Simon war der Samariter Menandros. Die Kirchenväter Irenäus und Eusebius hielten ihn für den Gipfel der magischen Wissenschaft. Sein berühmtester Schüler wurde Basilides aus Antiochien, der in Alexandria lehrte. «Gott ist das Prinzip aller Dinge, der ungeborene Vater, das wirkliche Nichts, das zu allem werden kann», lautete seine Begriffsbestimmung der Allmacht. Wie die Arier und Kelten, die klassischen Griechen und die Kirchenväter lehrte er die Dreiheit der Grundkraft der Welt. Seine Gedanken wurden in der Neuzeit wieder aufgegriffen von den Freimaurerlogen und den Dichtern des Sturm und Drang (wie

Goethe) und bis in unsere Zeit, zum Beispiel von dem Dichter Richard Dehmel.

Durch ihr Wissen überwanden die Gnostiker den Zeugungsinstinkt, die stärkste menschliche Triebkraft. Marcion lehrte die Enthaltsamkeit, besonders in sexueller Hinsicht, als einzigen Weg zur Lösung von der Materie. Die koptischen Mönchsorden am Roten Meer und in Nubien verwirklichten diese Idee als erste Gemeinschaften und wurden später von den katholischen Orden und den Katharern nachgeahmt. Vor allem aber überwanden sie die Angst vor dem Tod, wie eine griechische Grabinschrift besagt, die in der Via Latina in Rom gefunden wurde: «... Diese Tote hatte nicht das Schicksal der meisten Menschen. Sie ist tot und sieht doch das unverderbliche Licht. In den Augen der Lebenden ist sie eine Lebende; diejenigen, die sie für tot halten, sind wahrhaftig tot. Erde, was staunst du über diese neue Art von Geistern?» [90]

In der Gegend von Guran in Kurdistan sind gnostische Ideen bei einer kleinen Gruppe von gläubigen Menschen lebendig geblieben. Sie nennen sich die «Familie der Wahrheit» [91]. Im Mittelpunkt ihres Glaubens steht die Wiedergeburtenlehre, die von elf Familien aufrechtgehalten wird. Jeder Schüler muß sich einer der elf Familien anschließen, die ihn in die Geheimnisse einweihen. Nach ihrer Ansicht können sich Gott und die Engel in den Menschen verkörpern, was auf vielerlei Weise geschehen kann: nach dem Tode – das ist der Normalfall; während der Heilung nach einer schweren Krankheit; im Wachzustand, wenn der Mensch eine plötzliche Veränderung seiner Seele bemerkt; und im Traum, wenn die Person sich verändert. Die letzten drei Formen wurden auch von Platon im «Timaios» beschrieben.

Die Familie der Wahrheit gründet sich auf eine alte Überlieferung, derzufolge einige arme Hirten in Felsspalten geschützt die Sintflut überlebten und auf diese Weise das Wissen der früheren Zeit retteten.

## Mani – der Sendbote des Lichts

Einer der großen Religionsstifter war Mani, ein adliger Perser, der im dritten Jahrhundert im Zweistromland lebte. Mit 24 Jahren, um 240 nach Christus, hatte er sein Berufungserlebnis. Er unternahm eine Reise nach Indien und brachte viele Kenntnisse des

Hinduismus und Buddhismus von dort zurück. In einer Geheimschrift, die er eigens zu diesem Zweck erfunden hatte, schrieb er mehrere Bücher: «Der Schatz des Lebens», «Das Buch der Geheimnisse» und «Das lebendige Evangelium», ferner ein «Buch der Engel». Die Schriftstücke waren reichlich mit ornamentalen Bildern von Blumen, Vögeln und Früchten verziert, deren Ähnlichkeit mit metallzeitlichen Felsbildern und den späteren Kalligrafien der Araber mir bemerkenswert vorkommt. Man weiß allerdings von diesen Bildern nur durch spätere Berichte, denn alle Bücher sind verbrannt in den Verfolgungen, denen er und seine Anhänger ausgesetzt waren. Noch heute sagt man in Persien sprichwörtlich: «Er kann malen wie Mani!» Seine Lehre kennen wir heute wieder besser durch neue Handschriftenfunde aus Turkestan, während man vorher nur die wenigen verzerrten Ausschnitte aus den gegen ihn gerichteten Streitschriften besaß.

Die Kirche der Manichäer blühte in dem großen Gebiet vom Atlantik bis nach China; in Nordafrika hatte sie großen Einfluß auf das geistige Leben, besonders in Ägypten und Karthago. Der spätere Kirchenvater Augustin, ein Berber aus Karthago, war neun Jahre lang Manichäer (von 373 bis 382), bevor er zum katholischen Christentum übertrat. Persische Missionare drangen durch Zentralasien bis nach China vor; besonders in den fruchtbaren Ländern der Tocharer und in den uralten Handelsstädten an der Seidenstraße gründeten sie Bistümer, die viele Jahrhunderte überdauerten, bis die Mongolen sie zerstörten.

Im Abendland war Manis Kirche bis nach Spanien verbreitet; ihre größte Wirksamkeit entfaltete sie jedoch im Bereich der griechischen Sprachzone. Hier begannen im 5. Jahrhundert grausame Verfolgungen, die nur wenige Anhänger überlebten. Aus diesen entwickelten sich später noch einmal starke Kirchen und befruchteten neue Bewegungen: Die Pauliniker von Konstantinopel und die Bogumilen auf dem Balkan, deren Ideen von den Kreuzfahrern ins Abendland zurückgetragen wurden, verdanken einen starken Anstoß den Lehren Manis. Man nennt daher auch die Kirche der Katharer in Okzitanien eine neumanichäische Religion.

Diese Übergänge sind gewiß fließend, denn Manis Lehre selbst kann nicht streng getrennt werden von dem, was Zarathustra und Jesus gelehrt haben; sogar Buddhas Reden sind darin verarbeitet. Doch ist sie keine gnostische Synthese, sondern eine Offenbarungsreligion, eine neue Schöpfung.

In der Grundhaltung entspricht sie dem Mazdaismus: Sie glaubt an einen Kampf zwischen Licht und Dunkel, an dem die Gottesdiener durch guten Lebenswandel und Enthaltsamkeit teilhaben. Damit wurden die Gläubigen selbst zu Helfern des Lichts. Im Laufe langer Zeiträume, so lehrte Mani, reinigt sich die Materie von allem Bösen und bringt das Licht zum Sieg. Enthaltsamkeit und Fasten galt darum als verdienstvoll, und die Beachtung der Reinheit wurde zum Gebot.

«Während wir kommen und gehen und uns im Kreise drehen, erscheint wie von weitem mit einemmal ein Weiser...»
(Aus «Hayy ibn Yaqzan» von Ibn Tufail)

## 21. Derwisch und Sufi

Dreieinhalb Jahrhunderte nach Mani entstand wieder eine Offenbarungsreligion auf persisch-christlich-gnostischer Grundlage: der Islam des Arabers Mohammed aus Mekka. Auch er predigte Duldsamkeit und Fasten, aber die christliche Form des klösterlichen Lebens, das Mönchtum mit seinem Keuschheitsgelübde, blieb den Mohammedanern fremd. Bei ihnen entstand etwas anderes, das im christlichen Bereich fehlt: der Sufismus und die daraus entstehenden Derwisch-Orden, die mit der klösterlichen Bewegung nur schwach vergleichbar sind.

Der erste arabische Mystiker, der sich als Sufi bezeichnete, war Abdak, ein Asket mit vegetarischer Lebensweise; er starb im Jahre 825 unserer Zeitrechnung in Bagdad. Das Wort «Sufi» wird in volkstümlichen Büchern meist von arabisch «suf» = Wolle abgeleitet und soll gewählt worden sein, weil jene Asketen sich nur mit einer wollenen Kutte bedeckten, aber das ist sicher eine nachträgliche Worterklärung. Sufi ist die arabische Schreibweise des griechischen Wortes Sophia = Weisheit;[92] das Erlangen der Weisheit ist das Ziel aller Sufis.

Sie durchzogen die Länder, predigten und heilten auf den Märkten, gründeten Versammlungen und Schulen, in denen ihre persönlichen Erkenntnisse als «Weg zur Erleuchtung» (Tariqah) gelehrt wurden, und schrieben Bücher, in denen ihre Visionen festgehalten sind. Aus den Schulen entwickelten sich Orden mit fester Organisation, deren Anhänger, die Derwische, die Lehre des Gründers im Volke verbreiten. Besitzlosigkeit ist die wichtigste Regel für alle, daher stammen die beiden Ausdrücke «Derwisch» und «Fakir». Durch Enthaltsamkeit und Atemregulierung erreichten sie Zustände der Verzückung, wodurch die «Wunder» möglich werden: Sie nehmen glühende Kohlen in die Hand und können diese Kraft sogar auf die Umstehenden übertragen, sie können sich in die Luft erheben, auf Glasscherben tanzen...

Der Ursprung dieser Fähigkeiten war auch diesmal – wie schon für die Magiker der römischen Zeit – wieder Indien gewesen, das islamisiert wurde und ins Kernland des Islam zurückstrahlte. Als Vermittler spielte Persien, besonders Chorassan mit der uralten Stadt Balkh (im heutigen Afghanistan), die schon unter den Griechen und Kuschan ein geistiger Mittelpunkt gewesen war, eine bedeutende Rolle. Mehrere berühmte Sufis kamen von dorther, zuletzt der auch bei uns recht bekannte Dichter Dschelal-ud Din Rumi, der in Konya begraben liegt und wie ein türkischer Nationalheiliger verehrt wird. In seinen (persisch geschriebenen) »Mathnawis» ist häufig von der Wiedergeburt die Rede.

Ebenfalls recht bekannt bei uns ist der Perser Farid-ud Din Attar, in dessen Hauptwerk «Die Konferenz der Vögel», das in der ganzen islamischen Welt bekannt und beliebt ist, mehrmals an die Wiedergeburtenfolge erinnert wird. Als Beispiel wähle ich das letzte Stück aus Kapitel XI aus, «Der Geizige» überschrieben, wo der Sohn den verstorbenen Vater im Traum als Maus sieht und ihn fragt, warum er diese Gestalt angenommen habe; der Vater antwortet: «Das Herz, in dem die Liebe zum Gold entwickelt wurde, nimmt diese Gestalt an. Hüte dich, mein Kind, und nütze das, was du siehst, indem du dem Golde entsagst!»[93]

Großer Volkstümlichkeit erfreut sich der marokkanische Wanderprediger Abderrahman el Medschdub (16. Jahrhundert), dessen sarkastische Vierzeiler noch heute auf allen Märkten zu hören sind. Auch er lehrte die Wiedergeburt. Er wünschte sich ein «sicheres Grab, um fest zu ruhen bis zum Jüngsten Tage», denn das gelingt nur wenigen Frommen, die durch Erkenntnis und guten Lebenswandel dieses Ziel erreichen, wie er sagt.[94]

Natürlich blieb die freiheitliche Bewegung der Sufis nicht ohne Widerspruch seitens der traditionellen Schulen. Im Jahre 922 unserer Zeitrechnung wurde der berühmteste Sufi, Hussein ibn Mansur El Halladsch für sein Buch «Die Pilgerfahrt des Bewußtseins» in Bagdad zum Tode verurteilt und gekreuzigt. Hingerichtet wurden auch Ain el Quadat (1130) und der heute noch vielgelesene Philosoph Yahya Suhrawardi im Alter von 38 Jahren in Aleppo. In seinen Büchern bringt er zarathustrische Gedanken vom Kampf des Lichtes und Ideen Platons von der Gemeinsamkeit alles Lebendigen.

Durch den äußeren Druck verinnerlichte sich der Sufismus und ergriff in zunehmendem Maße die einfachen Menschen, Handwerker und Jugendliche. Es bildeten sich Vereinigungen wie die «Ichwan esSafa» (die Brüder der Reinheit des Herzens), in denen altpersische und griechische Mystik mit den naturwissenschaftlichen Erkenntnissen der Araber verschmolzen zu einer neuen Frömmigkeit, die im ganzen islamischen Bereich vom Indischen bis zum Atlantischen Ozean ihre Anhänger fand und auch auf das Abendland einwirkte.

Die entstehenden Derwisch-Orden wandten sich immer stärker von der vorgeschriebenen Sunnah ab, sie führten Musik und Tanz in ihre Gottesdienste ein, unbewußt zurückkehrend und den Kultspielen der Troya-Burgen des bronzezeitlichen Europa. Die letzten Versuche, die beiden verfeindeten Richtungen des Islam miteinander zu versöhnen, vor allem durch den Cordoverser Arzt Averroes mit seiner «Genauen Abhandlung betreffend die Übereinstimmung von Religion und Philosophie» und durch den andalusischen Dichter Ibn Tufail, der mit seinem Roman «Hayy ibn Yaqzan», der millionenfach gelesen wurde, für die Freiheit der Gedanken und der persönlichen Geistesbildung eintrat, konnten die Unterdrückung seitens der Herrschenden nicht mehr verhindern. Der mächtige Kaiser Yaqub ibn Mansur, der die Sufis zunächst geschützt hatte, wurde schuld am Tode von Bu Madian, dem Heiligen von Tlemsen;[95] damit begann der kulturelle Niedergang des Islam. Bu Madian aber wurde zum Ghuts, zum Führer aller Heiligen, ja zum Quthb, dem Pol seines Jahrhunderts, dem unsterblichen Lehrer aller Weisheitssuchender.

## 22. Meister Eckehart

Im 12. Jahrhundert geht ein Erwachen durch die christliche Welt; die Kreuzzüge wirken rückwärts auf die Heimat. Der Geist des islamischen Glaubens durchdringt die ritterliche Gesellschaft und füllt sie mit neuem Leben. Die heilige Hildegard von Bingen gründet Nonnenklöster, in denen man die Heilkunst ausübt, Streitgespräche abhält und Reisen unternimmt, denn das waren die neuen Werte: tätige Nächstenliebe und Verbreitung des Glaubens durch Predigt und Gespräch. Seit ihrer Kindheit hatte Hildegard Visionen, Gesichte von Gott und den Engeln, vom Teufel, von Himmel und Hölle. Im Alter von vierzig Jahren empfing sie den inneren Auftrag, diese Erlebnisse niederzuschreiben. Ihr Buch «Sci Vias» (Wisse die Wege), in Lateinisch abgefaßt, wurde berühmt und viel gelesen. Es ragt heraus aus seiner Zeit in nüchterner männlicher Art, vergleichbar den Offenbarungen der Propheten. Hildegard lehrt in vollem Bewußtsein ihres Auftrages an ihre Zeitgenossen. Zur gleichen Zeit schrieb die Benediktinerin Elisabeth von Schönau ihre Visionen nieder, durchdrungen von demütiger Seele und hingebender Liebe.[96]

Es war eine Zeit der Verinnerlichung des Glaubens. Die großen Ordensgründer Bernhard von Claivaux und später Franz von Assisi und der Spanier Dominikus beherrschten die religiöse Welt. Unter Petrus Waldus entstand eine Reformbewegung in der Kirche, die nach Freiheit der Lehre verlangte, doch bald grausam verfolgt und blutig unterdrückt wurde; nur in Piemont konnten sich die Waldenser bis heute halten. In Norditalien gründeten sich Laiengruppen, die «Demütigen Brüder» und Geißelbrüder, die mit ihrem Vorbild der Selbstzüchtigung die anderen zur Bekehrung aufriefen.

Auch die Wissenschaft erhielt neue Anstöße und Gedanken, die vor allem aus dem islamischen Spanien kamen. Während die Wiedereroberung der Iberischen Halbinsel von Generation zu Generation weiter voranschritt, wurde nicht nur Land zurückerobert, sondern auch geistiges Gut. Der Gelehrte Gerhard von Cremona übersetzte während seiner Zeit an der Universität von Toledo mehr als 70 arabische Abhandlungen über Naturwissenschaft, Medizin und Philosophie ins Lateinische, darunter das Almagest und den Kanon des Avicenna aus Buchara und das Medizinwerk seines Zeitgenossen Averroes aus Cordoba. Eine deutsche Nonne brachte Handschriften von ihrer Pilgerfahrt zum Jakob von Compostela nach Deutschland mit. In Paris gab es Abschriften der Werke des spanischen Juden Moses Maimonides, «Führer der Umherirrenden». So wurde die Gedankenwelt des Aristoteles und der Neuplatoniker wiederentdeckt und in Europa verbreitet. Die Scholastiker – allen voran Albertus Magnus aus Köln – nahmen die Kenntnisse willig an und arbeiteten sie in ihre Modelle ein, wie schon Averroes den Aristoteles in islamisches Gewand gekleidet hatte. Ein Flicken der Antike wurde dem Christentum aufs Kleid genäht.[97]

Der Gegensatz zwischen Unendlichkeit und Begrenztheit der irdischen Welt, der schon die islamischen Philosophen gespalten hatte, trat auch bei ihren christlichen Nachfolgern wieder auf: Während die einen an ein ewiges Fortbestehen der Welt glaubten, waren sich die anderen über das Ende der Zeit völlig im klaren, sie erwarteten das Jüngste Gericht in Demut. Besonders das Jahr 1260 war durch die apokalyptischen Predigten des Abtes von Kalabrien, Joachim von Fiore, zum Anlaß größter Erwartung geworden, größer noch, als sie zu Beginn des Jahres 1000 gewesen war. Überall bildeten sich Gruppen in der Endzeiterwartung. In der Provence traten Seher auf und predigten Buße; Züge von Geißlern durchzogen Italien, Süddeutschland und Böhmen. In Flandern und Brabant, in den Niederlanden und in Norddeutschland entstanden die freien Laienorden der Beghinen und Begharden, der «Brüder und Schwestern des gemeinsamen Lebens». Vergleichbar der Erneuerung des Glaubens im Süden findet auch hier eine Verinnerlichung statt von ganz eigener Art. Hier haben die Frauen den größeren Anteil. Höfische Lieder verkünden die Reinheit und Liebe dieser Frauen. Die Beghinen lebten in kleinen Gemeinschaften, spannen Wolle und nähten Kleider, um ihr Brot zu verdienen und ihre größte Tugend auszuüben: Kranke zu heilen. Nächstenliebe, Armut und Hingebung an den Glauben hielten sie für die höchsten Werte des Lebens. Inmitten dem tiefen Elend ihrer Zeit wendet sich die Seele dem Ewigen zu und sucht ihre Heimat tief in sich selbst, sie horcht wieder auf ihre innere Stimme, die ja nur die eine Stimme sein kann, die des Alls. Viele dieser Frauen wurden Vorbilder durch ihren geheiligten Lebenswandel. Einige schrieben, nun erstmals in den Sprachen des Volkes, Verse und Gedanken zum unerschöpflichen Thema der mystischen Liebe: Beatrix von

Nazareth und Hedwig von Antwerpen. Es fehlte nicht an Angriffen seitens der Kirche gegen die neuen Bewegungen, doch auch dies diente zunächst zu ihrer Ausbreitung, denn es machte sie bekannt, und berühmte Scholastiker nahmen die heiligen Frauen in Schutz.

Mechthild von Magdeburg war die erste Mystikerin, die in deutsch schrieb. Von 1230 bis 1270 lebte sie als Beghine ganz dem Gebet und der Nächstenliebe unter dem Schutz der Dominikaner. Auch sie hatte Visionen; in ihrem Buch «Vom fließenden Licht der Gottheit» beschreibt sie Himmel, Hölle und Fegefeuer in lebendigen Farben. Ohne Theorien oder Erklärungen bietet sie ein Geständnis, beflügelt vom heiligen Geist. Im gleichen Orden entstanden weitere Bücher: «Der Herald der Liebe» der heiligen Gertrud und das «Buch der besonderen Gnade» von Mechthild von Hackeborn. Der Dominikanerorden breitete sich vor allem in Deutschland aus. 1277 bestanden hier schon 40 Nonnenklöster – gegenüber 18 in den übrigen Teilen Europas –, und zehn Jahre später sind es schon 70 Klöster, die meisten von ihnen stehen im Süden Deutschlands und im Rheinland, besonders in Straßburg, wo sich sieben Klöster von Dominikanerinnen befanden.[98] In vielen Klöstern wohnten achtzig bis hundert Nonnen, in manchen mehr. Gewiß hing das auch mit der sozialen Not zusammen, die gerade in Deutschland sehr spürbar war. Als 1260 entgegen der Erwartung aller Gläubigen nichts geschehen war, machte sich eine große Enttäuschung breit. Nach der Hinrichtung des letzten Stauferkönigs, Konradin, im Jahre 1268 in Neapel beginnt die «kaiserlose Zeit»[99] (wie man später sagte); Wirren und Kriege, Pest und Umstürze waren allgegenwärtig. Till Eulenspiegel, der bekannte Revolutionär jener Epoche, durchzog Mitteleuropa auf der Suche nach dem freien Menschen. In seinem Testament bestimmte er, daß er weder weltlich noch kirchlich sondern von Beghinen begraben sein wollte. Erneut drangen islamische Ideen ins Abendland, sowohl über Konstantinopel als auch über Spanien, wo König Alfons X. von Kastilien durch seine friedliche Haltung Eintracht zwischen Moslems, Christen und Juden bewirkte, so daß man ihm den ehrenvollen Beinamen «der Weise» gab. An den Universitäten seines Reiches wurde die Mathematik und Astronomie der Araber gelehrt, und an den Höfen schrieb man Gedichte nach arabischem Vorbild. Daß mit der äußeren Form auch die inneren Werte, vor allem die Mystik des Islam, übernommen wurden, konnte nicht ausbleiben. In Griechenland übte man die Rituale der Sufis; der Mönchsorden der Hesychasti (= die in Frieden sind) in den Klöstern auf dem Berge Athos wandte folgende Ekstasetechnik an, die von den Derwischen des Morgenlandes stammte: Sie neigten das Haupt auf die Brust, sprachen in gleichförmiger Stimme endlose Gebete, den Blick auf den Nabel gerichtet, und hatten dabei Gesichte von leuchtenden Figuren, heilige Bilder, von göttlichem Licht umflossen.[100]

Islamische Mystik in christlicher Gestalt verkörperte der überragende Schriftsteller und furchtlose Reisende Raimund Lull aus Mallorca, der die arabischen Philosophen im Original las und eine Vereinigung der beiden Glaubensformen auf mathematisch-logischer Grundlage anstrebte. Als er eines Tages auf den Berg Randa seiner Heimatinsel stieg, um einige Zeit in Gebet und Fasten zuzubringen, hatte er sein Einweihungserlebnis: Er sah, wie sich die silbrigen Blättchen eines Busches plötzlich mit Zahlen und Zeichen bedeckten, bis sich alle Symbole aller bekannten Sprachen zu einem einzigen einfachen System zusammenfanden. Dies wurde für ihn der Schlüssel zum Verständnis der Wahrheit, die allen Religionen und Kulturen zugrunde liegt. Auf seinen weiten Reise lernte er viele große Geister seiner Zeit kennen und beeinflußte sie mit seinem Glauben an die Einheit der heiligen Lehre. Während im Rheinland die mutigsten Bekenner des reinen Glaubens auf den Scheiterhaufen starben, während die Päpste ins Exil nach Avignon übersiedelten, erlitt Raimund Lull den Märtyrertod im islamischen Land.

In diesem Zeitrahmen lebte der deutsche Mystiker Eckehart und predigte von der Liebe Gottes in deutscher Sprache. Seine Kölner und Straßburger Predigten erregten großes Aufsehen, so daß ihm schließlich als 66jährigem Mann, berühmt im ganzen Abendland, vom Kölner Erzbischof der Prozeß der Inquisition gemacht wurde (1326), während dem er in den folgenden zwei oder drei Jahren starb, als Ketzer gebrandmarkt durch posthume päpstliche Bulle. Man weiß nicht einmal, wann er starb.

Die urwüchsige und aufrechte Sprache dieses Mannes, der sich nicht scheute, auch «heidnische» Lehrer wie Platon zu zitieren, gewährt uns einen Einblick in die geistige Freiheit, die damals – besonders im Rheinland – aufgekommen war. Dieser geistige Wind durchzog das ganze Abendland. Zu Fuß durchquerte Eckehart als Beauftragter seines Ordens die große Ordensprovinz Sachsen, die von Holland bis Böhmen und von der Ostsee bis zum Rhein reichte, lehrte in allen Klöstern und hielt Streitgespräche mit den größten Denkern seiner Zeit. In Paris hatte Eckehart nach einigen Studienjahren den Meistertitel erworben, und später lehrte er an der dortigen Universität etwa vier Jahre lang. Dort könnte er den Franziskanermönch Raimund Lull kennengelernt haben, dessen versöhnliche Haltung gegenüber den fremden Religionen auch in Eckeharts Gedanken spürbar ist. Später predigte er fast ein Jahrzehnt in Straßburg, und aus jener Zeit stammen seine tiefsinnigsten und zugleich klarsten «deutschen Predigten». Darin sind das Gedankengut der Antike und des frühen Christentums ebenso verarbeitet wie die Lehren der islamischen und der indischen Mystik.

In seiner Predigt «Gott ist die Liebe» zitiert er aus Augustins Schrift «Über die Dreieinigkeit» den wichtigen Satz: «Im ersten Augenblick (der Erleuchtung) bleibe, wenn du kannst.» Dasselbe steht wörtlich viele Male im Totenbuch der tibetanischen Buddhisten. Auch andere Lehren sind – wie wir gleich sehen werden – im Buddhismus bereits vorgebildet. Damit ist nicht gesagt, daß Eckehart die Reden Buddhas kannte; aber es zeugt von seiner weltoffenen Einstellung zu den grundsätzlichen Erkenntnissen der großen Religionen.

Wiederholte Male zitierte er Sufi-Texte, die über Spanien nach Deutschland gelangt waren; weniger angefeindete wie den Philosophen Avicenna nannte er sogar namentlich (z. B. im Traktat über die Abgeschiedenheit), andere nur als «Meister».

Zu den Thesen, die im Prozeß gegen Eckehart als ketzerisch bezeichnet wurden, gehörte sein unbedingter Glaube an die Einheit Gottes. Für ihn war Gott unteilbar und die Lehre von der Dreifaltigkeit unannehmbar. Hierin stimmte er mit der Grundhaltung des Islam überein. Und wie die «Friedfertigen» (denn das heißt «Moslem») glaubte er an die alleinseligmachende Gnade, dergegenüber alles andere, auch die Schöpfung selbst, ein Nichts ist. Auch Eckeharts Lehre vom freien Willen ist von islamischer Mystik durchdrungen. Dieser freie Wille erhebt den Menschen sogar über die Engel und macht ihn erst wahrhaft zum Ebenbilde Gottes. «Stünde eine Seele, die Seele eines Menschen, der noch in der Erdenzeit lebt, gleich hoch wie der oberste der Engel, so könnte dieser Mensch kraft seiner Freiheit unermeßlich über den Engel hinausgelangen; könnte in jedem Nun neu ohne Zahl und

Grenze über die Stufe der Engel und aller geschaffenen Vernunft hinausdringen.»[101] Genau das hatten die Sufis gelehrt. Und so selbstbewußt wie die islamischen Lehrer sieht er auch die Stellung des Menschen vor Gott: Da ist kein Mittler nötig, alle Heiligen, selbst Maria und Jesus in seiner Menschlichkeit, sind nur so gut, wie auch jeder andere Mensch es sein kann, sagt er in seiner Predigt zum 1. Brief des Johannes, Kapitel 4, Vers 9; Christus ist «ein Bote gewesen, den Gott zu uns gesandt hat, und der uns unsere Seligkeit zugetragen».

Stärker noch war der Einfluß der gnostischen Heilslehre, und die Nähe zum Gedankengebäude des Buddhismus – besonders in der Gestalt des Großen Fahrzeugs der Kuschan – tritt ebenfalls offen zutage. Denn auch für Eckehart ist alles Sein außerhalb Gottes nur vergängliche Welt, unvollkommen selbst in seiner geistigen Form. Wörtlich sagt er in der Predigt über Epheser 4, Vers 23: «Wenn nun die Seele aus dieser Kraft heraus das Bildgewordene erschaut, sei es nun das Bild eines Engels oder das ihrer selbst, so schaut sie etwas Unvollkommenes. Erst wenn sich alle Bilder von der Seele lösen und sie nur das einige Eine schaut, findet das freie Sein der Seele, während sie erleidend in sich selbst ruht, zum bloßen, formentleerten Sein der göttlichen Einheit, das da ist ein Übersein. Eya, Wunder über Wunder, was für ein edles Erleiden das ist, wenn das Sein der Seele nichts anderes erleiden mag als allein die bloße Einheit Gottes!» Das ist jedem Buddhisten selbstverständlich, während es einem Christen wie tiefe Mystik klingt.

So ist auch Eckeharts Stellung zum Gegenpoligen, zum Nichtseinenden und zur Hölle leichter aus indischer Sicht als aus unserer abendländischen heraus zu verstehen. In der vorhin erwähnten Predigt zum 1. Johannesbrief (4,9) sagt er: «Es geht die Frage, was (eigentlich) in der Hölle brenne. Die Meister sprechen allgemein: Das tut der Eigenwille. Ich aber sage in Wahrheit: Das ‹Nicht› brennt in der Hölle. Dafür ein Gleichnis: Man nehme eine brennende Kohle und lege sie auf meine Hand. Würde ich nun sagen, daß die Kohle meine Hand brennt, so täte ich der Kohle gar unrecht. Denn soll ich sagen, was meine Hand im eigentlichen Sinne brennt (dann muß ich sagen), das tut das ‹Nicht›. Denn die Kohle hat etwas in sich, was meine Hand nicht hat. Und seht, eben dieses ‹Nicht›, brennt mich! Hätte meine Hand aber alles das in sich, was der Kohle eigen ist und was sie zu leisten vermag, dann hätte sie durchaus die Natur des Feuers. Wer da alles Feuer nähme, das je gebrannt hat, und schüttelte es auf meine Hand, es dürfte mich nicht schmerzen. In gleicher Weise spreche ich: Weil Gott und alle die, die im Angesicht Gottes sind, in rechter Seligkeit etwas in sich haben, das die nicht haben, die von Gott gesondert sind, peinigt dieses ‹Nicht› allein die Seelen, die in der Hölle sind, mehr als Eigenwille oder irgendein Feuer. Ich sage es in Wahrheit: Soviel von dem ‹Nicht› an dir haftet, soviel Unvollkommenheit hast du an dir. Wollt ihr darum vollkommen sein, so müßt ihr vom ‹Nicht› rein sein.»

Das Gleichnis von der glühenden Kohle in der Hand spricht für sich. Zu allen Zeiten haben Mönche und Begeisterte dies in Indien und Arabien vor staunenden Volksmengen gezeigt: Wenn die Hand zu dem wird, was sie «wirklich» ist, dann ist sie mehr als selbst das heißeste Feuer. Wenn der Mensch zum wahren Sein gelangt, und sei es nur für Augenblicke, umfaßt er den Kosmos.

Am Schluß seiner Predigt zum Ephesertext (4,23) verkündet Ekkehart: «Wie denn soll ich Gott lieben? – Du sollst Gott ungeistig lieben! Das heißt, daß deine Seele ungeistig und aller Geistigkeit entkleidet sein soll. Denn solange deine Seele geistförmig ist, so lange trägt sie Bilder in sich. Solange sie aber Bilder hat, so lange besitzt sie weder Einheit noch Einfaltigkeit. Solange sie die Einfaltigkeit nicht hat, so lange hat sie Gott nie recht geliebt. Denn die rechte Liebe ruht in der Einfaltigkeit. Daher soll deine Seele frei sein von allem Geiste, und des Geistes ledig dastehn. Doch liebst du Gott, wie er Gott ist, wie er Geist ist, wie er Person und wie er Bild ist: Daß muß alles abfallen.

Wie denn aber soll ich ihn lieben? – Du sollst ihn lieben, wie er ist: ein Nichtgott, ein Nichtgeist, eine Nichtperson, ein Nichtbild – ja mehr noch, ein lauteres, reines klares Eines, gesondert von aller Zweiheit. Und in diesem Einen sollen wir ewiglich sinken aus dem Etwas ins Nichts. Dazu helfe uns Gott. Amen!» Ja – dieses ins Nichts versinken, in den Schoß des einzig Seienden zurück, das ist der tiefste Wunsch von Gautama Buddha gewesen, dahin zielte seine Heilslehre.

Meister Eckeharts Werk wurde von Johannes Tauler, Suso, Heinrich von Nördlingen und anderne «Freunden Gottes»[102] fortgesetzt, erweitert und dem kirchlichen Dogma angenähert. Susos Bücher, besonders das «Buch der Weisheit» und das «Buch der Wahrheit», gehörten zu den meistgelesenen Büchern des 14. und 15. Jahrhunderts in Deutschland.

Die Ideale der Verinnerlichung und Erneuerung des christlichen Glaubens fanden vor allem in Böhmen offene Herzen. Peter Chelĉicky und Johann Hus (1369–1415) sind dort die Verkünder gewesen. Drei Jahrhunderte später lebten diese Gedanken noch einmal auf in dem Werk des Grafen von Zinzendorf, das bis heute in den Herrnhuter Brüdergemeinen fortgesetzt wird.

Ein anderer wichtiger Nachfolger im Geist Eckeharts war Nikolaus von Cues (gestorben 1464), dessen platonisch beeinflußte Gedanken ich schon im 1. Kapitel zitiert habe. Außer den griechischen und frühchristlichen Philosophen verarbeitete er die Schriften von Raimund Lull und Meister Eckehart. Eine Reise nach Konstantinopel, auf der er die Mystik der Hesychasten kennenlernte, wurde für ihn zum entscheidenden Erlebnis. Unter anderem prägte er den Begriff der «heimlichen» Kirche: Neben der sichtbaren Kirche gibt es in der gesamten Menschheit eine verborgene Gemeinschaft von Gläubigen, die allen Religionen entstammen und die Gegenwart Gottes in der Welt gespürt haben.

## 23. Die Bogumilenkirche

Auf einer Reise durch Jugoslawien sah ich mir die Grabsteine der Bogumilen in der Umgebung von Mostar in der Herzegowina und im Museum von Sarajewo in Bosnien an, da die eingravierten Symbole kunsthistorisch interessant sind. Ihre künstlerischen Vorläufer hatte ich in Anatolien, zum Beispiel im Museum von Afyon-Karahisar, kennengelernt, wo als bemerkenswertester frühchristlicher Grabstein eine Stele zu sehen ist, auf der zwei Schlangen an den Brüsten einer nackten Frau saugen. Befände sich nicht unmißverständlich ein griechisches Kreuz auf diesem Stein, dann könnte man meinen, man habe das Abbild einer heidnischen Göttin vor sich. Vergleichbare Stelen sah ich in einem weiten Bereich der westlichen und südlichen Türkei und glaube, daß sie ein Ausdruck der gnostischen Strömung in der christlichen Kirche sind, die im ersten Jahrtausend in Anatolien vorherrschend war. Über die paulinischen Gemeinden und die bulgarische Kirche wurden die Ideen nach Bosnien weitergetragen. Denn auf den Grabsteinen der Bogumilen treten wieder jene heiligen Zeichen auf, die aus der heidnischen Antike stammen und Wiedergeburtenglauben, Askese und Zahlenmystik verkünden. Bei zwei Drittel aller Bogumilensteine fehlt überhaupt das Kreuz.

Insgesamt sind etwa 27 000 Steine durch das Museum Sarajewo registriert worden, wobei man feststellte, daß gerade die Grabsteine der Adligen geheimnisvolle Zeichen tragen, die auf die Einweihungslehre gnostischer Art zurückgehen müssen. Es handelt sich also gewiß nicht um eine Sekte oder kurzfristige Schwärmerei, sondern um eine christliche Kirche, die mehr als dreihundert Jahre Bestand hatte.

Meine Vermutung über den Zusammenhang der anatolischen Stelen mit den Bogumilensteinen, aus künstlerischen Gesichtspunkten gewonnen, war tatsächlich von mehreren Gelehrten durch Quellenstudien schon aufgezeigt worden. Arno Borst schrieb über die Katharer: «Nicht zu vergessen ist, daß der neomanichäischen Ausbreitung vom 9. bis zum 14. Jahrhundert bereits eine ältere manichäische Welle vorangegangen war, die vom 3. Jahrhundert bis zum 7. Jahrhundert von Syrien und Kleinasien über Judäa und Ägypten nach Nordafrika vordrang, über Spanien und Südgallien nach Italien gelangte und besonders in Rom und Byzanz Fuß gefaßt hatte.» [103] Ihre Ideen tauchen später bei den Waldensern und Wiedertäufern auf und verkörpern am reinsten bei den Katharern in Südwestfrankreich die gnostische Lehre. Ab dem 7. Jahrhundert wirken in Kleinasien und Syrien die Paulikianer, die auf die Montanisten in Phrygien zurückgehen, deren Bücher in der zweiten Hälfte des 2. Jahrhunderts geschrieben wurden. Durch ihren Einfluß entstanden in Makedonien und Bosnien die Messalianer und Patariner. Schließlich wurden die paulinischen Gemeinden von Konstantinopel durch die byzantinischen Herrscher wegen ihrer unbotmäßigen Haltung als Bollwerk gegen die «nördlichen Barbaren» im 10. Jahrhundert nach Thrakien verpflanzt, wo bald die Bogumilenkirche entstand. Bogumil war ein Dorfprediger, der um 940 auftrat und sich an den niederen Adel, die Bauern und Landpfarrer wandte. Er knüpfte an die im Volke noch lebendigen Überlieferungen an und entfachte damit eine geistige Bewegung, die in Bulgarien zu einer starken Kirche heranwuchs, die eifrige Mission und in den Balkanländern trieb. Ab 1199 war die Bogumilenkirche in Bosnien Staatsreligion.

Eines ihrer wichtigsten Anliegen war die Gewaltlosigkeit, ein anderes die Ablehnung der Kultbilder und Tempel, «denn Gott wohnt überall». Auch den Priesterstand lehnten sie ab, denn zwischen Mensch und Gott bedarf es keines Vermittlers. Die Gemeindeältesten regelten die Organisation, ganz wie bei den frühen Christen und Moslems.

Es waren bulgarische Bischöfe und Prediger, die im 11. Jahrhundert die Lehren Bogumils nach Mittel- und Westeuropa brachten. Nach katholischer Ansicht gilt Bischof Nazaire (Naharios) als Überbringer der wichtigsten Schrift, der «Interrogatio Johannis», nach Südfrankreich; eine Abschrift davon, in Carcassone hergestellt, liegt in der Nationalbibliothek von Paris. Bald nach der Mitte des 11. Jahrhunderts leitete ein anderer Bischof aus Bulgarien, Nikita, ein Konzil in St. Felix-de-Caraman bei Toulouse, aus dem die Katharerkirche hervorging. Zu jener Zeit wurden die Katharer (oder Albigenser) auch Bulgari genannt, denn sie hatten die Grundlagen der bulgarischen Bogumilen übernommen.

## Die Albigenser

Eigentlich nannten sie sich «Katharer», das bedeutet: die Reinen, denn ihr Bestreben lag in einer Reinigung und Verjüngung der erstarrten Kirche. Wie wenn aus sorgsam gehüteter Glut nach langer Zeit wieder ein Feuer entfacht wird, war das alte Wissen der Gnostiker und Manichäer zu neuem Leben erwacht. Im 12. und 13. Jahrhundert ging diese Bewegung über ganz Europa hin. Die römische Kirche spürte bald die Macht, die von diesem Wissen ausging, und erstickte die Flamme im Keim. Papst Innozenz III rief alle Christen zu einem Kreuzzug gegen die Albigenser auf (so nannte man die Katharer nach ihrer Hauptstadt Albi in Südfrankreich). Da die Katharer sich mehr um den Glauben als um Politik gekümmert hatten und an vielen Orten ihrem Grundsatz des Nicht-Tötens treu blieben, unterlagen sie den beutegierigen Truppen bald. Die Überlebenden wurden enthauptet oder verbrannt. Dennoch waren Funken auf andere Gebiete gefallen, und so kam es, daß man überall – oft im verborgenen – den neuen Glauben, die alte Weisheit lehrte; von den Waldensern über Dante bis zu den Reformatoren zieht sich eine gerade Linie, die man später die Ketzerbewegung genannt hat[104], denn das Wort, das einst so guten Klang hatte, Katharer, wurde zu «Ketzer» mit teuflischer Bedeutung. Tatsächlich gebärdeten sich die Christen wie wahre Teufel. Sie rotteten ganze Dörfer aus, wenn sie von Katharern bewohnt waren. Zwanzig Jahre lang führten sie einen erbarmungslosen Krieg gegen die Reinen in Südfrankreich. In Béziers wurde die gesamte Einwohnerschaft von 20000 Menschen umgebracht. Dabei machte man keinen Unterschied zwischen Ketzern und Rechtgläubigen. «Tötet sie alle! Gott wird die Seinen schon erkennen!» soll der Gesandte des Papstes befohlen haben.

Eine Unterscheidung war tatsächlich sehr schwierig, denn die Reinen fühlten sich ganz und gar als Christen, eben als reine Christen. Es hatte sich auch keine Gegenkirche gebildet, sondern man hatte nur die strenge Herrschaft der Bischöfe und ihre Steuer aufgehoben. In Toulouse verkündete man die Ständefreiheit und schuf durch eine modern anmutende Haltung in Wirtschaft und Wissenschaft die Möglichkeit eines großen Aufschwungs. Die großzügige Einstellung der Katharer gegenüber allen Religionen und Naturwissenschaften förderte die Aufnahme der durch die Araber vermittelten antiken und orientalischen Kenntnisse. Viele Gebäude, die sie in Occitanien erbaut oder wieder in Stand gesetzt hatten, richteten sich in Abmaßen und Lage nach astronomischen Werten, genau wie die Sternwarten und Tempel der Großsteinzeit. Vermutlich knüpften die Katharer auch direkt an bodenständige Überlieferungen an, indem sie die Lehren ihrer Vorfahren, der Goten und Kelten, wiederfanden. Die Kenntnisse in Geometrie und Astronomie, die sie in ihren Bauwerken anwandten, wurden in Europa erst zwei Jahrhunderte später wieder allmählich bekannt, und es dauerte noch einmal zwei Jahrhunderte, bis sie durch Kepler und Galilei zum Allgemeinbesitz wurden.

Mehr noch als das richtige Wissen von den Himmelskörpern bewegte die Reinen die Erkenntnis des Geistes und seiner vielen Verkörperungen. Wahrheitsliebe und Gottvertrauen galten ihnen als höchste Werte. Sie waren von einer Glaubensstärke beseelt, die an die Makkabäer denken läßt. Zu Hunderten sprangen sie in die Flammen der Scheiterhaufen ihrer Feinde, sich an den Händen haltend und Lieder singend. Jeder wählte sich einen Gefährten, mit dem er die Jenseitsreise antrat. Sie waren sich des Unwertes eines falschen Lebens so voll bewußt, waren sich ihrer Auferstehung und Wiedergeburt so sicher, daß der Tod ihnen keine Furcht einflößte. Denn ähnlich wie die Römer einst die jüdischen Makkabäer verurteilt hatten, entweder Schweinefleisch zu essen oder gevierteilt zu werden, so stellte die Kirche die Reinen vor die Wahl: Da sie als Vegetarier keine Tiere töten wollten, verlangte man von ihnen öffentlich die Schlachtung eines Huhnes; doch sie ließen sich aufhängen... (so geschehen in Goslar im Harz, im Jahre des Heils 1220).

Ich habe nicht vor, die Grausamkeiten des ausgehenden Mittelalters zu beschreiben oder gegen die der heutigen Zeit abzuwägen. Nur der Schluß jener hoffnungsvollen Bewegung der Albigenser, der wie eine Fackel seine Zeit überstrahlt, sei kurz berichtet. Am Johannestage des Jahres 1209 hatte der Kreuzzug gegen die Reinen begonnen und war bis zu den Pyrenäen und dem Kerngebiet der Albigenser vorgedrungen. Diese flohen in uneinnehmbare Burgen und unterirdische Kultbauten, vor allem auf jene sagenhafte Festung auf dem Montségur in Ariège, die einst den heiligen Gral beherbergt hatte. Wie ein Zuckerhut aus hartem Fels erhebt sich der spitze Bergkegel über die fruchtbare Berglandschaft, gekrönt von einer Burg aus mächtigen Mauern, die die Reinen auf uraltem Fundament neu errichtet hatten. So war sie zum sichtbaren Sinnbild ihres neuen und doch uralten Glaubens geworden. Hierhin flohen im Frühjahr 1243 die letzten Katharer.

Sie wurden ein Jahr lang belagert, bis sie sich ergaben. Obgleich sich ihnen wohl oft die Möglichkeit zur Flucht bot – denn sie standen durch Boten in Verbindung mit der Außenwelt und hatten auch ihren Kriegsschatz wegschaffen lassen –, lag ihnen doch nichts an dieser Lösung. Die Reinen hatten einen Grad an Vollkommenheit erreicht, der ein Weiterleben überflüssig machte. In der Nacht des 16. März 1244 wurden sie durch die Soldaten Ludwigs, des Heiligen, den Berg hinab geschafft und auf einem gewaltigen Scheiterhaufen unterhalb der Burg verbrannt. Die 215 Männer und Frauen starben frohen Mutes singend. Dieser große Brand warf sein Licht über Europa und erhellte viele Menschen. Heute, nach 600 Jahren, leuchten die Flammen wieder stärker auf und finden – vor allem in Frankreich – neue Anhänger, die die Lehren der Reinen zum Leben erwecken. Montségur wurde zum Pilgerziel der Manichäer unserer Zeit.

Einer der größten deutschen Dichter, Nikolaus Lenau (geboren

1802), griff diese Gedanken auf und schuf in leidenschaftlichen Versen ein Epos der freiheitlichen Geistesregung in Occitanien: «Die Albigenser». Es ist das letzte große Werk dieses genialen Dichters, begonnen 1838 und erst 1842 fertiggestellt, zwei Jahre vor dem endgültigen Ausbruch seiner geistigen Umnachtung, in der er noch bis 1850 dahinlebte. Schon als Student hatte er ein kurzes Gedicht über die Albigenser geschrieben, wie eine Vorahnung, ein heimliches Aufblitzen. Später traf er den dänischen Theologen Martensen und wandte sich verstärkt den Themen der reformatorischen Bewegungen zu. Er schrieb ein Epos über Savonarola, den Florentiner Mönch, der 1498 verbrannt worden war, und über Johannes Ziska, den Helden der Hussitenkriege. Viele Tage verbrachte er in der Wiener Hofbibliothek mit dem Studium der geschichtlichen Quellen, besonders auch der spanischen und provenzalischen Dichtungen der Katharer-Zeit. So entstand diese mächtige Liedersammlung der Albigenser als ein glühender Ausbruch seiner Seele und des Freiheitsringens seiner eigenen Zeit. Noch heute packen uns diese Verse, als seien sie unvergänglich:

> «Die Erde ist und was sie hat, nicht wert,
> daß sich ein Mann, um drauf zu sein, entehrt.»

Dies ist die Hinwendung zu einer höheren Seinsform, eine Verachtung der Güter dieser Welt, aus der der Mut der Reinen erwachsen war. Deutlich spüren wir Anklänge an jene Sage von den Iberern, die sich und ihre Familien im Ansturm der karthaginischen oder römischen Heere verbrannten. Und doch betont Lenau, daß die Albigenser den Zweifel zum Maßstab erhoben hatten, daß Vernunft und vorurteilsfreie Forschung ihnen über alles wert waren. Mit ihrer weltoffenen und duldsamen Haltung versetzten sie den starren Dogmen des Mittelalters den ersten Stoß. Es ging um die Gedankenfreiheit, wie die hymnischen Verse im «Gelage» sie verkünden. Lenau legt sie den Studenten der Universität von Paris («die Leuchte dieser Welt») in den Mund, als Lehre des Katharers Almerich von Bene; sie klingen wie ein Fanfarenstoß der neuen Zeit:[105]

> Was wir mit dunklem Worte nennen
> die göttliche Dreifaltigkeit,
> das sind drei Stufen in der Zeit,
> wie wir den EINEN Gott erkennen.

Den Vater glaubte den Gewittern
der Mensch und dem Prophetenmund,
vor Gottes Willen mocht er zittern;
und solches hieß der alte Bund.

Jehovas Tage mußten schwinden,
der dunkle Donnernebel floh;
wir lernten Gott als Sohn empfinden
und wurden seiner Liebe froh.

Auch Christi Zeit, die Gott verschleiert,
vergeht, der neue Bund zerreißt,
dann denken Gott wir als den Geist,
dann wird der ewige Bund gefeiert.

So wird in dreien eins genommen
und Gott von uns in seiner Macht
geglaubt, empfunden und gedacht;
es will die Zeit des Geistes kommen:

Die Zeit, in der mit seinen Strahlen
der Menschengeist zusammentrifft
in eines, ohne Kreuz und Schrift,
und selig ruht nach langen Qualen.

Es mag auch in Lenaus Zeit noch ketzerisch geklungen haben, die göttliche Dreifaltigkeit als ein im Zeitablauf sich wandelndes Geistwesen zu verstehen, und doch hatten schon viele Jahrhunderte vor den Ketzern jene islamische Mystiker, die Sufis, diesen Gedanken ausgedrückt: Jesus stand auf der Stufe des Geistes, und durch seine Lehre wurde die Christenheit zur Stufe des Geistes emporgehoben, auf der sie nun angelangt ist. Erst wenn alle Menschen diese Stufe erreicht haben, wird Jesus wiederkommen...

Lenau steht vor uns wie ein Rufer und Eingeweihter. Sein Glaube an die Wiedergeburt des Geistes war zugleich Ausdruck seines unbedingten Glaubens an die Einmaligkeit der Person. Jede Wiedergeburt ist ein völlig neues Wesen, das um seiner selbst willen lebt, sagte er. Und anders als die Gnostiker war für ihn der ewige Kampf zwischen Licht und Dunkel nicht wirklich, sondern eher wie eine «Schachpartie, die Gott mit sich selbst spielt».

Aber nur dem Kampfe enspríeßt dein Glück im höheren Leben. Feindliche Prinzipe fallen dich an, und nur die innere Kraft, mit der du den Anfechtungen widerstehst, kann dich retten von Schmach und Verderben. Indem du hier arbeitest, überstehst du deine Lehrzeit; Glauben und Erkenntnis führen dich zum nahen Ziele, wenn du fest hältst an dem, was du beginnen mußtest.

*E. T. A. Hoffmann, «Der goldene Topf», 6. Vigilie*

## 24. Neuzeit

Obgleich der Glaube an die Wiedergeburt im vorrömischen Europa allgemein verbreitet war und in Sagen und Märchen im Volke weiterlebte, bedurfte es immer wieder mutiger Menschen, «Freigeister», diesen Glauben offen zu vertreten. Gar mancher von ihnen wurde dafür hingerichtet.

Mit ergreifenden Worten schildert Rudolf Augstein [106] den Tod des Giordano Bruno, der sich «seines Beispieles bis zum Erlöschen seines Bewußtseins bewußt» war. Nach siebenjähriger Haft, in der man ihn zu bewegen versuchte, daß er widerrufe, daß der Weltraum unendlich sei oder daß auch Jesus gesündigt habe, wurde er am 17. Februar 1600 unter den Augen des Papstes Clemens VIII und in Anwesenheit von 50 Kardinälen auf dem Blumenplatz in Rom verbrannt. «Ehe er erstickte, reichte man ihm an einem langen Stab das Kreuz; aber statt das Siegeszeichen seiner Henker zu küssen, drehte er sein Gesicht mit letzter Anstrengung in die entgegengesetzte Richtung.»

Dennoch – oder gerade wegen der aufrechten Haltung und Verfolgung dieser Freigeister? – breitete sich das neugefundene uralte Wissen immer weiter aus. Cyrano de Bergerac schrieb

«Über den Tod.

Sobald in einem Körper die Natur fühlt, daß sie mehr Zeit brauchen würde, die Bruckstücke ihres Seins noch einmal zu reparieren, als ein Neues herzustellen, strebt sie danach, sich aufzulösen... Wir sterben mehr als einmal; und da wir nur Teile dieses Universums sind, wechseln wir die Gestalt und nehmen ein Leben anderswo an; das ist nicht einmal schlecht, denn das ist ein Weg, auf dem man sein Wissen vervollkommnen und eine unbegrenzte Menge von Wissen erlangen kann.» [107]

Im Zuge der Reformation und Aufklärung ließ sich die freie Lehre nicht mehr unterdrücken; mit Lessing fängt schließlich auch in Deutschland die Neuzeit an. Dieser Wegbereiter der modernen deutschen Literatur schrieb ein Jahr vor seinem Tode «Die Erziehung des Menschengeschlechts» und faßte darin wie in einem Vermächtnis an die Menschheit noch einmal seine wichtigsten Gedanken zusammen. In hundert Thesen berichtet er über die Erziehung und den geistigen Fortschritt des Menschen im Verlaufe der Geschichte und gibt damit einen Leitfaden zur weiteren Erziehung der kommenden Geschlechter. Ich will nur Anfang und Ende dieses «Manifestes» wiedergeben, denn darin sind die für unsere Betrachtung bedeutenden Punkte enthalten.

1. «Was die Erziehung bei dem einzelnen Menschen ist, ist die Offenbarung bei dem ganzen Menschengeschlechte.

4. Erziehung gibt dem Menschen nichts, was er nicht auch aus sich selbst haben könnte, nur geschwinder und leichter. Also gibt auch die Offenbarung dem Menschengeschlechte nichts, worauf die menschliche Vernunft, sich selbst überlassen, nicht auch kommen würde: sondern sie gab und gibt ihm die wichtigsten dieser Dinge nur früher.

94. ... Warum könnte jeder einzelne Mensch auch nicht mehr als nur einmal auf dieser Welt vorhanden gewesen sein?

95. Ist diese Hypothese darum so lächerlich, weil sie die älteste ist?

98. Warum sollte ich nicht so oft wiederkommen, als ich neue Kenntnisse, neue Fertigkeiten zu erlangen geschickt bin? Bringe ich auf einmal so viel weg, daß es der Mühe wiederzukommen etwa nicht lohnt?

100. ... Und was habe ich denn zu versäumen? Ist nicht die ganze Ewigkeit mein?»

Das kann man sich einmal durch den Kopf gehen lassen: Es ist leichter denkbar, daß der Mensch viele Male lebt, und dieser Gedanke ist sogar der älteste, denn er reicht weiter in die Vorzeit zurück als die Vorstellung von der unwiederbringlichen Einmaligkeit des Menschenlebens, die eher ein Merkmal der hochzivilisierten Endstufen menschlicher Entwicklung ist. Erst die vielmalige Wiederkehr des einzelnen bringt dem Leben, dem Lernen und Voranschreiten einen Sinn, sagt Lessing weiter, und er schließt mit dem trostreichen Gedanken, daß jedem für diesen Werdegang die ganze Ewigkeit zur Verfügung steht. Diese Sätze wurden 1780 zum erstenmal gedruckt und haben seitdem unzählige Menschen auf der Suche einer sinnvollen Bestimmung ihres Lebens gestärkt.

Während dieses «Sturm und Drangs» ging man auch daran, die geschichtliche Entwicklung der Wiedergeburtenphilosophie zu erkunden und die klassischen Vorbilder aufs neue bekanntzumachen. Johann Georg Schlosser, der Jugendfreund Goethes, der in erster Ehe dessen Schwester Cornelia und nach deren Tod die Vertraute Goethes, Johanna Fahlmer, geheiratet hatte, gründete mit Goethe und Merck die «Gelehrten Anzeigen»; 1781 erschien in Leipzig sein Buch «Über die Seelenwanderung». Zehn Jahre später wurde in Königsberg das von großem Wissen getragene Werk des Karl Philipp Conz, Jugendfreund Schillers, Dichter und Tübinger Theologe: «Schicksale der Seelenwanderungshypothese» gedruckt. Die klassischen Vorbilder der Antike gaben der Schwärmerei ihre berechtigte Grundlage.

In dieser Zeit begann man auch den Blick nach Osten zu wenden und das dort erhaltene Wissen aufzuspüren. Man berauschte sich an den Gebeten Zarathustras und fühlte sich eins mit den heiligen Überlieferungen Indiens. Begeistert übersetzten die deutschen Dichter orientalische und indische Literatur und erlangten auf diese Weise den Zusammenhalt mit der Religion ihrer Vorfahren wieder. So stießen sie zum zweitenmal auf eine Bestätigung dessen, was sie in ihrem Innersten gespürt hatten: daß sie selbst die immer wiederkehrenden Glieder einer langen Kette sind. Der Glaube an die Wiedergeburt wurde ihnen zum schönsten Ausdruck ihrer Hoffnung und zur Sinngebung ihres Lebens.

Damals hatte die Wiedergeburtenlehre in Europa recht weite Verbreitung erreicht. Die Dombauhütten und Rosenkreuzer, die Freimaurerlogen und Dichterzirkel, die damals neu entstanden, waren alle von diesem gleichen Gedanken beseelt. Ihre Anhänger kamen aus fast allen Schichten der Bevölkerung und trugen auch manche ihrer Ideen wieder in ihre Kreise zurück. In volkstümlichen Bewegungen lebten die Werte der Katharer fort; wer einmal verstanden hatte, daß die Tiere die Brüder und Ahnen des Menschen sind und lebendige Träger desselben Geistes, empfand Abscheu vor dem Töten und wurde zum Vegetarier, auch ohne Ordensregel oder Lehrbuch.

Der Glaube an die Wiedergeburt genoß sogar «offizielles» Ansehen, denn manche aufgeschlossenen Herrscher und Philosophen hatten sich ihm zugewandt und ihre Umgebung beeinflußt; Friedrich der Große, Voltaire und David Hume bekannten sich dazu. Bemerkenswerterweise knüpfte man nicht an den in Indien erhalten gebliebenen «Seelenwanderungsglauben» an, sondern tastete und forschte selbst und fand eigene Ausdrucksformen.

Eine feste Grundlage für die freien Gedanken hatte die Monadenlehre von Leibniz geschaffen. Auch Kant bezog eine positive Stellung in seinem 1766 erschienenen Buch «Träume eines Geistersehers erläutert durch Träume der Metaphysik», in dem er sich mit den Erlebnissen Swedenborgs auseinandersetzte.

«Aber was bleibet, schaffen die Dichter», hieß Hölderlins Wahlspruch. Die erlesensten Häupter der europäischen Literatur schrieben Bekenntnisse zur Wiedergeburtenlehre. Ich habe als Höhepunkte Lessing und Lenau herausgegriffen, doch viele anderen Namen wären ebenso gut gewesen. Herder, der Bahnbrecher der Romantik, bekundet in seinem «Lied vom Schmetterlinge» [108] den Glauben, daß die Seele sich aufwärts entwickelt: Jetzt gleicht der Mensch der Raupe, doch seine zukünftige Gestalt wird dem im Winde spielenden Schmetterling gleichen.

Mit den Dichtern und Volkskundlern der Romantik brach der letzte Wall des bürgerlich-engstirnigen Glaubens an die Einmaligkeit des Lebensweges. Nicht nur die Wanderung der Seele, sondern auch die Verwandlung der liebenden Jungfrauen in Bäume und der Helden in Sterne wurde wieder in den Bereich des Möglichen gerückt. Man wollte das weltoffene Verstehen des Naturmenschen zurückgewinnen. Wenn das auch nicht möglich war, so erreichte man doch zumindest dieses: ein Verständnis für die Denkweise unserer Vorfahren. Die Märchensammlung der Brüder Grimm eroberte sich einen festen Platz in den Herzen aller Europäer. Und noch ein anderes haben die Romantiker wieder erlangt – ein echtes Verhältnis zum Sinn der Ehe, die den Männern der Aufklärung nur als nützliche Einrichtung zur Aufzucht der Nachkommen und als angenehmer Zeitvertreib erschienen war. Die Romantiker sahen in der Ehe eine tiefere Bedeutung, die den Fortpflanzungszweck überlebt. Schelling schrieb, daß die Verbindung mit der Geliebten nach dem Tode weiterbesteht. Und Nikolaus Lenau drückte es so aus: «Wer hat Genie? Kann es das Weib haben? Törichte Frage. Der Mann und das Weib haben es zusammen.» Der Mensch ist nur ein Halbes, wenn er nicht ein Paar ist, lautete die Erkenntnis der Romantiker. Wenn er nicht liebt, hat er seine Bestimmung verfehlt, denn Liebe und Zeugung sind die sinnfälligen Zeichen der Liebe Gottes. «Nur wer die Liebe nicht kennt und kein Kind hat, kann an die ewige Verdammnis glauben», schrieb Lenau 1838.

In diesem Zusammenhang muß auch Goethe genannt werden, der mit seinem zweiten Teil des Faust das mächtigste Werk der freien Lehre schuf. Dem Uneingeweihten mag der Sinn dieser Dichtung dunkel vorkommen, doch wer die Lehre kennt, wird in seinem Faust zu höchstem Entzücken gebracht.

In höchstem Maße verwirrend auf die Bürger seiner Zeit wirkten die Erzählungen von E. T. A. Hoffmann, die wohl in ausgeprägtester Weise die romantischen Gedanken wiedergaben. Ich denke vor allem an jenes «Märchen aus der neuen Zeit», «Der goldene Topf», das er in jungen Jahren wie ein Muster aller späteren «Nachtstücke» schrieb. Da nahm mich bsonders die dritte Nachtwache gefangen, in der eine Erzählung nach Art der gnostischen Weltschöpfungssagen erscheint. In dieser Urzeit, als der Jüngling Phosphorus die flammende Lilie liebte, hat der Erzähler selbst gelebt, wie er versichert; denn «es ist nichts weniger als ungereimt oder auch nur allegorisch gemeint, sondern buchstäblich wahr». Indem sich der Mensch erneut dessen bewußt wurde, daß er selbst seit Urzeiten teilhat an allen Schöpfungsprozessen, wird er persönlich zum Helden des Geschehens und damit nicht nur in mystischer Weise in umfassendem Sinne Anfang und Ziel seiner eigenen Existenz.

In manchen von Hoffmann Dichtungen ergibt sich der Eindruck, daß der Dichter seine eigene Kette kenne, wenn er seine Helden mit Bestimmtheit die Ansicht vertreten läßt, daß sie schon früher gelebt haben, wie zum Beispiel der Goldschmidt Leonhard in der Berliner Novelle «Die Brautwahl», der von sich sagt: «Ich gedenke noch eines Mannes, der in gewisser Hinsicht mein Ahnherr sein könnte, und der mir so in Geist und Fleisch gewachsen ist, daß ich zuweilen im seltsamen Wahn glaube, ich sei es selbst. Niemanden anders meine ich, als jenen Schweizer Leonhard Turnhäuser zum Thurm, der ums Jahr 1582 hier in Berlin am Hofe des Kurfürsten Johann Georg lebte.» Durch die dichterische Verquickung von Außen- und Innenwelt, von Berliner Alltag und gnostischer Weltschau, läßt Hoffmann jenes Bewußtsein im Leser aufkommen, das eine Öffnung für die Geheimnisse des Lebens und die zahlreichen Lebensläufe einer Person zustande bringt.

In seiner heute wieder beachteten Novelle «Der Sandmann» rührt er an das Problem der Unterscheidung zwischen geistlosem und geistbelebtem Körper, indem er die hauchdünne Grenze zwischen Automat und Mensch zerreißen läßt.[109] Das schönste Dokument dieses Ringens um die eigene Form, die europäische Form der Lehre, ist meines Erachtens das Werk des Dichters Heinrich von Kleist, der in mehreren Erzählungen und Dramen dieses Thema aufgriff und in seiner strengen Sprache gestaltete. Eine der weniger bekannten Erzählungen will ich als beispielhaft erwähnen, «Die heilige Cäcilie oder die Gewalt der Musik», die er 1810 als Geschenk zur Taufe eines Kindes schrieb. Darin beschreibt er, wie die Nonne Antonia, eine musikalische und Gott ergebene Frau im Kloster der heiligen Cäcilie in Aachen, starb und wie ihr Geist in die Körper von vier jungen rebellischen Bilderstürmern einging, die dadurch zahm wie Lämmer wurden, indem sie fortan als gläubige Mönche Gott lobten wie mit einer einzigen Stimme. Diese Männer waren nach ihrer Wandlung seltsam unfrei, wie geistesgestörte Personen; sie waren nur noch von einem einzigen Willen bewohnt, taten alles zugleich wie *ein* Mann. Sie starben in hohem Alter eines heiteren und vergnügten Todes...

Offensichtlich besaß Kleist das Wissen der Einweihung, denn er gestaltete sein Leben und seinen Tod in diesem Sinne. Ein bedingungsloser Glaube an die Aufgabe des Menschen, die jenseits dieses kurzen Lebens liegt, drängte ihn zur Tat. Leidenschaftlich suchte er eine Genossin für den Freitod und fand sie in Henriette Vogel, mit der er sich am 21. November 1811 am Wannsee bei Berlin erschoß. In seinem letzten Brief, der an seine Schwester Ulrike gerichtet ist, heiß es am Schluß: «Und nun lebe wohl; möge Dir der Himmel einen Tod schenken, nur halb an Freude und unaussprechlicher Heiterkeit dem meinigen gleich: das ist der herzlichste und innigste Wunsch, den ich für Dich aufzubringen weiß. Dein Heinrich.»

Im Zeitalter der Romantik war das Schicksal Kleists keine Ausnahme gewesen, es hatte Vorbilder und Nachahmer gehabt. Doch insgesamt waren die Fälle selten und wurden von der bürgerlichen Gesellschaft mit Schaudern und achselzuckendem Unverstand abgetan.

Faust: O glücklich, wer noch hoffen kann,
Aus diesem Meer des Irrtums aufzutauchen!
Was man nicht weiß, das eben brauchte man,
Und was man weiß, kann man nicht brauchen.

*Johann Wolfgang Goethe, «Faust», 1. Teil, Vor dem Tor*

Mephistopheles: Machst du's doch selbst,
das Fratzengeisterspiel!

*J. W. Goethe, «Faust», 2. Teil, I. Akt, Rittersaal*

# Teil 4: Neue Forschung

25. Okkultismus, die Wissenschaft vom Verborgenen. Das schwer durchdringbare Gebiet. Friedrich Zöllner und die vierte Dimension.

26. Der moderne Spiritismus. Die schreibenden Tischchen. Der übereilte Entwurf des Allan Kardec. Die «Dialectical Society» von London. Sir William Crookes und das Medium D. D. Home. Das deutsche Forscherkleeblatt um Zöllner. Die Haltung der Kirche am Beispiel der Erscheinung von En-Dor. Lombroso und die Paladino.

27. Ergebnisse. Zusammenfassung der spiritistischen Forschungsergebnisse nach Conan Doyle. Die klassische Erklärung der Vorfälle.

28. Parapsychologie. Zirkelschluß und Sterilität der akademischen Richtung. Auf dem Kongreß von Córdoba wurde die okkulte Forschung zum Thema der Atomphysiker erklärt.

## 25. Okkultismus, die Wissenschaft vom Verborgenen

Als der schwedische Ingenieur Emanuel Swedenborg im 18. Jahrhundert seine Visionen vom Reich der Geister veröffentlichte, wurde er von namhaften Gelehrten seiner Zeit ernst genommen. (Kants kritische Betrachtung habe ich gerade erwähnt). Das darf nicht darüber hinwegtäuschen, daß diese theosophisch-naturwissenschaftlichen Ideen vom Zusammenhang aller Dinge der damaligen Zeitströmung absolut entgegenliefen, denn mit der Aufklärung war die Grundlage zum Materialismus gelegt worden, zu einem strengen Materialismus, wie ihn seine griechischen Gründer zwei Jahrtausende vorher nicht geahnt hätten.

Darum dauerte es mehrere Generationen, bis der Okkultismus selbst aus dem verborgenen hervortreten konnte und Schritt für Schritt in die allgemeine Diskussion aufgenommen wurde. Erst ein Jahrhundert nach Swedenborg war der Durchbruch erreicht – okkultes Geschehen wurde in hitzigen Streitgesprächen in der gesamten «zivilisierten» Welt behandelt. Allerdings war diese Diskussion meist völlig unsachlich und hat auch zu keinem Ergebnis geführt, sondern ist – eben mangels eines Ergebnisses – immer wieder eingeschlafen. Vergessen ist das Thema bis heute nicht, wenn sich auch die Schärfe, mit der die Okkultisten oft bekämpft wurden, gemildert hat.

Daß es bei so undurchsichtiger Materie an Betrügern nicht gefehlt hat, ist eigentlich selbstverständlich. Dennoch hat gerade diese Tatsache oft zur strikten Ablehnung des ganzen Bereiches geführt. Darum wurde es immer wichtiger, Wegweiser in diesem von Leidenschaften und Unkenntnis beherrschten Dschungel anzulegen.[110]

Allein schon die Vielzahl der Bezeichnungen dieses neuen

Arbeitsfeldes der Forschung macht deutlich, wie weit der Rahmen hier angelegt ist: Von den klassischen Bezeichnungen Okkultismus, Spiritismus und Mediumismus bis zu den modernen Begriffen an den Universitäten, meist Metapsychismus oder Parapsychologie genannt, liegen die vielen Seitenzweige, die meist in Sekten oder Geheimbünden gepflegt wurden und die Namen ihrer Gründer tragen. Es steht fest, daß viele Medien betrogen haben und von Zeit zu Zeit überführt wurden. Heißt das, daß *alle* Erscheinungen, die sie hervorriefen, durch Taschenspielerei erzeugt waren? Oder sollte es nicht im Laufe von Hunderten von Sitzungen gelungen sein, den Unterschied zwischen echten und unechten Erscheinungen herauszufinden? Oder müssen wir den Forschern selbst mißtrauen, den Herren Schrenck-Notzing und Richet, die nach der Entlarvung «ihrer» Medien nicht bereit waren, den Schabernack einzusehen, dem sie aufgesessen waren, weil ihre Ehre darunter litt?

Alle Forscher arbeiten mit den gleichen Voraussetzungen: sie erkennen nur an, was ihr Verstand für möglich hält und was sie selbst erlebt haben, in Ausnahmefällen auch noch das, was wegen der Unbescholtenheit anderer Forscher (zum Beispiel Crookes) als bezeugt geglaubt werden muß. Diese Argumente sind aber nicht ausreichend für eine wissenschaftliche Bestätigung der Erscheinungen. Denn was ein Verstand, auch der eines hervorragenden Forschers, für möglich hält, ist für andere Forscher nicht wichtig, und die Ehrlichkeit eines Mannes bedeutet nicht, daß er nicht getäuscht werden könnte. Dieselben Argumente verhindern sogar die Anerkennung gewisser Erscheinungen, zum Beispiel des Spuks, der oft von großen Menschenmengen als Tatsache erlebt wird, oder der Wunderheilungen oder indischer Yogi-Vorführungen.

Die fortwährenden Beteuerungen der Unbescholtenheit jener Forscher kommt mir verdächtig vor. Stets wird darauf hingewiesen, daß die Zeugen und Beobachter ehrenwerte Männer waren, aus der besten Gesellschaft ihres Landes, vom Hofe oder sogar Fürsten selbst... so auch Arthur Koestler – zweifellos ein ehrenwerter Mann –, der die neuesten Ergebnisse dieser Wissenschaft im Grenzbereich der Naturwissenschaften in einem interessanten Buch vorlegt[III], indem er mit Vorliebe Nobelpreisträger anführt und auch ständig auf diesen Umstand hinweist, denn... wie könnte sich ein Nobelpreisträger irren?

Es mag wohl einem Gedanken zum Durchbruch verhelfen,

wenn er von bedeutenden Persönlichkeiten vorgetragen wird, aber das sagt nichts über dessen Wahrheitsgehalt aus, nicht einmal etwas über den Wert des Gedankens.

Es kann auch nicht darum gehen, herauszufinden, was dem menschlichen Verstand am logischsten erscheint. Wenn eine Lehre wie die von der Wiedergeburt am besten alle ungeklärten Fragen löst, ohne neue aufzuwerfen – also in mathematischer Weise die geringsten Axiome setzt –, macht sie das noch nicht zur «Wahrheit». In diesem Sinne hatten sich schon Platon und seine Nachfolger, auch Lessing und Steiner, entschieden.

Die Erforschung des Spiritismus ist mühselig, ein «fatales Herumwaten in einem Brei von Mißverständnissen, wie er in solcher Zählebigkeit sich kaum je aus einer anderen Materie menschlichen Denkens zu entwickeln pflegt», schrieb Sir Galahad[112]; «und doch liegt allem Schlamm und Gebrodel ein Ozean an Wahrheit zugrunde wie der irdische Ozean seinen Quallen und Tang aufwerfenden Brechern.» Und dazu wird eine kluge Anekdote erzählt: Dem Kronprinzen Rudolf von Österreich, der während einer Séance durch vorzeitiges Dazwischenfahren... durch Störungen aller Art die Phänomene verhindert und das Medium Slade «entlarvt» hatte, erwiderte auf seine Frage ein gleichfalls anwesender Mathematiker von Weltruf: «Kaiserliche Hoheit, dies ist wie bei Kristallen: In dunklen Räumen, nach Monaten der Vorbereitung, innerhalb ganz bestimmter Temperaturgrenzen und von keinem Schritt erschüttert, da vermag sich aus der satten Lösung vielleicht der Kristall zu bilden... wenn man aber mit einem Knüppel in der Lösung herumrührt...» Er brauchte den Satz nicht zu beenden, und auch wir wissen recht gut, worum es hier geht. Jeder Versuch hat seine eigenen Bedingungen, und die Wiederholbarkeit eines Versuches kann gar nicht zur Grundforderung erhoben werden, wenn es sich um eine biologisch-psychologische Forschung handelt.

Für grundlegende Beweise eignen sich diese Versuche also nicht. Sie können nur beitragen zur Erforschung des menschlichen Geistes, nicht sein Vorhandensein beweisen. Liegt darin die Tragik der okkulten Wissenschaft? Ich glaube nicht. Auch die vielen Betrugsaffären sind nicht schuld daran, daß wir heute in diesem weiten Bereich geistiger Äußerungen noch im dunkeln tasten.

Es geht uns da wohl wie mit dem geheimnisvollen «Südkontinent», der schon in römischer Zeit geahnt wurde. Zweitausend Jahre brauchte die Menschheit, um Gewißheit darüber zu erlangen, denn die Seereisen dorthin waren weit, gefahrvoll und ohne jeden materiellen Anreiz. Und selbst der erfolgreiche Seefahrer, der von dort zurückgekehrt war, wurde nur ausgelacht. So erging es auch Friedrich Zöllner, einem der intelligentesten Menschen, die sich je mit diesem Thema beschäftigt haben. Er ist der Begründer der Astrophysik und hatte schon in jungen Jahren durch Erfindungen und Veröffentlichungen über die Lichtmessung der Sterne internationale Anerkennung erlangt. 1874 gelangte er durch seine Berechnungen zur Erweiterung unseres Weltbildes, indem er die vierte Dimension in die Methematik einführte. Seit Einstein ist dieser Schritt allgemein als notwendig erkannt und nicht mehr rückgängig zu machen. Dennoch, damals erntete er nur allseitig Hohn für seine kühnen Gedanken. Er suchte darum, um seine mathematisch-philosophischen Schlüsse zu unterstützen, nach physikalischen Beweisen und glaubte schließlich, vier Jahre nach jenem Durchbruch, mehrere ausreichende Nachweise durch Versuche mit dem amerikanischen Medium Henry Slade gefunden zu haben. In seinem vierbändigen Werk «Wissenschaftliche Abhandlungen»[113] hat er ausführlich darüber berichtet. Diese Versuche sind in den vergangenen hundert Jahren immer wieder besprochen worden und haben zumindest eines den meisten anderen Versuchen ähnlicher Art voraus: ihre Glaubwürdigkeit und Sauberkeit hinsichtlich der Kontrolle steht außer Zweifel; diskussionswürdig ist allerdings die Schlußfolgerung, und das bis heute.[114]

Zunächst will ich kurz beschreiben, was sich damals in Leipzig ereignete, als Slade auf seinen Reisen in Europa zweimal im Hause eines Herrn von Hoffmann abstieg und ihm sowie Zöllner und dessen Freunden einige Vorstellungen von seinem Können gab. Am bekanntesten sind die Schiefertafelexperimente, die Slade auch in vielen anderen Städten gezeigt hatte und von denen die besten Taschenspieler Europas immer wieder zugeben mußten, daß sie es für unmöglich hielten, derartige Dinge mit irgendwelchen Tricks erklären zu können. Hier ein verkürzter Bericht[115]: Zöllner nahm zwei Schiefertafeln mit Holzrahmen, wie wir sie alle aus unserer Schulzeit noch kennen, reinigte sie und legte sie aufeinander; dann versiegelte er sie an vier Stellen, so daß niemand sie unbemerkt öffnen konnte. Zöllner legte die Tafeln auf den Tisch in einiger Entfernung von Slades Händen, dann bedeckte er Slades Hände mit den seinen. In diesem Augenblick hoben sich die Tafeln, von niemandem berührt, stellten sich auf eine Kante und legten sich in anderer Lage wieder auf den Tisch nieder. (Obgleich das Ganze sich abends, etwa um halb neun Uhr ereignete, konnte Zöllner doch alles gut sehen, da eine Kerze den Tisch erhellte.) Sogleich hörte er, wie auf den Tafeln mit einem Griffel geschrieben wurde, bis durch drei Klopflaute «seitens der Geister» angekündigt wurde, daß der Vorgang beendet sei. Zöllner löste seine Hände aus denen von Slade, ergriff sogleich die Doppeltafeln und trug sie ins Nebenzimmer, wo er in Gegenwart von zwei Zeugen die Siegel aufbrach und die Tafeln auflegte: beide Innenseiten waren vollständig bedeckt mit englischen Sätzen.

Meines Erachtens reicht das schon, um einem entweder die Haare zu Berge stehen zu lassen oder unmutig das Buch zuzuklappen. Doch warum sollten wir die Augen verschließen, wenn es gerade spannend wird?

Sicher machten diese Experimente einen großen Eindruck auf Zöllner, doch sie reichten ihm nicht aus. Er wollte ja nicht das Vorhandensein von Geistern beweisen, sondern die vierte Dimension. Darum hatte er sich einige Versuchsanordnungen ausgedacht, die auch den härtesten Gegner überzeugen müssen. Er nahm eine anderthalb Meter lange Hanfschnur, verknüpfte die beiden Enden miteinander und versiegelte den Knoten. Am nächsten Tag (17. 12. 1877) fand die Sitzung mit Slade statt, bei hellem Tageslicht. Zöllner hängte sich die Schnur um den Hals, um sie keinen Augenblick aus den Augen zu verlieren. Dann legte er das Siegel auf den Tisch und hielt beide Daumen auf die Schnur kurz vor dem Siegel. Alle Anwesenden konnten sowohl die Schnur als auch Slades Hände jederzeit sehen und waren sicher, daß Slade die Schnur nicht berühren konnte. Er legte nur seine linke Hand über die Daumen Zöllners, und das gleiche tat ein anderer Zeuge, um festzustellen, daß sich Slades Hand ruhig verhielt. Im Laufe weniger Minuten wurden vier einzelne Knoten in die endlose Schnur geschlagen! Auch als Halluzination ließ sich das nicht abtun, denn die Knoten blieben in der Schnur und konnten jedem, der es wünschte, gezeigt werden.

Um den Beweis noch besser zu führen und jeder Kritik gerecht zu werden, erdachte Zöllner eine noch bessere Versuchsanordnung und bat Slade, als dieser ein halbes Jahr später wieder in Leipzig weilte, noch einmal um einige Knoten. Er hatte zwei Lederstreifen als Schlingen vorbereitet, indem er die Enden eines Streifens miteinander verband und versiegelte. Diese beiden getrennten Lederschlaufen legte er auf den Tisch und hielt beide Hände schützend darüber. Dann legte Slade vorübergehend leicht seine Hand auf die Hände Zöllners und nahm sie wieder weg, wobei er sagte, er sehe Lichtausströmungen über Zöllners Händen und spüre einen kühlen Wind. Auch Zöllner spürte den kühlen Hauch zweimal, sah aber das Licht nicht. Während des zweiten kühlen Windes, als Slades Hände schon entfernt waren, spürte Zöllner, wie sich unter seinen Händen die Lederstreifen bewegten. «Unmittelbar darauf klopfte es dreimal im Tisch, und als ich meine Hände fortnahm, waren die vorher getrennten Lederstreifen in der fotografisch dargestellten Weise verknüpft.» Auf dem Foto sieht man zwei Lederschlaufen, die durch vier Knoten miteinander verbunden sind. Ohne die Siegel zu brechen, kann man diese Knoten nicht hereinbekommen oder wieder herauslösen, wie ich durch Nachbasteln selbst feststellen mußte.

Man könnte noch andere «Wunder» anführen, die Slade in Gegenwart Zöllners ausführte, zum Beispiel jene Sitzung, bei der ein Holzring um ein Tischbein gelegt wurde, auf das man ihn nicht aufschieben konnte, ohne den Ring zu zerbrechen. Dennoch zeigte der Holzring keine Bruchstellen. Aber ich will vorläufig darauf verzichten – weiter unten werde ich noch einmal über Slade, Zöllner und seine Freunde im geschichtlichen Zusammenhang berichten –, um mich hier nun der Deutung zuzuwenden, die Zöllner diesen eigenartigen Geschehnissen gegeben hat. Die Durchdringung der Materie, so folgerte er, geschieht in der Weise, daß die Körper durch die vierte Dimension getragen werden, was uns, die wir nur in drei Dimensionen denken können, einigermaßen wunderbar vorkommen muß. Es wäre ebenso unvorstellbar, wie wenn jemand, der in zwei Dimensionen zu denken gewöhnt ist, plötzlich sähe, wie ein Knoten in eine Schnur geschlagen wird, denn dabei wird die Schnur ja durch eine dritte Dimension hindurchbewegt, was jenem Betrachter, da es ihm unvorstellbar wäre, auch nicht zu Bewußtsein kommen würde. Er sähe nur eine Schnur und später einen Knoten darin, den Vorgang selbst könne er nicht wahrnehmen.

Und darin liegen gleich mehrere Denkfehler, die jedoch nicht einmal den neuesten Untersuchern, dem Physiker Renninger und dem Psychologen Luttenberger[116], klargeworden sind. Darum will ich einen Ausflug ins Reich der Dimensionen unternehmen.

Die Null-Dimension bezeichnen wir als Punkt. Diesen können wir jedoch nicht anders beschreiben als durch Vorgriff auf die nächsthöhere Dimension: als Schnittstelle zweier Linien. Solche eindimensionalen Gebilde, Linien, sind Punkte, die sich bewegen. Außerdem kann man sie analog zur Beschreibung des Punktes in vorgreifender Weise als Schnitt zweier Formen der nächsthöheren Dimension, der Flächen begreifen, denn wenn zwei Flächen sich unter einem Winkel durchdringen, bildet die Schnittstelle eine Linie. Entsprechend ist ein sich bewegendes Gebilde der ersten Dimension, eine wandernde Linie, eine Fläche.

Ebenso entsteht eine Fläche als Schnitt zweier Körper, also dreidimensionaler Gebilde. Diese wiederum sind definierbar als Flächen, die sich bewegen. Aufwärtssteigend muß auch die vierte Dimension so erfaßbar sein, nämlich als Schnitt zweier Gebilde der fünften Dimension und als sich bewegender Körper. Das letztere zumindest ist vorstellbar. Damit ist ein Gebilde der vierten Dimension durch vier Angaben festgelegt: Länge, Breite, Höhe und Zeitmaß. Bringt man zwei sich bewegende Körper zum Schnitt, so erhält man den dreidimensionalen Körper.

In der modernen Mikrophysik wird schon lange mit der 4. Dimension gerechnet, doch so logisch wie uns das heute vorkommt, erschien es den Zeitgenossen Zöllners gewiß nicht, sonst wäre er von seinen Fachkollegen nicht so angefeindet worden. Es ist wohl nur eine Frage der Erziehung, was wir uns vorstellen können und was nicht.

Auf Grund unserer heutigen Schulbildung können wir uns nicht mehr vorstellen, daß eine Betrachtung der Umwelt ohne ein Zeitmaß möglich ist. Allein schon die Beschreibung eines beliebigen Ortes auf dem Globus verlangt vier Angaben: Den Radius der Erdkugel, den Winkel der geographischen Breite, den Winkel der geographischen Länge und viertens – unabdinglich – eine Festlegung des Nullmeridians, z. B. die Einigung auf den Meridian von Greenwich. Das letztere ist eine zeitliche Festlegung, eine Momentsbezeichnung der gleichförmigen Bewegung der Erde. Wenn sich der Betrachter außerhalb der Erde befände, brauchte er noch eine fünfte Koordinate, nämlich die Beziehung seiner Eigenbewegung im Verhältnis zur Bewegung der Erde. Mit fünf Angaben ist dann der Punkt voll bestimmt.

Ich glaube, ich habe damit auf allgemeinverständliche Art gezeigt, daß wir uns heute daran gewöhnt haben, in vier Dimensionen zu denken und auch eine fünfte noch gedanklich recht gut erfassen können. Doch die Durchdringung von Materie, die Slade dem Astronomen Zöllner zeigte, können wir gedanklich nicht erfassen, auch nicht auf dem Umweg über eine höhere Dimension. Alle geometrischen Gebilde wie Punkt, Linie, Fläche und Körper sind nur geistig vorstellbar, sie haben keine Entsprechung in der Wirklichkeit. In der Wirklichkeit spielt sich alles in mindestens vier Dimensionen ab. Ein «unendlich dünner Faden», der einer Linie gleichkommt, wie Zöllner in seiner Modellerklärung gefordert hatte, ist nicht wirklich, er kann auch nicht verknotet werden, denn das Endprodukt, der Knoten, existiert nur in drei Dimensionen.[117] So ist auch ein «zweidimensional denkendes Wesen» eine Forderung Zöllners, die ich nicht nachvollziehen kann. Zumindest ist dieser Denkfehler an Zöllners Modell offensichtlich: ein zweidimensional denkendes Wesen könnte weder einen Knoten noch eine Schlaufe überhaupt als solche erkennen, könnte sich also auch keine Gedanken über seine Entstehung machen. Und damit fällt die ganze Beweisführung aus.

Ich habe diesem Fehlschluß darum soviel Aufmerksamkeit gewidmet, weil noch heute in ähnlicher Weise Erklärungen für die paranormalen Ereignisse gegeben werden, wie ich am Schluß des Kapitels erwähnen werde. Nun wollen wir uns aber noch mal dem Geschehnis selbst zuwenden. Wie konnten die Knoten in die Schnur oder in die Lederschlaufen gelangen? Doch nur auf eine einzige Weise, indem man nämlich die Schnur zerschnitt, die Knoten schürzte und dann die Schnittstellen wieder makellos verband. Das war offensichtlich nicht geschehen. Wohlgemerkt, die Knoten selbst stellen keine physikalische Unmöglichkeit dar, sondern nur die Art ihrer Herstellung ist unerklärlich. Wenn auch Zöllner vorausgesehen hatte, daß man in hundert Jahren die vierte Dimension zu den Trivialitäten zählen wird, und wenn es sogar soweit gekommen ist, daß man heute das dreidimensionale Denken als wirklichkeitsfremde Abstraktion ansieht, so sind wir doch in der Frage nach dem «Wie?» dieser Knotenbildung keinen Schritt weitergekommen.

Es mag zunächst unbedeutend scheinen, wenn irgendwo auf einer Tafel geschrieben wird, ohne daß ein Mensch daran beteiligt war; oder wenn Knoten in eine endlose Schnur geschürzt werden, ohne daß die Schnur zerrissen wird. Wir könnten es auch als Unfug abtun, doch damit wäre nichts gewonnen. Gerade hier, an den Grenzen unserer Vernunft, lohnt sich das Forschen, denn wir könnten neue Erkenntnisse gewinnen, die über den einzelnen Fall hinaus weitreichende Bedeutung erlangen würden. Vielleicht ist es gerade die Ungeheuerlichkeit, die sich jenseits der Vernunftsgrenze auftut, was uns von der weiteren Forschung abhalten will. Denn wichtiger als der Schabernack, den Klopfgeister und Tischerücker auslösen, brechen die vielen anderen Taten in unsere Welt ein, die den gleichen unnennbaren Kräften zugeschrieben werden: Da gibt es Menschen, die auf dem Wasser gehen, unversehrt im Feuer sitzen, sich in die Luft erheben, sogar weite Reisen in Blitzesschnelle oder Windeseile unternehmen, sind in zwei Personen geteilt an verschiedenen Orten zugleich befinden, unsichtbar werden, in fremden Sprachen reden oder schreiben, die sie im Wachzustand nicht kennen, Menschen heilen durch Handauflegen, die Zukunft weissagen...[118]

Demgegenüber mag die von Slade gezeigte Kraft keine Beachtung verdienen, wenn sie nicht gerade die Unerklärbarkeit der Tatsache selbst zeigen würde; und dadurch wird sie zum Stein des Anstoßes. Denn hat man erst einmal anerkannt, daß eine derartige Möglichkeit besteht, dann ist der Weg nicht mehr weit zum Eingeständnis noch größerer Möglichkeiten: Reisen in die Vergangenheit oder Zukunft oder ins All der Sterne, Berge versetzen und Flüsse anhalten durch das Gebet, die Erde gestalten oder vernichten... der Phantasie sind keine Grenzen gesetzt. Wir sehen, wie uferlos unser Denken werden kann, wenn es die hemmenden Fesseln des als möglich Erkannten verliert.

An dieser Grenze entlang bewegt sich die okkulte Forschung. Auf einem Gang durch ihre Geschichte werde ich zeigen, wie der Mensch mit diesem Problem fertig wurde und welche Lösungen er in neuerer Zeit gefunden hat.

## 26. Der moderne Spiritismus

Die Welt des Bürgertums hatte sich im 18. Jahrhundert mehr und mehr gefestigt in einer selbstgebastelten Weltanschauung, aus der sie alles fernhielt, was ihren Schlaf stören konnte. Sie war gleichermaßen blind für Meteore und Versteinerungen wie für Spuk und Sphärenklänge.

Seit die Gelehrten der Aufklärung den Glauben an Dämonen und Geister streng abgelehnt und als Aberglauben verurteilt hatten, war es still geworden auf diesem Gebiet. Erst die romantischen Dichter begannen schüchtern wieder davon zu reden. Als Richard Lepsius 1842 das ägyptische Totenbuch herausgab, hat er damit in den Kreisen der Gebildeten das Wissen von der Entwicklung des Geistes nach dem Tod des Körpers wieder wachgerufen und die Grundlage für den heutigen Geisterglauben geschaffen. Fünf Jahre später schlug die Geburtsstunde des modernen Spiritismus, als ein Poltergeist das Haus der Familie Fox in Hydesville bei New York unsicher machte. Solche Erscheinungen – hauptsächlich unerklärliche Klopfgeräusche – sind zwar nicht häufig, doch nicht völlig ungewöhnlich. Seit Jahrhunderten war immer wieder derartiger «Spuk» in Häusern aufgetreten und mit mehr oder weniger Erfolg bekämpft worden. Diesmal wurde er jedoch nicht bekämpft, sondern zum Anlaß für einen Gelehrtenstreit, der ein halbes Jahrhundert lang die ganze Welt bewegte.

Die Familie Fox – ursprünglich Voss geheißen und aus Deutschland stammend – war Mitglied der Methodistenkirche; sie waren gläubige Christen und von einfacher Lebensweise. Nachdem der Poltergeist schon mehrere Male sein Unwesen getrieben hatte, fragten die Töchter Margaret und Katie Fox, die durch ihren kindlich festen Glauben an Gott vor der sonst üblichen Angst vor Gespenstern bewahrt geblieben waren, eines Tages laut: «Bist du ein Mensch oder ein Geist?» und fügten dann hinzu: «Wenn du ein Mensch bist, klopf einmal; bist du ein Geist, dann klopf zweimal!» Und der Geist klopfte zweimal. Daraufhin stellten sie weitere Fragen, zum Beispiel nach dem Alter der Geschwister, und erhielten richtige Antworten durch Klopfzeichen. Aus diesem Spiel wurde bald Ernst. Der Journalist Andrew Jackson verbreitete die Neuigkeit, und eine Tante nahm die beiden Mädchen auf Reisen mit, wo sie vor großem Publikum ihre mediumnalen Fähigkeiten zeigen mußte. Zunächst aus Neugier, später mit einer gewissen Berechtigung, nahm die ganze zivilisierte Welt diesen für sie neuen Gedanken der Geistertätigkeit auf und probierte ihn selbst aus. Es gab eine Zeit, da man sagen konnte, es herrsche eine spiritistische Epidemie. In allen Salons der «besseren Gesellschaft» stand ein kleines rundes Tischchen zur Befragung der Geister. Durch Klopfzeichen trat man mit ihnen in Verbindung und erhielt auf gleichem Wege Antworten, indem man zum Beispiel das Abc in Zahlenwerte umsetzte, also: ein Klopfton bedeutet A, zweimal Klopfen B, dreimal = C und so weiter. Die Fortgeschritteneren verwendeten ein kleines Körbchen mit daran gebundenem Schreibstift oder auch Schiefertafeln und erhielten die Antworten durch «automatische Schrift». Auf diese Art glaubte man, mit den Toten in Verbindung zu treten oder auch mit fernen Welten auf anderen Planeten sogar. Zumindest stellte man sich vor, daß die Geister der Verstorbenen, die mit ihren Angehörigen noch durch Liebe verbunden waren, in den Sitzungen zurückkehrten, und dadurch wurde das Leid, das sie durch ihren Tod verursacht hatten, gelindert. Der Trost, unsterblich zu sein, stillte viele Tränen.[119]

Die schreibenden Tischchen oder Psychographen (= Seelenschreiber) waren allerdings keine Neuerfindung; in ihnen lebte ein uralter Brauch wieder auf, der vor allem in Ostasien lebendig geblieben war. Aus römischer Zeit wissen wir durch die Schriftsteller Ammianus Marcellinus und Tertullian, daß man in gebildeten Kreisen der kaiserlichen Gesellschaft schon die schreibenden Tische verwendete.[120] Als man nun auch in der abendländischen Kulturwelt – unter Dichtern und Philosophen, Technikern und Geistlichen – die Kunst der Seelenbefragung wieder zu pflegen begann, tat man dies allerdings noch nicht mit der erklärten Absicht, die eigene Psyche zu erforschen, sondern glaubte an die Kundgebung der Geister Verstorbener in den Nachrichten der Tische. Dennoch wurde auf diese Weise unbemerkt der Grund für die moderne Psychologie gelegt, denn die Anerkennung eines geistig-seelischen Prinzips im Menschen war eine weitreichende Neuerung. Heute wendet der Psychiater eine verwässerte Abart der automatischen Schrift an, indem er seine Auftraggeber zu entspannten Kritzeleien anregt und daraus seine Schlüsse zieht.

Der Gedanke, daß ein geistiges Prinzip den Menschen leite, gab den vom Materialismus gedemütigten Menschen beachtlichen Auftrieb und eroberte die Intelligenzschicht Europas im Fluge.

Unter den zahlreichen Geistesgrößen, die sich dem Spiritismus damals anschlossen, nenne ich nur Victor Hugo und Alexander Dumas. Zum Propheten der neuen Bewegung wurde der Franzose Allan Kardec, der mit seinem «Buch der Geister», das 1857 erschien, die Dogmen der neuen Weltanschauung aufstellte.

Normalerweise wird Allan Kardec in den modernen Büchern über diese Forschungsrichtung einfach übergangen oder höchstens verächtlich am Rande erwähnt. Sein Einfluß auf viele Millionen Menschen in Europa und Amerika war von ungewöhnlichem Ausmaß und wirkt bis heute nach, so daß ich eine kurze Notiz nicht unterlassen kann: Eigentlich hieß er H. L. Rivail (1804–1869) und war zunächst ein Verfechter der Lehren Pestalozzis in der Schweiz. Später gründete er eine Schule in Paris und begann im Alter von fast 50 Jahren sich für Magnetismus, Hypnose usw. zu interessieren. Einige Freunde übertrugen ihm darum eine umfangreiche Sammlung von Aufzeichnungen der gerade neu entstandenen Geistesrichtung, die sich mit Totenbefragung, Spuk und Trance-Aussagen beschäftigte und sowohl direkte Versuche als auch Berichte über derartige Vorkommnisse bei Naturvölkern enthielt. Die Verfasser waren namentlich Pierre Leroux, Fourier und Eugène Nus; von letzterem erschien das Buch «Choses de l'autre monde» in Paris.[121]

Aus dieser enormen Materialsammlung schuf Rivail in Zusammenhang mit eigenen Erlebnissen sein «Buch der Geister», das in über 1000 Fragen und Antworten die Grundlagen über das damalige Wissen anbot. Während einer Séance wurde ihm von einem Medium der Name Allan Kardec gegeben, der auf einen druidischen Priester zurückgehen soll. Entsprechend hochgeschraubt sind auch die Aussagen jenes Buches, das eines der meistgelesenen Bücher der Welt wurde, eine Art Bibel für Millionen. Ich möchte den Inhalt eher als Zielvorstellung eines Humanisten bezeichnen; denn wissenschaftliches Dokument, als das es sich selbst vorstellt, ist es gewiß nicht. In diesen «Geisterantworten» erblickt man bei näherem Hinsehen die eigenwillige Handschrift Kardecs, die von Vorstellungen wie «Logik», «Gerechtigkeit Gottes» und «Sonderstellung des Menschen» geprägt ist.

Die Stümperhaftigkeit dieses Buches hat somit zum frühen Untergang des Spiritismus beigetragen, denn diese Wissenschaft war nun für lange Zeit fest mit dem Namen Kardec verbunden. Angeregt durch den ungewöhnlich großen Erfolg seines Buches in aller Welt gründete er eine Zeitschrift, «La Revue Spirite», die seit 1858 bis heute erscheint. Schon zu Lebzeiten wurde er wie ein Heiliger verehrt, und heute ist ein Kult daraus geworden, der viele Millionen Anhänger in allen Kulturstaaten hat.

Bei den Gebildeten wurden die Geistertischchen bald wieder vernachlässigt, nicht nur, weil jede Mode einmal vorübergeht, sondern auch, weil die Spiritisten sich durch ihre hochtrabenden Ansprüche lächerlich gemacht hatten, zum Beispiel wenn sie vorgaben, mit den Geistern der berühmtesten Menschen der Geschichte gesprochen zu haben, mit Cäsar, Cleopatra, Platon und Sokrates, und doch nur banale Antworten auf ihre Fragen vorweisen konnten.

So wurde der Spiritismus zu einer Sekte, bestenfalls zu einer Weltanschauung, die von beiden Seiten – von Wissenschaft und Kirche – mit fanatischer Schärfe bekämpft wurde. Dieses Klima war der reinen Forschung sehr abträglich, dennoch begannen gerade in jener Zeit einige beherzte Wissenschaftler, die Erscheinungen mit ihren eigenen Methoden zu untersuchen. Es war nämlich einiges vorgefallen, das für einen klardenkenden Menschen keinen Rückzug mehr zuließ. Der schottische Künstler D. D. Home hatte Tische und Stühle vor aller Augen und bei vollem Tageslicht sich bewegen lassen, ohne sie zu berühren, er hatte eine Ziehharmonika in einem Drahtkäfig spielen lassen, sich mehrmals selbst in die Luft erhoben, und alles das, ohne daß es ihm jemand hätte nachmachen können. Home trat an Fürsten- und Kaiserhöfen auf, ließ sich bereitwillig bei allen Handlungen überprüfen und wurde nie des Betruges überführt. In seinen Memoiren, die er 1863 in Paris herausgab, kann man erstaunliche Dinge nachlesen, zugleich aber auch feststellen, daß Home ein vernünftig denkender Mann war, der sich selbst um die Aufklärung seiner geheimnisvollen Gaben bemühte.

Im Jahre 1867 hatten führende englische Wissenschaftler und angesehene Männer in London die «Dialectical Society» gegründet mit dem Ziel, widersprüchliche und von den Hochschulen vernachlässigte Themen zu erkunden. Zwei Jahre später beschloß man, durch energische Untersuchungen den spiritistischen Behauptungen, von denen alle Welt sprach, ein Ende zu bereiten. Eine Kommission von 33 Wissenschaftlern der Gesellschaft, unterteilt in sechs Gruppen, beschäftigte sich 18 Monate lang mit den verschiedenen paranormalen Erscheinungen und legte schließlich nach 50 Sitzungen ein einheitliches Dokument vor, das bejahend ausgefallen war, obgleich nur vier Mitglieder der Kommission schon vorher überzeugte Anhänger des Spiritismus gewesen und nur weitere vier Mitglieder wohlwollend an die Untersuchungen herangegangen waren. Natürlich waren auch Mißerfolge und sogar Betrug zu melden, doch zeigte sich, daß trotz aller Strenge einige Vorkommnisse anerkannt werden mußten, die sich in wenigen Sätzen zusammenfassen lassen:

Es wurde nach gründlicher Prüfung festgestellt, daß 1. Geräusche und Schwingungen ohne jede mechanische Kraft oder Muskelarbeit erzeugt worden waren; 2. ebenso ohne mechanische oder Muskeleinwirkung, ja, oft ohne Berührung durch Menschen, schwere Körper fortbewegt worden waren; 3. die Geräusche nach Art eines Signalsystems sinnvolle Antworten auf die gestellten Fragen ergeben hatten; 4. diese Antworten richtig waren, obgleich sie zuweilen Mitteilungen enthielten, die keinem Anwesenden bekannt waren; und 5. daß gewisse Personen diese Vorgänge fördern, während andere sie verhindern, wobei beides nichts mit der Einstellung dieser Personen zu den Erscheinungen zu tun hat.

Zu den Befürwortern dieser Feststellungen gehörten die hervorragendsten Techniker jener Zeit: A. de Morgan, Präsident der Mathematischen Gesellschaft von London und Sekretär der Königlichen Astronomischen Gesellschaft; der Chef des britischen und internationalen Fernmeldewesens, Ingenieur Varley; der Naturforscher Alfred Russel Wallace, der selbst einen Bericht darüber verfaßte, «Miracles and modern Spiritualism».

Auch in Amerika waren berühmte Wissenschaftler zu der gleichen Überzeugung gelangt. Zuerst versuchte ein hoher Richter, J. W. Edmonds, die Echtheit der Erscheinungen zu widerlegen. Doch schließlich gelangte er zu ihrer Anerkennung, wie er in einem Buch[122] ausführlich darstellte. Dann unternahm der Chemieprofessor Mapes die Aufgabe, die Erscheinungen abzuweisen, doch mußte er zugeben, daß sie mit Zufall, Betrug oder Sinnestäuschung nichts gemein haben. Schließlich bestätigte Robert Hare, Professor für Chemie an der Universität von Pennsylvania, durch zahlreiche Versuche die Echtheit der Phänomene.[123]

Entscheidend für die Wissenschaft wurden die Untersuchungen von Sir William Crookes, dem weltberühmten englischen Physiker.[124] Er war einer der größten Naturforscher der Neuzeit. Sowohl seine Vielseitigkeit als auch seine Erfindungen kennzeichnen ihn als Genie. Schon mit zwanzig Jahren trat er mit Veröffentlichungen über polarisiertes Licht hervor; in der Folgezeit erfand er Apparate zur Messung der Strahlenstärke und das Spektralmikroskop. Seine Forschungen auf chemischem Gebiet und hervorragende astronomische Fotografien machten ihn berühmt, so daß die britische Regierung ihn nach Oran schickte zur Beobachtung der Sonnenfinsternis. Auch seine medizinischen Arbeiten, z. B. über die Rinderpest, fanden Beachtung. Vor allem aber seine physikalischen Entdeckungen, darunter Legierungsverfahren, die bis heute industriell Verwendung finden, haben ihm Weltruhm eingetragen. 1861 entdeckte er das Metall Thallium und zeigte den Weg zur Auffindung weiterer Elemente, des Cerium, Rubidium und Indium. Dann entdeckte er die von Faraday geahnte «strahlende Materie», worüber er 1879 in London und 1880 in Paris Vorträge hielt. Er erfand die Kathodenstrahlröhre, die das Jahrhundert der Telekommunikation erst ermöglicht hat. Seine Arbeiten führten zur Entdeckung der Röntgenstrahlen und der Hertzschen Wellen. Als er im Alter von 38 Jahren, Mitglied der Königlichen Gesellschaft der Wissenschaften und Begründer des «Quarterly Journal of Science», auf der Höhe seines Ruhmes stand, begann er die Erforschung der okkulten Erscheinungen, denn er hielt es für seine Pflicht, diese Phänomene zu untersuchen, die die Öffentlichkeit beunruhigten. Bedächtig und stets darauf gefaßt, Betrug vorzufinden, untersuchte er mit Labormethoden, wie er sie auch in den anderen Bereichen seiner Forschung angewandt hatte. Wenn ein Chemiker Beobachtungen bis zu einem tausendstel Gramm Genauigkeit macht, sagte er sich, dann muß auch feststellbar sein, warum ein zentnerschwerer Körper sich plötzlich in die Luft erhebt; und wenn ein Physiker die Bewegung eines Körpers in Millimetern mißt, dann muß auch die Kraft gefunden werden, die einen Tisch meterweit bewegt. Mit selbstschreibenden Waagen und Fotoapparaten widerlegte er den wichtigsten Einwand der Gegner: daß es sich um Halluzinationen handele. Für seine Versuche, die vorbildlich wurden, hatte er das beste Medium seiner Zeit, D. D. Home, zur Verfügung. So gelangte er zur Anerkennung der spiritistischen Vorführungen. Entgegen anderslautenden Behauptungen hat er diese Schlußfolgerungen nie zurückgenommen, sondern für seine im «Journal of Psychical Research» niedergelegten Experimente die gleiche Beweiskraft beansprucht wie für seine Arbeiten auf physikalischem Gebiet, speziell dem der Strahlenforschung, auf dem er anerkannt einer der Größten war.[125]

Dieser Erfolg löste überall in Europa begeisterte Zustimmung aus. Immer mehr Wissenschaftler traten für die Erforschung der seltsamen Erscheinungen ein. In Rußland wurde Butlerow, Professor für Chemie an der Universität von Petersburg, zum Bahnbrecher. In Frankreich erreichte der Physiologe und spätere Nobelpreisträger Charles Richet durch seine Untersuchungen, daß zwei Bereiche fortan in der Medizin als Themen ernst genommen wurden: das Schlafwandeln und die Hypnose. Wenn man bedenkt, daß dieser Erfolg erst möglich war, nachdem sich viele Ärzte fast hundert Jahre lang in aufopfernder Lebensarbeit damit beschäftigt hatten, während sie als Scharlatane und Spinner beschimpft wurden, dann ahnen wir, wie weit der Weg noch sein wird, bis auch das «zweite Gesicht» und Prophetie an unseren Universitäten behandelt werden.

Berühmte Astronomen und Physiker – ich nenne nur Camille Flammarion und das Forscherehepaar Curie – bemühten sich, wissenschaftliche Erklärungen der beobachteten Erscheinungen mit den neugewonnenen Erkenntnissen aus ihrem Bereich zu geben. Durch die zunehmende Kenntnis von der Elektrizität fand man tatsächlich annehmbare Erklärungen für einige Vorgänge, besonders für die Leuchterscheinungen, knallenden Laute und Levitationen. Die besten Versuche sind diejenigen, die der angesehene Ingenieur Oberst Graf de Rochas mit dem Medium Eusapia Paladino vornahm. Immer wieder ergab sich, daß Elektrizität eine große Rolle bei den unerklärlichen Bewegungen von Gegenständen und den Klopflauten spielt. Einige Male, besonders dann, wenn die Erscheinungen ausblieben, verlangte Eusapia nach einer der damals üblichen Elektrisiermaschinen, durch die man kurzfristig hohe Spannungen erzeugen konnte, die sich in Funkenentladungen bemerkbar machten. Eusapia nahm in jede Hand eine der Elektroden und ließ sie nach einigen Umdrehungen der Handkurbel wieder los, worauf «ein lebhaftes Leuchten ungefähr 50 cm über ihrem Kopf in der Größe einer Nuß sichtbar wurde. Sabatier (einer der Beobachter, Professor für Zoologie in Montpellier) wurde kräftig auf den Rücken geschlagen, wie mit einer großen flachen Hand, alle hörten es ... und sahen die hervorgerufenen Bewegungen.»[126] Auch das Reiben der Kleidung, der Handflächen oder der Füße auf dem Boden, wobei ja statische Elektrizität entsteht, trug immer auffällig zu den kinetischen Kräften der Medien bei.

Eine deutsche Forschergruppe ging bei der Deutung mehr von erkenntnistheoretischen und mathematischen Erwägungen aus; dies waren der schon erwähnte Astrophysiker Friedrich Zöllner (1834–82) und seine Freunde, die Professoren Weber, Scheibner und Fechner, in Leipzig. Besonders der letztere, Gustav Theodor Fechner (1801–87), hatte die philosophische Grundlage geschaffen. Nach seinem Medizinstudium wurde er Professor für Physik und später für Philosophie. Schon als junger Mann, 1828, hatte er das starre Atombild durchbrochen und eine der genialsten Modellbilder in der Geschichte der Physik entworfen, das bis heute Gültigkeit hat: um einen Kern kreisen Elektronen in geschlossenen Bahnen wie Planeten um die Sonne.[127] Auch Weber war ein Physiker mit Weltruf; er war der praktische Begründer der elektrischen Telegrafie und stand viele Jahre lang mit dem Mathematiker Gauß in Gedankenaustausch. Und schließlich der vierte dieses Kleeblatts, Scheibner, galt als einer der strengsten und scharfsinnigsten Mathematiker seiner Zeit.

Durch Beobachtung und Versuche von Henry Slade, wovon ich zu Anfang des Kapitels eine kurze Beschreibung gab, gelangten diese Männer zu ähnlichen Ergebnissen wie die Forscher in anderen Ländern. Vorsichtig stellten sie das in den Sitzungen von 1877 und 1878 gewonnene Tatsachenmaterial zusammen: 1. Eine Kompaßnadel läßt sich durch Willensanstrengung bewegen, ebenso auch leichte und sogar schwere Gegenstände, ohne berührt zu werden; 2. Gegenstände im Raum konnten ohne wahrnehmbare Einwirkung zerstört werden; 3. auf Schiefertafeln entstand Schrift mit sinnvollem Inhalt, ohne Tätigkeit eines Menschen, und dies sogar auf der Innenseite zweier aufeinanderliegender Tafeln. 4. Eine Stahlnadel ließ sich durch Gedankenanstrengung magnetisieren. 5. Neutrale Lösungen wurden sauer... und anderes mehr. Am eindrucksvollsten waren die Durchdringungen von Materie: Knoten wurden in geschlossenen und versiegelten Lederschnüren geschlungen, und ein Holzring wurde über einen Tischfuß gestülpt, ohne zu zersplittern. Scharfsinnige Kontrollen und gute Fotografien sicherten diese Ereignisse als Tatsachen. Zöllner glaubte in seiner vier Jahre vorher entwickelten Idee von der vierten Dimension die Lösung für die Durchdringungsprobleme gefunden zu haben. Für die sinnvollen Äußerungen, die

Schriftzüge und die Tatsache, daß dem Wunsch entsprechende Geschehnisse auftraten, nahm er Geister an, ohne in den Fehler zu verfallen, diese Geister als die «Seelen Verstorbener» anzusehen (was zu seiner Zeit große Mode war). Er entlarvte sogar einen solchen «Geist», der sich für Goethe ausgegeben hatte.

Etwas später hatte der äußerst kritische und sehr bekannte Pariser Arzt Paul Gibier ebenfalls Gelegenheit, mit dem Medium Slade zu arbeiten. Er erzielte das gleiche Ergebnis: Gegenstände wurden bewegt und Schiefertafeln beschriftet, ohne daß irgendein körperlicher Einfluß bemerkbar wäre. Ebenso erkannte er, daß die verschiedenen ekstatischen Zustände, während derer Slade in andere Personen verwandelt schien und in fremden Sprachen redete, unmöglich als Schauspielerei oder Täuschung zu bezeichnen sind, denn Pulsschlag und Körperkraft, die der Arzt maß, können nicht durch Vortäuschen verändert werden.[128]

Noch ganz im Banne der auf allen Gebieten stürmisch voranschreitenden Wissenschaft seiner Zeit schrieb Gibier die begeisterten Worte: «...daß die Religion, oder eigentlich die wissenschaftlich gewordene Moral, eines Tages als eine besondere Abteilung in den Akademien der Zukunft ihren Sitz haben werde.» Denn, so meinte er mit Recht, daß durch die Versuche auf dem okkulten Gebiet eine Wahrheit zu finden sei, die alle anderen Forschungsergebnisse seiner Zeit überragen müsse, könne man schon jetzt erkennen. Ihm war auch klar, daß es sich dabei nur um die Wiederentdeckung einer alten Kenntnis handeln kann, die in Indien (und anderswo) schon vor Jahrtausenden gelehrt worden und nur durch die Unachtsamkeit und Überheblichkeit der lehrenden Klasse wieder verlorengegangen war. Deutlich merkt man an diesem mutigen Buch auch schon die einsetzende Reaktion der ewig Zweifelnden, die mit allen Mitteln versuchten, die sorgfältig ausgeführten Versuche dieser Wissenschaftler ins Lächerliche zu ziehen und das Ansehen dieser Männer zu untergraben. Er schließt darum mit den Worten Pascals über das Urteil, das gegen Galilei in Rom gefällt worden war: «Das beweist nicht, daß sie (die Erde) stillsteht. Selbst alle Menschen zusammen könnten sie nicht daran hindern, sich zu drehen und könnten sich nicht davon befreien, mit ihr gedreht zu werden.»

Der geradezu fanatische Widerstand der Gegner des Okkultismus erinnert tatsächlich an die Kämpfe der Kirche gegen die Kopernikianer in der Renaissance. Vermutlich befürchtete man etwas sehr Ähnliches in diesem Gelehrtenstreit, nämlich die Zerstörung eines mechanistischen Weltbildes, das bei Bürgern und Gebildeten etwa jenen geistigen Raum eingenommen hatte, den das kirchliche Dogma im Mittelalter hatte. (Erst heute, nachdem die Physiker selbst ihr System zerstört haben, nachdem sie Quantensprünge und Zeitdehnung in ihre Rechnungen eingeführt haben, ist dieser Kampf überflüssig geworden.)

Doch wie kam es eigentlich, daß die Kirchen sich in ihrer Ablehnung des Spiritismus einig waren? Lebten nicht beide Glaubensrichtungen aus derselben Kraft, nämlich der Vorstellung vom Weiterleben nach dem Tode, vom Geisterreich und von dem Glauben, der Berge versetzen kann? In der Tat: die Spiritisten waren überzeugte Christen! Sie begannen ihre Sitzungen stets mit einem Gebet und beendeten sie ebenso, sangen geistliche Lieder während der Wartezeiten – kurz: sie verhielten sich wie Gläubige nach dem Wort des Paulus «Erforschet alles und behaltet das Gute!»[129] Alle Sitzungen, auch die der wissenschaftlichen Experimente, standen unter dem Leitgedanken, die Wahrheit zu erforschen, die göttliche Welt zu verstehen.

Mehr noch: Die Spiritisten empfanden sich gerade als besonders ernste Christen, weil sie die Wundertaten Jesu und seiner Jünger als Tatsachen hinnahmen, die in ihrem Kern zu verstehen und nachzuahmen sind. Und sie fühlten sich ganz im Einklang mit den großen Heiligen, wenn sie Wege zur Überwindung der zerstörenden «Naturgesetze» Krankheit und Tod aufzeigten. Hatten nicht unzählige Heilige die Levitation vorgemacht und waren von der Kirche in Rom bestätigt worden, ja, oft erst aufgrund dieser wunderbaren Ereignisse zu Heiligen erklärt worden?

Schon in der Antike kannte man die Levitation. Simon, der Magier, beherrschte das Geheimnis; er konnte nicht nur sich selbst für gewisse Zeit über den Boden erheben, sondern auch Gegenstände, wie zum Beispiel Standbilder. Die Künste habe er vor Tausenden von Menschen in Rom vorgeführt, schrieben frühchristliche Kirchenschriftsteller.[130] Mündliche Überlieferungen aus der Großsteinzeit berichten sogar vom Transport tonnenschwerer Steine mittels geistiger Anstrengung, und auch christliche Heilige haben schwere Steine und Säulen beim Bau von Kirchen kraft des Gebetes fortbewegt.[131] Die glaubwürdigsten Berichte sind die über die heilige Christiane im 3. Jahrhundert und über den heiligen Benedikt von Nursia, den Vater des abendländischen Mönchtums (6. Jahrhundert). Im 16. Jahrhundert trafen sich zwei spanische Mystiker, die gegen ihren Willen vom Geist in die Luft erhoben wurden: Juan de la Cruz und Teresa de Avila. Bei einem theologischen Gespräch erhob sich plötzlich Johannes mit seinem Stuhl in die Luft, und gleichzeitig wurde Therese kniend neben ihm in die Luft erhoben. Eine zufällig eintretende Nonne sah dies und bezeugte es später unter Eid.[132] Etwas Ähnliches erlebte Crookes in einer Sitzung mit dem Medium Home (der übrigens überzeugter Christ war): Die Frau von Crookes wurde mit ihrem Stuhl in die Luft erhoben. Worin mag der Unterschied zwischen den Levitationen der Heiligen und denen der Spiritisten liegen?

Einen wissenschaftlich begründbaren Unterschied gibt es wohl nicht. Dennoch versagte die Kirche nach anfänglichem Zögern ihre Zustimmung zu den Experimenten und bekämpfte schließlich diese Forschungsrichtung wie eine Sekte. Jenen blieb darum nichts anderes übrig, als eigene Kirchen zu gründen, wie es schon Swedenborg ein Jahrhundert vorher getan hatte. Die Kirche hat für ihr hartes Urteil mehrere Gründe zur Rechtfertigung angeführt, unter anderem jenen: Die Spiritisten erklärten im allgemeinen ihre seltsamen Wunder als Wirkung der Geister, meist als Wirkung verstorbener Menschen. Es scheint aber ziemlich sicher, daß der Geist eines Verstorbenen nur in dem kurzen Zeitraum zwischen Todeseintritt und völliger Lösung vom Körper, also nur drei bis vier Tage lang durchschnittlich, die Fähigkeit besitzt, sich den Lebenden bemerkbar zu machen. Eine Ausnahme bilden nur die Geister unreiner Menschen, besonders die von Selbstmördern, die längere Zeit umgehen und die Lebenden mit ihrem Spuk erschrekken. Jegliche Art von Kontakt mit diesen unreinen Geistern muß demnach auch die Gläubigen verunreinigen.

Diese Haltung war aus der Bibel abgeleitet, hauptsächlich aus der Begebenheit, die von König Saul und dem Weib von En-Dor berichtet wird (1. Samuel, 28). Kurz vor seinem Tode sucht Saul in höchster Not eine Wahrsagerin auf, jene Frau von En-Dor, die einen «Wahrsagegeist hat». Wie Griechen und Germanen, wenn sie zur Orakelbefragung gingen, verkleidet er sich und zwingt die furchtsame Frau, ihren Geist hervorzurufen; dieser erscheint im Gewande des verstorbenen Samuel und beschimpft Saul, wobei er ihm voraussagt, daß er morgen mit seinen Söhnen bei ihm sein werde. (Das traf tatsächlich ein.) Zur Bekräftigung der Aussage hatte der Geist Saul mit Namen erkannt, so daß dieser nun sicher war, mit einem Totengeist gesprochen zu haben. Natürlich war ihm klar, daß dieser Totengeist nicht Samuel war, sondern nur in dessen Erscheinungsform auftrat, wie aus der Ausdrucksweise hervorgeht. Es handelt sich also um eine bewußte Täuschung, und schon darum ist es verurteilenswert als Verunreinigung. Doch die Angst vor Verunreinigung hat selten einen Forscher abgeschreckt, neue Gebiete zu durchdringen. Gerade jene Epoche, das ausgehende 19. Jahrhundert, zeichnete sich durch Kühnheit der Gedanken und Wagemut der Versuche aus. Man begann im großen Maße mit der Nutzbarmachung der Elektrizität, erforschte die Krankheitserreger bei Mensch und Tier, handhabte strahlendes Material bei der Entdeckung der Radioaktivität, durchquerte die unwegsamen Urwälder von Innerafrika auf der Suche nach den Quellen des Nils...

Und so gab es immer wieder Forscher, die den Geistern auf der Spur blieben und schrittweise das Dunkel durchbrachen. Zu den berühmtesten Wegbereitern in Europa wurden der Franzose Charles Richet und der Engländer Sir Oliver Lodge. In gewissenhafter Weise verzeichneten sie alles, was ihnen aufschlußreich erschien. Wenn wir die Arbeit von Gregor Mendel über die Vererbung oder die Untersuchungen von Robert Koch über die Bazillen als wertvoll ansehen, dann müssen wir auch den okkultistischen Forschungen den Status reiner Wissenschaftlichkeit zugestehen, denn beidem lag der gleiche Gedanke zugrunde.

Während dieser zweiten Blüte des Spiritismus erforschte man erstmals auch systematisch die erstaunlichen Wunder, die von den indischen Fakiren vollbracht wurden. Der Franzose Louis Jacolliot, der als Präsident des Tribunals der französischen Kolonie Chandernagore hohes Ansehen genoß, ein gelehrter Mann und Sprachenkenner, hatte 1879 in Paris ein Buch veröffentlicht[133], in dem er die Darbietungen der Fakire genau beschrieb. Um Selbsttäuschung und Tricks auszuschalten, hatte er umsichtig verschiedene Vorsichtsmaßnahmen bei der Beobachtung angewandt, doch die Ergebnisse übertrafen noch die kühnsten Taten der Medien in Europa. Die Fakire konnten sich in die Luft erheben, Feuer handhaben und glühende Kohlen in den Mund nehmen oder anderen in die Hand geben, ohne daß jene sich verbrannten (auch Home hatte das vorgemacht); sie konnten Gegenstände auflösen oder hervorbringen und noch einiges mehr, was man sich in Europa kaum vorzustellen wagte. Da die Fakire behaupteten, daß sie diese Fähigkeiten mit Hilfe ihrer Pitris (= Geister) ausübten, ergab sich die gleiche Grundhaltung wie bei den Spiritisten der westlichen Welt.

Aber gerade diese Erklärungsform wurde von den europäischen Wissenschaftlern am meisten in Frage gestellt. Schon Marc Thury, Professor für Physik und Astronomie in Genf, hatte 1865 die Meinung vertreten, daß das Medium alle Erscheinungen mit seiner eigenen Kraft hervorbringe, auch wenn es selbst nichts davon wisse. Die Diskussion wurde besonders hitzig, als Professor Lombroso aus Turin hervortrat. Er war zunächst ein entschiedener Verächter der Spiritisten gewesen und hatte sie bis zur persönlichen Beleidigung bekämpft, doch überzeugte er sich schließlich von der Echtheit der Erscheinungen und versuchte sie zu erklären. Als Neurologe erlaubte er nur eine psychologische Deutung: Wie früher schon Home und Slade, so sei auch das Medium Eusapia Paladino, das er untersucht hatte, eine Nervenkranke; auf der linken Schädelseite trägt sie eine Narbe von einer Verletzung seit der Kindheit. Wahrscheinlich sei ein Teil ihres Gehirns lahmgelegt, wodurch die epileptischen Anfälle, die Eusapia von Zeit zu Zeit erlitt, ausgelöst wurden. Dadurch könne der andere Teil des Gehirns besser entlastet sein und damit in der Lage, die erstaunlichen Erscheinungen hervorzurufen, wie zum Beispiel die Hebung und Bewegung eines schweren Tisches. Dies müsse man auch weiterhin als anormal bezeichnen, da ja nur sehr wenige Menschen über solche Fähigkeiten verfügen. Doch mit der Bezeichnung «nervenkrank» und anormal war die Sache nicht aus der Welt geschafft, im Gegenteil! Durch diese ärztlichen Untersuchungen waren die Erscheinungen als eine über jeden Zweifel erhabene Tatsache anerkannt worden, und es reicht ja eigentlich ein einziger nicht ins System passender Fall aus, um ein ganzes Weltbild zu stürzen.[134]

Die Untersuchungen und Abhandlungen der Astronomen und Physiker wie Crookes und Zöllner waren über die Kreise der Wissenschaft nie hinausgelangt. Ganz anders war es mit den Schriften Lombrosos, die überall in Europa und Amerika lauten Anklang fanden und von Freund und Feind offen diskutiert wurden. Die Tageszeitungen von Moskau und Berlin, Paris und Madrid brachten große Artikel mit dem Für und Wider, wobei die auf beiden Seiten benützten Argumente oft von Leidenschaft verzerrt waren und den Wissenschaftlern nicht zur Ehre gereichten. Es stand ja viel auf dem Spiel: ein Weltbild, das schon in der hellenistischen Antike gegolten hatte, war ins Wanken gekommen. Doch nur für kurze Zeit, denn obgleich die Spiritisten unwiderlegbare Beweise brachten, fehlte ihnen doch etwas, das unabdingbar war: die Erklärung dieser ungewöhnlichen Erscheinungen mit den Gesetzen der herkömmlichen Denkweise. An die Stelle des gestürzten Weltbildes hätten sie ein neues setzen müssen, und dazu waren sie in diesem frühen Stadium ihrer Forschung nicht in der Lage. Also blieb man – in Ermangelung eines Besseren – bei dem althergebrachten Weltbild und mußte notgedrungen die okkulten Erscheinungen als «unwirklich» ablehnen oder sie zumindest als Ausnahmen und Sonderfälle beiseite schieben.

## 27. Ergebnisse

Geschichtlich gesehen ist der Spiritismus schon seit einem Jahrhundert überholt durch die wissenschaftlichen Untersuchungen, die man seitdem besser mit dem Wort Okkultismus belegt. Das sollte uns dennoch nicht davon abhalten, einmal zusammengefaßt zu betrachten, was jene Hypothese von den Geistern als Urhebern der merkwürdigen Vorkommnisse erreicht hat. Ich bringe darum einmal unter dem Gesichtspunkt des spiritistischen Arbeitsgedankens die Ergebnisse, die aus Hypnose und Tischerükken, Klopfgeistern und automatischem Schreiben erzielt worden sind. Ohne also zu klären, wie die Mitteilungen zustande gekommen sein mögen, gehe ich auf den Inhalt dieser Mitteilungen ein. Es läßt sich nämlich nicht von der Hand weisen, daß diese Ergebnisse in völlig unvorhergesehener Weise in den grundlegenden Aussagen miteinander übereinstimmten! Obgleich alle Medien Christen waren – die weitaus größte Zahl unter ihnen sogar überzeugte Christen –, haben sie doch nie von einem Himmel oder einer Hölle, von Engeln oder dem Fegefeuer erzählt, auch keine Andeutungen in dieser Richtung gemacht, was eigentlich zu erwarten gewesen wäre, wenn die Aussagen in irgendeiner Form durch das Unterbewußtsein der Medien hervorgebracht worden wären, wie die spätere psychologische Richtung der Okkultisten behauptet hatte. Im Gegenteil: Obgleich jene Medien im Wachzustand wenig oder nichts über Geister, Wiedergeburt und Totenbuchlehren wußten, gaben sie doch stets solche Gedanken wieder, wie sie nur die Mystiker und Schamanen kannten. Ich muß auch besonders darauf hinweisen, daß die Totenbuchlehren und Yogikünste erst im Gefolge der abendländischen Medienvorstellungen in Europa bekannt wurden, sozusagen als Ergänzung. Man kann auch nicht das Ergebnis auf den Versuchsleiter abwälzen, indem man sagt, daß er durch seine überragende Stellung – besonders dann, wenn es sich um Hypnose handelt – den Gedankeninhalt suggeriert; in vielen Fällen läßt sich das Gegenteil nachweisen – und übrigens: auch die Versuchsleiter waren zum großen Teil überzeugte Christen und unkundig der schamanistischen Geisterlehren. Auch durch die Annahme der Telepathie wird das Problem keineswegs gelöst, sondern nur verlagert.

Nur das eine steht fest: daß die Aussagen der Medien auf einer geistigen Erfahrung beruhen, die mit keiner uns bekannten Hilfe vonstatten geht, also auf «rein geistiger» Grundlage abläuft. Daß diese Vermittlung auch Fehler einschließt, genau wie die «normale» Verständigung oder in noch stärkerem Maße, zwingt uns jedenfalls nicht dazu, auf diese eigenartige Erfahrungsquelle zu verzichten.

Als Zusammenfassung dieser Erfahrungen will ich das Zeugnis eines Mannes bringen, den wir alle kennen und dessen gute Absicht nie in Zweifel gestellt wurde: Sir Arthur Conan Doyle, der schottische Schriftsteller, der die Figur des Sherlock Holmes geschaffen hat. Er war Zögling einer Jesuitenschule und wurde Arzt. Als junger Mann schrieb er – ähnlich wie Robert Louis Stevenson, der die schottische Vereinigung der Spiritisten in Edingburgh mitbegründete – einige Novellen mit geisterhaftem Inhalt, die den deutschen Romantikern nachempfunden sind und keinen Anspruch hinsichtlich ihres Wirklichkeitsgehaltes erheben. Im Jahre 1883 begann er, das Geheimnis der «sprechenden Tische» zu ergründen. Erst nach dreißigjährigem Studium der okkulten Geschehnisse äußerte er sich schließlich positiv darüber, wie er selbst sagt: Die Erfahrung dieser neuen Wirklichkeit war mehrfach von Rückschlägen und langen Zeiträumen des Zweifelns unterbrochen.

Dieser Mann, der ein so feines Gespür für verwickelte Zusammenhänge und kriminalistische Täuschungen hat, wie seine Romanfigur Sherlock Holmes uns zeigt, wurde durch kleinste Hinweise auf «unlautere Tricks» seitens der Medien sofort beirrt und nahm immer wieder eine ablehnende Haltung ein, bis er erkannte, daß diese Schwächen ganz natürlich sind: Auch die Medien sind nur Menschen und unterliegen der Not. Als leuchtendes Beispiel stand ihm D. D. Home vor Augen, der nie einer Täuschung überführt wurde, sondern selbst an der Erklärung seiner übernatürlichen Gaben mitarbeitete.

Während des Ersten Weltkriegs, den Doyle als Soldat mitmachte, festigte sich sein «neuer Glaube», und 1916 erschien sein erster Aufsatz in der spiritistischen Zeitschrift «Light». Im nächsten Jahr schrieb er das Manifest dieser Bewegung, «The New Revelation», eine leidenschaftliche Stellungnahme in scharfen, genau gewählten Worten, eine Festlegung. Zwei Jahre später folgte «Thc Vital Message» («Die lebenswichtige Botschaft»). Von nun an fühlte er sich als verantwortlicher Verkünder der neuen Lehre, die – wie er sagte – «weniger eine Entdeckung als eine Wiederbelebung» des Wissens sei. Er unternahm weite Vortragsreisen durch die ganze englisch sprechende Welt, die ihn bis nach Australien und Amerika brachten. Überall regte er Gruppen an, gründete neue Gemeinden und stärkte die schon vorhandenen. Er sah die spiritistische Bewegung ganz deutlich als Religion, mit Kirchen und einem Kult. Auf dem internationalen Spiritistenkongreß in London 1928, dessen Präsident er war, sagte er, daß die Bewegung allein in England 500 Kirchen habe.

In seinem Manifest von 1917, «Die neue Offenbarung», schrieb er: «Das Ergebnis meiner langen Forschungen ist folgendes: Trotz der gelegentlichen Täuschungen, die die Anhänger des Spiritismus beklagen, und ungeachtet der ungeordneten Vorstellungen, die sie entmutigen, bleibt an dieser Bewegung ein Kern von Beweisen, die der Wahrheit unendlich viel näher stehen als in irgendeinem anderen religiösen System, das ich kenne.» Und etwas später: «Wir haben den Punkt erreicht, wo weitere Zeugnisse überflüssig sind und wo die Last der Ablehnung auf die Ungläubigen zurückfällt.» [135]

In großen Strichen skizziert er in Kapitel 3 des Manifestes die Grundlagen der Lehre, die ich hier zusammengefaßt wiederholen will: «Zahlreiche Nachrichten sind aus dem Jenseits empfangen worden, in verschiedenen Ländern und zu weit entfernten Zeitepochen. Diese Nachrichten stimmen miteinander überein, ohne daß sie sich gegenseitig beeinflußt hätten. Wenn wir auch nur einen Teil der Nachrichten prüfen und rechtfertigen können, ist es doch nur gerecht, wenn wir auch den anderen Teil als Wahrheit ansehen, obgleich wir ihn nicht beweisen können.»

Und nun der Kern der Erfahrung: Wie stellen sich die europäischen Spiritisten auf Grund ihrer Erfahrungen durch die Medien das Weiterleben nach dem Tode vor? Hören wir die Ansicht von Doyle, die im wesentlichen stellvertretend für alle Ergebnisse stehen kann.

Nach dem Tode findet sich die Person in einem Geistkörper wieder, der dem vorigen Körper gleicht, nur daß er frei von Beschwerden, Krankheiten oder Nöten ist. Dieser Geistkörper wartet oder schwebt in der Nähe des alten Körpers, wobei er sich seiner selbst und seiner Umgebung bewußt ist. Zu diesem Zeitpunkt ist der Tote der diesseitigen Welt noch sehr nahe. Er kann – meist um sich von Angehörigen zu verabschieden oder einen letzten Willen kundzutun – eine kurzfristige Erscheinung seiner selbst in der materiellen Welt hervorrufen, auch an weit entferntem Ort. (Von 250 Geistererscheinungen, die Guerney untersuchte, geschahen 134 im Augenblick des Todes.) Im Vergleich zur Gesamtzahl der Todesfälle sind solche Erscheinungen verschwindend klein; das mag daran liegen, daß der Geistkörper viel zu sehr mit den neuen Umständen seiner Seinsform beschäftigt ist, um an die Lebenden zu denken. Außerdem stellt er bald fest, daß er gar nicht in der Lage ist, sich den Lebenden mitzuteilen, weil sie mit ihren groben Sinnen seine Rufe und Berührungen nicht mehr wahrnehmen. Zu seiner Beruhigung nähern sich ihm die Geister der vor ihm verstorbenen Familienmitglieder und Freunde, und in ihrer Gesellschaft entfernt er sich nun von seinem alten Körper und fliegt seiner neuen Bestimmung entgegen. Er hat die Fähigkeit, materielle Hindernisse zu durchdringen, doch seine Stärke und Schwäche, seine Klugheit und Dummheit, die er im Leben besaß, bleiben ihm auch jetzt noch.

Als nächster Abschnitt schließt sich nun eine mehr oder weniger lange Zeit der Bewußtlosigkeit an, manchmal nur so kurz, daß man kaum davon reden kann, bei anderen wieder kann sie mehrere Wochen und Monate andauern. Es ist anzunehmen, daß die Länge dieses Zeitraumes mit den aus dem vergangenen Leben herübergenommenen Belastungen zusammenhängt. Durch die Ruhezeit werden die Spuren dieser Sorgen gelöscht. Einige Forscher nehmen an, daß die Phase der Bewußtlosigkeit gleich im Anschluß an den Tod eintritt.

Wenn der Geist aus diesem Tiefschlaf erwacht, ist er schwach wie ein neugeborenes Kind. Doch bald kommt er zu Kräften und beginnt neu zu leben. Einige Geister werden mit einem schlechteren Leben bestraft, andere erhalten die Aufgabe, die im Strafzustand lebenden Geister zu belehren, um sie schließlich auf eine höhere Stufe des Daseins zu heben. Darin besteht die hauptsächliche «Arbeit» der Geistkörper. Außerdem pflegt man Künste und Wissenschaften und macht dadurch verschiedene Stufen durch, die einer Reifung gleichkommen. Entsprechend den Neigungen leben die Geistkörper gesellig, sind mit den Liebenden vereint, vor allem die Ehe besteht weiter, wenn auch ohne den vordergründigen Sinn der Fortpflanzung. Die Verschiedenheit der Herkunft wird nicht aufgehoben, es bestehen also weiterhin religiöse und nationale Schranken, doch die Verständigung setzt sich über die Sprachgrenzen mit Leichtigkeit hinweg, da sie nur «in Gedanken» erfolgt.

Es scheint aber, daß dies nicht allen sogleich gelingt, sondern daß die Geistkörper lernen müssen und keineswegs den vollen Überblick über ihren Zustand besitzen. Darum sind auch die Nachrichten der verschiedenen Geister so widersprüchlich; jeder gibt nur einen kleinen Ausschnitt. Die Mitteilungen von Neulingen sind entsprechend unklar und verwirrend. Selten jedoch melden sich Verstorbene aus früheren Generationen zu Wort. Der Geistzustand sei nämlich normalerweise viel kürzer als das irdische Leben, kaum halb so lang in den meisten Fällen. Im Anschluß an jene Zeitspanne kann dann wieder eine Geburt im irdischen Leben erfolgen.

Diese von freudiger Gewißheit getragenen Worte Doyles strahlen mehr als andere Zeugnisse jenen Optimismus aus, der die Spiritisten der ersten Generation schon beflügelte. Aus der auffälligen «Simplizität» dieser Zusammenfassung läßt sich gut die Wirkung auf die große Zahl seiner Anhänger ablesen.

Da die Geister über die Zustände «Himmel» und «Hölle» keine

Aussagen machten, schlossen die Spiritisten, daß dergleichen nicht existiere; sie hätten aber eher folgern müssen, daß die Geister im Zwischenzustand keinen Zugang zu jenen Bereichen haben und daß andererseits auch die im Himmel oder der Hölle lebenden – wie Jesus sich ausdrückte[136] – die tiefen Abgründe, die diese umgeben, nicht überqueren können.

Insofern sind alle Mitteilungen, die die Spiritisten vorweisen, Aussagen unreiner Geister, die in einem vorübergehenden Reifeprozeß begriffen sind (wie im Tibetanischen Totenbuch dargestellt), und was können wir da anderes erwarten als Halbwahrheiten, Schabernack und die ehrgeizigen Versuche, uns Lebende von ihrem Dasein zu überzeugen? Wenden wir uns darum einer anderen Erklärung zu, die ebenfalls aus den Versuchen gewonnen wurde.

## Die klassische Erklärung

Eigenartig kommt mir dabei die Denkweise vieler Forscher vor, die zu den seltsamsten Ereignissen noch Erklärungen fanden, die sie bei anderen Versuchen – etwa im medizinischen Bereich – nie als Erklärungen zulassen würden. Ich muß ein Beispiel bringen, um dies deutlich zu zeigen, ein Beispiel vom automatischen Schreiben, jener spiritistischen Tätigkeit, die am weitesten verbreitet ist. In den fünfziger Jahren des vorigen Jahrhunderts führte Professor Hare in den USA[137] folgende Versuche aus:

Das Medium sitzt an der Längsseite eines langen Tisches, der sich ruckartig bewegt, sobald die «Geistperson» sich kundtut. Allerdings liegen die Hände des Mediums nicht auf der Tischplatte, sondern auf einem Brettchen, das auf freibeweglichen Kugeln auf dem Tisch aufliegt, mit anderen Worten: das Medium kann den Tisch nicht mit den Händen bewegen. Auch mit den Füßen kann es das nicht, da der Tisch fast zwei Meter lang ist und die Tischbeine daher außer Reichweite der Füße des Mediums sind. Alle Versuche fanden bei Licht statt, man hätte also sehen müssen, wenn das Medium den Tisch mit Muskelkraft bewegt hätte. Dies war nie der Fall, und dennoch bewegte sich der Tisch. Das nenne ich das erste Problem. Es mutet noch recht einfach an, wenn man das nächste betrachtet. An der dem Medium gegenüberliegenden Längsseite des Tisches befindet sich eine runde Scheibe, auf der die Buchstaben des Alphabets in frei gewählter Reihenfolge am Rand herum aufgeschrieben sind, und zwar auf der dem Medium abgekehrten Seite, so daß dieses die Schriftzeichen nie sehen kann. Man achtete auch darauf, spiegelnde Flächen, die dem Medium die Stellung der Buchstaben verraten könnten, auszuschalten. Ein Tischfuß bewegt sich auf einer Rolle, deren Bewegung durch einen endlosen Treibriemen auf einen Zeiger übertragen wird, der sich auf der Scheibe dreht und durch seine Stellung jeweils auf einen Buchstaben zeigt. Durch die ruckartigen Bewegungen des Tisches werden also nacheinander Buchstaben ausgewählt, die durch Aneinanderreihen Texte ergeben. Da das Medium die Buchstaben nicht sehen kann, auch die Reihenfolge des Abc nicht kennt, ist es ihm unmöglich, sinnvolle Buchstabenreihen zu erzeugen. Dennoch bewegt sich der Tisch auf Verlangen so, daß Antworten auf die vom Versuchsleiter gestellten Fragen, zum Beispiel Namen der antwortenden Geistpersonen oder die richtige Reihenfolge des Abc, gegeben werden. Das ist das zweite Problem.

Doch dabei blieb es nicht! Im Laufe der nächsten Jahrzehnte wurden diese Versuche in vielfältigen Abwandlungen fortgesetzt, besonders durch Nobelpreisträger Professor Richet und durch Sir W. Barrett. Um ganz sicherzugehen, verband man den Medien die Augen und brachte das Abc so an, daß nur ein einziger «Aufschreiber» dieses sehen konnte. In manchen Fällen waren die Ergebnisse noch bestürzender: Man erhielt sogar Antworten auf Fragen, die der Versuchsleiter nur gedacht hatte! Als Erklärung gab man Telepathie an und war damit zufrieden. Ich nenne es das dritte Problem.

Manche dieser automatisch erhaltenen Botschaften enthielten ein Wissen, das keinem der Anwesenden bekannt war und manchmal auch nicht bekannt sein konnte, da es sich um eine Aussage über die nahe Zukunft handelte; das ist das vierte Problem.

Zu allem Überfluß sei noch auf ein besonderes Merkmal hingewiesen, das bei automatischen Botschaften sehr oft auftritt: In vielen Versuchen Barretts kamen die Antworten mit solcher Geschwindigkeit, daß sie mitstenographiert werden mußten. Die «Fingerfertigkeit» wäre also selbst dann noch bewundernswert, wenn alle anderen Schwierigkeiten nicht beständen, also wenn das Medium den Tisch mit den Händen bewegen, das Abc sehen könnte und nur Antworten liefern würde, die es aus eigener Verstandeskraft geben konnte. Diese erstaunliche Schnelligkeit ergab sich bei einigen Medien ohne jede Lernzeit von Anfang an. Die Medien behaupteten auch nie, daß sie selbst diese Dinge vollbrächten, sondern glaubten fest an die Tätigkeit der Geister. Manche Medien unterhielten sich während der Geschehnisse, befanden sich also keineswegs in Trance oder unter Hypnose.

Die einzige einleuchtende Erklärung ist die «klassische» Theorie von den geistigen Hilfskräften, die seit Jahrtausenden von Schamanen und Wahrsagern abgegeben wird. Sie beruht auf Erlebnis und Erfahrung unzähliger Menschen, darf also durchaus als empirische Erkenntnis angesehen werden. Allerdings dürfen wir hierbei nicht an «persönliche» Geister von Verstorbenen denken, denn die Hilfskräfte, die sich im Umkreis eines Mediums befinden, ermangeln ja gerade dessen, was eine Person ausmacht: des eigenen Körpers. Dennoch haben sie gewöhnlich einen vom Medium verschiedenen Anspruch, sie empfinden sich selbst als «Ich» und handeln so. Je stärker das Medium ihnen seinen Lebenswillen zur Verfügung stellt, desto besser kann sich eine Hilfskraft in dem Medium verkörpern und äußern. Umgekehrt wird mit dem Zunehmen der Bewußtseinskontrolle des Mediums die Selbständigkeit der Hilfskräfte immer geringer, so daß sich die persönliche Überzeugung des Mediums in den Aussagen immer deutlicher bemerkbar macht. Diese Einmischung seitens des Mediums oder Hypnotiseurs in die Mitteilung hat die für den Spiritismus des 19. Jahrhunderts bezeichnende Form der «Totengeister» geschaffen, die in sich selbst so widerspruchsvoll ist, daß sie jeden denkenden Menschen abschreckt. Allan Kardec hat durch sein überhebliches Buch einen falschen Grund gelegt, der zwei Generationen lang nachgewirkt hat.

Dabei geht die Streitfrage, ob die Hilfskräfte der Medien von lebenden oder toten Personen stammen – also die beiden extremen Stellungnahmen der Forscher des Okkultismus: Unterbewußtsein des Mediums oder fortlebendes Bewußtsein eines Verstorbenen –, von falschen Vorstellungen vom Geist aus. Wie schon die keltischen Barden sagten, sind Geister ja stets «lebende» Wesen von «verstorbenen» Lebewesen; der Durchgang durch den Tod oder die Geburt verändert einen Geist nicht wesentlich.

Gewisse Ausnahmen dürfen wir nicht als Beweisgrundlage hinstellen: die Erscheinungen Verstorbener *kurze* Zeit nach dem Eintritt des Todes ist ein Sonderfall, ebenso die Geistreise einer Person, deren Körper im kataleptischen Zustand liegt. Auch «Gespenster»-Erscheinungen gehören nicht hierher. Davon abgesehen wird die überwiegende Anzahl aller paranormalen Geschehnisse, besonders die durch Medien ausgelösten, von den Hilfskräften einer Person, meist des Mediums, bewirkt. Der menschliche Geist ist ein vielfältiges Gebilde, das mit seinen zahlreichen Einzelkräften teils stärker, teils schwächer am Lebensprozeß der Person teilnimmt. Die moderne Psychologie hat diese Vielfalt als Bewußtseins-Schichten dargestellt, wobei sie ein Kollektiv-Unbewußtes als tiefste Schale annimmt, darüber das persönliche verborgene Unbewußte lagert, höher dann das persönliche Unterbewußtsein und schließlich wie die Spitze eines Eisberges herausragend das Ich-Bewußtsein setzt.

Damit wird jedoch nur eine Ansicht des Geistes beleuchtet. Man könnte auch das Planetensystem oder das Atommodell als Schema anwenden: um eine Sonne oder einen Kern, der den im Körper öffentlichen Geist, sein «Ich» darstellen soll, kreisen wie Planeten oder Elektronen die Hilfskräfte. Ein Ausnahmezustand tritt ein, wenn ein Schamane oder Medium Gebrauch von diesen Hilfskräften macht, was einer zeitlich begrenzten atomaren Explosion gleichkäme: Die Energieträger der Schalen werden mit dem Kern verschmolzen oder auf eine Reise aus dem Anziehungsbereich hinausgeschleudert; dabei werden ungeahnte Kräfte frei. Eine derartige Modellvorstellung hat nur eng begrenzte Anwendbarkeit.

Wichtiger als alle Modelle ist die Erfahrung. Tatsächlich kann ein Mensch manchmal die Hilfskräfte eines anderen Menschen wahrnehmen, besonders Kinder sind empfänglich dafür; sie sind viel mehr daran gewöhnt, die Hilfskräfte im Umkreis einer Person zu sehen, weil bei ihnen selbst die Einkörperung der Kräfte noch nicht abgeschlossen ist. Zur Einkörperung brauchen die Kräfte viele Jahre, während sie um den jungen Körper herum leben und abwechselnd Besitz von ihm ergreifen. Das kann jeder an Kindern beobachten, der sich die Mühe macht, darauf zu achten. Im Laufe der körperlichen Reife, vor allem während der Geschlechtsreife, verschafft sich ein Geist – manchmal sind es auch zwei – das Hauptbesitzrecht, und dadurch wird der junge Mensch zur Person im allgemeinen Sinne. Das geht nicht ohne Kampf ab, oft von dramatischem Ausmaß, wobei unterliegende Kräfte sich durch spukähnliche Erscheinungen äußern können.

Solange die Einkörperung des Geistes im Heranwachsenden noch nicht abgeschlossen ist, muß man ihn als Kind ansehen; man spricht auch von einem Schutzgeist, den jedes Kind bei sich habe. Die zunehmende Einkörperung des Geistes entspricht einer Verarmung, da sich die unterliegenden und freiwerdenden Kräfte entfernen. Schamanen und Medien halten diesen Zustand auf oder zögern ihn hinaus, indem sie die Hilfskräfte an sich binden, mit deren Hilfe sie dann «paranormale» Handlungen durchführen, sei es, daß sie reisen, wahrsagen oder heilen. Indem sich das Medium den Kräften zur Verfügung stellt – und dieses Verfügen über den Körper ist stets eine wechselseitige Beziehung –, wird sich die eine oder andere Geistkraft immer stärker im Medium einkörpern und dabei notwendig die anderen Hilfskräfte verdrängen, indem es ihnen ihren Anteil an Lebenskraft streitig macht. Das führt dazu, daß das Medium seine Kräfte nach und nach verliert.

Das von seinen Hilfskräften in Stich gelassene Medium wird aber aus Gewohnheit dieselben Erscheinungen hervorrufen wollen und muß nun betrügen. Zunächst betrügt der im Medium eingekörperte Hilfsgeist, der ja die Taten vorher auf Grund seiner größeren Freiheit ausführen konnte. Die Spiritisten bezeichnen dies als unbewußten Betrug des Mediums. Später wird die Täuschungsabsicht offensichtlich, wenn die Hilfskraft zu einem Teil der «Ich-Person» des Mediums geworden ist. Das führte zu den berühmten Entlarvungen jener Medien, die viele Jahre lang von den kritischsten Wissenschaftlern anerkannt worden waren. (Nicht einmal Eusapia Paladino blieb davon verschont.) Gewiß ist es falsch, Beobachtungen abzulehnen, die Jahre oder Jahrzehnte früher gemacht worden waren, nur aus dem einen Grunde: weil das Medium später beim Betrug ertappt wurde. Das soll keine Ehrenrettung der großen Medien sein, sondern den Vorgang selbst als in der Natur dieser Vorführungen liegend erklären. Auch die Schamanen mußten sich mit dem Verlust ihrer Kräfte bei zunehmendem Mißbrauch abfinden und besaßen nicht immer die Ehrlichkeit, den Verlust zuzugeben, da dies zur Aufgabe ihrer Sonderstellung im Stamm geführt hätte.

Ein eigenartiger Sonderfall okkulter Art wird mit dieser klassischen Erklärung – und nur mit dieser – erklärbar. Die Fernbewegung von Gegenständen durch den Geist ist ja an sich schon physikalisch unerklärlich, weil die auftretenden Kräfte weder magnetischer noch elektrischer Natur sind. Wenn es sich aber gar um *Nachwirkungen* eines paranormalen Impulses handelt, zeigt sich erst recht die Hilflosigkeit aller anderen Hypothesen. Man hat nämlich immer wieder beobachtet, daß sich einige der von den Versuchsteilnehmern gewünschten Bewegungen zwar nicht während der Sitzung einstellten, aber doch unmittelbar im Anschluß an die Sitzung, manchmal erst beim oder nach dem Weggehen des Mediums. Eusapia Paladino, der man einmal von einem solchen Fall berichtete, sagte daraufhin spontan, ihr Fluidum sei noch zurückgeblieben und habe die Bewegung veranlaßt. Auch in neuester Zeit hat man diese Nachwirkungen festgestellt, zum Beispiel bei Uri Geller und dem Schweizer Silvio. Die Verzögerung geistiger Einwirkungen auf die Materie kann man geradezu als Kennzeichen der Echtheit werten, da ja hierbei jede Art von Taschenspielerei ausgeschlossen ist.

Darum sollte kein Erklärungsversuch sich darüber hinwegsetzen. Wenn man davon ausgeht, daß ein Teil der Kraft des Mediums, ein von seinem Willen beseelter Teil, im Raum anwesend geblieben ist und nach einiger Zeit die gewünschte Bewegung (des Tisches oder eines anderen Körpers) ausführte, dann wird jede Erklärung, die eine den elektromagnetischen Wellen parallele Kraft annimmt, hinfällig, denn eine mit dem Willen eines Menschen begabte Kraft ist für den Physiker unannehmbar.

Verlassen wir die Sonderwelt der spiritistischen Sitzungen und schauen uns im Alltagsleben um, dann erkennen wir, daß die These von den Geistkräften, die um eine Person herum wirken, begründet ist; am auffälligsten spüren wir es bei Besessenen und Geistesgestörten. Da aber seit etwa einer Generation derartige «krankhafte» Menschen aus dem öffentlichen Leben verbannt sind und ein kümmerliches Dasein in geschlossenen Anstalten fristen, sogar dann, wenn sie keine direkte Gefahr für die Gesellschaft wären (man tut es nur, um dergleichen nicht zu sehen und durch den Anblick zum Nachdenken angeregt zu werden), haben wir uns selbst die Möglichkeit zur Kenntnisnahme des menschlichen Geistes eingeengt. Es läßt sich geradezu folgern, daß die Bereitschaft des Bürgers, das Vorhandensein von Geistern zuzugeben, in gleichem Maße sank, in dem er die Irren aus seinem Blickfeld verbannte. Daß wir uns selbst Schaden zufügen, wenn wir alle Personen verdrängen, die nicht der Norm entsprechen, versteht sich von selbst. Doch außer der schwindenden Möglichkeit, die menschliche Natur zu erfahren, berauben wir uns damit auch jener «begabten» Menschen, die seit jeher die Bestimmung und Zielsetzung des Menschen schufen. Jede Art von Prophet oder genialem Dichter kann man heute als «geistesgestört» abstempeln und ausschalten; der Verlust für unser kulturelles Leben ist schon offensichtlich. In unserer parkartigen Welt ist kein Platz mehr für Genies. Denn, was heißt «Genie»? Es bezeichnet einen Menschen, der von einem Genius, einem Geist, besessen ist, der begeistert ist, seinem Dämon gehorcht und durch ihn Kunstwerke zustande bringt, die als überdurchschnittliche geistige Schöpfung gewertet werden: wenn ein Musiker schon im Kindesalter unübertreffliche Kompositionen schreibt, wie Mozart, oder ein anderer noch im Alter, selbst schon ertaubt, Symphonien komponiert, die die ganze Welt erschüttern, wie Beethoven.

Niemand weiß, was sich in der Gedankenwelt eines Genies abspielt, außer diesem selbst. Wenn Sokrates von seinem Dämon sprach, dem er seine Vernunft unterwarf, dann müssen wir das als Hinweis annehmen. Genie sein heißt persönlichen Umgang mit seiner geistigen Hilfskraft pflegen. Das ist im wesentlichen die Form, in der sich alle Eingebungen bei Künstlern abspielen. Die «Muse», die sich nähert, teilt sich durch den Mund oder die Hand des Künstlers mit, wie schon Homer sagte. Wenn wir das als kindlich oder geistesgestört abtun wollen, dann wäre es logisch, auch alle kulturellen Äußerungen der Menschheit damit zu verwerfen.

## 28. Parapsychologie

Die okkultistische Forschung ist also keinen Schritt vorangekommen. In manchen unlösbar scheinenden Kriminalfällen hat die Polizei Gebrauch von Hellsehern gemacht, ihre Angaben ernst genommen und Erfolg damit gehabt. Das Militär hat Versuchsserien angelegt, zum Beispiel um den Einsatz telepathischer Nachrichtenverbindung mit getauchten Unterseebooten auszuprobieren. Und an den Universitäten sind Lehrstühle und Laboratorien eingerichtet, um Spuk und mediale Fähigkeiten zu erforschen. Doch mit dieser Kanalisierung der Forschung in den akademischen Bereich ist die ganze Sache sozusagen im Sande verlaufen.

Am bekanntesten in der neuen Forschungsära wurden die Versuche von Prof. Rhine in den USA; doch sie sind schal, einfallslos und leiden überdies an einem Zirkelschluß. Es handelt sich um ein Ratespiel mit fünfmal fünf Spielkarten oder mit Würfeln. Wenn beim Raten Ergebnisse erzielt werden, die von der «vorhersehbaren» Trefferzahl (also 5 von 25 bei den Karten und 1 von 6 bei den Würfeln) abweichen, dann werden sie als Beweis für eine außersinnliche Wahrnehmung, für Vorhersehen oder für geistige Beeinflussung der Materie (je nach der Versuchsart) gewertet. Und das ist ein Zirkelschluß, wie die an die Rhineschen Versuche angeschlossenen Theorien von den «Schafen und Böcken» und vom «Fokussierungseffekt»[138] deutlich zeigen: Es heißt, eine Person erzielt überdurchschnittlich viele Treffer, wenn sie positiv zur Versuchsanordnung eingestellt ist, und überdurchschnittlich viele Fehler, wenn sie negativ dazu steht. Die ersten werden Schafe genannt, die anderen Böcke. Außerdem läßt sich noch eine Häufung der Treffer und Fehler durch Bevorzugung eines Kartenbildes oder einer Würfelzahl seitens der Versuchsperson feststellen, was als Fokussierung bezeichnet wird. Beide Merkmale haben also nichts mit medialen Fähigkeiten zu tun, sondern mit einer in der Versuchsperson liegenden Abweichung von der mechanisch zu erwartenden Mittelzahl. Daß die Begriffe Zufallserwartung und Wahrscheinlichkeit auf den Menschen nicht anwendbar sind, versteht sich von selbst. Es wurde ja in die Versuchsform hineingesteckt. Wenn Rhine es nun als mathematisch-statistisches Ergebnis erhält, dann hat er sich im Kreise gedreht.

Der größte Mangel der neueren Forschung ist aber wohl das Fehlen von guten Medien, wie schon Bender bemerkte.[139] Und wenn sich mal ein Spuk ereignet, dann endet er meistens dann, wenn der Parapsychologe auf der Szene erscheint. Die akademisch-statistische Arbeitsweise eignet sich nicht für das geistige Gebiet; sie tötet den zündenden Funken, der Erfolg verheißt, schon nach den ersten Versuchen, wie die Untersucher selbst feststellen mußten.

Das läßt mich daran denken, daß die Geister schon einmal geschwiegen hatten: im Zeitalter der Aufklärung. Es drängt sich mir der Gedanke auf, daß Menschen, die für die Rufe aus dem Jenseits empfänglich sind, erst die Geister befähigen, sich zu äußern. So war also wohl auch der plötzliche Ausbruch des modernen Spiritismus im vorigen Jahrhundert erst möglich geworden durch die Befreiung der Geister und die Stärkung des Glaubens an ihre Wirklichkeit, als das ägyptische Totenbuch veröffentlicht wurde.

Die Klopfgeister, die sich auf die Fragen der Spiritisten hin meldeten, wiesen sich zum Teil als kürzlich Verstorbene aus. Einige Leute trafen sogar Absprachen: Wenn ich zuerst sterbe, werde ich versuchen, dir zu erscheinen, und wenn du zuerst stirbst, dann versuche du es! Zwei berühmte Forscher jener Zeit konnten diese Absprachen einhalten: Sowohl Hodgson als auch Myers erschienen ihren früheren Mitarbeitern kurze Zeit nach ihrem Tode. Durch die Kenntnis von der Entwicklung des Geistes war die Verbindung mit den Toten zustande gekommen.

Über die Totenbefragung und Geisterbeschwörung ist man ja zum Glück auch hinweggekommen, wenn auch ohne Entscheidung darüber, was sich bei solchen Veranstaltungen abspielt. Aber die Spukprobleme und die geistige Einwirkung auf die Materie, wie sie zum Beispiel Uri Geller [140] gezeigt hat, bewegen die Gemüter der Laien und Forscher in unvermindertem Maße. 1974 fand eine Konferenz über Quantenphysik und Parapsychologie in Genf statt, und seitdem ist man wieder mitten in die Diskussion hineingeraten.[141] So kam es, daß sich viele führende Atomphysiker im Herbst 1979 in Cordoba in Spanien zu einem internationalen Gespräch trafen, auf dem es um die Grenzen der Erkenntnis, um die Weltanschauung im wissenschaftlichen Sinne, ging. Seit mehr als dreißig Jahren hatte man diese Frage vertagen müssen, denn eine Antwort schien seit den Entdeckungen von Albert Einstein und Niels Bohr ausgeschlossen. Man hatte ganz einfach weitergerechnet und dabei auch stets brauchbare Ergebnisse erzielt, so daß die Frage nach der Wirklichkeitsbeziehung der aufgestellten Theorien zeitweise überflüssig erschien, wie Costa de Beauregard 1979 feststellte. Auf diesem Kongreß konnte man die Antwort ebensowenig geben, wie auf jenen Tagungen vor Erfindung der Atombombe, doch wurden endlich wieder feste Stellungen bezogen, Wege gezeigt und Forderungen aufgestellt, die die eingeschlafene Diskussion der dreißiger Jahre wiederbelebten. Am beachtenswertesten wirkte der Vortrag von Fritjof Capra. Er sagte etwa folgendes:[142]

«Die Erforschung der atomaren Welt in unserem Jahrhundert hat zu einer tiefgreifenden Veränderung der grundlegenden Auffassungen von Materie, Gegenstand, Raum und Zeit, sogar von Ursache und Wirkung, geführt. Durch diese Veränderung ist ein neues Weltbild aufgetaucht, das eher mit den Anschauungen der Mystiker der verschiedenen Zeitalter und Kulturen vergleichbar ist als mit dem kopernikanischen System. Man betrachtet heute die Welt nicht mehr als eine Maschine, die aus einer Vielzahl von Gegenständen besteht, die voneinander getrennt vorhanden sind, wie es die Lehre Newtons für die Physik forderte, sondern man versteht heute, daß alles eine Einheit bildet, deren Teile grundsätzlich untereinander verbunden und nur als Abbilder eines kosmischen Geschehens aufzufassen sind.»

Capra sieht einen direkten Zusammenhang zwischen der chinesischen Mystik des Tao und der modernen Atomphysik. Auch Heisenberg, so erzählt Capra, sei von diesen Gedanken geleitet worden. Ebenso hätten auch große östliche Mystiker, wie zum Beispiel Anagarika Govinda (der beste Kommentator des tibetanischen Totenbuches), die Beziehung zwischen den neuen Auffassungen der Atomphysik und den jahrtausendealten mystischen Lehren erkannt. Wir brauchen darum nicht zu staunen, wenn wir erfahren, daß sich wieder – wie vor genau hundert Jahren – die angesehensten Physiker mit den Problemen von Telepathie, Telekinese, Hellsehen und Spuk beschäftigen und langjährige Versuchsreihen durchführen, wie zum Beispiel der Forscher Harold Puthoff, der sich außer mit Quantenmechanik und Laserstrahlen auch mit Gedankenübertragung befaßt und gerade darin durch neuartige Versuchsanordnungen am Stanford Research Institute in Kalifornien gute Erfolge erzielt hat. Bekannt wurden seine Untersuchungen des ungewöhnlichen Mediums Uri Geller, wobei dessen Fähigkeiten bestätigt wurden.

Einer der Vorschläge für ein neues Weltbild stammt von dem Atomphysiker David Bohm. Er glaubt, daß sich die kleinsten Materieteilchen kurzfristig entfalten und wieder «zurückziehen», während sie sprungweise die nacheinanderliegenden Orte ihrer Bahn einnehmen. Dieses Prinzip, so sagte er, liegt auch dem menschlichen Denken und Fühlen, dem Wünschen und Wollen, zugrunde. Man könnte sagen, fuhr er fort, daß alle Entwicklungen und Bewegungen fortgesetzte Wechsel von Entfaltung und Tod sind: die Dinge werden ständig durch neue Formen ersetzt, die den alten Formen ähnlich genug scheinen, um den Eindruck zu erwekken, eine Einheit sei in fortwährender Veränderung begriffen. In diesem Sinne lassen sich Quanten- und Relativitätstheorie verstehen und ebenso die Wechselwirkung zwischen Geist und Materie.[142a]

Mir kommt dies vor wie die Übertragung des spiritistischen Gedankens von der Dematerialisierung und Rematerialisierung auf das Gebiet der Atomphysik, vergleichbar auch dem Durchqueren einer vierten Dimension, wie Zöllner vorgeschlagen hatte.

Ich glaube, daß der Begriff der Beschleunigung noch nicht voll ausgeschöpft wurde. Das Zeitgefühl des Menschen ist völlig unzuverlässig. Psychologen haben aus unzähligen Beobachtungen gefolgert, daß Träume nur Bruchteile von Sekunden dauern, obgleich der Träumer behaupten mag, er habe soviel erlebt, daß er stundenlang geträumt haben müsse. Auch bei völlig wachen Sinnen ist unser Zeitgefühl unzuverlässig: ein Schmerz, der eine Zehntelsekunde einwirkt, kann minutenlang empfunden werden, und eine glückliche Stunde verfliegt wie eine Minute...

Jeder hat schon einmal die Erfahrung gemacht, die zum wichtigsten Handwerkszeug des Zauberkünstlers auf der Bühne gehört: Geschwindigkeit ist keine Hexerei, ... aber die sprunghafte Beschleunigung eines Gegenstandes macht diesen unsichtbar. Zöllner hatte bei seinem Versuch mit dem Holzring die Feststellung gemacht, daß der Ring vorher und nachher gut sichtbar war, jedoch nicht im Augenblick, da er auf das geschwungene Tischbein aufgeschoben wurde.

Doch der Durchgang durch eine unbekannte Dimension oder die Entmaterialisierung und anschließende Wiederherstellung sind unannehmbar als Erklärung. Es bleibt nur der Begriff der sprunghaften Beschleunigung. Bei den Elektronen ist das schon geklärt worden: Diese winzigen Materieteilchen bewegen sich abwechselnd schneller und langsamer, so daß der Eindruck entsteht, in der Phase schnellerer Bewegung verschwinde das Teilchen – es «sterbe», wie sich David Bohm ausdrückte –, um sich in der Phase langsamerer Bewegung wieder zu entfalten, zu «verwirklichen».

Wenden wir diese Vorstellung auf den Geist an, und zwar nicht nur auf die Ortsveränderung des Geistes, sondern auf die Eigenbewegung seiner Elementarteile, dann wird verständlich, warum er sich der Erfaßbarkeit durch unsere Sinne entzieht. Die Materialisierung eines Geistes wäre dann eine Verlangsamung dieser Eigenbewegung, die normalerweise so schnell ist, daß sie für Menschen und Meßgeräte «unfaßbar» bleibt.

Dann wäre auch jenes Problem gelöst, das die Physiker immer wieder in Staunen versetzt, nämlich daß die Fernübermittlung von Gedanken (Telepathie) weder durch elektromagnetische Felder noch durch Isolierung verhindert werden kann: diese Wellen bewegen sich schneller als Lichtwellen und werden darum von den bekannten Wellen nicht «berührt».

Eine Bewegung, die schneller ist als Lichtgeschwindigkeit, würde den üblichen Zeitbegriff aufheben, und das würde bedeuten: der Geist lebt jenseits unserer Zeitvorstellung – eine Behauptung, die die Mystiker aller Völker immer wieder ausgesprochen haben. Das steht gut im Einklang mit der Beobachtung, daß der Geist in winzigen Bruchteilen von «normaler» Zeit riesige Zeiträume durcheilen kann – sei es im Traum, in der Entrückung oder im «letzten Lebensfilm». Am schönsten hat es der Prophet Mohammed einmal ausgedrückt, als er die Dauer seiner Himmelsreise beschrieb, die er im Geist unternommen hat: sie währte so lange, wie eine Türschwelle braucht, um zurückzuschwingen, nachdem der Fuß des Hindurchgehenden sie betreten hat.

Durch die Erklärung mit Hilfe der übermäßigen Beschleunigung gerät die Definition von Geist jedoch in deutlichen Widerspruch zu der, die im 19. und durchweg auch 20. Jahrhundert üblich gewesen ist: Geist wird dadurch zu einem aus Materieteilen aufgebauten Körper. Offen gesagt: ich kann mir den Geist des Menschen nicht anders als materiell vorstellen. Tatsächlich haben alle Forschungen, die die faßbaren Äußerungen des Geistes zum Thema hatten, diese Ansicht bestätigt. Davon handelt der folgende Teil 5.

Wollen wir nicht sagen, unser Leib sei beseelt?
Gewiß doch...
Woher aber sollte er es sein, wenn nicht
das Weltganze beseelt wäre?

*Sokrates in Platons «Philebos»*

# Teil 5: Die Wissenschaft vom Geist

29. Aura. Die menschliche Aura, seit Urzeiten bekannt, ist heute wissenschaftlich darstellbar. Die erstaunlichen Fähigkeiten des Geistes.

30. Die Mitteilung des Todes. Ein Erlebnis bei den Kalasch. Nottaufe bei Totgeborenen und ein alter Rechtsbrauch. Das Schweißtuch Jesu.

31. Das Tierreich. Vom Geist der Ameisen. Geistige Äußerungen im Pflanzenreich.

32. Die Erde. Die Aura der Erde und ihre Kraftlinien sind bekannt und meßbar, frühgeschichtliche Schicksalsbefragungen gründen sich darauf.

Der Geist des Menschen gleicht einem Edelstein: er ist unvergleichlich hart und widerstandsfähig, ja unvergänglich. Er glänzt nur, wenn er geschliffen wird; seine polierten Flächen spiegeln das Licht, das darauf fällt, wobei der Eindruck erweckt wird, das Licht käme aus seinem Innersten selbst.

In diesem dichterischen Bild sind die wichtigsten Ansichten vom Geist zusammengestellt. Können wir denn anders vom Geist reden als in dichterischer Sprache? Läßt sich das Nicht-Materielle wissenschaftlich erfassen?

Die Äußerungen die Geistes sind es, seine Wirkungen auf die Materie, die erfaßbar sind. Paracelsus sagte, alles Lebendige sei Ausdruck des Geistes. Und Herder, der unsere moderne Sprache mitgeschaffen hat, drückte in seinen Gedichten[143] folgendes aus: Der Geist belebt den Körper und macht ihn dadurch zur Seele.

Im Laufe der letzten Generationen hat der Begriff «Seele» eine Wandlung durchgemacht, er wird heute vielfach mit Geist gleichgesetzt. Wenn wir genau definieren, müssen wir sagen, daß die Seele das Bindeglied zwischen Körper und Geist ist. Solange der Körper atmet, wirkt die Seele in ihm.

Darüber hinaus besteht der Geist auch unabhängig vom atmenden Körper weiter, wie indische Yogis und tibetanische Mönche oft gezeigt haben, indem sie lange Zeit in Totenstarre verharrten, sogar unter der Erde oder unter Wasser, und zum vorher festgelegten Zeitpunkt wieder in ihren Körper zurückkehrten, ihn wiedererweckten zum Leben.

Erst wenn die Seele, jenes Band, das den Geist an die Körperwelt bindet, völlig zerreißt, wird der Geist frei. Solange die Seele weiterbesteht, muß der Geist in einen Körper zurückkehren. Durch die Bindung Seele ist der Geist der Pflicht unterworfen, die Körperwelt zu beleben und sich durch Vervollkommnung von ihr zu lösen.

Das ist gewiß ein Geheimnis von der gleichen Art wie das in der

Einweihung erfahrene: Der Geist schafft sich eine Seele, um den Körper an sich zu binden, in dem er sich reinigen will, soweit reinigen, daß die Seele, eben jene Bindung, vernichtet wird.

Auch die volkstümlichen Vorstellungen von Geist und Seele sind in dieser Begrenzung der Begriffe enthalten. Als Geist bezeichnen wir ein Gespenst, also einen «unreinen Geist», der auf Grund seiner starken Bindung an die Körperwelt eine Rückkehr ins Leben anstrebt und dafür große Anstrengungen unternimmt, die wir als Einbruch in unserer Sinneswelt erleben, als Spuk. Und der von Dichtern und Philosophen erkannte Zeitgeist ist ein körperloses Wesen, das sich in zahlreichen Bindungen verwirklichen will.

Schließlich ist auch die gemeinhin benützte Weise des Wortes «Seele» nicht falsch: die Seelen der Toten, die «umgehen» oder wiederkehren, sind jene unerfüllten Bindungen, die nach dem Tode weiterbestehen, jener Zwischenzustand zwischen Tod und Wiedergeburt, den die Tibeter «Bardo» nennen.

Das, was den Tod überlebt, ist also nicht das, was wir als «Person» bezeichnen, sondern nur ihr Wille. Die Person eines Menschen ist die Zusammenfügung aller jener Kräfte, die sich entsprechend der Lebensumstände entwickeln und mit dem Körper wieder verfallen, es ist die Bindung des Willens und damit die Äußerung der Seele. Sowohl Bewußtsein als auch Erinnerung sind überpersönliche Eigenschaften und können den Tod überdauern.

So ergibt sich eine Kette, in der die einzelnen Lebensläufe wie Glieder aneinanderhängen. Der Sinn dieser Kette liegt darin, daß sie auf ein Ziel gerichtet ist – die Überwindung eben dieser Kette, die Lösung vom Zwang zur Wiedergeburt. Das ist nicht nur für den einzelnen, sondern auch für die Gesamtheit des Menschen als Gattung erreichbar.

# 29. Die Aura

Die früheren Kulturvölker glaubten, daß Krankheiten, besonders Seuchen, ebenso wie Kriege und andere Schicksalsschläge, die einen Menschen oder ein Volk heimsuchen, von Gott oder den Göttern oder Geistern, von Engeln oder Dämonen verhängt werden, und zwar als Folge des Fehlverhaltens der Menschen, als Strafe ihrer Sünden. Diese tiefere Einsicht in den psychosomatischen Zusammenhang, also in das Wechselspiel zwischen Geist und Körper (letzteres kann auch ein Volk sein), unterscheidet sich von der heutigen Auffassung ganz erheblich. Das bedeutet aber nicht, daß die früheren Kulturvölker von den äußeren Begleiterscheinungen der Krankheiten nichts wußten; sie hatten die Heilkräuterkunde und sogar chirurgische Eingriffe – zum Beispiel Schädeloperationen (Trepanation) – schon vor vielen Jahrtausenden entwickelt, sie kannten auch Reinlichkeitsbegriffe wie Asepsis und Desinfektion durch Waschungen und Gebrauch des Feuers; sie wußten zum Beispiel, daß Lepra durch Berührung übertragen werden kann und sonderten die Aussätzigen aus der Gemeinschaft aus.[144]

Die von den Göttern oder Geistern verhängten Strafen wie Krankheiten oder Unwetter wurden als Folge der Auswirkungen einer unreinen Seele, sei es die eines einzelnen, eines ganzen Volkes oder eines Königs stellvertretend für sein Volk (wie im Falle Ödipus) aufgefaßt und als sinnvoller Eingriff der höheren Macht verstanden, sinnvoll, weil er als Erziehungsmaßnahme erkannt wurde (wie z. B. das Buch Hiob darstellt). Durch Beseitigung des Grundübels, also des sündhaften Zustandes, wird die Krankheit überwunden: Ödipus verläßt seinen Thron, blendet sich zur Sühne, und siehe da – die Pest weicht von Theben! Hiob erkennt seinen Hochmut, unterwirft sich Gott, und daraufhin kehren ihm Reichtum und Wohlbefinden zurück. Jesus vergibt dem Kranken seine Sünden, und er ist gesund!

Diese Vorstellung war allen Völkern von Beginn ihres Bewußtwerdens bis zum Ausbruch unseres technischen Zeitalters gemeinsam, doch heute kommt sie uns unglaublich vor. Wir behandeln die Kranken wie reparaturbedürftige Motoren, denen es nur am rechten Öl oder Ersatzteilen fehlt, um sie wieder in Gang zu bringen. Betrachten wir einmal ernsthaft die Wundertaten der

Heiligen und ihre goldenen Heiligenscheine; uns werden die Augen aufgehen für die Wissenschaft des Geistes, die so lange vernachlässigt wurde.

Der Grundgedanke ist dieser: In jedem Körper wohnt eine Kraft, die Strahlen aussendet und dadurch die Körper am Leben hält. Die Chinesen hatten das schon vor mehr als fünftausend Jahren erkannt und in Formeln gekleidet. An Hand des archaischen Schriftzeichens für Medizin, I, läßt sich ablesen, daß die Einführung der Akupunktur in China bis in die Steinzeit zurückreicht.[145] Wenn der Körper erkrankte oder verletzt worden war, steckte man Pfeilspitzen in die Wunden oder in bestimmte Punkte auf der Haut; diese Pfeilspitzen leiten die Kraft, indem sie schädliche Strahlung abfließen oder günstige zufließen lassen. Der Heilerfolg gab der Methode recht. Allmählich entdeckte man mehrere Kraftlinien, die sich durch den menschlichen Körper ziehen und an besonderen Stellen durch die Haut führen. Zunächst kannte man nur drei Bahnen mit insgesamt 19 Punkten, doch durch Versuche lernte man immer neue Kraftlinien und Punkte kennen, so daß man heute in der Akupunktur mit vielen hundert Punkten und komplizierten Kraftlinien rechnet. Sie konnten wirklich nur durch Erfahrung gefunden werden, denn einen «logischen» Zusammenhang dieser Punkte untereinander und mit den Organen hat man nie festgestellt. Dennoch handelt es sich um ein wissenschaftlich nachprüfbares Verfahren, das nicht vom guten Willen des Arztes oder Kranken abhängig ist.

Im Vergleich damit wirken unsere modernen chemischen Heilmittel recht unwissenschaftlich, wie durch den Placebo-Effekt statistisch nachgewiesen wurde. Folgende Versuche wurden bei einer festen Anzahl von Kranken unternommen: Die Hälfte der Personen erhielt das wirksame Heilmittel, die andere Hälfte ein wirkungsloses Ersatzmittel, jedoch wußten die Kranken nichts davon. Die Anzahl der Heilungen war in beiden Gruppen etwa gleich groß. Durch jahrelang wiederholte Versuche wurde einwandfrei bewiesen, daß die seelische Einstellung des Kranken der eigentliche Heilungsfaktor ist, solange sich die Heilmethode auf den Körper selbst beschränkt, das heißt: solange nicht die Aura des Kranken direkt, sei es durch Akupunktur, Handauflegen oder Beten, behandelt wird.

Das Wort «Aura» mag den meisten von uns unvertraut sein, darum will ich einiges dazu ausführen. Man könnte es zunächst einmal als die Ausstrahlung bezeichnen, die jedem Menschen eigen ist. Die Araber nennen diese Ausstrahlung Karamah, und dieser Begriff ist zwar nicht bedeutungsgleich aber doch nahe verwandt mit dem indischen Begriff «Karma» (die in den verschiedenen Lebensläufen angesammelte Strahlungsmenge) und dem griechischen Wort Charisma, das die Führungseigenschaft eines Menschen bezeichnet. Aus der gleichen Wurzel stammt das französische Wort «Charme», mit dem wir im Deutschen jene unbeschreibliche Ausstrahlung eines Menschen bezeichnen.

Die Heiligen in den christlichen Kirchen und buddhistischen Tempeln wurden mit einem hellen Schein um den Kopf dargestellt, dem Heiligenschein, auch Halo oder Aureole genannt. Manchmal ist auch die gesamte um den Körper liegende Strahlung abgebildet in Form eines hellen – meist goldenen – Scheins; diese nennt man Aura. Normalerweise können wir aber die Aura eines Menschen nicht sehen, sondern nur dann, wenn entweder diese Aura ungewöhnlich stark leuchtet – also bei Heiligen – oder wenn ein Mensch sich in dieser Sehweise lange geübt hat oder durch seine anormale seelische Verfassung dazu in der Lage ist. Um den Kopf herum ist die Aura besonders stark, und es kommt vor, daß man bei günstigen Lichtverhältnissen den Halo eines Menschen sehen kann, zum Beispiel an seinem Schattenbild. Das Abbild ist – soweit meine Erfahrung reicht – keineswegs streng begrenzt (wie die Heiligenscheine der Kirchenbilder), sondern strahlendurchbrochen und in stetiger Bewegung. Die indischen Yogis sehen es in verschiedenen Farben und können daraus Schlüsse ziehen auf den Charakter und den Gesundheitszustand des Menschen. Man kann diese selbstleuchtende Kraft auch fotografieren, davon wird noch im folgenden die Rede sein.

Die Auren der Menschen sind also verschieden und stehen im Zusammenhang mit der geistigen Kraft der Person. Jesus hatte eine dermaßen starke Aura, daß seine Mitmenschen sie fühlen konnten! Lukas schreibt darüber in seinem Evangelium (6,19): «Es ging eine Kraft von ihm aus und heilte alle.» Darum wollten ihn alle anrühren, zumindest sein Kleid anfassen. Folgender Bericht ist sehr aufschlußreich: «Eine Frau näherte sich Jesus mit dem Wunsch, geheilt zu werden, und berührte den Saum seines Umhangs von hinten; sogleich war sie geheilt. Jesus spürte es und fragt: «Wer hat mich angerührt?» Da sie aber alle leugneten, sprach Petrus: «Meister, das Volk drängt und drückt dich!» Aber

Jesus sprach: «Es hat mich jemand angerührt, denn ich fühle, daß eine Kraft von mir gegangen ist.» Da die Frau sah, daß es nicht verborgen geblieben war, kam sie zitternd, fiel vor ihm nieder und verkündete vor allem Volk, aus welcher Ursache sie ihn angerührt hätte, und wie sie sogleich gesund geworden wäre. (8,44–47) Die Aura hat also eine bestimmte Größe, die vermehrt oder verringert werden kann. In den Berichten über Moses wird dies ebenfalls hervorgehoben: Wenn Mose mit Gott gesprochen hatte, war seine geistige Kraft so stark geworden, daß sein Gesicht übermäßig glänzte, unerträglich für seine Gefolgsleute, so daß er nach einem solchen Erlebnis sein Gesicht bedecken mußte, bevor er unter das Volk trat.[146] Ein andermal nahm Gott, so heißt es[147], von der Kraft des Mose und verteilte sie auf die 72 Ältesten, die erwählt waren.

Nicht nur die «charismatischen» Führer der Völker, sondern jeder von uns hat diese Ausstrahlung und gibt sie bei jeder Begegnung seinem Gegenüber ab, so wie er dessen Ausstrahlung aufnimmt. Dieses Abladen der Spannungen auf den Lebensgenossen ist uns allen bekannt; wer hätte nicht schon bemerkt, daß sich Herr und Hund im Verlaufe der Jahre ähnlich werden, und daß sich zwei alte Menschen, Philemon und Baucis[148], schließlich fast gleichen. Das Abladen, die Übertragung der Aufladung, ist spürbar; sie ist die eigentlich wirksame Kraft in der Erziehung, sie strömt vom Lehrer auf den weniger geladenen Schüler über, von den Eltern auf die Kinder.

Die Erforschung dieser Kraft in neuerer Zeit begann in der Renaissance mit der Arbeit des Arztes und Philosophen Paracelsus, der grundlegende Gedanken über Magnetismus, Hypnose und Heilungen niedergeschrieben hat. Als nächster stellte William Maxwell in seinem Buch «De medicina magnetica», das in Frankfurt 1679 erschien, den Satz auf, daß von allen lebenden Körpern Strahlen ausströmen, in denen die Seele durch ihre unmittelbare Gegenwart wirkt und anderen Körpern Kraft verleiht. Die allgemeine Aufmerksamkeit für den Magnetismus der Körper wurde erst durch den Arzt Franz Anton Mesmer geweckt, der 1778 in Paris seine magnetischen Kuren begann und im nächsten Jahre dort seine berühmt gewordene Abhandlung über den tierischen Magnetismus drucken ließ. Später entdeckten dann eine ganze Reihe von Leuten die verschiedenen Auswirkungen dieser Kraft und untersuchten in mühseliger Kleinarbeit die Vorgänge bei Hypnose, Trance, psychologischen Heilungen und unbewußten Reaktionen.

Obgleich diese Beobachtungen zum Teil von hervorragender Genauigkeit und Objektivität waren, brachten sie doch nur Verachtung und Gelächter seitens der herrschenden Lehrer ein, und es vergingen zwei bis drei Generationen, bis endlich einige Grundtatsachen, wie zum Beispiel der Begriff des Unterbewußtseins und die unwillkürlichen Muskelbewegungen anerkannt waren und als Forschungsthemen gelten konnten. Interessant sind die Versuche des Chemikers Freiherr von Reichenbach in den vierziger Jahren des vorigen Jahrhunderts. Reichenbach war Techniker und Wissenschaftler, der Eisenwerke und die erste chemische Industrie ins Leben rief; seine geologischen Mitteilungen und seine Sammlung von Meteoriten wurden richtungweisend für die Wissenschaft. Leider wurden seine psychosomatischen Versuche nicht mit dem gleichen Erfolg belohnt. In 13 000 Einzelversuchen mit einigen besonders begabten Personen stellte er fest, daß diese in ganz dunklem Raum jene Kraft sehen konnten, die von Magneten, Pflanzen, Tieren und Menschen ausströmt. Diesen feinen «Äther» nannte er «Od». Die seelische Kraft, Lebenskraft oder Vitalkraft des Menschen äußert sich über die Körpergrenze hinaus oft in ganz überraschender Weise. Da die Wirkungsart verborgen blieb, hat man die Äußerungen als «okkult» bezeichnet. Inzwischen sind weite Bereiche dieser geheimnisvollen Kraft erforscht, so daß man über die Fähigkeiten des Menschen besser im Bilde ist und jene Wirkungen als durchaus natürlich in den wissenschaftlichen Erfahrungsbereich einbezieht.

Selbstverständlich ist ja, daß der Körper mit seinen 37 °C Normaltemperatur wie ein Ofen wirkt und Wärmestrahlen aussendet, die zwar mit der Entfernung abnehmen, deren Grenze aber räumlich und zeitlich keineswegs festliegt, sondern von der Umgebung abhängt. Infrarotaufnahmen zeigen den Wärmekörper eines Lebewesens. Wenn ein Mensch längere Zeit auf einer Parkbank saß und die Luft an dieser Stelle wenig bewegt wurde, zeigt ein Infrarot-Film die Umrisse dieses Menschen auch dann noch, wenn die Aufnahme einige Minuten nach dem Weggehen des Menschen gemacht wurde; sein Wärmekörper saß noch dort. Je mehr Wärme er entwickelt hat, desto stärker erscheint sein Abbild auf dem Film: Liebespaare sollen noch nach einer Stunde erkennbar sein.

Ebenso ist jedem verständlich, daß der Mensch durch seine Haut ständig leichtflüchtige Verbindungen wie Wasserdampf, Fettsäuren, Kohlendioxyd und Ammoniak ausscheidet, die nicht nur als Schweiß in den Drüsen der Haut entwickelt werden, sondern auch tiefer aus dem Körperinneren stammen und an allen Körperstellen austreten können. Jeder lebende Körper trägt um sich eine kräftige Hülle wie eine Duftmarke, die unseren groben Sinnen kaum wahrnehmbar ist. Auch diese Strahlen sind meßbar. Man weiß, daß sie sich je nach Tageszeit und Körperbefinden verändern und daß jeder Mensch eine ganz persönliche Note hat, unverwechselbar wie ein Fingerabdruck. Je nach den äußeren Bedingungen (Licht, Leitfähigkeit der Luft und anderes) kann es vorkommen, daß diese Ausstrahlung sichtbar wird, eventuell selbstleuchtende Erscheinungen hervorruft, die Irrlichtern oder Elmsfeuern vergleichbar sind.

Drittens haben einfache Versuche gezeigt, daß der Mensch auch – wie könnte es anders sein? – ständig elektrische Strahlen um sich verbreitet. Er ist ein statisch geladenes Feld, denn Hautreibung und Reibung der Kleidung, Muskelbewegung und Nerventätigkeit lösen fortwährend kleine elektrische Ströme aus, die den Körper in ein Kraftwerk verwandeln. Auch diese Aufladung ist meßbar, sie beträgt bei starken Bewegungen und guter Isolierung mehr als 100 Volt; sie ist polig geordnet: rechte Körperhälfte positiv, linke negativ oder Kopf positiv und Füße negativ usw., und sie ist übertragbar auf andere Körper. Es kommt sogar vor, daß man bei leichter Berührung eines anderen Menschen plötzlich einen kleinen elektrischen Schlag erhält.

Viertens: der Mensch bildet auch ein magnetisches Feld, das dem eines Eisenmagneten oder dem Magnetismus der Erde in der Art gleicht. Die ausgesandten Wellen haben die gleiche Länge und bewirken eine Zweipoligkeit (Nord- und Südpol), die sich zum Beispiel mit der Wünschelrute feststellen läßt. Zwei entgegengesetzt gepolte Menschen können ihren Magnetismus gegenseitig aufheben oder verstärken. Vermutlich hat das Hämoglobin des Blutes als Träger des Sauerstoffs die Hauptaufgabe hinsichtlich des Magnetismus zu erledigen. Ausgeatmete Luft ist nordpolar magnetisiert, das bedeutet, daß die Luft bei der Atmungsverbrennung südpolaren Magnetismus abgibt.[149] Alle diese verschiedenen Strahlenfelder und vielleicht noch einige mehr umgeben den Körper wie eine bewegliche Hülle, etwa so wie die Flamme den

Docht umgibt. Durch rhythmische Atmung oder Nervenanspannung kann das eine oder andere Kraftfeld dermaßen verstärkt werden, daß dadurch außergewöhnliche Erscheinungen ausgelöst werden. Bei Versuchen dieser Art wurden zum Beispiel Glühbirnen nach Willen an- und abgeschaltet, feste Körper ohne mechanische Hilfe bewegt oder in die Luft erhoben; es wurden sogar Energiemengen herausgeschleudert, die als leuchtende oder nebelhafte Gebilde oder als «kalter Wind» sichtbar und spürbar waren. Alle diese Ereignisse sind als Erscheinungsform keineswegs «okkult», denn sie beruhen auf physikalisch meßbaren Kräften. Nur ihre Auslösung durch den Willen ist uns verborgen; sie fällt darum in jenen besonderen Forschungsbereich der Meta- oder Parapsychologie, der noch ganz in den Anfängen steckt und hauptsächlich erst um seine Existenzberechtigung kämpft.

Es steht nur fest, daß die Wirkung des Geistes auf die sichtbare Welt unfaßbar und unerklärlich ist, so unerklärlich etwa wie die Schwerkraft, an der übrigens niemand zweifelt, obgleich wir nur ihre Auswirkung beobachten können, ohne in der Lage zu sein, die Ursache anzugeben, die den Stein veranlaßt, in Richtung des Erdmittelpunktes zu fallen.

Ein Jahrhundert nach den Versuchen von Reichenbach gelang es dem russischen Forscherehepaar Semyon und Valentin Kirlian mit Hilfe einer recht einfachen Stromkreisanlage, die Hochfrequenzströme mit 75 000 bis 200 000 Zyklen pro Sekunde erzeugt, Fotografien der Strahlenfelder herzustellen, die jeden Körper umgeben. Dieses Verfahren, seitdem Kirlian-Fotografie genannt, wird seit Jahrzehnten auch in Europa und Amerika angewandt und hat beachtliche Ergebnisse gebracht.

Die Fotografien zeigen tatsächlich einen leuchtenden Kranz um die Finger der Hand, um Pflanzenblätter und sogar um Münzen, und sie zeigen, daß dieser selbstleuchtende Strahlenring lebt. Er verändert sich in Zusammenhang mit der Lebenskraft des Objektes. Dadurch lassen sich langfristige Vorhersagen über den Gesundheitszustand aus den fotografierten Strahlenfeldern ablesen, Krankheiten können schon mehrere Wochen im voraus erkannt werden usw. Die bestechend klaren Farbfotos bestätigen die Aussagen der indischen Yogis und der Sensitiven von Reichenbach in schöner Weise, denn die einzelnen herausschießenden Kraftblitze und die wechselnden Farbtöne der Aura sind darauf bestens erkennbar.

Und es wird die Aussage der Ärzte der Renaissance bestätigt, denn es ist die Aura, die «erkrankt», und nicht das Organ, denn letzteres folgt der Aura in ihrer Erkrankung.

Was aber am erstaunlichsten anmuten mag: das Strahlenfeld lebt selbständig weiter, wenn seine Wohnung schon zerstört ist! Ein zerschnittenes oder halbverwelktes Blatt zeigt noch längere Zeit eine vollständige Aura. Unwillkürlich mußte ich – als ich dies las und die sehr genauen Fotografien davon sah – an den Satz des Nikolaus Cusanus denken, den ich im ersten Teil des Buches zitiert habe: «Zieht sich die Seele zurück, wenn der Finger abgeschnitten wird?»

Vor einigen Jahren unternahm das brasilianische Institut für Psychobiophysische Forschungen in São Paulo eine Versuchsserie von Kirlianfotos mit einem «geistigen Heiler», einem Mann, der seine Patienten durch Handauflegen heilt. Die Fotoserie zeigt deutlich, wie der vom Finger des Heilers ausströmende Kraftstoß auf den Empfänger übergeht durch mehrfachen Wechsel der Finger-Aureolen. Man kann von einem Kräfteaustausch sprechen, der in Fotos sichtbar gemacht wird wie die Magnetkräfte, die wir im Schulversuch mit Hilfe von Eisenfeilspänen sichtbar machten.

Wie man diesen Versuchen entnehmen kann, ist die Aura eine Energieform, die sichtbar werden kann. Sie lenkt und erhält den Körper und kann sich sogar nach der Zerstörung des Energieträgers noch eine Zeitlang weitererhalten. Außerdem kann sie auf andere Auren übertragen werden. Versuchen wir, den Mechanismus dieser Vorgänge näher zu erkennen.

Da denke ich zunächst einmal an die Schlafwandler und gewisse seelisch gestörte Personen, die durch geschlossene Augenlider hindurch sehen können, und das in manchen Fällen sogar besser, als wenn sie auf normale Art sehen würden. Versuche, die seit über 150 Jahren durchgeführt wurden[150], haben diese seltsame Fähigkeit des Menschen nachgewiesen: er kann sehen, ohne seine Augen zu gebrauchen. Hier sieht also der Geist, nicht der Körper des Betreffenden, ja, der Geist ist zur Wahrnehmung in jeder Hinsicht viel besser in der Lage, als es irgendein körperliches Organ sein könnte. Der Geist ist es auch, der nach seinem Willen die entsprechenden Organe entwickelt und vervollkommnet hat im langen Zeitlauf der biologischen Spezialisierung. Für den Einsichtigen ist nicht Hellsehen das Wunderbare, sondern das optische Sehen mittels der Augen, denn das läßt sich nur ganz grob mechanisch beschreiben, nicht verstehen. Wie der optische Eindruck eines Gegenstandes im Gehirn entsteht, wird uns immer verborgen bleiben; leichter können wir uns vorstellen, wie ein Traumbild im Gehirn entsteht.

Dasselbe gilt auch für die anderen Bereiche des Körpers: Daß der Geist über alle Hindernisse hinweg «auf die Reise» gehen kann, ist jedem von uns geläufig; daß er aber auch den Körper bewegen kann, durch Wüsten und über Meere die Erde zu durchmessen, das grenzt schon an ein Wunder. Er schafft sich dafür Fortbewegungsorgane, zähmt Tiere und baut Schiffe... kurz: er ist es, der den Körper formt und antreibt.

Es scheint, daß der Geist keinerlei Nahrung in der uns bekannten Art aufnimmt, lediglich Gottes Wort ist seine Nahrung (nach dem berühmten Ausspruch Jesu).[151] In manchen Sonderfällen kann der Geist den Körper ernähren, so daß dieser lange Zeit am Leben erhalten bleibt, ohne Nahrung zu sich zu nehmen. Moderne Beispiele dafür sind Therese von Konnersreuth[152] und indische Yogis. Von einem tibetanischen Mönch habe ich dies schon zu Anfang erwähnt.

Die Wirkung des Geistes auf den Körper ist zwar von vielen unerklärlichen Geheimnissen umgeben, doch sie gehört so sehr zu unserem Alltag, daß wir sie nur selten beachtenswert finden. Niemand wundert sich, daß sich das Gesicht rötet, wenn ein beschämender Gedanke durchs Hirn ging. Doch wenn ein Mensch jedes Jahr an Karfreitag blutende Wunden an den Körperstellen hat, an denen sie der Überlieferung nach Jesus hatte, dann möchte man es nicht glauben, selbst wenn man es sieht. Oder ein anderes allbekanntes Beispiel: manchen Menschen widerfuhr es, daß ihre Haare über Nacht schneeweiß wurden durch ein schweres Erlebnis oder einen Traum.[153]

Aber was ist eigentlich ein Traum? Es handelt sich da um einen Grenzfall der Einwirkung des Geistes auf den Körper, aus dem die Unfähigkeit des Körpers, dem Geist gerecht zu werden, ersichtlich wird. Der Geist ist nämlich immer wach, auch dann, wenn der Körper schläft. Da der Geist der eigentlich bestimmende Teil ist, können wir annehmen, daß der Körper nicht aus sich heraus den Schlaf nötig hat – das Problem ließe sich biologisch auch anders lösen –, sondern daß der Geist dessen bedarf. Der Körper muß schlafen, damit der Geist eine regelmäßige Befreiung aus dem Körpergefängnis bekommt und dadurch erst richtig schöpferisch tätig sein kann. Wir alle kennen das: Im Schlaf lösen wir die schwersten Aufgaben. Und noch zwei weitere Eigenschaften des Geistes will ich kurz erwähnen. Der Geist hat ein absolutes Gedächtnis, dem nichts verlorengeht. Unter Hypnose kann man die frühesten Kindheitserlebnisse wieder hervorholen, selbst kleinste Nebensächlichkeiten sind zeitlebens – und vielleicht darüber hinaus für immer – in ihm enthalten. Die andere Fähigkeit ist noch unerklärlicher: Der Geist hat ein absolutes Zeitmaß in sich, das genauer geht als eine Uhr. Viele Menschen haben das immer wieder an sich selbst erfahren, Hypnoseversuche[154] haben es gut nachgewiesen, und sogar im Tierreich ist es gezeigt worden, zum Beispiel an Bienen.

Und nun einen weiteren Schritt: der Geist kann aus dem Körper heraustreten, zumindest für kurze Augenblicke. Fast alle Propheten haben derartige Erlebnisse gehabt, von Jesus, Paulus[155] und Mohammed ist es glaubwürdig mitgeteilt worden. Indische Yogis haben Geistreisen vor den kritischen Augen europäischer Ärzte vollzogen. Auch von indianischen und sibirischen Schamanen kennen wir das Aus-dem-Körper-Heraustreten. Nicht immer ließ sich feststellen, ob die mitgeteilte Beobachtung auch tatsächlich richtig war, aber einige Male gelang der Nachweis. Die besten Überlieferungen waren für mich die Erzählungen der Chassidim in Südrußland, die Martin Buber gesammelt hat. Eine moderne Untersuchung des Vorgangs bringt Celia Green 1968. Wie ich durch eine Umfrage unter meinen Bekannten erfuhr, hat fast jeder schon einmal ein solches Erlebnis an der Grenze zwischen Schlaf und Erwachen gehabt. Die Rückkehr des Geistes in den Körper wird meist als besonders anstrengend empfunden. Sie äußert sich in einem Zucken oder Stolpern, wodurch der Schläfer erwacht; meist meint er dann, er habe geträumt. Das gleiche Zucken, das einer Lockerung des Geistes im Körper entspricht, kann man bei Besessenen und Medien in Trance beobachten.

In der Tat: alle Gedanken und Willensanstrengungen sind Kräfte in materieller meßbarer Form. Féré hat dynamomotorische Messungen an Menschen durchgeführt, die gezeigt haben, daß alle unsere Empfindungen von einer Entwicklung potentieller Energie begleitet sind, die in kinetischen Zustand übergehen, das heißt sich als Bewegung äußern kann. Jeder Bewußtseinsvorgang hat demnach Einfluß auf die Energie, über die der Körper verfügt.[156] Fanny Moser, die dies schreibt, zitiert dazu auch Emanuel Swedenborg, den Ingenieur und Mystiker, Begründer unserer Kenntnis vom Unbewußten, mit folgenden Worten: «Nichts kann im Geiste vor sich gehen, das nicht geeignetenfalls mittels Fasern bis in die letzten Enden, z. B. als Muskelbewegung, sich abbilden könnte.» In deutlicher Weise hat es auch der amerikanische Journalist Prentice Mulford ausgedrückt; in der mitdenkenden Übersetzung von «Sir Galahad» lautet die Stelle: «Unser unsichtbarer und unausgesprochener Gedanke strömt von uns als Substanz, so wirklich wie der Wasserstrom, den wir sehen können, oder der elektrische Strom, den wir nicht sehen können. Er verbindet sich mit dem Gedanken eines anderen, und aus solchen Verschmelzungen bildet sich eine neue und andersartige Idee wie aus chemischen Elementen ein neuer Körper.» [157]

Und dann haben wir das andere Geschehnis, das zunächst wunderbar wirkt: Ein Mensch kann sich einem anderen Menschen auf rein geistigem Wege mitteilen. Am leichtesten geschieht dies durchs Auge. Der Strahl, der durchs Auge hinaustritt, kann den Gegenstand, auf dem er ruht, aufladen mit Energie; empfindliche Menschen können das spüren. Es gab Männer, sagten die alten Kelten, die mußten ihren Blick im Zaum halten, damit er nicht Schaden anrichte. Die Angst vor dem «bösen Blick», der Krankheiten und Unfälle auszulösen vermag, ist allen Völkern geläufig. Auch im Tierreich soll es das geben: die Schlange lähmt ihr Opfer durch ihren starren Blick, bevor sie es mit dem Giftbiß erreicht. Auch der Schakal «fasziniert» das Schaf, bevor er es reißt, erzählen die Berber. Und aus dem Stierauge zucken Blitze, wenn er tödlich verwundet wird.

Gedankenübertragung auf große Entfernung, sei es als Gedankensendung oder als Empfangen (Fernfühlen = Telepathie), ist keineswegs auf Zufall oder Täuschung zurückzuführen, sondern im Tierreich wie auch beim Menschen als normaler und durch die Erfahrung gesicherter Vorgang erkannt, der viel häufiger vorkommt, als wir merken. Im Grunde ist er nicht unmöglicher als drahtloser Rundfunk oder Fernsehen, nur daß der Mechanismus ein anderer ist und von uns weniger gut in den Griff genommen werden kann.

Das Hauptproblem der Handhabung von Gedankenübertragungen liegt in der Schwierigkeit, die telepathischen Vermittlungen bewußt zu machen. Unterbewußt sind wir alle ständig in telepathischer Verbindung mit einer großen Zahl von Sendern und Empfängern, doch die meisten «Sendungen» werden durch unsere Bewußtseinsschwelle ferngehalten. Das mag seinen Sinn haben. Für den modernen Menschen ereignet sich das Durchbrechen dieser Schwelle nur noch bei großer Gefahr oder in einem Zustand, in dem das Bewußtsein ohnehin ausgeschaltet ist: unter Hypnose, im Schlaf («Traum») oder in Trance.

Die russischen Forscher L. Wasiliew und F. Petrow in Leningrad haben in Fortsetzung der Pawlowschen Hundeversuche einen physiologischen Weg aufgezeigt, auf dem man die Bewußtseinsschwelle durchbrechen und nachweisen kann, daß der Mensch tatsächlich vieles wahrnimmt, das sein Bewußtsein nie erreicht. Durch eine Reflexkoppelung haben sie gezeigt, daß der Mensch niederfrequente elektromagnetische Wellen wahrnimmt: die Versuchsperson reagierte durch Zucken der Hand auf die Einschaltung eines ihm unbekannten niederfrequenten Stromfeldes im Nebenraum.[158]

Solche Reflexkoppelungen, sogar im Zusammenhang mit Telepathie, kennen wir aus dem täglichen Leben: Wenn jemand in rhythmischen Abständen einen Schluckauf hat, dann sagt er: Jetzt denkt jemand an mich. Er zählt dann die Namen seiner Lieben und Freunde auf, und wenn der Name dessen, der an ihn denkt, gedacht oder ausgesprochen wird, endet der Schluckauf sogleich. Die seltsame Koppelung von Schluckauf und telepathischer Verbindung ist keineswegs als «naheliegend» einzustufen; darum nehme ich an, daß sie auf Beobachtung beruht. Man kann sie so erklären: Der Mitteilungsdruck seitens des Senders ist so stark, daß er das Herz des Empfängers bedrängt, wodurch der Schluckauf ausgelöst wird. Wenn dieser nun durch Erkennen des Senders den Druck beseitigt (da er sich der Mitteilung öffnet), hört der Schluckauf wieder auf.

Andere Reflexe wie Handjucken, Nasekribbeln und Ohrklingen werden ebenso auf telepathischen Druck zurückgeführt: Wenn jemandem die Ohren klingen, dann glaubt er, daß gerade in der Ferne über ihn gesprochen wird, sei es Gutes oder Übles. Man sagt auch, wenn man über einen Abwesenden spricht: Jetzt müssen ihm die Ohren klingen. Und wenn die Nase kribbelt, verbindet es derjenige damit, daß irgend jemand Rachegelüste gegen ihn hat, so als würde er – bildlich gesprochen – einen Nasenstüber bekommen. Das Handjucken ist wohl wegen der Nutzanwendung heute am bekanntesten: Wenn die rechte Hand juckt, wird man Geld einnehmen, juckt die linke Hand, dann muß man bald welches ausgeben. Auch dies wird nicht als «Vorahnung» aufgefaßt, sondern als Gedankenstoß, der von einem anderen Menschen ausging. Diese volkstümlichen Erklärungen sind wohl Ergebnisse jahrtausendelanger Beobachtung, zumindest machen sie deutlich, daß Gedankenübertragung ein alltäglicher, wenn auch nicht immer bewußt werdender Vorgang ist.

Wir sehen: der Geist – in diesem Falle sogar ein fremder Geist – bewegt unseren Körper, und das manchmal sogar über weite Entfernung hin. Kein Hindernis kann die Wirkung aufhalten, es sei denn ein anderer Geist; das Meer, das für Radiowellen undurchdringlich ist, hemmt die telepathischen Ströme ebensowenig wie eine metallene oder elektrische Barriere. Selbst die Zeit scheint nicht zu existieren für diese Art von Nachrichtenmitteilung.

## 30. Die Mitteilung des Todes

An der Grenze zwischen Leben und Tod werden diese Vorgänge erst richtig auffällig, denn im Alltag entgehen sie unserer Aufmerksamkeit, da die Impulse zu schwach sind. Der Geist eines Sterbenden hat die Kraft, in dem Augenblick, da er sich vom Körper befreit, optische und mechanische Erscheinungen auszulösen, die die Bewußtseinsschwelle jedes Menschen durchbrechen können. Derartige Erscheinungen ereignen sich so häufig und sind so einwandfrei beobachtet[159], daß sie seit Menschengedenken als Tatsachen hingenommen werden. Das «klassische» Geschehnis sieht etwa so aus: Der Sohn, der tausend Kilometer entfernt stirbt, tritt in die Küche der Mutter und sagt ihr ade. Manchmal fällt ein wichtiger Gegenstand ohne erkennbaren Grund herab oder die Uhr bleibt im selben Moment stehen. Die Erscheinung des Sterbenden ist zwar kurz, aber so «wirklich», daß von einer Einbildung oder einem Traum nicht die Rede sein kann. Das schönste

Zeugnis eines solchen Vorfalls schrieb der Dichter des Robinson Crusoe, der Engländer Daniel Defoe, Anfang des 18. Jahrhunderts mit seiner Erzählung «Die Erscheinung der Mrs. Veal».

Von meinen eigenen Erlebnissen möchte ich zwei mitteilen, die mir während meiner Studienzeit in Pakistan widerfahren sind. Bei meiner Rückkehr vom Erntedankfest der Kalasch im Hindukusch hatte ich einen jungen Mann dieses Stammes über tausend Kilometer weit nach Süden in den Pandschab mitgenommen, wo er sich als Diener verdingen wollte, um die Sprache und das Stadtleben kennenzulernen. Um etwas Geld für die ersten Tage zu erwerben, hatte er seine Trommel, die er selbst aus einem Baumstamm geschnitzt und mit Ziegenleder bespannt hatte, an meinen Freund verkauft, der sie in seinem Wohnzimmer an die Wand hängte. Dieses Zimmer konnte man nach der im Orient üblichen Art verschließen, indem man die äußeren Türen, die mit feinen Gazedrahtnetzen bespannt waren, mit einem Vorhängeschloß abschloß, während die inneren Türen offenblieben, so daß die Luft den Raum kühlen konnte.

An einem Nachmittag, als ich mit dem jungen Kalasch auf der Terrasse saß – mein Freund war außer Haus gegangen und hatte das Wohnzimmer in gewohnter Weise verschlossen –, hörten wir plötzlich, wie die Trommel in den typischen regelmäßigen Schlägen erklang, die die Kalasch so unnachahmlich ausführen. Ich dachte, ein Kalasch stände im Wohnzimmer und schlüge die Trommel. Darum ging ich sogleich zur Tür und schaute durch die Gaze hinein. Der Raum war leer und die Trommel hing an ihrem gewohnten Platz an der Wand. In dem Augenblick, als mein Blick auf die Trommel fiel, hörte sie auf zu erklingen, alles war wieder still. Der junge Kalasch war mir gefolgt und schaute ebenfalls durchs Gazenetz. Die Tür war sichtbar mit dem Vorhängeschloß verschlossen, eine andere Tür hatte der Raum nicht. Die Gazenetze der Fenster konnte man nicht entfernen. Es war völlig ausgeschlossen, daß ein Mensch den Raum betreten hatte, während wir auf der Terrasse saßen. Ich war sehr verwundert und fragte den Kalasch, was es zu bedeuten habe. Er wußte jedoch keine Antwort, nur eines wurde mir durch mein Fragen klar: Der Vorfall selbst löste bei ihm keine Verwunderung aus. Zwar hatte er noch nie dergleichen erlebt, wohl aber schon genug davon reden gehört, so daß er an der Tatsache selbst, also an seinen Sinnen, nicht zweifelte. Ich schlug vor, daß vielleicht ein Kalasch im heimatlichen

Tal gestorben sei, da ich im Zusammenhang mit dem Tod schon einmal etwas in diesem Sinne gehört hatte; der Kalasch hielt es für möglich, wenn er auch nicht zustimmte, daß diese Folgerung schlüssig sei.

Als wir im Winter in sein Tal im Hindukusch zurückkehrten, fragten wir, ob in jener Zeit, als wir die Trommel gehört hatten, ein Mann gestorben sei, und es wurde uns bestätigt. Man habe ein großes Totenfest gefeiert, und viele Leute hielten es sogleich für möglich, daß wir deswegen die Trommel gehört hatten. Die Aussagen über den Zeitpunkt des Totenfestes waren leider ungenau, denn einen Kalender im strengen Sinne haben die Kalasch nicht mehr.

In jenem Winter ereignete sich dann etwas, das mir die Möglichkeit dieser seltsamen Mitteilungsform zur Gewißheit werden ließ. Tagelang und nächtelang war Schnee gefallen und hatte die Täler meterhoch zugedeckt, so daß Mensch und Tier ruhen mußten. Kaum konnte man im Dorf von einem Haus ins andere gelangen, indem man durch die Rauchluke im Dach hinabstieg. Da machten sich zwei junge Männer des Dorfes auf, um ins nächste Gebirgstal zu gehen, das selbst unter guten Bedingungen einen Tagesmarsch entfernt ist. Als Grund gaben sie an, daß dort ein Mann gestorben sei, an dessen Totenfest sie teilnehmen wollten. Sie hätten «die Trommel gehört», war alles, was sie als Erklärung angeben konnten. Nun kann man wirklich nicht die Trommeln von Birir bis Bumburet hören, denn dazwischen liegen Bergpässe, die rund tausend Meter höher sind als die Ortschaften. Die Eltern versuchten auch – vor allem wegen der gefahrvollen Bergwanderung in dem mannshohen Schnee –, die beiden von ihrem Vorhaben abzubringen, aber vergeblich. Sie waren sich ihrer Sache völlig sicher, und ein Totenfest ist solch ein Wagnis wert. Als sie nach einer Woche zurückkamen – die Wege waren wieder bequemer geworden –, erzählten sie von einem gewaltigen Totenfest, an dem sie teilgenommen hatten. Die Sicherheit, mit der sie sich auf das Hören der Trommel verlassen hatten, gab mir zu denken.

Nachdem ich viele Berichte dieser Art, die von ernst zu nehmenden Wissenschaftlern mitgeteilt wurden[160], gelesen hatte, gab ich meine Zweifel auf. Problematisch bleibt nur die theoretische Erklärung dieser Vorgänge. Mit Hilfe der Vorstellung von der Aura können wir der Darstellung näherkommen.

Wie wir an den Kirlianfotografien sahen, ist die Aura der eigentlich «lebendige» Teil eines Wesens, denn sie besteht länger als ihr körperliches Gegenstück. Wenn damit auch kein Beweis für ihre Unsterblichkeit erbracht ist, bedeutet es doch jedenfalls, daß dieser «Geistkörper» einige Stunden oder Tage den Tod des atmenden Körpers überlebt. Die Zeitspanne für den Menschen wird im allgemeinen mit dreieinhalb Tagen angegeben, doch handelt es sich natürlich nur um Mittelwerte, die oft erheblich über- oder unterschritten werden. Die stärkste Abweichung von der Norm betrachte ich unter dem Begriff «Spuk» im letzten Teil dieses Buches.

Der Zusammenhang zwischen Körper und Geist während der ersten Tage nach dem Todeseintritt ist ja von allen Völkern erkannt worden und hatte im Mittelalter auch in Europa große Bedeutung, ja sogar juristischen Wert. Auf zwei Bräuche will ich hier eingehen: die Nottaufe der Totgeborenen und das Bahrrecht.

Zeitweise nahm die Sitte, totgeborene Kinder doch noch zu taufen, so großes Ausmaß und Entartung an, daß die Kirche sie unter Strafe verbieten mußte. Diese Sitte war erst durch die Strenge des christlichen Dogmas aufgekommen: ein totgeborenes Kind oder ein Kind, das starb, bevor es die Taufe empfangen konnte, kann nicht die ewige Seligkeit erlangen, lehrt die katholische Kirche; zur Trauer um das verlorene Leben gesellte sich für die Eltern noch der Schmerz, das Kind in der ewigen Verdammnis zu wissen. Da es sich aber viele Male ereignet hatte, daß ein Kind noch Stunden oder Tage, nachdem es als tot bezeichnet worden war, Lebenszeichen erkennen ließ, weil es ein Ärmchen regte, Urin oder Blut abgab oder sogar aufschrie, ging man daran, diese Lebenszeichen auszunützen, um die Nottaufe vorzunehmen. Durch Gebete führte man diese Zeichen ausdrücklich herbei, ja, man brachte die Totgeborenen zu gewissen Heiligtümern, meist Madonnenbildern, wo sie dann die erwarteten Regungen zeigten und getauft werden konnten. Daß dergleichen zum Mißbrauch anregt, ist nicht verwunderlich, und so kam es, daß der Brauch durch Konzilsbeschlüsse eingedämmt werden mußte. An der Tatsache selbst wurde jedoch nicht gezweifelt, und das ist angesichts der Tausende von gut belegten Beispielen[161] auch nicht möglich.

Offenkundiger noch wird die Verläßlichkeit der Beobachtung beim Bahrrecht, das aus germanischer Zeit stammte und erst um die Mitte des 18. Jahrhunderts aus dem deutschen Rechtswesen verschwand. Es diente zur Überführung des Mörders. In Gegenwart des Gerichts traten die des Mordes verdächtigten Personen an den aufgebahrten Toten heran und berührten ihn, wobei sie in der Form eines Eides Gott um Aufdeckung des Schuldigen anriefen. Wenn dabei die Wunden des Getöteten stark zu bluten begannen, so galt der Verdächtigte als überführt oder zumindest angeklagt. Ereignete sich nichts Auffälliges an der Leiche, so galt dies als Freispruch. Ganz sicher beruht dieser Rechtsbrauch auf unzähligen beobachteten und bezeugten Fällen. Das literarisch schönste Zeugnis ist die Beschreibung im Nibelungenlied, wo Kriemhild im Münster des Bahrrechts waltet, während Gunther und Hagen an die aufgebahrte Leiche Siegfrieds nacheinander herantreten, um sich von der Anschuldigung zu befreien. Da beim Herantreten Tronje von Hagens die Wunde Siegfrieds erneut blutet, erkennt Kriemhild – und mit ihr erkennen es alle Umstehenden –, daß Hagen der Mörder ist.

Aus allen diesen Erscheinungen und Bräuchen dürfen wir folgern, daß die Aura nach Eintritt des Todes noch nicht völlig «gestorben» oder vom Körper abgelöst ist, so daß sie ihren Willen noch in verständlicher Weise auszudrücken vermag. Das eindringlichste Beispiel für diese Kraft der Aura ist jenes Bild, das der Mann hinterlassen hat, der unsere Zivilisation am stärksten geprägt hat, Jesus; es handelt sich um «Das nicht von Menschenhand geschaffene Bildnis Gottes».

So bezeichnete man jenes Bild, das allen Ikonenmalern als Vorlage gedient hat, vom 5. Jahrhundert bis heute, wenn sie das Antlitz Jesu darstellten. Als «Schweißtuch der Veronika» war es auch im weströmischen Abendland bekannt. Das Original, ein großes Leinentuch, lag eingemauert in der Stadtmauer von Edessa, der wichtigsten Stadt des christlichen Syrien. Bereits 544 wurde es urkundlich erwähnt[162] und gilt seit jener Zeit als das «wahre Abbild Christi». Ein König von Edessa, Abgar V., hatte das kostbare Tuch mit dem Abdruck Jesu einst erhalten; er war selbst dadurch geheilt worden und erlebte die Bekehrung vieler Heiden zum Christentum, als sie das Tuch sahen.

Die Kunde von dem Abbild Jesu gelangte bis in die fernen Christenstädte Innerasiens. Überall, wo man Ikonen Jesu malte, wurde sein Kopf nach diesem Vorbild gemalt: auf der Stirne, zwischen den Augenbrauen des männlich jungen Gesichtes, ist stets ein V zu sehen, und ebenso unveränderlich ist das andere Kennzeichen, der zweizipfelige Kinnbart mit dem Oberlippenbart; die Haupthaare sind in der Mitte gescheitelt und reichen beiderseits bis zu den Schultern; die Nase ist lang mit breiten Flügeln, der Mund geschlossen. Nur der Augenausdruck scheint nicht festgelegt zu sein, wofür ich noch eine Erklärung bringen werde.

Dieses Tuch, griechisch auch Mandylion genannt, war die wertvollste Reliquie des byzantinischen Reiches. Legenden von Wunderheilungen und der Abwehr von Feinden rankten sich um sie. Es gibt eine Abschrift von einer Predigt, die Papst Stephan IV. (768–772) über das Bildnis von Edessa gehalten hat. Der Ruhm der Reliquie wuchs in der ganzen Christenheit, so daß schließlich im Jahre 944 Konstantinopel als Sitz der byzantinischen Kirche sich das Tuch unter großem Prunk heimholte. Nach feierlicher Umschreitung der Stadt und Eintritt durchs Goldene Tor wurde es im Heiligtum «Bukoleon» aufbewahrt. Ab 1150 gibt es mehrere erhaltene Urkunden darüber, doch schon 1204 verschwand das Tuch beim Brand der Stadt während des vierten Kreuzzuges und tauchte erst 150 Jahre später in Lirey in Frankreich wieder auf. Wer es in der Zwischenzeit besessen hat, ist nicht geklärt worden; während man einerseits vermutet, daß Ritter des Templerordens die Reliquie gehütet haben, ist auch denkbar, daß der von den Albigensern mit großem Aufwand verteidigte Schatz, der nie in die Hände der römischen Kirche fiel, jenes kostbare Bildnis enthalten habe. Jedenfalls tauchte das Tuch einige Zeit nach der Auflösung des Templer-Ordens und Vernichtung der letzten Albigenser bei Adligen in Frankreich auf und wurde 1452 vom Fürstenhaus Savoien gekauft, die es bis heute in Turin in Norditalien aufbewahren. Es wird selten öffentlich gezeigt, die letzten Male geschah dies in den Jahren 1898, 1931, 1933 und 1969. Die Päpste und einige auserlesene Gäste sahen das Tuch auch in dazwischenliegenden Jahren, doch normalerweise ruht es in einem wertvollen Schrein in der Johannes-Kathedrale von Turin.

Übrigens zeigt das Schweißtuch nicht nur das Gesicht, sondern den gesamten Körperabdruck eines Mannes, seine Vorder- und Rückseite. Offensichtlich lag der Tote auf dem langen weißen Leinentuch ausgestreckt auf dem Rücken, die Hände über dem Nabel übereinandergelegt. Mit der anderen Hälfte des etwa vier Meter langen Tuches wurde er in der Längsrichtung zugedeckt, so daß das ganze Tuch zwei Abdrücke zeigt: die Rücken- und die Frontpartie. Als man später das Tuch transportierte und in einem Schrein verwahrte, wurde es vierfach gefaltet in einer Weise, durch die gerade das Gesicht oben zu liegen kam. Spätere Generationen, die nur diese oberste Lage sahen, wußten oft gar nicht, daß der gesamte Körper Jesu auf dem Leinen zu sehen ist. Einige auffallende Querstriche auf manchen besonders originalgetreuen Ikonen lassen sich nur als die mitkopierten Falten des Tuches erklären, die beim Original oberhalb der Stirn am Kopf und am Hals unterhalb des Bartes sichtbar sind.

Die hervorragenden Fotografien, die während der öffentlichen Ausstellungen des Tuches in diesem Jahrhundert gemacht wurden, lassen viel mehr erkennen, als das bloße Auge auf dem Stoff wahrnimmt. Wissenschaftler, Mediziner und eine ganze Reihe von Spezialisten – Sindonologen – haben die Fotos und das Original untersucht und erkannt, daß das Tuch nicht bemalt ist, sondern den Abdruck eines blutigen, gekreuzigten Mannes enthält. Sehr genau kann man die Wunden sehen und daran ablesen, daß die römische Geißel zur Marterung verwendet worden war, und daß die Unterarme vor den Handgelenken sowie die Füße durchbohrt waren. Auch die Wunde vom Lanzenstich und die Eindrücke der Dornenkrone sind deutlich zu erkennen. Vermutlich lagen nach dem Brauch auf den geschlossenen Augenlidern zwei Münzen, weshalb der Augenausdruck des Bildes unbestimmt ist.

Wie die Nachrichtenagenturen vom 20.6.1977 aus Rom mitteilten, wurde das «Leichentuch Christi» durch die Laboratorien des Weltraumforschungszentrums in Pasadena (Kalifornien, USA) mit ultravioletter Bestrahlung und denselben Computervorrichtungen, mit denen auch die Marsfotografien entziffert wurden, untersucht. Dabei konnte man das Alter des Tuches bestätigen sowie viele Einzelheiten, die wir aus den Evangelienberichten kennen. Die Apparate zählten 121 Geißelhiebe...

Die Blutspritzer auf dem Stoff sind wohl auch ganz einfach zu erklären, schwierig wird es erst, wenn wir zu verstehen versuchen, auf welche Weise der Abdruck des ganzen Körpers, aller Hautpartien und der Haare, zustande gekommen sein mag. Denn es steht fest, daß sich auf dem Tuch kein Farbstoff befindet, daß das Leinen also nicht bemalt wurde. Eher spricht man von einem Abdruck, ja sogar von einer Fotografie, denn das Bild des Mannes ist erstaunlicherweise als «Negativ» zu sehen, das heißt: ein fotografisch hergestelltes Negativ des Tuches ergibt erst das positive Abbild eines Mannes. Die völlig exakte negative Darstellung eines menschlichen Körperabdrucks liegt für einen Maler – und sei er ein Genie – an der Grenze des Unmöglichen; nur technische Hilfsmittel könnten zu einem derart perfekten Ergebnis führen. So bleibt die Herstellung des Abbildes zunächst ein Rätsel.

Wenn wir die Behauptung der frühen Christen ernst nehmen, dieses Bildnis sei nicht von Menschenhand geschaffen, dann bleibt uns nur übrig, nach vergleichbaren Vorgängen in der Natur zu suchen, um das Rätsel aufzuhellen. Denn die Natur ist die größte Künstlerin. Wilcox gibt in seinem Buch über das Schweißtuch Jesu den Weg an, auf dem wir zu einer ausreichenden Erklärung kommen können. Zunächst erwähnt er die Kirlianfotografie, die allerdings keine Abbilder, sondern nur «Umbilder» von Körpern wiedergibt.[163] Dann beschreibt er den «Herbarium-Effekt», den ein Apotheker in Paris, Jean Volckringer, entdeckte: Die in das Buch eingeklebten trockenen Pflanzenteile hatten oft über mehrere Seiten hinweg ihr Abbild «hindurchgestrahlt»; ihre Abbilder waren äußerst scharf und außerdem negativ. Diese Beobachtung konnte er jedoch nur an einem sehr alten Herbarium (von 1836) machen, während ein anderes (von 1908, die Beobachtung fand 1941 statt) keine derartigen Bilder enthielt. Ob die Strahlung, da sie so schwach ist, so lange Zeit braucht, um ein Abbild zu erzeugen?

Kürzlich haben wir mit Freunden eine hierzu passende Erscheinung gesehen: An einem Nachmittag hatten wir einen großen Fisch, einen Loup-de-Mer, ganz frisch, fast lebend noch, gekauft; ich hatte ihn ausgenommen, geschuppt und in ein meerwasserfeuchtes Leinentuch gewickelt, dann auf das Dach in den Schatten gelegt nach meiner Gewohnheit. Am nächsten Mittag haben wir den Fisch gebraten und gegessen und das Tuch zum Trocknen auf die Leine gehängt. Einige Stunden später, im Dunkel der Nacht, sahen wir das Tuch hell leuchten, als wäre es durchscheinend, doch stellten wir beim Nähertreten fest, daß es wie eine eigene Lichtquelle von mehreren Flecken her strahlte, phosphoreszierend in hellgrünlichem Weiß. Eigenartigerweise ergaben die Flecken genau das Aussehen des Knochengerüstes des Fisches, mit dem dicken Schädel, der leicht gekrümmten Rückengräte, den Seitenflossen und dem Schwanz. Durch die Wicklung des Tuches hatten zwei Stellen einen doppelten Abglanz erhalten, nämlich von der Kopfspitze und dem Schwanzende. Der helle Lichtschein auf dem Tuch blieb viele Stunden lang sichtbar. Wahrscheinlich enthalten die Knochen eine strahlende Energie, die sich auf dem feuchten Tuch wie auf einer lichtempfindlichen Platte mit «fotografischer» Genauigkeit abgezeichnet hatte. Vermutlich hatte auch die lange Aufladung mit Sonnenlicht am Tage dazu beigetragen, daß die von den Knochen ausgesandten Substanzen in der Nacht aufleuchten konnten.

Es wäre nun zu untersuchen, unter welchen Umständen organische Materie Strahlen von der Art aussendet, die auf einem Leinentuch ein (negatives) Abbild hinterlassen. Bevor man kategorisch eine solche Möglichkeit ausschließt, sollte man – angesichts der Tatsache, daß das Schweißtuch nicht gemalt ist – die Forschung in diese Richtung lenken; auch dadurch könnten sich einige Geheimnisse des Lebens besser verstehen lassen.

## 31. Das Tierreich

«Achtung vor dem Leben, auch vor der kleinsten Kreatur» war die Forderung Albert Schweitzers. Die zugrundeliegende ethische Erkenntnis wird unterstützt durch die Ergebnisse der Biologie: Der Mensch ist ein Tier wie alle anderen. Die Verhaltensforscher Julian Huxley und Konrad Lorenz haben die Wesensgleichheit von Mensch und «höherem» Tier zur Grundlage ihrer Forschung erhoben und bestätigt. Das widerspricht nicht dem gesunden Menschenverstand; wer einmal gesehen hat, wie ein Tier träumt, ahnt, daß zwischen dem Gemüt des Tieres und dem des Menschen kein wesentlicher Unterschied liegen kann.

Das war wohl auch allen Menschen immer bewußt gewesen, denn außer in unserer technisierten Gesellschaft gilt bei allen Völkern das Schlachten eines Tieres als Opfer, weshalb im Augenblick des Tötens ein kurzes Gebet gesprochen wird. Diese Handlung hat nichts mit Totemtierkult oder magischer Fruchtbarkeitserneuerung zu tun, sondern drückt das Streben aus, den Geist des Tieres in bewußter Form seinem Schöpfer zurückzugeben. Es ist also eine Art Fürbitte, ein «Auf-die-Reise-Schicken», entsprechend den für verstorbene Menschen ausgeführten Riten. In den orientalischen Religionen ist der Zwang zu diesem Fürbittenritus beim Schlachten dermaßen stark ausgeprägt, daß jedes Fleisch, das von Tieren stammt, die nicht in dieser Weise geschlachtet wurden, als giftig angesehen wird; nur dann, wenn der unsterbliche Teil des Tieres ordentlich hinausgelangt ist, hält man das Fleisch für genießbar.

Der aufgeklärte Mensch hat für diesen Aberglauben meist nur ein mitleidiges Lächeln übrig. Doch die maschinelle Vernichtung und Verarbeitung von Millionen Tieren, wie zum Beispiel beim Fischfang heute, oder die technisierte Aufzucht und Verwertung von Haustieren, wie zum Beispiel Hühnern, schadet nicht nur unserem Lebensraum, sondern uns selbst, wenn wir diese Nahrung aufnehmen. Bei Fischen und Hühnern tröstet man sich damit, daß ja diese Tiere auf einer «niedrigen» Stufe der Entwicklung stehen und kein nennenswertes geistiges Niveau besitzen. Das ist eine Täuschung, denn die geistige Höhe eines Lebewesens ist nicht meßbar, sie liegt im Auge des Betrachters.

Man kann das auch bei guten Hunden beobachten; ein Haushund – fast möchte ich sagen: Familienhund – ist sich seiner selbst sehr wohl bewußt, er kennt seine Stellung innerhalb seiner Umwelt sehr genau und spielt mit dieser Kenntnis, zerrt an ihren Grenzen; er hat Humor, Mitleid, Kummer, er verstellt sich... das alles sind Äußerungen eines wachen Geistes, der sich selbst beleuchtet. Und um den Gegensatz hervorzuheben, erinnere ich daran, daß es Menschen gibt, deren kulturelles Niveau viel tiefer liegt, Menschen, die abgestumpft, eingepfercht, verloren aussehen. Haben sie darum keinen Anspruch auf Unsterblichkeit? Sind sie ohne Geist?

Bei den niederen Tieren verschwimmt uns dieses Bild. Denken wir an die Stockbildung bei Schwämmen und Korallen, an die Staaten der Termiten, Ameisen und Bienen, dann haben wir es schwer, die Einzelseele zu erkennen. Diese Gebilde sind aus vielen tausend Einzelwesen aufgebaut und bilden insgesamt wieder ein lebendes Wesen: das Ameisenvolk lebt nur als Ganzes, die Einzelameise ist gar nicht in der Lage, sich selbst zu ernähren; sie kann sich nicht fortpflanzen und lebt nur für die Gesamtheit, wie ein Organ im Körper. Dennoch sind die Einzelwesen der Kulturen – sei es bei den Ameisen oder Menschen – auch einzelne Seelen, so wie die Gesamtwesen, die daraus gebildet werden, wiederum beseelte Wesen sind, Individuen. Wir sprechen ja auch von Volksseele und sogar von Volkswillen. Der tierische Bewußtseinszustand ist wirklich dem menschlichen in vieler Hinsicht vergleichbar. Gerade an den Ameisen, mit denen ich mich auf meinen Reisen immer wieder auseinandersetzen mußte, habe ich das zu verstehen gelernt. Um mich vor Ameisen zu schützen, unternahm ich viele Versuche und erfuhr dabei mit Staunen, wie unternehmungslustig und intelligent diese kleinen Insekten sind. Ich fand heraus, daß einige Ameisenarten auf Zucker so reagieren wie Menschen auf ein Rauschgift (z. B. Alkohol): sie fraßen sich voll davon, genauer gesagt, sie tranken sich voll von Zucker, denn Ameisen können ihre Nahrung ja nur aufgelöst zu sich nehmen; dann torkelten sie wie blind durch die Gegend, verloren völlig ihre sozialen Verhaltensformen – sie hätten nämlich nun die anderen Ameisen ihres Staates mit Zuckersaft versorgen müssen – und fielen schließlich wie tot um, streckten die Beine und schliefen ihren Rausch aus. Kaum aufgewacht nach einigen Stunden, hatten sie nichts Eiligeres zu tun, als zum Zucker zurückzukehren und weitere Schlucke zu nehmen, bis wieder der Rausch mit torkelnden, kreisenden Bewegungen und anschließender Schlaf sich einstellten. Im Bau hatte man allerdings bald erkannt, daß dieses schnellbrennende Nahrungsmittel die staatserhaltenden Sitten bedrohte, und stellte Wächter auf, die den neugierig herbeiströmenden Ameisen den Weg verstellten und sie schließlich zurückjagten. Nur diejenigen, die schon einmal davon genossen hatten, durften, sobald sie aus dem Rausch erwachten, weitertrinken; ich glaube, sie waren die Versuchskaninchen des Staates, an denen man lernen wollte, wieviel eine Ameise vertragen kann, was sie im Rausch erlebt und was bei oft wiederholtem Trinken sich als Folge einstellt (Krankheit, Sucht oder Widerstandsfähigkeit). Am nächsten Tag schon erlahmte das Interesse, nur einige Wächter standen noch am Zuckerhaufen bereit, um zufällig dorthin gelangende Ameisen zu warnen. In den folgenden Tagen wußten aber alle Bescheid, Wächter waren überflüssig geworden, und rückfällige aus der ersten Versuchsgruppe gab es auch nicht mehr. Sind das nicht Zeichen von Klugheit und Willensstärke, wie wir sie selbst beim Menschen bewundern würden?

Je mehr ich über Ameisen in Erfahrung brachte – unter ihnen gibt es Nutztierhalter, Pilzzüchter, wandernde Raubvölker, Skla-

venhalter und Ausbeuter –, desto seltsamer erschienen sie mir. Darum las ich im Laufe der Jahre eine große Zahl von Büchern über sie[164] und stellte fest, daß ihre bemerkenswerte Intelligenz allen Forschern aufgefallen und in ähnlicher Weise beschrieben worden war. Schon Salomon – wie Talmud und Koran (Sure 27) übereinstimmend berichten – würdigte diese Tierchen einer Betrachtung über die Weisheit und sagte, daß sie denkende Seelen seien, die sich mitteilen können.
Fast alle Forscher sind sich darin einig, daß die Ameisen denken, urteilen und sich entscheiden können, also einen freien Willen ausführen, der von einem Tierchen zum nächsten verschieden sein kann. Wen das überraschen mag, der lese es selbst nach oder stelle Versuche mit Ameisen an. Sofern man überhaupt von freiem Willen sprechen kann – und das ist ja sogar für den Menschen problematisch –, dann äußern die meisten Ameisen einen individuellen freien Willen.

Gewiß sind manche Schriftsteller in ihren Schlußfolgerungen über die Staaten der Insekten weit am Ziel vorbeigerannt, wie zum Beispiel Maeterlinck in seinem Spätwerk «Das Leben der Ameisen» (1927). Der große Biologe Julian Huxley[165] macht sich mit Recht lustig über ihn. Am nüchternsten beurteilt François Picard in «Les phénomènes sociaux chez les animaux» (Paris 1933) die sozialen Verhaltensformen der Tiere, besonders der Gliederfüßler, weshalb ich mein Urteil an diesen beiden Autoren, Huxley und Picard, gebildet habe.

Tatsächlich scheint Rauschgiftsucht der Hauptgrund für die Staatenbildung der Ameisen zu sein. Die erwachsenen Arbeiterinnen sind gierig auf die Drüsenausscheidungen der Larven, die sie betreuen; nur das wird zur hochentwickelten Brutpflege und damit zur Bildung eines Volkes geführt haben.[166] Diese Drüsenausscheidungen nehmen die Stelle eines Rauschgiftes ein, was man noch ausgeprägter bei jenen Ameisen beobachten konnte, die schmarotzende Kerbtiere ihres Duftes wegen halten. Es scheint ganz allgemein so zu sein, daß Ameisen eine Handlung nur dann ausführen, wenn sie ihnen auch Spaß macht oder das erwartete berauschende Schlückchen einbringt. Nicht immer stellt sich die Nützlichkeit ihrer Handlungen zusätzlich als arterhaltend ein.[167] Sie kennen jedenfalls dieses so menschlich anmutende Lustbedürfnis, das zum Beispiel Spiel und Sport auslöst. An gewissen sonnigen Nachmittagen begeben sich die Brutpflegerinnen, die sonst immer unterirdisch beschäftigt sind, auf den freien Platz vor dem Bau und machen Wettläufe und Ringkämpfe untereinander.[168]

Nachtragen möchte ich noch, daß einige Ameisenarten ihre Toten nicht einfach wegwerfen, sondern an bestimmten Plätzen bestatten, ja, daß sie sogar eine Kopfbestattung getrennt vom Leibe durchführen, und was wohl am erstaunlichsten anmutet, daß die sklavenhaltenden Ameisen ihre Sklaven (die beim Arbeitsdienst im Bau von den Freien fast nicht zu unterscheiden sind), wenn sie gestorben sind, an anderer Stelle bestatten als die Freien ihres Volkes.[169] Es gibt sogar Sklavenaufstände in Ameisenstaaten, die aus zwei Völkern, einem herrschenden und einem unterjochten, zusammengesetzt sind. Wer hier noch die Vorstellung von einem mechanisch ablaufenden Instinktverhalten beibehält, irrt sich.

Auffällig wird die Entscheidungsfreiheit bei Akten der Fortpflanzung sichtbar. Auch bei den Bienen, die im Vergleich zu den Ameisen viel höher spezialisiert und damit weniger intelligent sind, gibt es einen Augenblick im Leben, der der freien Willensentscheidung unterliegt: Wenn die Bienenkönigin schwärmt, schließen sich einige Arbeiterinnen der alten Königin an und folgen ihr ins Freie, andere Arbeiterinnen bleiben im Stock und bedienen die bald darauf schlüpfende junge Königin. Trotz sorgfältigster Beobachtung läßt sich nicht erkennen, warum die einzelne Biene sich für oder gegen die alte Königin entscheidet; man muß annehmen, daß sie es aus freien Stücken tut.

Weitreichend sind die Entscheidungen der Ameisenkönigin bei ihrer einzigen Tätigkeit, dem Eierlegen. Julian Huxley behauptet – und er beruft sich auf viele Vorgänger –, daß die Königin *nach ihrem Willen* die Eier befruchtet aus jenem einmaligen Vorrat von Samenzellen, der ihr auf dem Hochzeitsflug zuteil wurde; je nachdem, ob sie ein Ei befruchtet oder unbefruchtet legt, entstehen daraus Weibchen (beziehungsweise neutrale Arbeiterinnen) oder Männchen. Die Auswahl des Geschlechtes der Nachkommen wird von der Königin stets sinnvoll vorgenommen, denn davon hängt das Überleben der Art ab.[170]

Um zu zeigen, daß die Tiere grundsätzlich geistige Regungen haben, die mit denen des Menschen vergleichbar sind, habe ich absichtlich diese kleinen Gliedertiere ausgewählt, denn bei Delphinen oder Affen ist uns das menschenähnliche Verhalten ja bekannt und wird nicht ernstlich bezweifelt. Zum Schluß möchte ich noch daran erinnern, daß schon die Griechen die Insekten als Sinnbild der Wiedergeburt ansahen. Der seltsame Lebenslauf vom Ei durch die Larve zur Puppe bis hin zum fliegenden Insekt machte ihnen bewußt, daß in all dieser Verwandlung eine fortlebende Einheit erhalten bleibt. Sicher hat der Maikäfer ein ganz anderes «Weltbild», ein anderes Bewußtsein seiner Umwelt als der Engerling, aus dem er sich entwickelt hat; vielleicht hat er gar keine oder nur nebelhafte Erinnerung an seine vorherige Gestalt. Seine Seele ist dennoch diese eine!

Nachzutragen wäre noch ein Wort zum alten – wieder neu entflammten – Streit um die Vererbbarkeit erworbener Eigenschaften. Lamarck, der das Wort Biologie geprägt hat, sprach als erster in der Neuzeit die Abstammungslehre der Tiere aus[171], und zwar glaubte er, daß die Entwicklung durch Vererbung erworbener Eigenschaften vor sich gegangen sei, was in diesem Jahrhundert meistens als falsch gegolten hat. Man nimmt an, daß eine zweckmäßige Auswahl blind entstandener Veränderungen die Entfaltung der Tierwelt bewirkt. Dagegen ist einzuwenden, daß die Entwicklung des Auges – um nur ein Beispiel anzuführen – sicher zielbewußt erfolgt ist, sie kann gar nicht «zufällig» abgelaufen sein. Zunächst muß vom Geist der Begriff «Sehen» als Ziel vorgestellt worden sein, dann kann die zweckmäßige Auswahl das übrige getan haben. Und diese Auswahl erfolgte sicher im Sinne eines Erwerbens vererbbarer Eigenschaften, das heißt: die vom Geist geplanten Ziele wurden mittels Veränderungen angesteuert, die als Erbfaktoren erworben werden konnten.

# 32. Die Pflanzenwelt

Die Kirlian-Fotografien zeigten uns, daß auch die Pflanzen von einer Aura umgeben sind. Das mag uns wundern, daß auch Pflanzen von jenem Seelenstoff eingehüllt sind, der Mensch und Tier umgibt, und doch haben die Naturvölker dies stets gewußt und verantwortlich gehandelt. Unsere Vorfahren redeten mit den Bäumen, und die Bäume antworteten ihnen. Die Thai schneiden das Korn mit der Sichel «hinterrücks» ab, um die Ähren nicht zu erschrecken. Und das alte Weib, das am Waldrand Heilkräuter sammelt, spricht begütigend auf die Pflanzen ein, die sie abbricht, damit sie ihre volle Heilkraft behalten!

Stellen wir uns einmal im Gegensatz zu einer im Walde stehenden Fichte, die als unbedeutendes Teil in der Vielzahl der Fichten aufgeht, einen großen einzelnen Baum auf einer freien Ebene vor: Er ist ein Individuum, eine Person, ein lebendes Wesen, eine Wohngemeinschaft. Seine Seele ist groß, seine Aura strahlt frei in die Runde. Er lebt länger als ein Mensch, ist immer wach, spricht mit den Lüften und den fernen Bergen. Ob er auch Empfindungen kennt und Erinnerung, ob er denkt und wünscht? Ich glaube es!

Hören wir, was ein großer Dichter der ausgehenden Renaissance, Cyrano de Bergerac, über die Sprache der Bäume sagte: «Haben Sie nie dieses weiche und feine Säuseln beachtet, das immer am Rande der Wälder atmet? Das ist der Hauch ihrer Worte; und dieses leise Murmeln oder zarte Rauschen, mit dem sie das heilige Schweigen ihrer Einsamkeit durchbrechen, das ist wirklich ihre Sprache. Mehr noch: obgleich das Rauschen der Wälder immer gleich scheint, ist es doch sehr verschieden, weil jede Pflanzenart ihr eigenes hat, so daß die Birke anders spricht als der Ahorn und die Buche anders als der Kirschbaum.»

Dieser Dichter redet weiter von der Liebe, die die Bäume zueinander empfinden, und von der Fürsorge, die sie für alles hegen, was in ihrem Schatten aufwächst, und bricht schließlich – begeistert von der Schönheit der Seele, die sich in den Bäumen offenbart – in den Ruf aus: «Nun also, ihr Menschen, die ihr diese Dinge seit eh und je anschaut und nie darüber nachdenkt: vor euren Augen geschehen noch überzeugendere Dinge, die auch die Starrsinnigen erschüttern!»[172]

Der Belgier Maurice Maeterlinck hat in seiner Schrift über die Intelligenz der Blumen zu Anfang dieses Jahrhunderts ganz überraschende Zusammenhänge aufgezeigt; es gibt Pflanzen, schrieb er, die planvolles Handeln und Wollen hinsichtlich ihrer Vermehrungsweise erkennen lassen, so daß der Gedanke an eine Gestaltungskraft, die der Pflanze innewohnt und sie mit Willen antreibt, kaum zu leugnen ist. Oder wie sollen wir es deuten, wenn eine Blume zielbewußt Scheinblüten treibt, um eine gewisse Art Insekten anzuziehen, die zu ihrer Befruchtung nötig sind? Das kann nicht das Ergebnis einer blinden Versuchsreihe mit Tausenden von Irrtümern sein (die Pflanze wäre längst ausgestorben), sondern muß in irgendeiner Weise, die uns verborgen blieb, als bewußte Hinwendung zu jener Insektenart, als Wechselspiel zwischen Insekt und Blume, sich entwickelt haben. Eben dieses Wechselspiel aller Wesen miteinander, das wie eine Absprache anmutet, offenbart uns den Gestaltungswillen, der alles in der Natur immer höherer Vollkommenheit entgegenführt.

Auch zwischen Pflanze und Mensch gibt es ein Zusammenspiel, sei es bei den Nutzpflanzen wie Getreide oder Edelobst, sei es bei den Wildpflanzen, wie zum Beispiel bei der Brennessel, die nur dort gedeiht, wo der Mensch wohnt, denn aus seinem Urin bezieht sie die nötigen Stoffe für ihre Nesselzellen.

Vor wenigen Jahren hat ein Amerikaner die für ihn erstaunliche Feststellung gemacht, daß Pflanzen sogar menschliche Gedanken empfangen und verstehen können, für uns unhörbare Hilfeschreie von anderen Pflanzen und Tieren aufnehmen und ebenso unhörbar weitergeben können und manches andere mehr, kurz gesagt: daß Pflanzen Wahrnehmungsorgane besitzen, die wir als «übersinnlich» oder okkult einstufen würden. Diese Entdeckung hat Cleve Backster nicht etwa in mystischer Verzückung, sondern mit elektrischen Geräten gemacht, mit denen er beruflich zu tun hatte, nämlich mit widerstandsmessenden Geräten wie Elektro-Enzephalograph und Lügendetektor. Nachdem er seine Beobachtung 1968 veröffentlichte[173], haben andere Laboratorien die Versuche nachvollzogen und neue Versuchsanordnungen hinzugefügt, die ergaben, daß die Entdeckung richtig ist. Pflanzen können mitfühlen und dieses Gefühl sogar meßbar ausstrahlen. Besonders im Augenblick des Todes senden Tiere und Pflanzen eine starke Strahlung aus, die über viele Meter hinweg, auch durch Mauern hindurch von anderen Pflanzen aufgenommen werden kann. Sie haftet sogar an Menschen und kann noch nach einiger Zeit von den Pflanzen abgelesen werden.

In neueren Versuchen (1972) hat Backster diese Vorstellung noch einmal gesprengt und glaubt, behaupten zu können, daß auch unbefruchtete Zellen diese Fähigkeiten besitzen. Obgleich seine Versuchsanordnungen sehr durchdacht wirken und zum Beispiel menschliche Telepathie bewußt ausschließen, halte ich es doch noch für übereilt, daraus weitreichende Schlüsse zu ziehen. Meines Wissens hat auch niemand diese neueren Versuche weiterverfolgt, obgleich sie gewiß so interessant sind, daß ich angenommen hatte, es würden sich viele Institute und Laboratorien an diese Aufgabe machen.

Im Grunde ist der Gedanke, daß die Mitteilung sich auf der Ebene der Zellen abspielt, recht gut annehmbar. Wie wir schon hörten, zeigen ja sogar Gegenstände, die viel vom Menschen gebraucht werden, zum Beispiel Münzen, eine Aura; und wie wir noch hören werden, enthält auch diese Art der Aufladung eine Vielzahl von Mitteilungen, die manche Menschen oder Tiere ablesen können.

Von hier ist es nur noch ein Schritt zu der Erkenntnis, die von mehreren Philosophen des vorigen Jahrhunderts[174] wieder vorgetragen wurde: daß alles Seiende beseelt ist. Auch die Steine und Berge, Flüsse und Wolken, Winde, Meere und Gestirne sind lebendige Wesen mit Gestaltwillen und Erinnerung, wesensgleich den Pflanzen, Tieren und Menschen und nur im Grade ihrer Lebensäußerungen von diesen verschieden. So sahen die Menschen der Frühzeit, so sehen die Naturvölker die Welt. Jeder Baum steht ihnen als Person gegenüber, jeder Berg ist von einem Geist bewohnt, jedes flüchtige Wolkengebilde ist Ausdruck einer schöpferischen Kraft.

# 33. Die Erde

Auch die Erde als Ganzes ist ein lebendes Wesen, und ihre Oberfläche hat eine Aura. Jeder Berg und jeder Felsen strahlt Kraft aus und nimmt Kraft auf. Unsichtbare Linien durchziehen die Ebenen, verbinden die Felsvorsprünge und durchdringen die Bergzüge. Sie bauen ein Spannungsfeld auf, das dauernd in Bewegung begriffen ist, das zu- und abnimmt. Es schwingt im Einklang mit den Kräften des Erdinneren und des Himmels, mit der Stellung von Sonne, Mond und den helleuchtenden Planeten und Sternen. Jeder Fleck der Erde hat seine eigene, von allen anderen Flecken verschiedene Ausstrahlung, er hat sein Wesen. Seine Strahlung entspricht seiner geologischen Beschaffenheit und seiner Lage im Verband mit den anderen Flecken, die ihn umgeben. Und wie die Aura der menschlichen Haut in Bahnen und Festpunkte gegliedert ist, so auch die Aura der Erdoberfläche. Wie der vorgeschichtliche Mensch seine Aura zu Heilzwecken erforschte, so erforschte er auch die erdmagnetischen Linien und die Punkte, an denen diese Kraft gebündelt vorkommt. Denn dies ist eines der wichtigsten Anliegen des Menschen und gehört zu seiner Inbegriffnahme der Welt: die vielfältigen Reize, die unsere Sinne empfangen, in ein System zu bringen, zu ordnen, sich nutzbar zu machen. So entstand aus der jahrmillionenlangen Erfahrung eine Wissenschaft von der Erdstrahlung, die Geomantik, und sie fand ihre schönste Verwirklichung in den großen Kultbauten der Frühzeit. Die Tempel und Gräber stehen nicht wahllos irgendwo, wo gerade Platz war, sondern an Knotenpunkten guter Strahlung. Auch Städte legte man so an, und manche Landstraßen folgen heute noch den Verbindungslinien zwischen zwei Kraftquellen. In Nordfrankreich ist mir das zuerst aufgefallen, denn auf dem flachen Lande verlaufen die Verkehrsstraßen schnurgerade und verbinden oft die Kirchen der Ortschaften miteinander, indem die Straße aufs Hauptportal der Kirche zuläuft, und in der gedachten Verlängerung am Ende der Längsachse der Kirche, am Altar, wieder beginnt, um kilometerweit in gerader Linie den nächsten Ort zu erreichen. Die Kirchen sind nach einem bewußten Plan auf dem Lande verteilt, sie stehen an strategisch wichtigen Punkten, strategisch in Hinsicht auf den Krieg der Geister, denn man glaubte, in diesem ewigen Kampf der guten gegen die bösen Kräfte sich mit allen Mitteln bemühen zu müssen, die guten Kräfte zu stärken. Durch die Errichtung eines Heiligtums an einem Kraftpunkt und durch Anlegen einer Straße, die das Reisen erleichtert, wurde der Energiefluß der erdmagnetischen Kräfte gebündelt und in den Dienst des Menschen genommen.

Als ich vor einigen Jahren die Landkarte des frühgeschichtlichen Zustandes der Iberischen Halbinsel anlegte, entdeckte ich – sozusagen als Nebenergebnis – jene geheimnisvollen Linien, die bei der Anlage der Städte und Straßen von den Baumeistern der Thursen genau beachtet und nachvollzogen worden waren. Ich nannte die Kraftlinien «Wege» und schrieb damals: «Die Einzeichnung der Kraftwege mit ihren Schnittpunkten auf einer Karte ergibt ein Bild, das einem Astrolab gleicht, jenem Instrument der Araber, mit dem man die Stellung des Sternhimmels auf einen Blick erhält; so mag die Vorstellung bei den Alten entstanden sein, daß der Himmel wie ein Projektor auf die Erdoberfläche wirkt, indem die Wege die Bahnen der Sterne nachzeichnen.»

Die ganze britische Insel ist mit einem Netz verkörperter Magnetströme überzogen, gebildet aus Steinalleen, Steinkreisen, Hügelgräbern und Erdwällen, Landschaftsbildern und Türmen und schnurgeraden Verbindungsstraßen. Alfred Watkins, der dies vor 50 Jahren herausfand[175], nannte die Linien «Leys». Er zeichnete sie auf Maßstabskarten ein und entdeckte dabei auch die verlorengegangenen Punkte der Kraftketten. Die Luftfotografie hat inzwischen viele Tausende solcher Leys sichtbar gemacht. Auf den Aufnahmen konnte man auch erkennen, daß nicht nur die Erdkruste, sondern auch die Atmosphäre von Kraftlinien durchzogen ist: die Wolken folgen deutlich sichtbaren Ordnungen, wie die Kristalle im Bergesinneren und die Wellen im Ozean.

Die Errichtung großer Steine an den erdmagnetischen Kraftpunkten in frühgeschichtlicher Zeit vergleicht John Michell – ein Nachfolger von Watkins in der Erforschung der Leys – mit der chinesischen Akupunktur. Die Monolithen entsprechen den Metallnadeln, die in die Haut des Kranken gesteckt werden. Wie der Arzt, der eine kleine Anzahl der vielen möglichen Knotenpunkte auf dem Körpermeridian auswählt, so haben auch die Baumeister der Großsteinzeit einige Kreuzungen der Kraftlinien ausgewählt und dort ihre Steine oder Heiligtümer errichtet. An den bedeutenderen Punkten wurden Tempel, Gräber oder Sternwarten erbaut; die wichtigsten Kraftzentren wurden von Einweihungsschulen eingenommen, wie Carnac in der Bretagne[176], Tara in Irland und Chartres in Frankreich.

John Michell hat die Anlage der Steinalleen und Heiligtümer als «geistige Bewässerung der Landschaft» bezeichnet und führt weiter aus: So wie der Blitz nötig ist für die Fruchtbarkeit des Ackerbodens, so ist auch der durch die Steinbauten generierte elektrische Strom nötig, um Fruchtbarkeit zu bewirken. Diese Nutzbarmachung der Kraftlinien der Erdoberfläche ist eine hervorragende Leistung der frühgeschichtlichen Menschen, die heute nicht erkannt oder gewürdigt wird.[177]

Die früheren Menschen sahen die Erde als Lebewesen an, und wie jeder Schmarotzer sich um die Gesundheit seines Wirtes sorgt, so hat sich auch der Mensch um das Wohlergehen der Erde als Ganzes gekümmert. Die Wege, die er seit vielen Generationen beging, gruben sich tief in die Oberfläche ein, sie wurden zu Flüssen und Kraftlinien. Diese wiederum mußten durch Steinreihen und einzelne Steinnadeln, Haltepunkte, gebändigt werden, wenn sie dem Menschen nicht schädlich werden sollten. So entstand aus der Notwendigkeit eine Wissenschaft. In der Großsteinzeit war sie über den ganzen Erdball verbreitet. Die Techniker jener Zeit fühlten sich verantwortlich für das Schicksal der Menschheit insgesamt und unternahmen weite Reisen, um das Wissen bis in ferne Erdteile zu tragen – bis nach Australien, wie aus den Forschungen Mountfords[178] hervorgeht –, so daß man überall die Kraftlinien festigte durch Steinreihen, Umzüge an Festtagen und Kennzeichnung gewisser Felsen mit heiligen Bildern. Wir können tatsächlich von einer kulturellen Mission zur Rettung der Erde sprechen. Möglicherweise hatte man aus dem Untergang von Atlantis eine Lehre gezogen, denn wie Platon und der Koran behaupten – und dies auf Grund uralter Überlieferung –, hatten die Atlanter ihr Unglück durch ihr eigenes Mißverhalten ausgelöst.

Mancherorts haben sich großflächige Bilder und Reliefs erhalten, teilweise auch die Überlieferung, daß diese Darstellungen der Bändigung der Erdkraft galten. Vorgeschichtliche Indianer schufen in Nordamerika enorm große Landschaftsreliefs aus Felsblökken und Erdwällen, die aus der Luft wie Tiere aussehen: Vögel und Bären und vor allem auch Schlangen. In England ritzte man die Grasnarbe der Kreideberge und erhielt weithin sichtbare Umrißbilder von Pferden oder von einem Riesen mit Keule (bei Cerne Abbas).

Im Ägyptischen Totenbuch (Kap. 58, 6–10) wird ebenfalls ein Landschaftsrelief beschrieben:

«Auf dem Bergesabhang hingestreckt
liegt die Schlange, die große; sie
ist dreißig Ellen lang, acht Ellen breit.
Mit Kieseln geziert ist ihre Brust und mit funkelnden Platten.

Gut kenn ich den Namen der Schlange; sie heißt:
‹Ich lebe in lodernden Flammen.›»

Die Schlange – der überlebende Drache – war den Ägyptern nicht nur Sinnbild der unterirdischen Kräfte, sondern stand auch für die unfaßbare Zeit, die um sich frißt wie die lodernden Flammen.

Bezeichnenderweise haben die Chinesen nicht nur die Akupunktur bis heute erhalten, sondern auch ein reiches geomantisches Wissen. Sie nannten die Kraftlinien «Lung-mei», Drachenpfad. Bei der Errichtung eines Hauses, beim Pflanzen eines Baumes oder der Anlage eines Wasserkanals wurde nicht nur der Astrologe gefragt, der Tag und Stunde des Beginnens festlegte, sondern auch der Geomantiker, der die genaue Lage anzeigen mußte.[179] Gemessen an diesem Können erscheint unser Wünschelrutengehen wie ein winziger Rest einer alten Naturwissenschaft. Die Bezeichnung «Erdmagnetismus» trifft den Sinn nicht voll, doch ist sie berechtigt, etwa so, wie Mesmer vom tierischen Magnetismus sprach, als er die Wirkung der Hypnose beschrieb. Auch das chinesische Wort Drachenpfad enthält eine Erkenntnis: die ältesten Wege wurden sicher nicht vom Menschen angelegt, sondern waren Wildwechsel, und die größten Wege, die vor dem Menschen bestanden, verdienten wohl zu Recht den Namen Drachenpfad. Aus dieser Sicht gehört wohl die Geomantik zum ältesten technischen Wissen des Menschen. Sie setzt eine genaue Kenntnis der Stellung der Erde im Kosmos voraus. Wem dies zu phantastisch erscheint, der möge sich daran erinnern, daß die meisten Großsteinbauten – sowohl in Ägypten als auch am Atlantik – nach einem einheitlichen Maßsystem erbaut wurden und daß dieses Maßsystem nicht etwa willkürlich gewählt worden war, sondern wie unser Meter (das vom Erdumfang abgeleitet wurde) im Verhältnis zur Größe der Erdkugel errechnet war. Das Längenmaß, das den Pyramiden zugrunde liegt, die Elle, ist der zehnmillionste Teil des Erdradius. Diese Elle wurde in 25 Zoll aufgeteilt;

sie war in vielen Ländern – unter anderen auch in Israel – bis zur römischen Eroberung in Gebrauch. Der heutige englische Zoll ist nur ein Tausendstel kleiner als der alte ägyptische Zoll. Die Cheopspyramide ist in dieser Hinsicht besonders bemerkenswert: Die Länge ihrer Grundkante beträgt 365,242 Ellen, also genau die Länge eines Jahres in Tagen. Die Summe der beiden Diagonalen der Grundfläche gibt in Zoll die Länge der Präzessionsperiode von 25694 Jahren an.

Derartig genaue Berechnungen der Erdgröße, Jahreslänge, Entfernung Erde–Sonne und so weiter sind Ergebnisse astronomischer Messungen, die von Sternwarten aus durchgeführt wurden. Das war der eigentliche Sinn der großen Steinkreise wie Avebury und Stonehenge in England: Es waren Sternwarten, mit deren Hilfe man die Sonnen- und Mondfinsternisse, den Jahresbeginn und die Aufgänge der Planeten im voraus feststellen konnte. Auch die Steinalleen und einzelnen aufrechten Steine waren Meßpunkte astromonischer Werte. Ihre Verbindungslinien entsprechen dem Lauf der Gestirne, wodurch der Eindruck entsteht, den ich beim Nachzeichnen der frühgeschichtlichen Landkarten Iberiens bekommen hatte: Sie gleichen einem Astrolab, jenem Gerät der Araber, mit dessen Hilfe man das Kalenderdatum oder die Stellung der Planeten «auf einen Blick» erhielt.

Der Zusammenhang ist ein geschlossener Kreis: Die Bewegung der Erde auf ihrer Bahn im Weltraum bewirkt ihren Magnetismus, die einzelnen magnetischen Ströme sind also Ergebnis ihrer Beziehung zur Sonne, dem Mond und den Planeten. Indem Tiere und Menschen, Flüsse und Wolken den magnetischen Kraftlinien folgen, entstehen die Wege, die sichtbaren Linien der unsichtbaren Kraft. Durch die Steinbauten wird die Kraft reguliert, gebündelt, nutzbar gemacht. An welchen Punkten man eine kraftfördernde Anlage zu errichten hatte, war lange entwickeltes Wissen und weltweit verbreitete magische Religion.

Hören wir noch ein Beispiel dieser seltsamen Kunst der Frühzeit: Im Mittelpunkt einer Landmasse, im geodätischen Zentrum des Landes, legte man oft die heilige Hauptstadt an, denn auf dem Schnittpunkt der Linien, die die größtmögliche Landoberfläche bestreichen, waren die Kräfte besonders wirksam. Die Cheopspyramide liegt auf einem solchen Schnittpunkt, der die ganze Erde betrifft. Bei Bourges in Frankreich lag das Zentrum der Kelten: Mediolanum Biturigum, und auch das andere Mediolanum, das heutige Mailand in Oberitalien, trägt seinen Namen zu Recht. Selbst Madrid liegt nur wenige Kilometer vom Mittelpunkt der Iberischen Halbinsel entfernt. Das hat sicher keine militärischen oder kommerziellen Gründe, sondern die mit den Kraftlinien verbundene Vorstellung von der Heiligkeit des Landes.

Auch John Michell weiß hierzu ein interessantes Beispiel[180]: Auf jenem Ley, der den südwestlichsten Punkt der englischen Insel mit dem östlichsten Punkt verbindet und die längstmögliche Landfläche in England durchläuft, liegen die beiden größten Klöster des mittelalterlichen England, ferner der große Steinkreis von Avebury und eine große Zahl von Kirchen, die dem heiligen Michael oder Georg, den beiden Drachentötern also, geweiht sind. Hier haben wir ebenfalls einen Hinweis auf die bei den Chinesen erhaltene Überlieferung vom Drachenpfad.

Nicht nur Chinesen und Westeuropäer, auch Inder und Araber haben die Wirkungen des Erdmagnetismus wissenschaftlich verwertet und als formelhaftes Wissen überliefert. Ihre eigenartige Geomantik diente hauptsächlich zur Erforschung der Zukunft. Gerhard von Cremona übersetzte um 1160 eine arabische Schrift über Geomantik ins Lateinische[181], die von dem englischen Arzt Robert Fludd und anderen Schriftstellern der ausgehenden Renaissance verarbeitet wurde.[182] Fludd bezeichnete die Geomantik (im elften Kapitel seines großen naturhistorischen Werkes) als irdisches Abbild der Astrologie. Obgleich das auf diese Art in Europa wieder bewußt gewordene geomantische Wissen mit dem wahren Können der Frühzeit kaum noch etwas zu tun hat – es ist so verbildet wie die Horoskoptechnik im Vergleich zur Astronomie und die alchimistische Suche nach dem «Stein der Weisen» im Vergleich zur Chemie –, können wir doch auch aus dieser Überlieferung noch etwas über Ursprung und Wesen der echten Geomantik erfahren. Denn auch die Wissenschaft des Sandes, wie sie bei den Arabern hieß[183], beruht auf Erkenntnissen, die aus jahrtausendelanger Beobachtung gewonnen sind.

Daraus geht hervor, daß diese Wissenschaft aus Zentralasien über Persien zu den Arabern gelangte. Den Ursprung dürfen wir in Innerasien suchen, in Turan und im Tarim-Becken, und weiter östlich: in den heutigen Wüsten Gobi und Takla-Makan. Vermutlich handelte es sich zunächst einfach um Landvermessung und später vor allem um eine Berechnung des Ackerlandes und der Bewässerung der Felder. Es beginnt mit einer Aufteilung der Erdoberfläche in die vier Himmelsrichtungen; seitdem spricht man von den vier Weltgegenden, den vier Enden der Erde, wie Johannes in der Offenbarung sagt. Durch weitere Vierteilung entstand die Windrose mit ihren sechzehn Richtungen, die bis heute im Gebrauch ist. Grundlage dafür ist eine binomische Erfassung der Welt, also ein Plus-Minus-Prinzip, wie es heute bei der elektronischen Datenspeicherung durch die Zweipoligkeit des Stromes erzwungen wird. Die Araber überlieferten es als Unterscheidung der Zahlen in gerade und ungerade Ziffern. Und wie bei der elektronischen Datenverarbeitung ist auch in der Geomantik die höchste Grundrecheneinheit die Zahl 16, gebildet aus $2^4$ oder $4 \times 4$ oder $4^2$.

Das 16er-System ist uraltes Gedankengut in Asien; die Inder verwenden es noch heute im Maß- und Gewichtssystem. Die Chinesen haben es durch weitere Vierteilung vervollkommnet: Das Schachspiel und das heilige Orakelbuch I Ging rechnen mit 64 Einheiten. Während das 14zeilige Sonett seit alters her eine kosmische Ordnung wiedergibt, so hat das 16zeilige Zauberlied – besonders bei den Germanen – den Sinn, eine irdische Ordnung zu erfassen. Die germanische Liedform entstand beim Umschreiten des Altars mit je vier Schritten an jeder der vier gleichlangen Seiten. Ein voller Umgang enthielt also 16 Schritte, und jede Strophe, die dabei gesungen wurde, enthielt 16 betonte Silben. Vier Umgänge mit 64 Hebungen ergaben ein ganzes Lied. Auch die Atlanter benützten neben dem vorherrschenden 14er-Prinzip ein 16er-System: Ihre Städte im Inland sehen aus wie 16strahlige Sterne, weil sechzehn Ausfallstraßen von ihnen ausgehen.[184] Wir fanden sogar Felsbilder mit sechzehn Punkten auf der Iberischen Halbinsel, ein besonders schönes in der Cueva de la Asa in Almeria, wo viermal vier Punkte in quadratischer Anordnung von einem Engel begleitet sind.[185] Auch das eigenartige Bauwerk von Woodhenge in England, das auf 64 Holzpfosten stand, deren Anordnung mit Merkur, dem Gott der Straßenkreuzungen, in Verbindung gebracht wird[186], gehört wohl hierher.

Der Rahmen aller dieser auf der Zahl 16 fußenden Ausführungen ist die Geomantik und ihre große Verbreitung bei den alten Völkern.[187] Aus dieser Wissenschaft entwickelte man ein Hilfsmittel zur Erforschung der Zukunft, eine Art irdisches Orakelsystem zum persönlichen Gebrauch. In Irland verwendete man die Oghamschrift, die aus 16 Grundzeichen bestand, hauptsächlich zur Orakelbefragung. Die etruskische Leberschau, die als tägliches Orakel abgehalten wurde, fußte auf einer Modell-Leber, die in 16 Bereiche aufgeteilt war, wie an einer Bronzeleber (aus Piacenza), die als Schulmodell diente, noch sichtbar ist.

Bei den Arabern hat sich die Technik der Sandzeichnung als Orakelbefragung sogar bis heute erhalten. Ich will kurz diese Technik beschreiben: Man zeichnet mit einem Stab oder mit dem Finger Striche in den Sand, wobei sich eine Reihe von gleichen Strichen ergibt, während man sich auf die Frage konzentriert, wobei man also die Tätigkeit der Hand nicht beachtet, das heißt, die Striche spielerisch oder unbewußt ausführt. Für eine Befragung sind 16 untereinandergeschriebene Strichreihen nötig. Jede Reihe wird nun auf ihren Paar- oder Unpaarwert untersucht, indem man für eine unpaarige Anzahl einen Stern, für eine paarige Anzahl zwei Sterne einträgt. Auf diese Art entstehen vier Bilder mit je vier Zeilen. Aus diesen vier «Müttern» wird nun durch ein rechnerisches Verfahren, das uns hier nicht weiter interessiert, ein einziges vierzeiliges Bild entwickelt, das einem der 16 auswendiggelernten Grundbilder dieser Sandwissenschaft entspricht. Das so ermittelte Bild ist die Antwort auf die gestellte Frage. Diese Bilder, wie zum Beispiel «Straße», «Volk» oder «Gefängnis», enthalten natürlich in sich einen Vorstellungsbereich, ähnlich wie die Tierkreiszeichen oder die heiligen Namen der Gottheit, wie die 64 Zeichen des I Ging und wie die immer wieder gleichen Felsbilder...

Ich glaube, daß man schon in der Steinzeit diese Orakelbefragungsart kannte, denn eine ganz eigenartige Gruppe von Felsbildern, die sich überall in Westeuropa und Nordafrika fand, jene nur aus Punktreihen bestehenden Malereien, könnte ausdrückliche Niederschrift solcher Befragungen sein, die vielleicht im Sande unzählige Male ausgeführt wurden, ohne daß uns davon etwas erhalten bleiben konnte. Dann suchen wir natürlich vergeblich nach einem Bildsinn dieser Strich- oder Punktereihen, denn in der Anlage dieser Punkte hat sich ihr Sinn schon erschöpft.[188] Eine andere Technik der Zukunftsbefragung könnte ebenfalls mit den wechselnden Kraftlinien der Erdoberfläche zusammenhängen: die Vogelschau. Die Weissagung aus dem Vogelflug war vor allem bei den Etruskern entwickelt worden, bevor sie in Rom von eigens dafür angestellten Beamten, den Auguren, im Auftrage des Senats durchgeführt wurde. Vielleicht beruht sie auf der Erkenntnis, daß die Vögel im Fluge den Kraftlinien folgen, ähnlich wie man auch schon in vorgeschichtlicher Zeit den Pfeilschuß zum Orakel angewendet hatte, denn der leichte Pfeil beugte sich den eisernen Gesetzen der Erde.

Eine hiervon verschiedene Art der Orakelschau ist die schon erwähnte Leberschau, die weniger einen Augenblick als einen längeren Zustand angibt. Platon hat im Timaios davon geschrieben.[189] Der Mensch ist ja nicht nur ein verstandesmäßig denkendes Wesen, sondern er lebt auch durch eine vernunftlose innere Kraft, die oftmals als Instinkt, besser aber als Seherkraft, Gottschau, bezeichnet wird. Der Sitz dieser Kraft im Körper, ihr Leibesorgan, ist die Leber, so wie der Verstand seinen Sitz im Gehirn hat und das Gemüt seinen Sitz im Herzen. Darum ist es von großer Wichtigkeit, die Leber gesund und spiegelglatt zu halten, denn nur in dieser Form kann sie ihre Aufgabe, die Schau der Gottheit, voll erfüllen. Sie ist tatsächlich ein Spiegelbild der Allmacht.

Bei vielen antiken Völkern gab es stets Leute, die auf Grund ihrer Ausbildung aus dem Anblick der Leber eines frisch geschlachteten Opfertieres eine Aussage über die Atmosphäre, über den Zustand der Natur, über die wechselnden Strahlen des Himmels und der Erde, machen konnten. Dieses Augenblicksbild würde etwa einer Karte entsprechen, die wir heute aus Wetterkarte, erdmagnetischer Messung, Sonnenstrahlenmessung und einigen anderen Faktoren aufstellen könnten. Natürlich läßt sich aus solch einem Augenblicksbild eine kurzfristige Zukunftsvorhersage ableiten. Da diese Leberschau bei Sumerern und Hethitern, Etruskern und Römern täglich unter staatlicher Aufsicht mit großer Genauigkeit durchgeführt wurde, kann man sich denken, daß aus den jahrtausendelangen Erfahrungen jener Beamtenkaste eine Wissenschaft entwickelt worden war, die beziehungsreiche Rückschlüsse von der Leber auf die Umwelt zuließ.

Wohin können wir denn sterben, wenn nicht in immer höheres, größeres Leben hinein!

*Christian Morgenstern, «Vom offenbaren Geheimnis»*

# Teil 6: Die Grundlagen der Lehre

34. Absolutes Gedächtnis. Ein eigenes Erlebnis von automatischem Malen. Die Akascha-Chronik. Erinnerung: die Wahrheit ist das Unvergessene. Ist es möglich, sich an frühere Lebensläufe zu erinnern? Das Déjà-vu-Erlebnis und die drei Erklärungsmöglichkeiten. Und was ist ein Zufall?

35. Die Bindungen. Die Liebe zwischen zwei Menschen.

36. Die Welt der Geister. Der Spuk als Ausnahmefall. Ein weiteres Beispiel für Spukfälle.

37. Der Plan. Der Wille als Entwicklungsfaktor. Bewußte Geburtenbeschränkung. Die drei Grundlagen der Wiedergeburtenlehre.

## 34. «Absolutes Gedächtnis»

Im Sommer 1969 – einige Wochen vor meiner Abreise aus Deutschland zu einer zweiten Erkundung spanischer Felsbilder – begann ich ein Ölgemälde, brach jedoch die Arbeit nach kurzer Zeit ab, da ich mir über die intuitiv gemalten Figuren bei nüchterner Betrachtung keine Rechenschaft ablegen konnte: im unteren Drittel der Leinwand hatte ich zwei eisenrote Figuren dargestellt, die entfernt wie Menschen aussehen. Ich wickelte das unfertige Bild auf eine Rolle mit leeren Leinwänden, die ich erst zwei Jahre später wieder öffnete. Wie staunte ich beim Anblick der beiden roten Figuren: Sie glichen zwei Felsbilderfiguren, die ich in der Zwischenzeit in zwei andalusischen Felsüberhängen entdeckt hatte. Eine der beiden Figuren befindet sich in der Höhle Nr. 10 in Almeria, die andere in Höhle Nr. 10 in Cádiz, also recht symmetrisch je eine in den beiden Provinzen, die ich in jenen Jahren nach Felsbildern abgesucht hatte. Die Numerierung der Höhlen stammt von mir und bezeichnet die Reihenfolge des Auffindens.

Später mußte ich feststellen, daß beide Figuren schon vor mehr als dreißig Jahren von Henri Breuil veröffentlicht worden waren [190], doch da beide Bücher sehr rar sind, hatte ich sie nie gesehen. Für mich handelte es sich um Neuentdeckungen. Ein weiterer Umstand deutet darauf hin, daß ich nicht «hellsichtig» die Abbildungen Breuils auf die Leinwand gemalt hatte, sondern die Felsbilder selbst: Breuils Wiedergaben sind in Schwarz und stark verkleinert, während meine Figuren sowohl in Farbe als auch in Größe recht genau den Originalen entsprechen. Sie unterscheiden sich von jenen nur in einem wesentlichen Punkt: sie sind seitenverkehrt gemalt.

Die Umkehrung oder Spiegelung ist ein häufig auftretendes Merkmal bei hellsichtigen oder automatisch gemalten Zeichnungen. Manche Felsbilder sind selbst seitenverkehrte Darstellungen von Sternbildern, Landkarten oder Symbolen. Wenn man Telepathie ausschalten kann, bleibt nur noch eine annehmbare Erklärung für hellsichtig erzielte Ergebnisse beim Malen und Zeichnen: der Rückgriff auf ein «absolutes Gedächtnis». Der Begriff «absolutes Gedächtnis» erscheint in den meisten Weltanschauungen, wenn auch in sehr verschiedener Form. Der Islam hat das Bild von den beiden Schulterengeln geprägt, die jeden Menschen begleiten und alle seine Taten, Worte und Gedanken aufschreiben. Ähnlich dachten es sich die Germanen, die Odin mit zwei Raben auf seinen Schultern darstellten. Im Grimnirslied der Edda, Strophe 20, werden die beiden Raben Hugin und Munin genannt: «Hugin und Munin müssen jeden Tag über die Erde fliegen. Ich fürchte, daß Hugin nicht nach Hause kehrt; doch sorg ich mehr um Munin.» Munin ist das Gedächtnis und Hugin der Gedanke; wichtig sind die Gedanken, bedeutet uns das Eddalied, doch wichtiger noch ist das Gedächtnis.

Abstrakter als durch Schulterengel oder Raben lebt der Begriff des absoluten Gedächtnisses im Hinduismus. Hier heißt er Akascha-Chronik und wird manchmal wie ein Band gedacht, das die Erde umspannt, ein Strahlungsgürtel, auf dem alle Geschehnisse, vergangene wie zukünftige, verzeichnet sind. Zur Erlangung verborgenen Wissens braucht man also keine weiten Reisen zu unternehmen, sondern nur den Akascha-Gürtel abzutasten und das darin gespeicherte Wissen abzuzapfen. Helene Blavatsky hat den Begriff der Akascha-Chronik in die Theosophie und damit in Europa eingegliedert, darum haben seit einem Jahrhundert auch Christen von dieser Möglichkeit Gebrauch gemacht, Wissen zu erlangen. Sowohl Edgar Cayce, «der schlafende Prophet», als auch Rudolf Steiner, der wache, intellektuelle Anthroposoph, haben behauptet, ihre Kenntnisse von den früheren Wiedergeburten, von geschichtlichen oder vorgeschichtlichen Zuständen (Atlantis und «Lemuria») aus der Akascha-Chronik bezogen zu haben. Sie beschrieben die Quelle ihrer Erkenntnisse allerdings in verschiedener Weise.

Edgar Cayce (1877–1945) gilt als der größte amerikanische Hellseher; in Trance las er «readings», Botschaften, die zur Heilung der ihn fragenden Menschen führten. Das darin geoffenbarte medizinische Wissen überstieg bei weitem seine normalen Kenntnisse. Cayce war ein gläubiger Christ und sehr eifriger Bibelleser, er fand seinen Glauben an die Wiedergeburtenlehre in der

Bibel voll bestätigt und im Einklang mit den Worten Jesu. Die Akascha-Chronik beschreibt er mit technischen Ausdrücken entsprechend seiner Ausbildung als Fotograf: für ihn ist sie eine hochempfindliche Platte, eine Dauerkamera des Kosmos. Im Trancezustand sprach er vom Einstimmen auf die Akascha-Ebene, so wie man beim Radio die richtige Wellenlänge einpeilt.[191]

Steiners Erfahrung dieser Chronik entwickelte sich bei ihm erst im Laufe seiner fortschreitenden Einsicht. Er «liest» in der Chronik und teilt davon in seinen vielen Vorträgen mit.[192] Mir kommen diese Gedanken allerdings nicht wie spontane Offenbarungen vor, sondern eher wie Schlußfolgerungen aus verschiedenen Einzelerkenntnissen indischer Mystiker und europäischer Geisteswissenschaftler. Zwar unternimmt Steiner den Versuch, ein Gesamtbild zu entwerfen, aber am Ende handelt es sich bei diesen Mitteilungen aus der Akascha-Chronik doch immer nur um skizzenhafte Einzelzüge eines im Ganzen nie gesehenen Weltbildes.

Damit will ich eine registrierende Ebene des Weltgeschehens, eine elektromagnetisch oder anders beschaffene Chronik nicht als unmöglich hinstellen, sondern nur die Schwierigkeit hervorheben, die sich für normale Menschen ergibt, wenn sie diese Chronik als Quelle der Wissenserfahrung anzapfen wollen. Man kann nicht darin blättern wie in einem Buch, sondern muß sich mit blitzartigen Eindrücken begnügen. In Träumen, Trance-Zuständen oder den seltenen Augenblicken wachen Durchbrechens in die Wirklichkeit fließt die in der Akascha-Ebene gespeicherte Information auf den momentan leitfähigen Träger über und wird von ihm mitteilungsfähig gemacht. Die Form des Auftauchens wird ganz den Fähigkeiten des Sehers entsprechen: ein Maler sieht Bilder, ein Musiker hört Klänge, ein Schriftsteller liest darin wie in einem Buch, ein Prophet spricht die Worte im Klartext aus, wie ein Sprachrohr, das von einer fremden Energie gespeist wird. Das ist es, was die Dichter als Musenkuß oder Eingebung des Genies bezeichnet haben, als Ergriffensein von einer geistigen Macht, deren willenloses Werkzeug sie wurden.

Wer mit dem Gedanken der Wiedergeburtenfolge vertraut wird, findet es seltsam, daß der Mensch sich nicht an seine früheren Lebensläufe erinnern kann. Aber erinnert er sich denn an die frühen Tage seiner Kindheit? Höchstens ausschnittartig in seltenen Augenblicken. Oder erinnert er sich an die Tage davor, als er ein Säugling war? Oder an sein Leben im Mutterleib? Daran kann sich fast niemand erinnern, doch das bedeutet nicht, daß er diese Zeitspanne seines Lebens nicht erlebt hatte. Wir können das auch nicht mit der Bemerkung abtun, daß das Erinnerungsvermögen des Kleinkindes noch nicht voll entwickelt sei, ein fünfjähriges Kind kann sich sehr gut an Ereignisse erinnern, die drei Jahre zurückliegen. Je weiter das Geschehene zurückliegt, desto schwächer ist die Erinnerung daran, besonders dann, wenn ein einschneidendes Erlebnis dazwischengetreten ist! Die Ereignisse wie Geburt und Zeugung (stets rückwärts blickend) und Tod sind derart stark, daß sie die Erinnerung auslöschen. Nur ganz wenigen Menschen gelingt die geistige Anstrengung, sich frühere Lebensläufe ins Gedächtnis zu rufen. Die Griechen beschrieben das Vergessen als Untertauchen im Fluß Lethe, durch das sämtliche Erinnerungen an das vergangene Leben abgewaschen werden. Jeder muß nach seinem Tode durch den Lethe hindurch und wird dabei von seiner Erinnerung befreit.

Aber selbst wenn wir nicht alles vergessen hätten, was würde es uns nützen? Könnten wir denn die Bilder, die uns aus dem früheren Leben bestürmen, einordnen, verstehen und auswerten? Kennt nicht jeder von uns die Träume, in denen wir durch Landschaften wandern oder Menschen begegnen, die wir im wirklichen Leben nie gesehen haben, die uns im Traum aber bekannt vorkommen und die auch mit gewisser Standhaftigkeit immer wieder in unseren Träumen auftauchen? Wer noch nie von solchen Träumen geplagt wurde, versteht auch nicht, wie wertvoll das Vergessen sein kann. Welch grausame Fülle von Erinnerungen würde uns tagtäglich belasten, wenn wir nicht vergessen könnten, vor allem aber, wenn nicht der Tod die Erinnerungen des vergangenen Lebens auslöschen würde. Erinnerung und Vergessen sind beide gleich wichtige Seiten derselben Münze.

Zu den interessantesten Versuchen, mit Hilfe der Hypnose das Rätsel von Tod und Wiedergeburt zu lösen, gehört die Arbeit des

Wissenschaftlers De Rochas, die in sich selbst geschlossen und in ihrer Ernsthaftigkeit über jeden Zweifel erhaben ist.[193] Ihm gelang es bei einigen Personen, die er hypnotisierte, ihre Erinnerung rückwärts bis in die allerfrüheste Kindheit zu verfolgen, bis in den Zustand des Neugeborenen und sogar weiter zurück in eine Dunkelheit, die dem Leben des Embryos im Mutterleib entspricht. Nachdem auch die letzte Barriere davor noch durchbrochen war, meldete sich die frühere Geburt der Person zu Wort: der Geist erzählte sein Leben, das er geführt habe, bevor er sich in der jetzigen Gestalt wiederverkörpert habe. Bei einigen Versuchspersonen gelangte De Rochas mehrere «Generationen» von Wiedergeburten zurück. Natürlich wußten die Versuchspersonen im Wachzustand nicht das geringste davon. De Rochas prüfte die angegebenen Lebensdaten der früheren Wiedergeburten nach und stellte fest, daß sich neben richtigen Angaben auch eine ganze Anzahl von Fehldaten befanden, was zumindest bedeutet, daß der Geist jener Person ein schlechtes Gedächtnis hatte. Es fragt sich jedenfalls, wie weit die Barriere des Vergessens durchbrochen werden kann und ob nicht alle diese Durchbrüche nur Scheinerfolge sind.

Von den unzähligen Aussagen der Versuchspersonen De Rochas' ist die folgende bemerkenswert, weil sie von der im 19. Jahrhundert allgemein geglaubten Anschauung abweicht: Ein Geist, der vorher als Mann gelebt hatte und sich nun in einer weiblichen Person eingekörpert fand, erzählte, daß er während der ersten sieben Lebensjahre in seiner jetzigen Gestalt stets *um den Körper herum* gelebt habe und sich erst allmählich in ihr verkörperte. Diese Vorstellung ist bei den «Primitiven» üblich und entspricht auch den psycho-analytischen Erfahrungen mit Kindern in unserem Jahrhundert, steht aber in der Literatur des 19. Jahrhunderts als einmaliger Fall da. Er könnte darum als Echtheitsbeweis gelten. Dennoch – auch diese Durchbrüche in die Welt unseres Geistes sind bruchstückhaft und beziehungslos und werden es wohl noch lange bleiben, da bei den meisten Menschen die Erinnerung an die früheren Lebensläufe völlig ausgelöscht ist.

Andererseits kennen wir Fälle, wo Kinder erstaunliches Wissen besitzen, das sie unmöglich in ihrer kurzen Lebensspanne erworben haben können. Sie sind schon damit geboren. Man spricht von Begabung, Frühvollendung, Genialität, wenn man an die Musikalität Mozarts oder an die mathematischen Fähigkeiten des jungen Gauß denkt. Kinder, die im Alter von vier Jahren Bücher lesen,

Schach spielen (und gegen Meister gewinnen!) oder religiöse Texte auslegen, sind zwar selten, doch immerhin häufig genug, daß die Tatsache als gesichert gilt. Es gibt nur eine Erklärung, die keine neuen Voraussetzungen verlangt: diese Kinder erinnern sich an Fähigkeiten, die sie in einem früheren Leben erlernt hatten.

Für die Griechen war dieser Gedanke wohl ganz selbstverständlich; die Wahrheit hieß bei ihnen Aletheia = die Unvergessene, also jenes Wissen, das man beim Durchgang durch den Lethe nicht verloren hatte, oder alle Jenseitserlebnisse, an die man sich noch erinnern kann. So hatten es Platon und die pythagoräische Schule verstanden, während andere mehr der heiligen Überlieferung den Vorrang gaben: das, was im Laufe der Generationen nicht vergessen worden war, was immer weiter den Kindern mitgegeben wurde, war die Wahrheit, die unvergessene.

Denn auch das ist erstaunlich: immer gibt der Mensch sein Wissen und seine Lebenserfahrung weiter an seine Nachkommen, sowohl durch die Sprache und Gestik im Laufe des Zusammenlebens als auch durch die Vererbung bei der Zeugung. Die Erinnerung des Menschen reicht bis in die Urzeit zurück, im Mutterleib macht er noch einmal die Stadien seiner Menschwerdung durch, vom Einzeller durch Befruchtung und Furchung über Fisch und Lurch bis zum Menschen. Dabei durchläuft seine Seele die langen Zeiträume des Aufstiegs. Denn seine Geschichte ist ihm aufgeprägt wie ein Siegel, wie ein Raster lenkt sie ihn auf den Wegen, die er zum erstenmal betritt.

Zwei andere Erscheinungen, die bei Naturvölkern beobachtet wurden und eng verwandt mit Hypnose und Hysterie sind, wurden als Erinnerungsblitze an frühere Lebensläufe erklärt. Es handelt sich um die sogenannte arktische Hysterie und die Xenolalie, das Reden in fremden Sprachen, die dem Sprecher im «Normalzustand» unbekannt sind.[194] Folgendes wurde bei den Lappen in Nordskandinavien und bei den Jukagiren und anderen nordsibirischen Völkern als «arktische Hysterie» beobachtet: Durch eine geringfügige Beleidigung wird bei einem Menschen plötzlich ein amokartiger Zustand ausgelöst; der Mensch stößt dann obszöne Worte hervor, fällt über irgendeinen der Umstehenden mit großer Wut her, wie bewußtlos, um sich an ihm zu rächen. Hinterher weiß der Betreffende jedoch nichts von dem Vorfall, so als habe er unter dem Einfluß einer fremden Macht gehandelt, die sein Bewußtsein und Gedächtnis ausgeschaltet hat. Man könnte es auch

*In den alten Kulturen…*

...gaben die Menschen ihren Toten reiche Gaben mit ins Grab, damit es ihnen im jenseitigen Leben an nichts mangele. Der materialistische Mensch von heute folgt dagegen eher dem Postulat, das letzte Hemd habe keine Taschen.

Ob es ein Leben nach dem Tode oder gar eine Wiedergeburt gibt, ist in erster Linie eine Glaubenssache. Unser jetziges Leben können wir bewußt planen und entscheiden, was am Ende auf unserem Konto stehen soll – an Taten und an Werten.

als «spontane Hypnose» bezeichnen, da es viele Anzeichen der Hypnose zeigt, ohne daß eine Absicht oder ein Auslöser erkennbar wären. Das auslösende Wort oder die Geste oder der Gegenstand sind nebensächlich, nur in unerklärlicher Weise verbunden mit dem Unterbewußtsein dessen, der dadurch in diese sinnlose Wut verfällt.

In ähnlicher Weise wird auch manchmal die Xenolalie ausgelöst: Durch einen Laut oder Geruch, durch die Anwesenheit eines Fremden oder auf Veranlassung eines Schamanen beginnt ein Mensch plötzlich in einer fremden Sprache zu reden oder zu singen. Nicht immer ist festzustellen, ob der von dieser Gabe Befallene wirklich nie jene Sprache – oft ist es eine Sprache der Nachbarvölker – gehört habe, doch zumindest läßt sich mit Sicherheit sagen, daß er im wachen Zustand diese Sprache nicht versteht, noch weniger sich darin ausdrücken kann. Auch christliche Heilige, vor allem Missionare im Heidenland, hatten zuweilen diese Gabe, wie glaubwürdig berichtet wird; noch heute kommt sie in den «Erweckungskirchen» öffentlich vor. Da die Jünger Jesu in Jerusalem durch das Pfingsterlebnis dieselbe Gabe besessen hatten, gilt sie als positive Erscheinung, als göttliche Eingebung, als Zungenreden.[195]

Seit man das Zungenreden auch bei einigen Medien und bei Stigmatisierten erlebt hat, weiß man, daß die Erklärung, der Betreffende habe als Kleinkind oder im Mutterleibe die fremde Sprache schon gehört, ausscheiden muß. Therese von Konnersreuth[196] sprach in ihren Anfällen sogar in Aramäisch, wie es zur Zeit Jesu gesprochen wurde; andere schrieben ganze Bücher in fremden Sprachen, zum Beispiel auch in Altenglisch[197], wie es praktisch kein heute Lebender beherrscht.

Gewiß, die Erklärung der Sibiriaken, es handele sich um Durchbrüche früherer Lebensläufe dieser Menschen, leuchtet ein; doch ich glaube, diese mechanische Anwendung der Wiedergeburtenvorstellung ist nicht ganz richtig. Zumindest ist es falsch, aus einem Vorfall von Xenolalie zu schließen, der aramäisch Sprechende habe «ganz sicher vor etwa zweitausend Jahren in Palästina» gelebt. Dies wäre möglich, doch damit wäre nur der Zusammenhang, der zwischen dem Medium und seiner Bevorzugung des Aramäischen (sagen wir: statt des Chinesischen) vorliegt, angezeigt, während der Inhalt der Mitteilung in keiner Weise mit dem damals Erlebten zusammenhängen muß.

Die Xenolalie wie auch die arktische Hysterie sind eher als Auswirkungen von Hilfskräften zu verstehen. Eine Hilfskraft, also eine jener Kraftquellen, die den Lebenden begleiten, sei es als Anhang einer früheren Geburt oder als im Laufe des Lebens erworbenes Wesen, ist keine unveränderliche Energie, die seit aramäischer Zeit auf der gleichen Stufe stehenblieb und wie ein Tonband die alten Eindrücke wiederholt – denn das ist undenkbar im Bereich des Lebendigen, daß ein Wesen sich nicht verändert –, sondern eine dem Medium sich angleichende Geistperson ohne eigenen Körper; sie ist zwar mit eigenem Wissen und Erinnerung begabt, dennoch nicht allwissend, sondern wie der Geist eines jeden Menschen mit allen Schwächen und Fehlern behaftet.

An diesen beiden Beispielen, der Hysterie und dem Zungenreden, wollte ich zeigen, daß die mechanische Erklärungsweise mit Hilfe der Wiedergeburtenlehre nicht immer sinnvoll ist. Genaue Beobachtung und eine dem biologischen Wesen des Geistes angepaßte Anschauung führen zu besseren Erklärungen.

Unsere Sinnesorgane stumpfen immer mehr ab; die Eindrücke, die unser Bewußtsein erreichen, werden immer geringer. Naturmenschen sind viel stärker mit ihrer Umwelt verbunden als wir: Sie wissen, wo der Mond steht, auch am Tage; sie hören jedes feine Geräusch, das Tiere und Pflanzen verursachen; sie sind mit ihren Sinnen eingestellt auf Energieströme oder Wellen, die von anderen Menschen ausgehen, von Familienmitgliedern, Stammesangehörigen und auch von Feinden. Im Vergleich zur stahlumschlossenen Kapsel des großstädtischen Bewußtseins ist der «Primitive» ein weitgeöffnetes Netz mit kreisender Radarantenne. Unsere Großeltern oder Urgroßeltern hatten noch häufig warnende Träume, Gesichte oder Erlebnisse der Gedankenübertragung, ja, wir selbst erleben hin und wieder noch derartiges. Vor zweitausend Jahren waren diese Erlebnisse zumindest noch so «normal», daß eine besondere Rechtfertigung dafür nicht nötig war. Und bei den «Wilden» gehören diese Erlebnisse zum Alltag, sie sind Notwendigkeit! Ohne diese feinen Sinneswahrnehmungen, ohne Empfänglichkeit für Gedanken und Energieströme wäre der Wilde den Gefahren seiner Umwelt übermäßig stark ausgesetzt, er würde leichter unterliegen.

Wir brauchen die Gedankenübertragung nicht mehr, denn mit den technischen Arten der Nachrichtenvermittlung läßt sich dasselbe Ergebnis viel bequemer, genauer und zuverlässiger erreichen. Und Organe, die nicht gebraucht werden, verkümmern. In den hochzivilisierten Gesellschaften hat man die Verkümmerung schon als Mangel empfunden und versucht darum, das verschüttete Gut wieder freizulegen. Als Hilfsmittel wendet man schnellwirkende Chemikalien an, wie zum Beispiel Lysergsäurediäthylamid (LSD), und erzielt erstaunliche Ergebnisse. Die Gifte durchbrechen die schützende Stahlwand der Gewohnheiten und Erziehung und lassen durch die Risse und Löcher eine Flut von Eindrücken herein, verwirrend und berauschend schön zugleich. Sie versetzen den Menschen für kurze Zeit wieder in den Zustand seiner vorgeschichtlichen Ahnen: weltoffen, sinnesbewußt und empfindsam.

Dabei tauchen auch Einsichten auf, die das Maß unseres Verständnisses übersteigen: Die ganze Kette menschlicher Entwicklung, vom Embryon an, wird wieder bewußt, mehr noch: die vor der Zeugung liegenden Erlebnisse können – ähnlich wie durch Hypnose oder Trance – aufgedeckt werden. Einige Versuchspersonen[198] erlebten Ausschnitte ihrer früheren Lebensläufe, vergleichbar den Einblicken, die tibetische Mönche oder die Griechen der klassischen Zeit während der Einweihungsfeiern hatten. Alle derartigen Aussagen sind nur schwer nachzuprüfen, deshalb bleibt stets der Verdacht bestehen, daß es sich um Illusionen handelt. Auch bei den Berichten der geistig geschulten Mönche ist das nicht auszuschließen. An einem Beispiel, das jeder von uns schon einmal erlebt hat, will ich zeigen, wie vielfältig die Erklärungsmöglichkeiten sind und wie unsicher unser Wissen ist.

## Das Déjà-vu-Erlebnis und die drei Erklärungen

Jeder kennt dieses Gefühl, das einen plötzlich befallen kann: «Das habe ich schon mal erlebt, es war genau so!» Man bezeichnet das mit dem französischen Ausdruck «Déjà-vu», das heißt: schon gesehen. Der Anschaulichkeit halber berichte ich ein eigenes Erlebnis:

Als 17jähriger Schüler trampte ich mit einem Freund nach Paris und erfüllte mir damit einen langgehegten Wunsch. Unser letzter Lift auf dieser Reise durch Westdeutschland, Belgien und Nordfrankreich war ein großer Personenwagen; als der Fahrer uns beide mitten in Paris aussteigen ließ auf einer enorm breiten Allee voller Automobile und Menschen, sagte er: «Voilà la capitale du monde – Boulevard Sebastopole – s'il vous plaît!» und dann gingen wir – unkundig des Französischen – sicheren Schrittes durch dieses Gewühl von Menschen und Fahrzeugen zur Jugendherberge, die aufwärts am Hügel lag. Wir wußten den Weg ganz genau, gingen auch auf dem kürzesten Wege dorthin. Ich glaubte sogar, voraussagen zu können, was hinter der nächsten Straßenecke zu erwarten sei. Bald standen wir vor der Herberge, wo wir das Gepäck ließen, um uns unbeschwert in der Stadt umzusehen. Als wir dann auf einer Bank auf einem dieser immens großen Plätze saßen und uns ausruhten, lachten wir beide laut los. «Hast du das auch so erlebt wie ich? So als ob ich den Weg, die Straßen und die Bäume schon gekannt hätte, sie schon einmal gesehen hätte?» wollte jeder den anderen zugleich fragen. Es war das erste, was wir seit dem Aussteigen aus dem großen Wagen miteinander sprachen...

Wir versuchten nun, uns dieses seltsame Erlebnis zu erklären, und fanden schließlich drei Möglichkeiten. Wäre es nicht denkbar, daß wir früher schon einmal gelebt hätten, und zwar in Paris, so daß wir diesen Teil der Stadt genau kannten, wie im Schlaf sozusagen; plötzlich wäre die Erinnerung daran wieder aufgetaucht. Hier fehlten einige Tropfen vom Wasser des Flusses Lethe, hier hatte der Gott des Vergessens selbst etwas vergessen. Das würde auch erklären, warum wir uns so danach gesehnt hatten, diese Stadt zu sehen. Bedenklich erschien mir nur, daß die einzelnen Déjà-vu-Erlebnisse, deren ich wie jeder Mensch schon mehrere gehabt hatte, so unzusammenhängende Welten betrafen. Die Erinnerungsfetzen müßten aus vielen verschiedenen Lebensläufen stammen; aber das war nicht unmöglich. Gewisse Einzelheiten hätten sich in den vergangenen zwei Jahrzehnten auch verändern können, zum Beispiel die Bäume oder Hausfassaden, und das müßte auffallen, sagten wir uns. Doch reicht auch dieser Einwand nicht aus, um die Möglichkeit einer Erinnerung an ein früheres Leben als Erklärung völlig zunichte zu machen.

Einen zweiten Erklärungsweg verdanken wir unserer naturwissenschaftlichen Schulbildung: Man nimmt an, daß eine Fehlschaltung im Gehirn das Déjà-vu-Erlebnis auslöst, und zwar so: Der Sinneseindruck, der von den Gegenständen zum Gehirn gelangt, wird normalerweise erst zu einer Art Sortieranlage geschickt und dann mit der Erinnerungskartei verglichen. Wenn nun ein Sinneseindruck zuerst zum Kasten «Erinnerung» gelangt und danach zur Sortieranlage, dann überwiegt die von der letzten Herkunft angenommene Aufladung dermaßen, daß der Eindruck als Erinnertes eingestuft wird, also als schon früher Erlebtes. Das würde nur nicht erklären, auf welche Weise wir die Herberge mit schlafwandlerischer Sicherheit gefunden hatten; man müßte diesen Umstand dann als «Zufallsereignis» werten, in Verbindung mit der Fehlschaltung, die noch dazu bei beiden zugleich stattfand, gewiß ein seltener Fall...

Außerdem hatte ich das Gefühl gehabt, ich könnte voraussagen, was sich hinter der nächsten Straßenecke befinde. Auch bei akustischen Erlebnissen dieser Art war es mir so gegangen, daß ich dachte, die Sätze des Gesprächspartners schon einen Moment eher zu hören, als sie gesprochen wurden, und dasselbe war mir spontan von anderen Menschen mitgeteilt worden. Hier müßte dann der ganze Zeitablauf durcheinandergekommen sein.

In Gedanken versunken gingen wir nun eine Weile durch die Straßen von Paris und merkten bald, daß der Zauber völlig verschwunden war, daß wir uns in einer fremden Stadt befanden, wo wir keinen Menschen verstanden, ohne Plan und Vorstellung, verirrt. Erst jetzt kam uns die Unwirklichkeit des vorherigen Erlebnisses so recht zu Bewußtsein. Gemeinsam stellten wir fest, daß es uns als Gnade vorgekommen war, nicht nur, weil wir die Herberge so schnell und ohne zu suchen gefunden hatten, sondern auch deswegen, weil wir dieses Unbeschreibliche erleben durften. Wir hatten einen Durchblick gehabt, einen Augenblick vollständigen Einverständnisses mit unserer Umwelt, eine Art direkter Verbindung zwischen einem fremden oder übergeordneten Bewußtsein und unserem Wahrnehmungsvermögen. Vielleicht war es durch das Hochgefühl des Glücks ausgelöst, das uns erfüllte, als wir in Paris, dem Ziel unserer Träume, ankamen. Ähnliche Erlebnisse könnte jeder Freudenrausch, vielleicht jeder Rausch auslösen; das sind die Durchblicke in die Wirklichkeit, die von Sehern und Mystikern beschrieben wurden. Von dieser Art «Alleswissen» muß die Bewußtseinslage nach dem Tode sein, wie sie das Tibetanische Totenbuch beschreibt.

Dieser dritte Erklärungsversuch, die Annahme einer Verbindung zwischen zwei Bewußtseinsebenen, mag am gewagtesten erscheinen, löst aber die wenigsten Widersprüche aus. In der Literatur wird er – als Telepathie bezeichnet – auch am häufigsten genannt. Ein schönes Beispiel zitiert Fanny Moser[199], indem sie die Erzählung von Charlotte Diede über ihren Vater wiedergibt: Während Pfarrer Diede krank war und von einem Arzt operiert wurde, betrat er im Traum viele Male ein Haus, das er wach nie gesehen hatte. Nach seiner Genesung besuchte er den Arzt in dessen Haus, das er nie zuvor betreten hatte, und konnte erstaunlicherweise seine Familie und den Arzt durch dessen Haus führen, alle Zimmer zeigen und erklären, wozu sie gebraucht werden, sogar vorher sagen, welche Möbel sich darin befanden. Er war also bei der Operation mit dem Bewußtseinsinhalt des Arztes wie unter Hypnose angefüllt worden, eine Art der Gedankenübertragung, die wissenschaftlich erwiesen, doch unerklärt ist. Allerdings sind nicht alle Déjà-vu-Erlebnisse in dieser Weise zu begreifen, wie Fanny Moser an einem anderen Beispiel deutlich macht[200]: Ein Offizier betrat 1859 ein altes Herrschaftsgebäude mit Garten, wobei ihn das Gefühl überkam, er kenne den Ort schon, obgleich dies ganz unmöglich der Fall sein konnte. Er fand sich leicht zurecht, suchte aber in der Umfassungsmauer des Gartens vergeblich nach einer Tür, die – wie er sich zu erinnern meinte – hinaus zu einem Bach führen müsse. Auf seine Frage erfuhr er vom Kastellan, daß diese Tür, die tatsächlich zu dem hinter der Mauer fließenden Bach geführt hatte, schon vor zwei Generationen zugemauert worden war; er selbst erinnere sich nicht mehr an die Türe, er habe nur davon gehört. Ist dies nun ein Erinnerungsblitz an ein früheres Leben?

Ich glaube nicht, sondern möchte diese seltsamen Erlebnisse im gleichen Sinne erklären wir vorhin: Gedanken und Bilder, Klänge und Gerüche haben ein Eigenleben, sie können sich einem Menschen oder Haus, einer Stadt als ganzem sogar, aufprägen und plötzlich ohne erkennbare Veranlassung auf einen empfangsbereiten Menschen übertragen werden, der dann einen Augenblick mit seiner Umwelt im Einverständnis steht, was er vor sich selbst nicht anders als «Erinnerung» bezeichnen kann. Dieses sprunghafte Verhalten der Natur, also die spontane Übertragung eines Wahrnehmungsinhaltes, ist selten, jedoch wahrscheinlich mit den Vorstellungen der modernen Physik vereinbar. Durch diese Erklärung wird die Beziehungslosigkeit des Déjà-vu-Erlebnisses und seine Flüchtigkeit berücksichtigt. Der Eindruck der Gnade, der uns damals in Paris so wichtig erschien, wird davon nicht bestritten, denn was im Alltag spontan auftritt, kann dennoch durch den gleichen Mechanismus ausgelöst werden wie das, was sich im

Rausch oder der Ekstase zwangsläufig einstellt. Bezeichnend ist in jedem Fall, daß diese Durchbrüche in die Wirklichkeit – ob sie für Augenblicke oder für Stunden erlebt werden – im mystisch nicht vorbereiteten Menschen Verwirrung hinterlassen. Und das ist es, was wir mit dem Wort Zufall belegen. Aber was sind Zufälle?

Zufälle sind zusammenfallende Gleichheiten oder Ähnlichkeiten, die unser Ordnungsprinzip auswählt.

Aus den immerwiederkehrenden Serien wird deutlich, daß es sich dabei um ein Naturgesetz handeln muß. An einigen Beispielen aus der Geschichte der Forschung will ich das erläutern.

In der Renaissance lebten viele geniale Schriftsteller, die – zuweilen in Verbindung miteinander, oft aber auch ohne voneinander zu wissen – in den seinerzeit noch sehr entfernten Städten Europas die gleichen Themen bearbeiteten und dieselben Vorlagen der Antike benützten: es wurde ein einheitliches geistiges Werk geschaffen. Die Erkenntnis, die sich damals den Weg bahnte, war in allen wachen Geistern ihrer Zeit die gleiche. Nicht die einzelnen Persönlichkeiten der Antike waren wiedergeboren, sondern der Geist der Antike selbst wie ein unteilbares Wesen.

Im 19. und 20. Jahrhundert ist die Verbreitung des Wissens auf mechanischen Wegen zur Selbstverständlichkeit geworden, und doch geschehen noch immer «Zufälle» von der gleichen Art: Das Periodensystem der Elemente wurde von zwei Forschern unabhängig voneinander fast gleichzeitig im Jahre 1869 entdeckt, von dem Deutschen L. Meyer und dem Russen Mendelejeff. Noch überzeugender ist der zweite Fall: Im Jahre 1900 entdeckten unabhängig voneinander der Holländer de Vries, der Österreicher Tschermak und der Deutsche Correns die von Gregor Mendel verfaßte Schrift über die Vererbung, gedruckt 1866 in Brünn in Böhmen, erkannten ihre Richtigkeit und bewiesen selbst diese Gesetze.

Zufälle sind Geschehnisse, die uns zufallen, genauer gesagt: zugeworfen werden. Das Zufällige ist keine Eigenschaft dieser Geschehnisse, sondern hat nur in unserer Seele Bedeutung, es hat nur erzieherischen Wert. Der große Lehrer wirft uns die zusammenpassenden Einzelheiten zu, sie werden vom in uns wohnenden Ordnungsprinzip, eben dem göttlichen Gesetz in uns, ausgewählt und erkannt.

Ich nenne es die Einstellung; das ist so, wie wenn man ein elektrisches Gerät auf eine bestimmte Stufe einstellt, um es in Einklang zu bringen mit dem, was man anstrebt. In unserem Fall ist es natürlich so, daß man sich selbst einstellt. Wer es versteht, sich in Übereinstimmung mit seinem Wunsch zu bringen, wer sich richtig darauf einstellt, dem gelingt der Wurf: das Ziel wird erreicht.

In diesem Sinne ist jeder Treffer ein Zufall und jeder Zufall ein Treffer. Auf dieser Grundhaltung, nämlich der Übereinstimmung zweier nicht deckungsgleicher Gegenstände, beruht ein großer Teil dessen, was als «Magie» in den primitiven Religionen zusammengefaßt wird. Der Zauberer bringt sich in Einheit mit dem zu erlegenden Wild, indem er in eine Tierhaut schlüpft und einen Tanz aufführt, der dem Geistwesen des Tieres entspricht. Der ganze Kosmos wird als magischer Kreis betrachtet: «Wie oben so unten» lautet der hermetische Weisheitsspruch[201] auf den Smaragd-Tafeln, der Kernsatz der Magie. Der Himmel, so glaubte man, findet seine Entsprechung auf der Erde, im Menschen wie im kleinsten Baustein der Natur.

So wird Wiederholung zum Naturgesetz. Der österreichische Biologe Paul Kammerer schrieb, nachdem er zwanzig Jahre lang alle Arten von Zufällen gesammelt und untersucht hatte, daß «Wiederholung ein wesentliches Walten und Wirken im Ganzen der Welt ist: gleicherweise eignet es dem Laufe der Gestirne wie dem Wirbel der Atome;... alle sind der Wiederkehr unterworfen und tragen die Wiederkehr in sich selbst».[202] Das Gesetz der Serie verknüpft alle Lebewesen, alle Dinge und alles Geistgeschaffene. In diesem Sinne sind Vererbung, Erziehung und Wiedergeburt geknüpft an das gleiche Grundprinzip, den Wiederholungsdrang der Materie.

## 35. Die Bindungen

Der Sinn der häufigen Wiederkehr ins Leben ist ganz offensichtlich die Fortentwicklung des Geistes, sowohl für den einzelnen als auch für die Gesamtheit. In zweifacher Hinsicht kann man eine Wiedergeburt als Gnade und Geschenk ansehen: Einmal hat jeder Geist durch die neue Chance die Möglichkeit, sich selbst zu vervollkommnen, die Fehler seines vergangenen Lebens zu büßen und sein Ziel neu zu bestimmen; und andererseits kann es sich ereignen, daß ein Geist, der schon vollkommen geworden oder zumindest hoch entwickelt ist, ins Leben zurückkehrt, um andere Seelen zu lehren und zu bessern und damit einen Dienst an der Gemeinschaft aller Lebewesen zu leisten. Das erste ist eine Gnade für den Betroffenen selbst, das zweite für seine Mitwelt.

Die Art der Wiederkehr ins Leben wird durch die Bindungen bestimmt, die der Geist in sich aufgebaut hat. Dabei lassen sich drei Grundzüge erkennen: der persönliche Wille, die Bindung an die biologische Art und die Paarbindung des Geschlechtes. Offenbar spielt der Wille die größte Rolle; dagegen ist die Bindung an die Art durch Neigungen aus dem vorherigen Lebenslauf festgelegt. Die geschlechtliche Paarbindung dagegen birgt ein Geheimnis, das sich nur schwer ausdrücken läßt.

Durch einen Mechanismus, den wir einfach als Sympathie oder Zuneigung, in höchster Steigerung auch als Liebe bezeichnen, wird wohl bei allen Menschen die Wiedergeburt vornehmlich in derselben Familie – in einem sehr weit gefaßten, sogar übertragenen Sinne – stattfinden. Die Liebe, die jeder Mensch zu seinen Eltern empfindet, bestand also schon vor der Zeugung dieses Menschen; er brachte sie ins Leben mit, sie war die mächtige Kraft, die seinen Geist bei der Zeugung in die «Pforte» trieb. Diese Zuneigung stammt natürlich – wie alles der Erde zugewandte Verlangen – aus dem vorigen Leben, wo schon eine ähnliche Neigung ihre Ausprägung gefunden hatte, wo also ähnliche Eltern, Geschwister und Ehepartner denselben Drang verstärkten. Darum wird der Geist stets den zu ihm passenden Menschentypus bei der Suche eines neuen Körpers bevorzugen, nach Möglichkeit also wird er in derselben Familie wieder auftreten. Durch diese Hinwendung zu entsprechenden Formen entstehen Nachkommen, die wieder den Eltern ähnlich sind, was oft mit der Vererbung verwechselt wird.

Beide Kräfte wirken nebeneinander und ergänzen sich: das biologische Vererbungsgesetz und das geistige Zuneigungsgesetz. Sogar ein Name wirkt oft anziehend auf den Geist, wie wir schon von Eskimos und Kalasch gehört haben.

Die Liebe zwischen Ehepartnern oder Eltern und Kindern ist stets doppelseitig, sie verstärkt sich und bewirkt erst die typische Ähnlichkeit der Nachkommen, die man gemeinhin als «Vererbung» versteht. Anschließend spielt dann die Erziehung noch eine wichtige Rolle, sie erzielt eine Angleichung und eine Auswahl der möglichen Hilfskräfte.

Betrachten wir einmal die Beweggründe, die – seien sie bewußt oder unbewußt – hinsichtlich der Zeugung auftreten, dann erkennen wir, daß der Wunsch nach Nachkommen, die den Erzeugern möglichst gleichen und ihre Ziele fortsetzen, vorherrschend ist. Dieser Wunsch bestimmte auch schon die Suche nach der passenden Frau als Trägerin: Sie sollte Anlagen besitzen, die den eigenen möglichst entsprechen oder sie günstig ergänzen. Die Auswahl erfolgt also stets in Richtung zur Inzucht. Wir sehen dies am besten an jenen Familien, die ihre Nachkommen ganz bewußt planen, an den Adligen. Bei den ägyptischen Pharaonen war die Geschwisterehe Vorschrift; die Moghulkaiser Asiens stammten sämtliche aus Ehen zwischen Cousins ersten Grades, und die Inzucht der europäischen Herrscherhäuser der vergangenen Jahrhunderte ist allgemein bekannt. Da die Zahl der möglichen Erbanlagen begrenzt ist, entstehen immer wieder Mischtypen, die sich wie parallele Glieder einer Inzuchtkette verhalten. Auch das ist also eine Auswirkung geistiger Art.

Bei der freien Partnerwahl wird derselbe Mechanismus in Kraft gesetzt, ohne daß es dem einzelnen voll zu Bewußtsein kommt. Der Geist sieht die Erbmasse und die Wiedergeburtenkette des Menschen, den er sich zum Geliebten erwählt. Von der am besten zu ihm passenden Ergänzung seines Ichs wird er fast unwiderstehlich angezogen. Man sagt: «Liebe macht blind!», und der Dichter spricht von der Liebesbegegnung als einem «dunklen Raum, in den zwei Menschen Schritt für Schritt mit zitterndem Bewußtsein sich wie zwei Kinder an Händen haltend eintreten».[203] So ist also die Ehe das Schicksal des Menschen – sowohl des Einzelwesens als auch der Gattung Mensch. Sie ist der Knoten in der langen Kette der Weitergabe von Erbgut und Geist. Die Völker der klassischen Zeit hielten die Ehe für eine Vereinigung von zeitloser Bedeutung; sie war für «ewige Zeit» geschlossen. Viele etruskische Grabmalereien und Reliefs auf Särgen der römischen Kaiserzeit zeigen die Ehegatten in lächelnder Gemeinschaft im Tode vereint. Wenn sie ein nächstes Mal wieder ins Leben treten, sind sie von Anfang an füreinander bestimmt, sagt der Volksglaube in unzähligen Märchen. Denn in der Liebe der Ehepartner komme jenes ursprüngliche Geheimnis zum Ausdruck: die Liebe des Menschen zu Gott.

## 36. Die Welt der Geister

Es gibt Farben, die wir nicht sehen können. Jenseits der roten und violetten Bereiche liegen die infraroten und ultravioletten Strahlen, die unser Auge nicht wahrnimmt. Nur technische Hilfsmittel machen uns diese Farben an den Grenzen des «normalen» Bereiches sichtbar. Auch Töne, die zu hoch oder zu tief sind, kann unser Ohr nicht aufnehmen. Ein Hund dagegen hört den Schall einer Pfeife, die so hohe Töne erzeugt, daß ein Mensch sie nicht hören kann, und Fledermäuse stoßen Laute aus, die selbst für ein Hundeohr zu hoch sind. Der Ausschnitt, den unsere Sinnesorgane aus dem großen Bereich aller möglichen Eindrücke aufnehmen und «erkennen», ist in beiden Richtungen, nach oben und unten, begrenzt.

Auch die Welt der Lebewesen ist uns nur teilweise bekannt. Unterhalb der niedrigsten Tiere, die wir beobachten können, der Hohltiere und Schwämme, gibt es noch einen Kreis von Tieren, die erst unter dem Mikroskop Gestalt annehmen: die Einzeller oder Urtiere, Amöben und Viren. Am anderen Ende der Entwicklungskette – also bildlich gesprochen jenseits des Menschen – gibt es ebenfalls Lebewesen, die wir normalerweise nicht sehen oder erleben: die Geister.

Von den Einzellern hatte man allerdings schon eine Ahnung,

bevor man sie sichtbar machen konnte. Unermüdlichen Forschern gelang es schließlich, diese Welt an der unteren Lebensgrenze zu beobachten; Robert Koch war einer von ihnen, er schuf die Bakteriologie. Vielleicht wird man eines Tages auch technische Geräte entwickeln, mit deren Hilfe man mit den bis heute unsichtbaren Geistern in Verbindung treten kann. Wichtig für eine derartige Erfindung ist, daß man jene Wesen als Tatsache hinnimmt, was leider gerade in diesem Jahrhundert am unwahrscheinlichsten anmutet. Unmöglicher, als den Zeitgenossen Robert Kochs die Welt der Bakterien vorkam, scheint mir diese Forderung jedoch nicht zu sein. Astronomen empfangen mit hochempfindlichen Geräten Radiowellen, die aus der Tiefe des Weltraums auf die Erde treffen und deren Ursprung noch völlig ungeklärt ist; sie haben die Musik der Sphären wieder hörbar gemacht. Der Schritt bis zur Erkenntnis der Sender ist gar nicht so groß, wie es zunächst scheinen mag. Wenn erst einmal die bahnbrechende Erfindung gemacht ist, wird man staunen, wie nahe man schon dem Ziel gekommen war und wie sinnvoll die Richtung der Forschung gewesen ist. Voraussetzung dafür ist die Anerkennung der Arbeitshypothese, daß es jenseits des Menschen eine Welt «vernünftiger» Lebewesen gibt, die genauso materiell aufzufassen sind wie Menschen, Tiere und Pflanzen.

Das war früher einfacher möglich als heute. In Homers Ilias und im indischen Mahabharata werden Schlachten beschrieben, die zwischen Geistern oder Göttern stattfinden, begleitet auf der Erde von gewaltigen Kriegen unter den Menschen. Des öfteren wurden Geisterschlachten von vielen Menschen gesehen, von der Steinzeit bis in unser Jahrhundert. Ein interessantes Dokument ist der Bericht des Josephus Flavius im «Jüdischen Krieg» (Buch VI, 5, 3). Vor der Einnahme Jerusalems durch die Römer im Jahre 70 sah Josephus mit eigenen Augen, was viele Zeitgenossen bestätigen konnten: «Im ganzen Lande sah man vor Sonnenuntergang in der Luft Wagen und bewaffnete Kampftruppen durch die Wolken dahinjagen und die Städte umkreisen.» Sogar im Tempel hörte man Lärmen und Toben und vernahm Stimmen und Rufe von Geistern, teilt er in seiner nüchternen Berichterstattungsweise mit.

Sacharja, Daniel und Johannes, Paracelsus und Swedenborg haben derartiges in einprägsamen Worten beschrieben. Es war ihre Überzeugung, daß mächtige Geistwesen die Völker lenken und den Naturgewalten befehlen. Die größte Schlacht schildert Johannes in der Offenbarung: den Engelssturz, der in fast allen Religionen der Alten Welt vorkommt. Es handelt sich um den Auswurf der abgefallenen Engel, die als Drachen personifiziert sind. Diese Vorstellung ist so alt und so universal, daß sie zur Menschwerdung selbst gehört. Sie spiegelt den erbarmungslosen Kampf zwischen Säugetier und Reptil, der sich einst in ferner Vorzeit abgespielt haben muß. Der weitblickende Denker Cyrano de Bergerac ließ in seinem «Sonnenstaat» neben dem neuen astronomischen Wissen auch eine Reihe anderer bedeutender Erkenntnisse zur Sprache kommen: die Relativität von Raum und Zeit, die Wiedergeburtenkette der Lebewesen, die Erkenntnis von der Seele der Pflanzen und die Ahnung einer Ursprache, welche allen Wesen verständlich ist. Auch über die Geistwesen schrieb er und kommt dabei den eben erwähnten Vorstellungen der Hochreligionen nahe. Man lese selbst:

«Über die Erde vor dem Menschen.
Es war vor sehr langen Zeiträumen, da gab es vom Menschen noch keine Spur. Damals war die Erde wohl noch eine Sonne, bevölkert von Lebewesen, die dem Klima, das sie hervorgebracht hatte (dem Feuer), angepaßt waren; und diese Lebewesen waren vielleicht die Dämonen, von denen man in der Antike so viele Beispiele erzählte.»[204]
Eines der Wesen, die auf der Sonne leben, beschreibt sein Reich einmal folgendermaßen:
«Wir sind diejenigen, die ihr auf der Erde ‹Geister› nennt, und eure hochtrabende Dummheit hat uns diesen Namen gegeben, weil ihr, da ihr euch nicht vorstellen konntet, daß es bessere Tiere als den Menschen gebe, und ihr saht, daß gewisse Wesen Taten vollbrachten, die menschliches Vermögen übersteigen, euch derartige Tiere als ‹Geister› vorstelltet. Ihr habt euch ganz und gar getäuscht; wir sind Tiere wie ihr; denn, sobald es uns gefällt, geben wir unserer Materie die Gestalt und das Wesen desjenigen, in das wir uns verwandeln wollen, aber das heißt nicht, daß wir ‹Geister› wären. Doch höre, ich werde dir entdecken, wie alle diese Verwandlungen, die dir so wundersam vorkommen, nichts weiter als natürliche Geschehnisse sind. Du mußt nämlich wissen, daß wir, da wir auf der hellen Seite dieser großen Welt geboren sind, wo der Grundsatz der Materie darin besteht, ständig in Bewegung zu sein, eine viel größere Vorstellungsgabe haben als die Bewohner der dunklen Seite,

und auch der Stoff unserer Körper viel feiner ist. Das heißt aber unweigerlich, daß unsere Einbildungskraft in der Materie, aus der wir bestehen, keinen Widerstand findet und sie sich zubereitet, wie sie will... Ihr Menschen jedoch könnt so etwas nicht wegen der Schwere eurer Masse und der Kälte eurer Einbildungskraft.»

Mangelnde Einbildungskraft erschwert uns auch das Verständnis der Berichte, die die Jägervölker uns überlassen haben, wenn wir nicht ausnahmsweise selbst ein entsprechendes Erlebnis gehabt haben. Ich meine die Erzählungen von den Geistertieren. In allen Dokumenten über das indianische Leben gibt es die Berichte von geisterhaften Bisonherden, die über die Prärien oder durch die Lüfte ziehen, und die Medizinmänner sind in Kämpfe mit Tiergeistern verwickelt oder empfangen ihre Offenbarungen von geisterhaften Koyoten oder Vögeln. Alle Jägervölker erlebten diese seltsame Wirklichkeit, unsere frühesten Vorfahren genauso wie die Mongolen oder Buschmänner noch heute. Ich habe selbst einmal einen Kampf geisterhafter Tiere erlebt – auf einer nächtlichen Wanderung mit meiner Frau an der türkischen Südküste –, und ich glaube, daß es viele solcher Berichte auch heute gäbe, wenn nicht die Gefahr, sich durch derartige Erzählungen vor seinen Mitmenschen lächerlich zu machen, dies verhindern würde. Nachträglich erfindet man dann gewisse Erklärungen zur eigenen Beruhigung und Wiederherstellung des Vertrauens in die anerzogene Wirklichkeit, doch eines läßt sich damit meist nicht verwischen: das Bewußtsein, etwas Außerordentliches erlebt zu haben, etwas völlig anderes, das aus dem normalen Weltbild wie ein Fels herausragt. Und der Körper reagiert auf seine eigene Weise dabei, durch keine Willensanstrengung zu unterdrücken: es «gruselt» ihn.

Die zahlreichen Dokumentationen von Spuk und Geistersehen haben im Abendland immer wieder für kurze Zeit zum Denken herausgefordert, doch aus Mangel einer Erklärung wurden sie jedesmal beiseite geschoben. Darum hatte das Tibetanische Totenbuch, das in wissenschaftlicher Sprache die Spuk-Erscheinungen in den Lebensbereich einbezieht, einen nachhaltigen Eindruck auf alle, die sich mit diesem Thema beschäftigten. Dabei lassen die Buddhisten keinen Zweifel aufkommen: Wenn Geister durch Erscheinen in unsere Erlebniswelt eingreifen, handelt es sich immer um niedrige Formen des Geistes, um erlösungsbedürftige unreine Reste irdischer Lebensläufe.

Eine Sichtung des unermeßlich großen Materials von Spukgeschichten ergibt aber, daß das Problem vielfältiger ist, als es im Tibetanischen Totenbuch dargestellt wird.

Unter Gespenstern oder Spuk im weiteren Sinne versteht man eine Vielzahl von Erscheinungen, die ganz verschiedene Ursprünge haben können. Drei Formengruppen lassen sich leicht erkennen. Zunächst sind da die «verzauberten» Mohren und irrenden Geister, die früheren Bevölkerungsgruppen angehören, wie ich im ersten Kapitel schon angedeutet habe. Noch im vorigen Jahrhundert glaubte man in Europa allgemein an die Haus- und Flurgeister, an Kobolde und Wichtelmännchen. Geht man den Erzählungen auf den Grund, so ergibt sich immer wieder, daß mit diesem Namen zu Beginn der geschichtlichen Zeit diejenigen Völkerschaften belegt wurden, die von den heute herrschenden Völkern unterworfen worden waren. Ihre unerlösten Seelen «spukten» noch lange in den Wohngebieten der Sieger und wurden von diesen stets mit kleinen Gaben besänftigt. So opferten die Römer ihren Laren und Penaten täglich einen kleinen Anteil der Mahlzeiten, brannten Öllämpchen für sie und sprachen gute Worte. Germanen und Kelten hielten es ebenso; man glaubte – und muß es wohl immer wieder erlebt haben –, daß die Kobolde sich durch tückische Streiche, durch häßliches Gelächter und durch Steinwürfe rächten, wenn man sie vergaß oder schlecht von ihnen redete. Die seltsame Behauptung, daß die Geister nur nachts zwischen zwölf und ein Uhr umgehen, ist als Zugeständnis der aufgeklärten Gesellschaft an die «abergläubischen» ländlichen Leute zu werten; man schränkte die Bewegungsfreiheit dieser Geister auf die Stunde nach Mitternacht ein.

Von dieser Art von Spukgeistern klar zu trennen sind die Wiedergänger oder Ahnengeister, die meist als Seelen von Verstorbenen aufgefaßt werden, deren Grabesruhe durch eine schwere Schuld oder ein unerfülltes Gelübde verhindert wird. Hierzu gehören einerseits die Selbstmörder und ungerächten Ermordeten, andererseits die im Kindbett gestorbenen Mütter und die getöteten Kinder. Die Zahl der beunruhigenden Erlebnisse solcher Art ist Legion. Fast jedes Schloß oder Herrschaftshaus hat einen «Geist», eine spukende Gestalt, die aus der Geschichte der betreffenden Familie bekannt ist. Auch Kirchen und Klöster werden von umgehenden Geistern heimgesucht, nicht einmal der Vatikan ist frei davon. Oft nimmt der Spuk so drohende Ausmaße an, daß die

Häuser verlassen werden müssen. An zwei anschaulichen Beispielen will ich diese Art von Spuk besprechen.

Im Hause meines Freundes lebt ein «Geist». Er bewohnt ein Zimmer im ersten Stock seit vielen Jahren, und niemand traut sich mehr, dort zu schlafen. Manchmal geht er darin herum, man hört Schritte und das Öffnen einer Tür. In diesem Raum gibt es nämlich eine kleine Tapetentür, die in den nur etwa einen Meter hohen Zwischenraum zwischen der Decke des Erdgeschosses und dem Fußboden des ersten Stockes führt, wie er in manchen alten Häusern zu finden ist. Diese Tür öffnet sich von selbst, ohne daß man irgend jemanden dabei beobachten könnte. Eines Tages schob mein Freund mit seinem Bruder eine schwere Truhe vor diese Tür und glaubte, damit den Ärger beseitigt zu haben. Doch er irrte sich. Vor seinen Augen wurde die Truhe von unsichtbarer Hand weggeschoben, so daß sich die Tür wieder öffnen ließ. Ihn packte ein Grausen, das ihm noch lange anhing, und er betrat den Raum nicht mehr.

Der Vater meines Freundes erzählte folgendes zur Erklärung: Vor mehr als dreißig Jahren mietete ein junger Offizier dieses Zimmer und wohnte eine Weile dort. Eines Tages hörte man einen Schuß und fand den jungen Mann tot in seinem Zimmer. Er hatte sich mit einer Pistole in den Kopf geschossen. Warum er Selbstmord verübt hatte, fand man nie heraus. Seit jener Zeit etwa bemerkte man den «Geist» in jenem Raum. «Es ist denkbar», so schloß mein Freund die Erzählung, «daß das Schicksal eines Menschen eine genau begrenzte Energiegestalt besitzt. Der Selbstmörder hat diese Gestalt zwar in Stücke sprengen, doch nicht völlig auslöschen können. Und eines dieser Bruchstücke lebt in jenem Raum fort.»

Ein anderes Erlebnis, das mir der italienische Maler Clemente Pozzali erzählte, klingt noch um einige Töne schriller: Auf einer Wanderung am Strand des Indischen Ozeans gelangte er zu einem verlassenen Gebäude adliger Leute. Als er in einen der hohen Räume eintrat, sah er von der Decke hängend einen Erhenkten. Während er den Toten betrachtete, war ihm, als sehe er ihn herniedergleiten und quer durch den Raum zur Tür hinausgehen, wobei die Fußsohlen auf dem gekachelten Boden für kurze Zeit feuchte Abdrücke hinterließen. Clemente begann in diesem Haus zu wohnen und lernte viel von dem Erhenkten. Ihm ist, als könne jener durch die Wände des Hauses gehen, sich spiegeln und sogar einen

Schatten werfen – doch er weiß, daß das alles nicht sein kann. Es liegt an der Grenze der Wahrnehmung, wie von einer anderen Wirklichkeit hervorgerufen, die ihn durch eine undichte Stelle im Deich erreicht. Dann ist der Tod dieses Loch im Grenzwall; jener, der sich selbst erhängte, hat die Tür nicht schließen können: Selbstmord ist ein unvollständiger Tod. Zwischen beiden Bereichen hin- und hergerissen zu werden, mutet an wie eine schreckliche Strafe, eine Strafe für die unerhörte Anmaßung, den Lebensfaden selbst zu zerreißen, das zugeteilte Schicksal eigenhändig zu zerstören.

Diese beiden Beispiele stehen für viele Tausende. Seit undenklicher Zeit hatten die Menschen Angst vor den Wiedergängern, vor umgehenden Geistern der Selbstmörder und Ermordeten. Man begrub jene gefesselt oder enthauptet, hackte sogar die Füße ab und zerstörte ihre Behausungen...

Ein Volksglaube, der fast auf der ganzen Erde verbreitet ist, besagt, daß jeder Mensch ein festgelegtes Schicksal hat, eine genau bestimmte Lebensdauer, also auch einen festgesetzten Todestag. Die heiligen Bücher der Germanen, Inder und Ägypter besagen dasselbe. Im Ägyptischen Totenbuch, Kap. 135, Zeile 7 lesen wir: «Auch ich, Osiris, beginne die Reise (ins Jenseits) zu der vom Schicksal geordneten Stunde.» Und die Edda sagt es eindeutig in Skirnirs Lied, Strophe 13: «Bis auf einen Tag ist mein Alter bestimmt und meines Lebens Länge.»

Wenn der Todestag eines Menschen festliegt, darf es uns auch nicht wundern, daß viele Männer ihren eigenen Todestag vorauswußten, oft viele Jahre vorher. Unter den berühmten Beispielen will ich nur die besten auswählen: der Abt Maleachi aus Irland, ein enger Fraund des Ordensgründers Bernhard von Clairvaux, im 12. Jahrhundert; der Arzt und Astrologe Nostradamus im 16. Jahrhundert; der zeitgenössische Mystiker Louis Massignon, der am 1.11.1961 starb; und Papst Paul VI, der in öffentlicher Rede elf Monate vor seinem Tode ankündigte, daß er kein volles Jahr mehr leben werde. Doch auch weniger fromme Leute und sogar Nihilisten machten entsprechend genaue Vorhersagen über ihren Todestag, wie zum Beispiel Mark Twain, der erklärte, daß er mit dem Halleyschen Kometen gehen werde, was exakt eintraf.

Auch die Weisen, auf die die einzelnen Personen zum Wissen ihres Todestages gekommen sind, sind so verschieden wie bei allen okkulten Voraussagen: durch Träume und Visionen, Orakel und astrologische Berechnungen, Handlesen, Kristallkugelschau und so weiter. Nur aus dem Ergebnis können wir den so schwer sich in unser Denken einfügenden Schluß ziehen, daß die Lebenslänge festliegt, und daß die Behauptungen der alten Inder, Ägypter und Germanen in dieser Hinsicht auf beobachteten Tatsachen beruhen müssen. Auf dieser Grundlage ist dann die vorige Vermutung sinnvoll: ein nicht voll ausgelebtes Leben setzt sich auf einer anderen – «halbwirklichen» – Ebene fort, bis jene Lebenskraft aufgebraucht ist. Selbstmörder und Ermordete sind nur «Halbgetötete».

Eine ähnliche überschüssige Kraft treibt wohl auch die im Kindbett gestorbenen Mütter, die nachts an die Wiege ihres Kindes treten und es stillen, wie viele Märchen erzählen. Man kennt übrigens auch Gespenster in Tiergestalt, und der Schluß liegt nahe, daß wir es hier mit den gleichen Mechanismen zu tun haben. Ernest Bozzano gibt einige recht gute Beispiele und bespricht die Deutungsmöglichkeiten.[205]

Dabei taucht noch eine andere Erklärungsweise auf, die der ersten nicht widerspricht, sondern sie erweitert und dabei die Lehren von Paracelsus und Kircher mit einbezieht. Wir hatten den Grundgedanken schon unter dem indischen Begriff der Akascha-Chronik kennengelernt: die Aura eines Lebewesens nimmt jedes Geschehnis geistiger und körperlicher Art wie ein Registriergerät auf und kann es unter gewissen Bedingungen viele Male wieder produzieren, wiederholen. So erklärt man die ungewöhnlichen Fälle von Rückwirkungen vergangener Ereignisse, besonders Schlachten, die als geisterhafte Wiederholungen von vielen Menschen gesehen wurden; oder die plötzlich auftauchenden Erinnerungsbilder, die Gestalten des fliegenden Holländers, des wilden Reiters und irrenden Fuhrmanns. Viele dieser Spukformen sind streng ortsgebunden, so als habe sich das Geschehnis in die Aura des Ortes eingeschrieben, andere sind beweglich und übertragbar.

Völlig unvorstellbar wird dieser Erlebnisbereich dort, wo es sich nicht um vergangene Ereignisse, sondern um zukünftiges Geschehen handelt: die Berichte vom «zweiten Gesicht» sprengen unsere Erklärungsversuche völlig. Es ist, als würden gewisse Ereignisse ihre Projektion vorausschicken an jenen Ort, an dem sie sich «zwangsläufig» abspielen werden. Doch der Durchbruch durch den folgerichtigen Zeitablauf, der damit angenommen wird, ist so unfaßbar, daß er jeglichen Rahmen sprengt, nicht nur den dieses Buches.

Es gibt noch eine dritte Art spukähnlicher Vorkommnisse, die allerdings auf einem anderen Mechanismus beruhen. Sie unterscheiden sich von den spiritistischen Sitzungen ebenfalls darin, daß sie «spontan» auftreten, das heißt ohne Anrufung der Geister, ohne Sitzung und kettenbildenden Kreis. Dieses selbständige Eingreifen unerkennbarer Kräfte ist ein Einbruch in unsere von logischen Gesetzen behütete Erfahrungswelt und wurde deswegen meist mit Stillschweigen übergangen. Dennoch entschloß man sich endlich um die Mitte dieses Jahrhunderts, in vielen europäischen Ländern Forschungsstätten und Lehrstühle an den Universitäten einzurichten. Das Freiburger Institut wurde auf Anregung von Fanny Moser ins Leben gerufen und hat seitdem eine enorme Arbeit geleistet.

Gerade während ich dies schreibe und erwäge, welchen der gut dokumentierten Spukfälle des Instituts ich erwähnen soll, erfahre ich aus der Zeitung, daß sich in Frankreich ein Feuerspuk von bisher nie dagewesenem Ausmaß ereignet. Im Bauernhof der Familie Lahore in Séron (Hautes Pyrenées) entzünden sich Möbel, Kleider und Stoffe von selbst; in den vergangenen zehn Tagen ist dies über achtzigmal vorgekommen![206] Der dafür zuständige Professor für Parapsychologie an der Universität Toulouse hat die Aufzeichnung dieser seltenen Erscheinung übernommen.

Beim aufmerksamen Sichten aller derartiger Spukbeschreibungen ergibt sich der Eindruck, daß die «Geister» zwar versuchen, sich bemerkbar zu machen, daß es ihnen aber nur «zufällig» gelingt. Ihre Eingriffe sind stereotyp und oft ungezielt, ja, es scheint, daß sie aus den Reaktionen der Betroffenen erst schließen, wieweit ihre Eingriffe von den Lebenden wahrgenommen werden. Je länger ein Poltergeist Gelegenheit hat, sich auszutoben, desto genauer werden seine Angriffe auf die Menschen. Er lernt und verbessert seine Fähigkeiten. Das läßt den Schluß zu, daß der Wahrnehmungsbereich der Spukkräfte ein anderer als der der Lebenden ist.

Als zweites ist festzustellen, daß diese Art von Spuk stets durch eine lebende Person ausgelöst wird, wenn man auch nicht immer gleich erkennen kann, wer die betreffende Person ist. Von willentlicher Auslösung kann gar nicht die Rede sein, im Gegenteil, der oder die Betreffende fühlt sich meistens völlig unschuldig und wünscht nichts so sehr wie das Verschwinden des Spuks. Eigenartigerweise sind fast alle spukauslösenden Personen Heranwachsende, Jugendliche in der Pubertätszeit; dies ist ein Ergebnis der Dokumentation der letzten Jahrzehnte.

Der offensichtliche Schluß wurde jedoch nicht gezogen, daß die Einkörperung der Geistkräfte, die sich im Heranwachsenden schrittweise vollzieht, die natürliche Erklärung dafür ist.

Während der jugendlichen Entwicklungszeit, der Geschlechtsreife, spielen sich Kämpfe ab, sowohl im Innern der Person als auch um sie herum. Die Geistkräfte, die in loser Verbindung um einen Menschen anwesend sind, streiten miteinander um das Vorrecht, sich in den Nachkommen verkörpern zu dürfen, nachdem die Einkörperung in der Person selbst nicht gelang. Bei diesem Kampf unterliegen diejenigen Kräfte, die aus den erwarteten Kindern der Person verdrängt werden, und können dann in die Außenwelt eintreten, das heißt: sich als Spuk äußern, bevor sie geschlagen das Feld verlassen. Die siegreichen Geistkräfte nehmen Wohnung in der Person, die heranreift, und bestimmen die Partnerwahl, denn aus der Verbindung gehen Kinder hervor, die das Ziel der Einkörperung dieser Geistkräfte sind.

Die größten Kämpfe treten also bei der Partnerwahl auf. Ein extrem schwerer Fall ist die Entscheidung zwischen zwei gleichwertigen Personen, zum Beispiel zwischen zwei Brüdern, die sich um die gleiche Frau bemühen. Wenn die Umworbene keine Entscheidung herbeiführen will und keine der wartenden Geistkräfte nachgibt, ist die Situation für einen Spukfall gegeben: der größte Spuk mit Feuererscheinungen der Neuzeit, der eben erwähnte in Séron in den Pyrenäen, beruht auf einem solchen Zusammentreffen extremer Unentschiedenheit: Zwei Brüder bemühten sich um die Tochter des Hauses, in dem die unerklärlichen Selbstentzündungen auftraten.

## 37. Der Plan

In den deutschen Volksmärchen wird die Wiedergeburtenkette der Personen so dargestellt, als kenne der einzelne seine Kette vorwärts wie rückwärts genau. Da gibt es Fälle von Geliebten, die sich nach mehreren getrennten Geburten wiederfinden, und manchmal erreichen sie das auf Grund zielstrebiger Handlung.

Das scheint zumindest sinnvoll, auch wenn es für die meisten für uns heute kaum noch zutrifft. Die Planung der zukünftigen Wiedergeburt wird allerdings von jedem Menschen – bewußt oder unbewußt – tagtäglich geschaffen, sei es in Tagträumen oder in Freizeitbeschäftigungen, wo die Neigungen entwickelt werden, die dem Geist vorschweben und seine Bindung an die Welt der Lebenden bewirken. Nach seinem Tod werden sie ihn wie ein Pilot führen zu einer entsprechenden Wiedergeburt.

Das gilt nicht nur für den einzelnen, sondern auch für die Art, denn was sich auf Familien-, Stammes- und Volksebene abspielt, ist letzten Endes für die ganze Art entscheidend.

Durch die bewußte Planung hat der Mensch tatsächlich im Laufe der Generationen Ziele erreicht, die zunächst nur wenigen möglich erschienen waren. Vergegenwärtigen wir uns eine der typischen Vorstellungen des christlichen Abendlandes: Seit dem frühen Mittelalter behaupten die Theologen, daß der Mensch die wahre Sinngebung der Natur sei, daß alle Tiere und Pflanzen nur zu seinem Nutzen geschaffen seien und ihm völlig zu eigen gegeben wären. Wenn es jenen Lehrern auch schwerfiel, den von Raubtieren und Ratten geplagten Menschen ihrer Zeit diesen Gedanken nahezubringen, so haben sie doch ihr Ziel erreicht, indem sie eine Einstellung zur Natur erzeugten, die – im Gegensatz etwa zu den nicht weniger wissenschaftlich oder kulturell begabten Indern – im Abendland Menschen erzog, die sich ihrer Vorherrschaft über die Tier- und Pflanzenwelt stets bewußt waren. Die daraus entstehenden Verhaltensweisen erzwangen das vorhergesagte Ergebnis: Heute ist der abendländische Mensch tatsächlich Herr seiner ihn umgebenden Lebewesen. Bald wird es kein einziges Tier, keine Pflanze mehr geben, die nicht zum Nutzen des Menschen geduldet oder gepflegt wird.

Aus der als religiöse Erkenntnis getarnten ethischen Forderung ist im Laufe der letzten fünfzig Generationen eine naturwissenschaftliche Tatsache geworden. Ob wir mit dieser «Lösung» heute einverstanden sind oder nicht – sie ist Wirklichkeit und vom Willen unserer Vorfahren selbst erzeugt. In entsprechender Weise läßt sich manche andere Entwicklung der Arten als Auswirkung des Willens erkennen.

Das läßt sich in folgender Formel zusammenfassen: Der Geist bringt eine Neuerung ins Leben der Art und sorgt dafür, daß diese Neuerung so lange bewußt eingehalten und durchgeführt wird, bis sie als Selbstverständlichkeit zum Bestand der Art gehört, wie zum Beispiel das Fliegen den Vögeln zur Arteigenschaft wurde, oder das Lesen zum Eigentum der Menschheit als Gattung. Mohammed war Analphabet, als er von Gott zum Propheten berufen wurde; durch seine Erleuchtung konnte er im gleichen Augenblick lesen. Er wurde an seine in früheren Lebensläufen gewonnene Fähigkeit, die ihm zur «Natur» geworden war, erinnert. Der Fall der Wiedererweckung der Lesefähigkeit in Menschen ist von verschiedenen Personen überliefert, ebenso ein anderer Fall von Wiedererweckung: das Beten. Seit Jahrtausenden betet der Mensch, er hat es oft bis zur Monotonie durchgeführt, und es wurde zum wesentlichen Bestand der Menschheit. So kommt es, daß viele Menschen, die in ihrem jetzigen Dasein nie gebetet hatten, plötzlich – zum Beispiel unter großer Gefahr im Krieg – beten konnten; plötzlich wußten sie, daß Gott sie kennt und liebt. Es steckte in ihnen drin wie eine angeborene Fähigkeit, eine Errungenschaft der Rasse. Wenn der Geist eine derartige Errungenschaft erzielt hat, bewegt sich die Planung erneut mit einem Sprung vorwärts, indem wieder eine Neuerung vorgestellt wird. Diese Arbeit kommt den Künstlern und Propheten, den Dichtern und Philosophen zu. Sie geben die Zielsetzung der Entwicklung an. Meist ist die Volksseele zu stark unterdrückt, um die Aufgabe der Weiterentwicklung des geistigen Werkzeugs voll erfüllen zu können. In der Freisetzung der Kraft und neuen Zielsetzungen besteht der Sinn der Revolutionen.[207]

Die Auswirkung des Willens als langfristige Zielsteuerung der menschlichen Entwicklung zeigt sich am deutlichsten im Zusammenhang mit der Fruchtbarkeit. Neben den sehr auffälligen Entwicklungen im Pflanzen- und Tierreich ist sogar beim Menschen feststellbar, wie sehr sein Wille die «Naturgesetze» beeinflußt hat. Das Problem der Geburtenregelung hat die Völker ja schon seit frühesten Zeiten bewegt und verschiedene – oft sehr drastische – Lösungen bewirkt. Man setzte überzählige Kinder in der Wildnis aus, tötete die Erstgeborenen, führte Kriege mit dem erklärten Ziel der Verminderung der Nachkommenzahl, trennte die Geschlechter zur Vermeidung zu häufiger Befruchtung, kastrierte viele Männer zu Ehren einer weiblichen Gottheit und so weiter – kurz: Man ließ nichts unversucht, um den Bevölkerungsdruck abzufangen.

Die in ethischer Hinsicht beste Lösung bestand wohl darin, daß man erkannte: Wenn mehr Männer als Frauen vorhanden sind, werden weniger Nachkommen geboren, ohne daß die Schlagkraft des Volkes geschwächt wäre. Durch Auslese und soziales Verhalten wurde dieses Ziel so strebsam verfolgt, daß der Erfolg meßbar geworden ist: In Europa und Südasien werden fast 10 % mehr Jungen als Mädchen geboren. Diese anormale Erscheinung kann keinen anderen Grund haben als die gezielte Verhaltensweise einer großen Bevölkerung seit langer Zeit. Dies kann nur möglich gewesen sein, wenn man eine Ursache für die Geschlechtsbildung bei der Zeugung erkannt oder gefühlt hatte. Doch darüber schweigen die Überlieferungen der Völker. Nur einmal fand ich eine sichere Aussage mit diesem Inhalt, und zwar in einem arabischen Medizinwerk. Möglicherweise handelt es sich um eine sehr alte Überlieferung; damit sie dogmatisches Gewicht erhält, wurde sie dem Propheten Mohammed als Ausspruch (Hadith) zugeschrieben, was bei uralten Überlieferungen manchmal der Fall ist. Gleichgültig, ob dieses «Hadith» als echt gelten kann oder Jahrhunderte älter ist, gleichgültig auch, ob die seltsame Aussage mit den heutigen medizinischen Anschauungen vereinbar ist, ich will sie kurz wiedergeben: Es heißt, daß ein Junge geboren wird, wenn der Samen des Mannes zuerst floß, und ein Mädchen zur Welt kommen wird, wenn die Frau eher als der Mann zum Orgasmus kam. Die medizinisch geschulten Araber erklärten das mit den verschiedenen Leibessäften von Mann und Frau, denn auch die Frau, so lehrten sie, sondere in ihrer fruchtbaren Zeit beim Orgasmus einen Saft ab, viel weniger natürlich als ein Mann und ohne ihn «hinauszuschießen», doch ebenso sinnvoll mit der Zeugung verknüpft wie der Samen des Mannes. Der weibliche Leibessaft wirkt nämlich auf den Samen des Mannes, indem er eine Auswahl der Samenträger hinsichtlich des Geschlechts des zukünftigen Kindes vornimmt, und zwar so: Wenn dieser weibliche Saft vorhanden sei, werde bevorzugt ein Mädchen gezeugt, fehle er aber im Befruchtungsmoment, dann entstehe gewöhnlich ein Junge.

Nun kann ich mir vorstellen, daß die «Erkenntnis», vor allem dann, wenn sie schon in uralter Zeit bestand und Allgemeingut vieler Völker war, zu einem Verhalten geführt hat, daß einer Geburtenregelung hinsichtlich der Geschlechtswahl der Nachkommen gleichkam. Indem man nämlich stets Ehepartner zusammenkommen ließ, bei denen der Mann der sexuell stärkere Teil war, mußte sich daraus eine größere Zahl männlicher Nachkommen ergeben. Um eine solche Partnerwahl zu begünstigen, mußte man also die «Initiative» dem Mann überlassen. Und das hat man tatsächlich seit Jahrtausenden im europäisch-orientalischen Kulturgebiet getan. Inwieweit dieses Verhalten wirklich bewußte Steuerung oder mehr «instinktives» Richtigverhalten war, werden wir wohl nie entscheiden können.

Rein gefühlsmäßig möchte ich den Willen dafür verantwortlich machen. Die Biologen reden bei Ameisen und Bienen ja ebenfalls von willentlicher Steuerung der Geschlechtsbestimmung ihrer Nachkommen, wie ich schon schrieb. Und die jüngste Fehlentwicklung des Menschengeschlechts verbietet sogar die Annahme, es habe sich ein natürlicher Mechanismus zur Verhinderung der Übervölkerung beim Menschen entwickelt. Das soziale Verhalten dürfte also den Ausschlag geben. An einer auffälligen Veränderung der Verteilung von Knaben- und Mädchengeburten in den letzten hundert Jahren ist jedenfalls auch von medizinischer Sicht her auf psychischen Einfluß seitens der Individuen geschlossen worden, zumindest auf Auswirkung eines Volkswillens. Tatsache ist dies: In den Kriegsjahren stiegen die Knabengeburten im Vergleich zu den Mädchengeburten noch einmal um rund ein Prozent an, wie statistische Erfassungen sowohl im Ersten als auch im Zweiten Weltkrieg in ganz Mitteleuropa gezeigt haben. Diese Veränderung des Gesetzes der Verteilung der Geschlechter beim Nachwuchs ist durchaus ein angepaßtes Verhalten, und sie ist durch die Wiedergeburtenlehre – eigentlich nur durch sie – leicht zu erklären: Die Geister der Gefallenen sind noch sehr eng mit dem Kriegsgeschehen in ihrem jeweiligen Volk verbunden – denn Vaterlandsliebe und Feindeshaß sind tatsächlich starke Bande –, so daß sie verstärkt Möglichkeiten zur Wiedergeburt suchen und in den Frauen den Wunsch nach Söhnen anregen und erfüllen. Hier spielt also der vereinte Wille der lebenden und gerade gestorbenen Bevölkerung eine so große Rolle, daß er sich auf die «Natur» in meßbar starker Weise auswirkt.

Parallele Ergebnisse gezielter Volkserziehung lassen sich in allen Religionsbereichen nachweisen. Sie sind gerade die Eigenschaft der Religionen. Obgleich diese normalerweise die Hinwendung zum Krieg gefördert haben, gibt es auch Beispiele dafür, daß sie eine Erziehung zur Friedfertigkeit anstrebten. Eine dieser Möglichkeiten ist das Vegetariertum. Die frühgeschichtlichen Indoeuropäer und die Bewohner Iberiens und Nordwestafrikas, die die Ernährung auf Pflanzenbasis zum Vorbild erhoben, hielten sich in dieser Hinsicht für die zivilisiertesten Menschen, und man kann annehmen, daß sich mit der friedlichen Ernährung zwangsläufig auch ein innerer Frieden einstellte.

Der Zusammenhang zwischen Mageninhalt und Weltanschauung ist allen «nicht aufgeklärten» Völkern ein wichtiger Leitsatz ihrer Verhaltensweise. Sie sagen, wer Schweinefleisch ißt oder Wein trinkt, gilt als Christ; wer im Fastenmonat nicht fastet, kann kein Moslem sein; Ungläubige sind jene Menschen, die ihre Tiere nicht im Namen Gottes schlachten, und wer von den Gläubigen von solchem «unreinen» Fleisch ißt, soll des Todes sterben.

Man kann als Idealist natürlich den «metaphysischen Sinn» dieser primitiven Vorschriften erklären und jenen Leuten weiterhin zugute halten, daß ja diese Speisetabus fast die einzigen Unterscheidungsmerkmale ihrer Religionen sind, doch bleibt die Quintessenz dieselbe: Was einer ißt und wann einer ißt, das ist sein Glaubensbekenntnis.

Ärzte und Mönche stellten immer wieder fest, daß fortgesetztes Fasten rauschartige Zustände hervorruft, und daß bei einseitiger Nahrungsaufnahme jedes neue Nahrungsmittel zunächst wie ein Gift wirkt, mit allen dazugehörigen Veränderungen im seelischen Bereich. Die physiologische Forschung der letzten hundert Jahre hat den Gedanken grundsätzlich bestätigt: Die Weltanschauung hängt in hohem Grade von der Ernährungsweise ab. Im hinduistischen Indien habe ich immer wieder diese Sätze gehört: «Ihr Europäer müßt euch ja in blutigen Kriegen zerfleischen, denn ihr eßt täglich blutiges Fleisch. Wir Hindus haben unser Heimatland durch friedliche Enthaltsamkeit befreit.» Wenn das auch politisch nicht ganz stimmt, so muß ich doch anerkennen, daß die Friedfertigkeit des Hindus ganz offensichtlich ist; sie wirkt nicht nur als Grundlage für das Ahimsa-Gesetz («Nicht töten»), sondern auch als Folge davon! Jahrtausendelanges Vegetariertum hat diesen leidenschaftslosen Charakterzug der Hindus mitgeprägt.

Insofern haben Speisevorschriften eine erzieherische Begründung. In Noahs Gesetzen[208], die den Neuanfang nach der Sintflut kennzeichnen, wird das Fleischessen noch als Recht, ja, als Pflicht verkündet, «allein esset das Fleisch nicht, das noch lebt in seinem Blut!» Man merkt, daß hier bereits die ersten Einschränkungen in der Richtung zur vegetarischen Ernährung aufgestellt werden. Später hat Moses die allgemeine Erlaubnis zum Fleischgenuß weiter eingeengt, indem er zwischen reinen und unreinen Tieren unterschied. Das Schwein, das der Mensch als erstes Fleischtier gezüchtet hatte, wurde zum Sinnbild der verbotenen Speise – vielleicht, um die damit verbundenen urzeitlichen Reflexe im Menschen abzubauen. An diesem Tier schieden sich die Völker. Die Haltung der Makkabäer, die sich unter unglaublichen Opfern gegen einen erzwungenen Schweinegenuß sträubten, ist uns völlig unverständlich; sie ließen sich lebendig vierteilen vor den Augen ihrer Angehörigen (und erlitten noch Schlimmeres), einzig und allein, um nicht ein saftiges Schweinskotelett essen zu müssen. Gab es damals keine höheren Werte zu verteidigen? Oder war der jüdische Glaube in dieser Maxime wie in einem Glaubensbekenntnis enthalten?

Auch von aufgeklärten Mitteleuropäern kennen wir irrationales Verhalten hinsichtlich des Essens. Ein französischer Reisender hatte in China mit besonderem Genuß bei einem Gastmahl ein Fleischgericht verzehrt, doch als er erfuhr, daß das Fleisch von einem Hund stammte, übergab er sich. Zwischen Vernunft und Magen besteht also in jeder Hinsicht ein enger Zusammenhang. Und wenn die Erziehung zum Vegetarier den Menschen friedlich machen kann, dann ist sie sinnvoll. Sie ist «außerdem» auch stammesgeschichtlich üblich: Fast alle neu entstandenen Arten von Tieren sind zunächst Raubtiere und werden allmählich zu Allesfressern, bis sie schließlich mit zunehmender Spezialisierung zu Vegetariern werden. Das war in der Urzeit bei den Einzellern so, es ist besonders gut nachweisbar bei den Insekten[209], und es hat sich auch bei den Reptilien, vor allem den Sauriern, und ebenso später bei den Säugetieren abgespielt. Bei letzteren ist der Wal als auffälligster Vertreter der friedlich gewordenen Art bekannt. Auch der Mensch wurde erst in seinen zivilisatorischen Spätphasen, also in Hochkulturen, zum Vegetarier: die Atlanter, Hindus und Buddhisten als Völker, einige Philosophen als Einzelwesen. Pythagoras ahmte das Vorbild der Atlanter nach, als er für seine Anhänger die vegetarische Lebensweise verlangte. Begeistert folgten ihm auch einfache Menschen; die Vogler ließen die Vögel frei, Fischer warfen den Fang zurück ins Meer und wählten neue Berufe.

In seiner «Abhandlung über den Brauch, Fleisch zu essen» schrieb Plutarch, er halte Jäger und Fleischesser allgemein für Mörder. Die frühen Christen erbauten sich am Beispiel des wilden Jägers Hubertus, der ein tierliebender Christ geworden war, nachdem er zwischen dem Geweih eines Hirsches ein Kreuz gesehen hatte. Mönche und Heilige enthielten sich des Fleisches. Noch heute wird in katholischen Gegenden am Freitag – Jesu zu Ehren – kein Fleisch gegessen.

In unserem Jahrhundert hat die vegetarische Bewegung viele Millionen Anhänger gewonnen, auf verschiedensten weltanschaulichen Grundlagen. Doch ich halte das für einen Scheinerfolg, denn gerade bei der modernen Lebens- und Ernährungsweise ist die Frage des Tötens, ja, selbst die Frage der Herkunft des Lebensmittels so nebensächlich geworden, daß der erzieherischen Wirkung vegetarischer Ernährung keine Bedeutung mehr zukommt. Der entwicklungsgeschichtliche Zeitpunkt für den Menschen, auf diese Weise eine friedliche Lösung zu erzielen, ist verpaßt.

Die einzigen Mittel zu einer Befreiung des Menschen, die heute noch bleiben, sind die Lehre und die persönliche Zielsetzung zu einer Lösung vom Kreislauf der Wiedergeburten.

Der Glaube an die Wiedergeburtenlehre öffnet nicht nur weit die Möglichkeiten neuer Erkenntnis, sondern legt auch einige Bedingungen des Denkens fest, engt also den Gesichtskreis des Lernens ein.[210] Drei Voraussetzungen werden gefordert von jedem, der an die Wiedergeburtenkette glaubt:

Zuerst einmal die Tatsache, daß die zeitliche Abfolge nur in einer Richtung verlaufen kann. So wie der Käfer erst Larve, dann Puppe, dann Käfer ist und nie umgekehrt, so gibt es auch für die Wiedergeburtenkette ein genau festgelegtes «Vorher» und «Nachher», eine nur vorwärts fließende Zeit.

Zum zweiten ergibt sich ein Grundgesetz, das die ethische Haltung aller Lebewesen betrifft: Nicht nur der Mensch, sondern auch Tiere und Pflanzen und Geister unterstehen der Forderung, Gutes zu tun und Böses zu meiden. Jede Handlung hat ihre Folgen hinsichtlich des Auf- oder Abstiegs in der Entwicklungskette, und jeder einzelne ist verantwortlich für seine Taten angesichts seiner nächsten Wiedergeburt, so wie auch jede dieser Taten mitbestimmt wird durch die vorangegangenen Leben. Das eiserne Gesetz der Vergeltung durchzieht alles, was vom Geist belebt ist.

Und drittens schließlich wird ein Ziel des ganzen Werdeganges sichtbar.[211] Die Entwicklung alles Lebendigen verläuft nicht durch Auslese nützlicher (doch «zufällig» entstandener) Varianten, sondern ist von einem Willen beseelt, der die Jahrmillionen überschaut. Der Journalist Rudolf Augstein hat das einmal so ausgedrückt: «Der Mensch ist nicht zufällig, er ist so unzufällig herausgekommen wie der Gewinn beim Roulette.»[212]

Es ist nicht folgerichtig, wenn die Wissenschaft, nachdem sie das starre Naturschema abgelegt und die Entwicklungskette erkannt hat, weiterhin an der Einmaligkeit und Unveränderlichkeit des Menschengeistes festhält. Sinnvoller wäre es, wenn man auch hier die fließende Bewegung und Fortentwicklung erkennen würde, nämlich daß mit dem Aufstieg der körperlichen Fähigkeiten vom Einzeller über Fisch und Säugetier zum Menschen auch eine Entwicklung des Geistes einhergeht, und daß diese Entwicklung durch die fortwährende Wiederkehr desselben Geistes geschieht.

# Anhang

# Anmerkungen

1 Delacour, Jean-Baptiste «Aus dem Jenseits zurück» (Econ)
Hampe, Johann Christoph «Sterben ist doch ganz anders. Erfahrungen mit dem eigenen Tod.» (Kreuz-Verlag, Stuttgart).
Höfer, Werner (Herausgeber) «Leben müssen, sterben dürfen». 20 Beiträge zum Thema Thanatologie. (Berg. Gladbach, 1977).
Kübler-Ross, Elisabeth «On Death and Dying» (Macmillan, New York 1969).
Monroe, R. A. «Journeys out of the Body» (Doubleday, New York 1971); deutsch: «Der Mann mit den zwei Leben», Knaur Tb 4150
Moody, Raymond «Life after Life» und «Reflections in Life after Life» (USA); deutsch: «Leben nach dem Tod» u. «Nachgedanken über das Leben nach dem Tod», Reinbek 1977 u. 1978
Paus, Ansgar (Herausgeber) «Grenzerfahrung Tod» (Frankfurt/M. 1977 – Graz/Wien/Köln 1976)
Pearce-Higgins, J. D. (Herausgeber) «Life, Death and Psychical Research» (Rider, London 1973).
Ritchie, Georges «Return from tomorrow» (USA)
Schreiber, Hermann in: «Der Spiegel», 26/1977 (Hamburg 20. 6. 77)
Watson, Lyall «The Romeo Error. A Matter of Life and Death». (London 1974).

2 Publius Ovidius Naso, «Fastes», Lib. II, 533–616.
(Wenn nicht anders angegeben, sind die Zitate aus fremdsprachigen Werken – wie hier – von mir selbst übersetzt).

3 Aurelius, Augustinus «Confessiones», Lib. IV, Cap. II.

4 Bar, Francis «Les routes de l'autre monde» (Paris 1946) p. 49, 2)

5 Ausführliche Literaturverzeichnisse findet man in der ausgezeichneten Zusammenfassung von Karl Jettmar «Die Religionen des Hindukusch» (Kohlhammer, Stuttgart 1975) und in meinem Aufsatz «Beobachtungen zur Kultur der Kalasch» in der Zeitschrift für Ethnologie, Band 102 (Braunschweig 1977). Die BBC London brachte 1976 einen Film speziell über die Kalasch mit dem Titel «World about us: Lost Kingdom of the Kalash».

6 Eine ähnliche Art der Namensgebung berichtet Dieter B. Kapp «Childbirth and Name-giving among the Alu-Kurumba of South India» in Studia Ethnologica Bernensia, 1/1978 (Bern) p. 175.

7 T.-Y. Dokan, in «Encyclopédie des Mystiques» de M.-M. Davy, Bde. III und IV (Paris 1972).
Chögyam Trungpa, «Born in Tibet», «Meditation and Action» u. a.

Kalou Rinpoche, «La Voie de diamant» (Paris 1973) – «Enseignements bouddhiques tibétains» (Paris 1975).

Thubten Jigme Norbu (zusammen mit Colin Turnbull) «Tibet» (London 1969).

Yang-Jen-Ga-Way-Lo-Drö (Gelugpa, 18. Jh.), «Helle Lampe, die die Lebenszustände Tod, Zwischenzustand und Wiedergeburt erleuchtet», herausgegeben und übersetzt mit dem Titel «Death, Intermediate State and Rebirth in Tibetan Buddhism» von Lati Rinbochay und Jeffrey Hopkins (Rider, London 1979) mit einem Vorwort des 14. (jetzigen) Dalai Lama.

Anagarika Govinda, «Die Grundlagen der tibetanischen Mystik» (1960) – u. a.

8 Chögyam Trungpa (s. o.) beschreibt in dieser Weise seine eigene Auffindung. Ähnliches findet man in fast allen Berichten über Tibet, seien sie volkstümlich wie der von Ovsche Narzunaf (Drei Reisen nach Lhasa, 1898–1901) oder die berühmten Bücher von Sven Hedin, oder wissenschaftlich anspruchsvoll wie die Arbeiten von Giuseppe Tucci und Siegbert Hummel oder einige Bücher von Alexandra David-Neel (besonders «Mystiques et magiciens du Tibet», Paris 1929).

9 Juan Roger, «El Tibet» (Barcelona 1965).

Bardo-Thödol, 1. Buch, 2. Teil, Einleitung des 8.–14. Tages; in der deutschen Ausgabe (Olten 1971) auf S. 210.

10 Tsewang Pemba, «Idols on the Path»; deutsch «Tibet im Jahre des Drachen», Freiburg 1968, III, 4.

11 Dragoslav Srejović, «Lepenski Vir» (Belgrad 1969/London 1972/Berg. Gladbach 1973), besonders S. 145 f. der deutschen Ausgabe.

12 in Tibet: Bardo Thödol, deutsche Ausgabe S. 210 und 211. bei den Eskimos: Roger Buliard, «Inuk. 15 Jahre bei den Eskimos».

13 Rasmussen, Knud «Neue Menschen. Ein Jahr bei den Nachbarn des Nordpols» (Leipzig 1920).

14 Wirth, H. «Die heilige Urschrift der Menschheit».

15 Ein modernes Beispiel bringt Aischa Lemsine, «La Chrysalide» (Chronique algérienne) (Paris 1976).

16 Mindt, Heinz R. in: Almogaren VII (Graz 1976), S. 230f.

17 Jettmar, Karl «Die Religionen des Hindukusch» (Kohlhammer, Stuttgart 1975), S. 243.

18 Biedermann, Hans «Wellenkreise». Mysterien um Tod und Wiedergeburt in den Ritzbildern des Megalithikums» (Hallein 1977). – Uwe Topper, «Felsbilder der Kanarischen Inseln» IPEK 23 (Berlin 1970–73), S. 29 f. und Tafel 11–13

19 Ernst Krause, «Die Troya-Burgen Europas» (Glogau 1893); ferner auch Pauly-Wissowa und neuerdings Erwin Mehl (Wien 1972). Robert Graves, «Greek Myths», Bd. I, 98,3 erwähnt neben Bosinney in Cornwall u. a. auch, daß die Römer den Labyrinth-Tanz zu Ehren des kaiserlichen Ahnen Aeneas aufführten, und daß laut Plinius die Kinder auf dem Lande ein solches Spiel hatten – sicher Überbleibsel einer kultischen Handlung wie manches heutige Kinderspiel («Himmel und Hölle», «Schnecke», «Abzählen» usw.).

20 «Codex Rios» in der Reihe «Codices selecti» (ADEVA, Graz)
21 Arnold, Paul a.a.O.
22 Schon Robert von Heine-Geldern vertrat die These der Übertragung ostasiatischer Kultur nach Mittelamerika (s. seine Aufsätze Chicago 1951 und Wien 1954).
23 Nach Refield, «Chan Kom» (Washington 1934) und Ferdinand Anders, «Das Pantheon der Maya» (Graz 1963).
24 Arnold, Paul «Das Totenbuch der Maya», Knaur Tb 4121
25 Die Anthroposophen (Rudolf Steiner) haben diesen Brauch wieder aufgegriffen und auf seine Wichtigkeit hingewiesen.
26 Z.B. in «Dornröschen» (Brüder Grimm, Kinder- und Hausmärchen, Urfassung I, 50).
27 «Häuptling Büffelkind Langspeer erzählt sein Leben»; deutsch München 1929.
28 Drinneberg, Erwin «Von Ceylon zum Himalaya» (Berlin 1926), S. 122–123.
29 Ivanoff, Pierre «Découvertes chez les Mayas» (Paris 1968).
30 Während die Höhlen mit Handabdrücken in den Pyrenäen seit längerem bekannt und publiziert sind (berühmt ist die Höhle von Gargas), handelt es sich bei der andalusischen um eine Neuentdeckung: Carlos Callejo Serrano, Catalogo de las pinturas de la Cueva dc Maltravieso (Cáceres) in: Congreso Nacional de Arqueologia, Merida 1968.
31 Cusanus, Nicolaus «De ludo globi», I. (hg. v. W. Keiper, Berlin 1948), S. 22/23.
32 «Kinder- und Hausmärchen» der Brüder Grimm, Urfassung II, 23.
33 Der volle Wortlaut des Briefes findet sich u.a. bei Johannes Hemleben, «Jenseits», (Hamburg 1975).
33a Fadlan, Ibn «Reise zu den Bulgaren an der Wolga», aus dem Arab. übersetzt ins Französische von M. Canard, (Paris 1983).
34 Naso, Ovidius «Fastes», 1. Buch.
35 Maeterlinck, Maurice, «La Mort» (Paris 1913).
36 Svipdagsmol 13. Nach der Übers. v. Hugo Gering (1892).
37 In der Urfassung heißt es «Die drei Raben» I, 25.
38 Kühn, Herbert «Die Felsbilder Europas» (Stuttgart 1971), S. 35.
39 Graves, Robert nimmt an, daß auch Etrusker und Griechen den heiligen Pilz aßen; im Vorwort zu seiner Neubearbeitung von «The Greek Myths» (1960); deutsch: «Griechische Mythologie», Rowohlts Enzyklopädie 404
40 La Barre, Weston «The Peyotl Cult» (Yale Univ. Press, 1918), zit. in Jean Louis Brau, «Histoire de la Drogue». Peyote wird seit 1560 erwähnt als rituell verwendetes Gift (B. de Sahagun); die «Native American Church», die es bis heute im Gottesdienst verwendet, wurde 1918 in Oklahoma gegründet, inspiriert von der Ghostdance-Bewegung (siehe hierzu Vittorio Lanternari, «Movimenti religiosi di libertá e di salvezza dei populi oppressi» [Mailand 1960]).
41 Camps, Gabriel «Monuments et rites funéraires protohistoriques (aux origines de la Berbérie») (Paris 1961), p. 81
42 Im Jahrbuch «Almogaren», V–VI (Hallein, Österreich 1975), S. 294–299.
43 Morales, Ambrosio «Viage por orden del Rey Philipe II a los regios de

Leon y Galicia y Principado de Asturias 1572». (Neu hg. v. H. Florez, Madrid 1765).

44 Noch bei Musäus, «Legenden von Rübezahl», 4. Legende.

45 «Das Erbe der Giganten» (Olten 1977/Berg. Gladbach 1978), S. 336 u. 371.

46 Breuil, Henri, «Les peintures rupestres schématiques de la Peninsule Ibérique» (Paris 1933–35), t. 4. – Henri Breuil and M. C. Burkitt, «Rock paintings of Southern Andalusia. A description of a neolithic and copper age Art Group» (Oxford Univ. Press, 1929).

47 Topper, Uwe «Felsbilder an der Südspitze Spaniens» in: Madrider Mitteilungen (Jahrbuch des Deutschen Archäolog. Instituts, Madrid), Band 16, 1975.

48 Beschreibungen des Bauwerks in U. Topper, «Das Erbe der Giganten», S. 162.

49 Abbildung und Übersicht in M. Farinha dos Santos, «Pré-Historia de Portugal» (Lissabon 1972), S. 148f.

50 Alle Zitate aus dem ägyptischen Totenbuch entnehme ich der Ausgabe von Grégoire Kolpaktchy, (Paris 1954), (deutsch im O. W. Barth Verlag, 1970).

51 Im Jahre 1599 unserer Zeitrechnung. Emile Dermenghem, «Le culte des saints dans l'Islam maghrebin» (Paris 1954).

52 Gatien-Arnoult, «Triades des Bardes de l'Ile de Bretagne» in Histoire de la Philosophie en France, Bd. I, 1858. Ferner schrieben darüber Henri Martin, Pictet u. a.

53 Dumesnil, Alfred «L'Immortalité» (Paris 1861), p. 153. Alle Zitate von mir übersetzt.

54 Moser, Fanny «Okkultismus», München 1935, Olten 1974, S. 565, erwähnt den 14 m × 7 m großen Felsbrocken von Perros-Guzroch (Côtes du Nord) in Frankreich. Berühmt ist der Felsen «Pedra Baloiçante» von Prainha do Escorrega-Douro (Rio de Moinhos, Penafiel) in Portugal.

55 Pictet leitet es von AN'DWFN ab, wörtlich «ohne Grund», während Gatien-Arnoult die Ableitung von AN'DWN, «Wasser der Tiefe» vorzieht und damit an den mosaischen Begriff anknüpft.

56 Odyssee X, 490–XI,329; XI, 385–XII, 7.

57 Euripides, Herc. fur., 613.

58 Herder, Johann Gottfried «Von Ähnlichkeit der mittleren englischen und deutschen Dichtkunst» (1777).

58a Ausführlich hierzu, C. U. Gheorgin, «Le peuple des immortels» (Paris 1955)

59 Wechssler, Eduard «Hellas im Evangelium» (Berlin 1936/Hamburg 1947), 8, 7.

60 Lohse, Eduard «Umwelt des Neuen Testaments» (Göttingen 1971), S. 171.

61 Graves, Robert a. a. O.

62 Der Text des Apuleius findet sich ausführlicher z. B. in Paul Brunton, «A Search in Secret Egypt» (London), deutsch «Geheimnisvolles Ägypten» (Zürich 1951).

63 Jamblikos, «De Mysteriis», Buch VI, Abschn. 10.

64 Cuadrado, E. «Los Iberos y la muerte» in «Boletin Informativo de la Asociacion Española de Amigos de la Arqueologia», No. 4 (Madrid, Dic. 1975), p. 16–21.

65 Einen neuen Bronzefund mit iberischer Inschrift teilt mit: Antonio Beltrán, «La inscripción ibérica so bre bronce de Botorrita» in Archivo Español de Arqueologia, VII (1974) – und ders. «El bronce ibérico de Botorrita y su contexto arqueológico» in Caesaraugusta, 51–52 (Zaragoza 1980), p. 103.

66 Monteagudo, Guadalupe Lopez «Los celtas de la Península Ibérica» als Anhang zu Wenzislaus Kruta, «Las Celtas» (Madrid 1977).

67 Zachiel ist verwandt mit Asasel (3. Mose 16,8). In Büchern über Magie wird Zachiel oder Sachiel oft genannt, z. B. in Petrus von Abano, «Elementa Magica», das als Band I der Werke des Agrippa von Nettesheim in der Ausgabe von Lyon erschien. Verwandt ist auch «Zistel im Körbel», eine Variante des Rumpelstilzchen-Namens.

68 Gullinkambi wird in der Edda, Völuspa 35 und in hithitischen Keilschrift-Texten genannt.

68a Zur ersten Wanderung siehe vor allem Robert von Heine-Geldern, in Paideuma 4 (1950), S. 53f. und zur späteren «pontischen» Wanderung derselbe in Saeculum II, 2 (1951), S. 225f.

69 Gauger, Wilhelm «Das Prinzip der Musterkonstanz» in Zeitschrift für Parapsychologie und Grenzgebiete der Psychologie, Nr. 20/2 (Freiburg i. Br., 1978), S. 105.

70 Der spätmittelalterliche höfische «Quest» des irrenden Ritters ist eine direkte Wiederaufnahme desselben Themas, worauf ich aber nicht weiter eingehe, da diese Reisen stets erfolglos endeten. Siehe hierzu Francis Bar, «Les routes de l'autre monde» (PUF, Paris 1946) und besonders Heinrich Zimmer, «The King and the Corpse» (Princeton Univ. Press 1949), endlich auch im Original erschienen unter dem Titel «Abenteuer und Fahrten der Seele» (Diederichs, 1977). Für wissenschaftliche Überheblichkeit halte ich Zimmers Ansicht, die französischen und englischen Erzähler der Epen (und ihre Zuhörer) hätten den Sinn des «Quest» (als Jenseitsreise) nicht voll verstanden, wie er S. 89/90 und Anm. 6 darlegt.

71 Der schwedische Name für Weihnachten, Jul, bedeutet «Verkleidung», erinnert also ebenfalls an faschingsartige Bräuche. Nur diese Ansicht des Festes, die Feier einer neuen Geburt (sowohl des Jahres als auch des Menschen) ist im christlichen Weihnachten erhalten geblieben.

72 Edda, Havamal 141, nach der Übersetzung von Hugo Gering (1892).

73 Die Übersetzung von Karl Wolfskehl erschien in dem Band «Lebendiges Gedicht», hg. v. Bernt v. Heiseler (1954)

74 Elk, Black (1863–1950), nach Aufzeichnungen von John Neihardt, «Black Elk speaks» (Columbia, Miss., USA), deutsch «Schwarzer Hirsch, ich rufe mein Volk» (Olten 1978), S. 162.

75 Übersetzung ins Neuhochdeutsche durch Karl Simrock, 1856.

76 Im Kapitel «Die Weisen aus dem Morgenland».

77 Daniel 12,13.

78 Im Kapitel «Die Flucht nach Ägypten».

79 Eine gute Beschreibung bringt John Bloefield in «Mandala» (frz. Übers.

von D. Malherbes, «Une haute expérience yogique avec mescaline»).
80 Näheres über den Sarkophag in meinem Buch «Das Erbe der Giganten», S. 142.
81 Wunderlich, Hans Georg «Wohin der Stier Europa trug» (Hamburg 1972).
82 Landa, Diego de berichtet dies selbst in seiner «Relacion de las cosas de Yucatán» (1566), kürzlich wieder neu herausgegeben durch A. M. Garibay (Mexico City 1978).
83 Haug, «Die Gâthas des Zarathustra» (Leipzig 1858–60) 2 Bde. Spiegel, «Erân» (Leipzig 1863). – «Die arische Periode» (Leipzig 1887).
Anquetil-Duperon, «La vie legendaire de Zoroastre» (1771)
Darmesteter, James «Ormazd et Ahriman» (Paris 1877) – «Le Zend-Avesta» (Paris 1892), 3 vol. (Neuaufl. kürzl. durch A. Maisonneuve, Paris).
Harlez, «Introduction à l'étude de l'Avesta» (Lüttich 1881).
Widengren, G. «Hochgottglaube im alten Iran» (Uppsala 1938).
Nyberg, H. S. «Die Religionen des alten Iran» (aus dem Schwedischen, 1938).
Humbach, Helmut «Die Gathas des Zarathustra» (Harrassowitz, Wiesbaden).
Duchesne-Guillemin, Jacques «Zoroastre» (Paris 1948).
Corbin, Henri «Tierre céleste et corps de résurrections» – «En Islam iranien» (4 vol., Paris 1971–72).
Menasce, J. de «Denkart» (Paris 1973).
Varenne, Jean «Zoroastre» (Paris, Seghers, 1975).
84 Wechssler, Eduard «Hellas im Evangelium» (Hamburg 1947).
85 Nazoräer nannte man ein Kind, das von Geburt an Gott durch ein Gelübde versprochen war, wie z. B. Samson (Richter 13,5).
86 Josephus, Flavius «Der jüdische Krieg», übers. und eingel. v. H. Endrös (München), Buch III, Kap. 8,5.
87 Schmidt, K. O. «Wiederverkörperung und Karma» (Pfullingen 1962), S. 39 u. 41, zitiert in Max Hoffmeister, «Reinkarnation, Antwort auf das Rätsel des Menschen?» (Achberg 1975), S. 316.
88 Meine Übersetzung des lateinischen Textes.
89 Act. Apost. 8,9–24. Einige Angaben entnahm ich J. Marquès-Rivière, «Amulettes, Talismans et Pentacles dans les traditions orientales et occidentales» (Payot, Paris 1950), IV.
90 Corpus Inscripc. Graecorum, Bd. VI, No. 9595, zitiert in Marques-Rivière, «Amulettes, Talismans et Pentacles...».
91 Ahl-e-Haqq. Literatur dazu: M. W. Ivanow, «The Truth Worshippers of Kurdestan» (Leiden and Bombay 1953).
Mohammed Mokri, «Les songes et leur interprétation selon les Ahl-e-Haqq du Kurdistan Iranien» in Source orientale, Bd. 2, (Ed. du Seuil, Paris 1959).
Ders. «L'Idée de l'incarnation chez les Ahl-i-Haqq» in Akten des 24. Orientalisten Kongresses, München 1957 (Wiesbaden 1959).
92 Die übliche Ableitung Sufi von suf = Wolle (wegen der wollenen Mäntel, die die Sufis tragen) ist sicher eine nachträgliche Erfindung. Für Sufi = Sophia siehe Henri Corbin, «L'Imagination créatrice dans le Soufisme d'Ibn Arabi» (Paris 1958/1975), p. 30, Anm. 5, der als Quelle Al-Buruni angibt.

Eine deutsche Übersetzung des Buruni schrieb Eduard Sachau (Leipzig 1923).

93 Übers. nach dem französ. Text von Garcin de Tassy (1863). Ein weiteres Beispiel findet sich in Kap. XXVI, wo das Gleichnis von Jesus und dem Krug erzählt wird, das ein sehr schönes Sinnbild der Wiedergeburtenkette ist.

94 Eine sehr gute zweisprachige Ausgabe schuf J. Scelles-Millie, «Les quatrains de Medjdoub le sarcastique» (Paris 1966).

95 Bu Madian hieß Schuaib ibn Hussein, geboren 1126 in Sevilla, Schüler von Bu Azza und Ali Ghalib, traf in Bagdad Abd el Qadr Dschilani und Scheich ErRifa'i, den Gründer des Ordens der heulenden Derwische, lebte seine letzten Lebensjahre in El Eubbad bei Tlemsen (Algerien), wo er als Heiliger viele Schüler um sich hatte, die er in gewisse Ekstasetechniken einweihte. Starb dort kurz vor 1200 u. Ztr.

96 Jeanne Ancelet-Hustache, «Maître Eckhart et la mystique rhénane» (Bourges 1956), p. 13.

97 Der wechselseitige Einfluß zwischen gewissen Yogatechniken, z. B. Pranayana, und den Gebetsformen der Sufis und Hesychasten läßt eine große Gemeinsamkeit der Religionen im 8. Jahrh. ahnen. Siehe hierzu: Mircea Eliade, «Techniques du Yoga» (Paris 1974). – Dante verwendete in seiner Göttlichen Komödie viele Sinnbilder der Sufis; siehe dazu: Miguel Asin Palacios in «El Andalus», ferner Luigi Valli und René Guénon (1925).

98 Ancelet-Hustache, «Maître Eckhart...», p. 21.

99 Der deutsche Scheinkönig und spanische König Alfons X, el Sabio, regierte 1252 bis 1284.

100 Castiglioni, Arturo «Incantation et Magie», gibt als Quelle Stoll an.

101 Zitiert nach der neuhochdeutschen Übersetzung v. E. K. Pohl, «Meister Eckehart. Von der Geburt der Seele» hg. v. Gerhard Stenzel (Sigbert Mohn).

102 Diesen Beinamen hatten sich die süddeutschen Mystiker in Anlehnung an den islamischen Titel Abrahams gegeben.

103 Borst, Arno, «Die Katharer» (Monum. German. Hist. XII, Stuttgart 1953), zit. in Wilhelm Mühlmann, «Chiliasmus und Nativismus» (Berlin 1961).

104 Zahlreiche neue Bücher beschäftigen sich mit Geschichte und Zielen der Albigenser: Fernand Niel, «Montségur, le site, son histoire» (Grenoble 1961).
Ders. «Albigois et Cathares» (Paris 1958).
Gérard de Sède, «Le tresor cathare» (Paris 1967)
Oldenbourg, Zoe «Le bûcher de Montségur», u. v. a.

105 Der Gedanke findet sich zuerst im «Ewigen Evangelium» des Zisterzienser-Abtes Joachim von Fiore (1145–1202), der die islamische Lehre in Coraca auf Sizilien kennenlernte; seine Schrift war vor allem in Deutschland weit verbreitet.

106 Augstein, Rudolf, «Jesus Menschensohn» (Reinbek 1974), S. 165, gibt als Quelle Hermann Brunnhofer, «Giordano Brunos Weltanschauung und Verhängnis» (Leipzig 1882) an.

107 Eigene Übersetzung nach dem Text bei A. Dumesnil, «L'Immortalité» (Paris 1861), p. 283.

108 Herder, Joh. Gottfried «Volkslieder», 2. Teil, 3. Buch, Nr. 24

109 Das gleiche Thema hat Kleist in seinem mit klassischer Schärfe geführten

Dialog «Über das Marionettentheater» bearbeitet; der große Unterschied zwischen Kleists und Hoffmanns Antwort ist überraschend.

110 Einer der besten Wegweiser – wenn auch ebenfalls mit Schwächen behaftet – ist Fanny Moser, «Okkultismus. Täuschungen und Tatsachen» (München 1935/Olten 1974).

111 Koestler, Arthur «Die Wurzeln des Zufalls» (Bern 1972).

112 Sir Galahad (Berta Diener) in Prentice Mulford, «Unfug des Lebens und Sterbens» (Frankfurt/M. 1977), S. 186.

113 Erschienen bei Staackmann in Leipzig 1878–1881.

114 Ausführliche Besprechungen: A. Lehmann, «Aberglauben und Zauberei von den ältesten Zeiten an bis in die Gegenwart» (Stuttgart 1908/3. Aufl. 1925)
Moser, F. «Okkultismus», Kap. VII. – Die neuesten Beiträge siehe Anm. 116.

115 Ich wähle die Sitzung vom 7. Mai 1878, weil sie beispielhaft ist; die von mir danach geschilderte Sitzung liegt zeitlich vor dieser.

116 Luttenberger, F. «Friedrich Zöllner, der Spiritismus und der vierdimensionale Raum» in Zeitschr. für Parapsychologie und Grenzgebiete der Psychologie, Freiburg 1977, No. 4, S. 195–214
Renninger, M. «Echte vierte Raumdimension als paranormale Wirksphäre?» (ebenda, S. 215–226).

117 Soviel hatte Renninger herausgefunden, S. 224.

118 Die Erklärung des Paulus (im 1. Brief an die Korinther, 12,8–11), der alle diese Gaben einem einigen Geist zuschreibt, auch die Erkennung oder Unterscheidung der Geister, wurde in den letzten Jahrhunderten nur noch von der Kirche und nur in einigen ausgewählten Fällen zugelassen, wenn derartige Vorkommnisse bei gläubigen Anhängern der Kirche bekannt wurden.

119 Acevedo, M. Otero «Lombroso y el Espiritismo» (Madrid 1895).

120 Sterne, Carus «Die Wahrsagung aus den Bewegungen lebloser Körper» (Weimar 1862).

121 «Dr. Dechambre in Gazette hebdomadaire de Médicine et Chirurgie» (1859), zit. in Paul Gibier, «Le spiritisme (fakirisme occidental). Etude historique, critique et experimental» (Paris 1886).
Bei P. Mariel und P. Ravignant, «Les maîtres spirituels» (Paris 1972/1975) werden andere Namen genannt als Freunde Rivails: Carlotti, Victorien Sardou, René Taillander und der Herausgeber Didier.

122 Edmonds, J. W. «Der amerikanische Spiritismus» (Leipzig 1873).

123 Hare, Robert «Experimental Investigation of Spirit Manifestations» (Philadelphia 1856) (dt. Leipzig 1871).

124 Crookes, W. (1832–1919); seine Biographie schrieb Fournier d'Albe, «The Life of Sir William Crookes» (London 1913).

125 Sir Galahad, siehe Anm. 112, S. 189.

126 Zitiert nach F. Moser, «Okkultismus», S. 881, die als Quelle angibt, de Rochas, «L'Extériorisation de la motricitée» (Paris 1906), S. 364.

127 Fechner, G. Th. «Physikalische und philosophische Atomlehre» (1828).

128 Gibier, Paul «Le spiritisme» (Paris 1886).

129 1. Thessal. 5,21

130 Zum Beispiel Rufinus und Gregor der Große, «Dialogos», 2. Buch.

131 Dasselbe berichten keltische Sagen. Thor Heyerdahl schreibt entsprechendes von den Osterinseln in «Aku-Aku» (1958).

132 Leroy, O. «La levitation» (Paris 1928), der eine aufmerksame Sichtung der in den Acta Sanctorum der katholischen Kirche enthaltenen Beschreibungen von Levitationen vornahm, läßt das Phänomen bei mehr als 200 Personen als Tatsache bestehen. Anna Maria Turi, «La levitacione» (Rom 1977), stellt darum fest, daß es, wenn man die Levitation als tatsächlich und gleichzeitig als sinnvoll betrachten will, nichts Besseres als unsere abendländische religiöse Überlieferung gibt (I, 3). Sie zitiert ferner A. de Rochas, «Recueil de documents relatif à la lévitation du corps humain» (Paris 1897). Allerdings ist ihre Ansicht, daß die Levitation das Ergebnis von «äußerster Willensanstrengung und nervöser Erregung» sei (I, 3), wohl nicht ernst zu nehmen, denn bei den hunderttausend sportlichen Hochsprüngen, die stets unter äußerster Willensanstrengung und oft enormer innerer Erregung stattfinden, ist meines Wissens keine einzige Levitation vorgekommen. Eine äußere geistige Kraft dürfte wohl doch die Hauptrolle spielen, wie alle Heiligen behauptet haben.

133 Jacolliot, L. «Le spiritisme dans le monde» (Paris 1879).

134 Thore, J., Revue Scientifique, Paris 23. 7. 1887, p. 118.

135 Doyle, Arthur Conan «The New Revelation», Kap. 4, meine Übers.

136 Zum Beispiel im Gleichnis vom armen Lazarus, Lukas 16,19–31.

137 Das in Anm. 123 genannte Werk, dt.: Experimentelle Untersuchungen über Geistermanifestationen» (Mutze, Leipzig 1871). – Abbildung daraus in F. Moser, «Okkultismus», S. 807.

138 Die Rhineschen Kartenversuche: Louisa Rhine, «Psychokinese. Die Macht des Geistes über die Materie» (aus dem Amerikanischen, Genf 1977).
Mischo, Johannes «Zum Stand der sheepgoat-Forschung» in Zeitschr. f. Parapsychologie u. Grenzgeb. der Psychologie (Freiburg 1979), Nr. 21, 1.
Keil, H. H. J. «Pavel Stepanek und der Fokussierungs-Effekt», Zeitschr. f. Parapsychologie ... (1977), Nr. 19, 1.
Zur Begründung der Ablehnung siehe Pius Servien, «Hasard et Probabilités» (Paris 1949). In ähnlicher Weise lehnt auch Paul Watzlawick, «Wie wirklich ist die Wirklichkeit?» (Piper, München 1977), S. 51 und S. 71 f. die Rhineschen Versuche ab mit der Begründung, daß es mathematisch gesehen weder Zufälle noch Ordnung einer Zahlenreihe geben kann. Er beruft sich auf G. Spencer Brown, «Probability and Scientific Inference» (London and New York, 1957).

139 Driesch, Hans «Parapsychologie» (Neuauflage München 1975), Nachwort von Hans Bender, S. 168.

140 Geller, Uri «My Story» (Praeger Publ., New York 1975). – Charles Panati (Hg.) «The Geller Papers» (Boston 1976). – Kritische Besprechungen über den Geller-Effekt in der Zeitschrift für Parapsychologie ... (Freiburg 1975 und 1976) durch Hans Bender, R. Hampel, H. Kury und S. Wendlandt.

141 Siehe z. B.: S. Krippner (Hg.) «Advances in Parapsychological Research» (New York und London 1977), Bd. 1.

142 «Le Monde» (Paris), 24.10.1979, p. 18 «Nouvelles frontières et vieux débats à Cordue».
Capra, Fritjof «The Tao of Physics» (Berkeley and London, 1975); deutsch «Das Tao der Physik», München 1984.

142a Bohm, David: Die implizite Ordnung. Grundlagen eines dynamischen Holismus. München 1985.

143 Herder, Joh. Gottfr., z. B. in seinen Gedichten «Das Kind der Sorge» (Werke Bd. 5, S. 130), «Der Tod» (S. 38), «Das Ich» (S. 141) und «Selbst» (S. 146).

144 3. Mose, Kap. 13,14 und 15 u. v. a.

145 Lavier, Jacques «Histoire, doctrine et pratique de l'acupuncture chinoise» (Claude Tchou, Verviers / B. 1966).

146 2. Mose 34,29–35.

147 4. Mose 11,25.

148 Ovid, «Metamorphosen» VIII, 618–720.

149 Untersuchungen von J. Wüst und J. Wimmer «Über neuartige Schwingungen der Wellenlänge 1–70 cm in der Umgebung anorganischer und organischer Substanzen sowie biologischer Objekte.» Roux' Archiv für Entwicklungsmechanik der Organismen 131 (1934) zitiert und besprochen im Nachtrag von F. Moser, «Okkultismus», S. 906. – Siehe auch Herbert König, «Unsichtbare Umwelt. Der Mensch im Spielfeld elektromagnetischer Felder» (Gräfelfing 1977 und München).

150 Siehe hierzu Kap. XIII in F. Moser, «Okkultismus» und die dort angeführte Literatur, besonders Janet, «Les névroses» (Flammarion, Paris 1910); Azam, «Hypnotisme et double conscience» (Alcan, Paris 1893); und Kiesers Archiv für den tierischen Magnetismus (Leipzig, erste Hälfte des 19. Jh.), eine wahre Fundgrube aller Untersuchungen jener Zeit.

151 Luk. 4,4 nach 5. Mose 8,3.

152 Therese Neumann aus Konnersreuth, geb. 1898, war seit 1926 stigmatisiert; sie hatte Visionen vom Leiden Jesu und sprach dann in Alt-Aramäisch; jahrzehntelang lebte sie ohne jede Nahrungsaufnahme. Dies wurde von Ärzten und von der Kirche streng geprüft und kopfschüttelnd als echt bestätigt. – Über die zahlreichen früheren Fälle dieser Art schrieb Jacobi, «Die Stigmatisierten» (Bergmann, München 1923).

153 Zum Beispiel in der deutschen Sage von Wolfdietrich; oder der Fall Ferdinand Joller in F. Moser, «Spuk» (1950/1977).

154 Barrett, Sir W. «Psychical Research» (Williams and Norgate, London 1926).
Bramwell, Milne «Hypnotism, its History, Practice, and Theory» (Rider, London 1913).
Delboeuf, «Le sommeil et les rêves» (Paris 1885). – Ferner auch Bernheim, Janet, Townshend, Gurney u. v. a.

155 Paulus berichtet es von einem Glaubensgenossen: 2. Kor. 12,2–4. Mohammed wurde von Mekka nach Jerusalem und zurückgebracht, Sure 17,1.
Zum Problem der Geistreisen gehört auch die Bilokation (das Auftreten einer Person an zwei Orten zugleich), ferner die Persönlichkeitsspaltung und die Doppelgänger-Erscheinung, alles das seit der Steinzeit bekannt.

Die katholische Kirche hat derartige Vorkommnisse bei mehreren Heiligen bestätigt, so bei Alfonso von Lignori und bei Franziskus Xaver.

156 Moser, F. «Okkultismus», S. 155/156.

157 Mulford, P. «Unfug des Lebens und des Sterbens» (Frankfurt/M., 1977), S. 207.

158 Pratt, J. G. «Psi-Forschung heute. Entwicklungen der Parapsychologie seit 1960.» (Aurum, Freiburg/Br. 1976, aus dem Amerikan. von E. und C. Bauer), das Kap. Psi-Forschung in Rußland, das die Ergebnisse von 1963 bringt.

159 Die beste Sammlung solcher Ereignisse ist Gurney, Myers and Podmore, «Phantasms of the Living» (1886), neu hg. von Sidgwick (1918). – Ferner Ernest Bozzano, «Phénomènes psychiques au moment de la mort» (Paris 1926), und Fr. Zur Bonsen, «Das zweite Gesicht» (Verlag Bachem, Köln 1916).

160 Jettmar, Karl «Die Religionen des Hindukusch» (Kohlhammer, Stuttgart 1975), S. 243.

161 Saintyves, P. (Paris), «Les résurrections d'enfants morts-nés et les Sanctuaires à Répit» in Miscelânea scientífica e literária dedicada ao D. J.-Leite de Vasconcellos (Coimbra 1934), p. 145.

162 Vignon, «The Holy Shroud of Turin versus Science, Archeology, History, Iconography, and Logic» (1937), zitiert in Robert K. Wilcox, «Shroud. The Search for the Truth about the Shroud of Turin.» (USA 1977), worin sich die meisten Angaben finden; siehe auch Jorge Loring, S. I., «La autenticidad de la Sábana santa de Turín» (Madrid 1978).

163 Carl du Prel gibt in seinem Buch «Die monistische Seelenlehre» (Leipzig 1926), S. 313 einen Fall wieder, demzufolge sich das Gesicht und die tödliche Halswunde eines jungen Mannes im Schnupftuch seiner entfernt wohnenden Mutter als blutiges Bild gezeigt haben. Die Flecken waren gut erkennbar und blieben jahrelang erhalten. Hier fand also eine Übertragung des Abbildes im Todesaugenblick über große Entfernung statt.

164 Von der großen Ausgabe von Brehms Tierleben über die nüchtern sachlichen Beschreibungen von Auguste Forel (Genf), Wasmann, Pierre Huber, E. Barthe und W. M. Wheeler (Harvard) zu Géo Favarel (der 25 Jahre lang von Senegal bis Madagaskar den afrikanischen Kontinent nach Insekten durchforschte) und den romantischen Beschreibungen von J. H. Fabre («Souvenirs Entomologiques») bis zu den surrealen Spinnereien von Denis Saurat («La religion des géants et la civilisation des insectes», 1954).

165 «Ants» (London 1955).

166 Picard, F., op. cit., zunächst über die afrikanische Wespenart Belongaster (nach Roubaud), im Laufe aber verallgemeinert auf alle Hautflügler bezogen (nach Wheeler).

167 Huxley, J., Kap. VII

168 Huxley, J., Kap. V

169 Huxley, J., Kap. V

170 Huxley, J., Kap. III (zweimal) und Kap. X

171 Lamarck, Jean Baptiste de (1744–1829), «Histoire naturelle des animaux sans vertèbres» (Paris 1815).

172 Bergerac, S. de Cyrano de, «L'autre monde. Les états et les empires de la

lune et du soleil.» (1657). Diese geniale Spinnerei des Cyrano, angeregt durch die «Wahre Geschichte» des Lukianus (2. Jahrh.), bringt unter dem Deckmantel humorvoller Phantasien eine Fülle wertvoller Anregungen, die als Vorausschau künftiger Forschungsergebnisse (im Sinne eines Jules Verne und Ray Bradbury) aufzufassen sind.

173 Backster, C., «Evidence of a Primary Perception in Plant Life» (International Journal of Parapsychologie, No. 10, 4, 1968).

174 Die deutschen Pantheisten (nach griechischem Vorbild): Arthur Schopenhauer, Friedrich Paulsen und besonders G. Th. Fechner (1801–1887, Leipzig), «Nanna, oder über das Seelenleben der Pflanzen» (1848).

175 Watkins, Alfred, aus Hereford in England (1885–1935). «Early British Trackways» (London 1922) – «The Old Straight Track» (London, Garnstone Press 1970).

176 Evans-Wentz, J. D. «The Fairy Faith in Celtic Countries» (London 1911).

177 Michell, John «Die Geomantie von Atlantis», München 1986.

178 Mountford, C. P. «Winbaraku and the Myth of Jarapiri» (Adelaide 1968). – Siehe auch in meinem Buch «Das Erbe der Giganten», S. 245.

179 Michell zitiert E. J. Eitel, «Feng-shui or the Rudiments of Natural Science in China» (London und Hong-Kong, Trübner und Co., 1873).

180 Michell, John «Die Geomantie von Atlantis», a. a. O.

181 «Liber geomantiae de artibus divinatoriis qui incipit estimaverunt Indi», wovon ein Ms. in Oxford erhalten ist.

182 Fludd, Robert (1574–1637) bereiste Westeuropa und erwarb ein reiches Wissen, das sich in seinem Werk niederschlug: «De naturae simia seu technica macrocosmi historia» (Verona 1617), Kap. XI: «De geomantia seu terrestris Astrologia».
Auch Sieur von Salerno schrieb über die «Astrologische Geomantik des Gerhard von Cremona» (1661).

183 'Ilm ul Ramlah. Siehe hierzu das Buch von Haji Khamballah, «La géomancie traditionelle» (Neudruck eines älteren Werkes, leicht verändert und eingeleitet von Alexandre Rouhier, Ed. Véga, Paris 1976).

184 «Das Erbe der Giganten», Kap. 5 (S. 68).

185 Ein anderes Felsbild befindet sich im Cachão da Rapa (Ribalonga, Carrazeda de Ansiaes, N.-Portugal), bekannt seit 1706.

186 Thom, A. «Megalithic Sites in Britain» (Oxford Univ. Press, 1967).

187 Auch bei den westafrikanischen Völkern gilt 16 als räumliche Grundzahl, während 14 die zeitliche Grundzahl ist, stellte Leo Frobenius in seinen Untersuchungen der atlantischen Kultur fest.

188 Eine andere Orakeltechnik durch Ritzzeichnungen in der Altsteinzeit bespreche ich in «Gedanken zu den Gönnersdorfer Menschendarstellungen» (Almogaren IX/X, Graz 1980), Miscellanea.

189 Platon, Timaios, 71–72b. Auch die Berber sagen, daß die Seele in der Leber wohne.

190 Die Höhle Nr. 10 in Almeria heißt bei Breuil «Cueva del Queso» und ist in schwarz verkleinert abgebildet in seinem vierbändigen Werk «Les peintures rupestres schématiques de la Peninsule ibérique» (Paris 1933–35); die Höhle Nr. 10 in Cádiz heißt bei der Bevölkerung «Nava Hermosa», bei Breuil «Cueva del Canco», abgebildet als Nr. 46 in Breuil/Burkitt, «Rock

paintings of Southern Andalucia. A Description of a Neolithic and Copper Age Art Group» (Oxford 1929); diese Abbildung trägt keine Angabe des Maßstabs und die unzutreffende Bemerkung «leuchtend rot».

191 Nach Max Hoffmeister, «Reinkarnation», S. 101, der als Quelle angibt: «Cerminara» I, p. 47/48.

192 Die Vorträge Steiners «Aus der Akasha-Chronik» wurden 1905 gedruckt und erschienen als Taschenbuch in Dornach 1975.

193 Maeterlinck, Maurice «La Mort» (1913), Kap. VIII. In neuer Zeit hat sich Thorwald Dethlefsen der Technik der Rückführung in frühere Leben angenommen und über seine Erfahrung in den folgenden Büchern berichtet: «Das Leben nach dem Leben. Gespräche mit Wiedergeborenen.» München 1984 und «Das Erlebnis der Wiedergeburt. Heilung durch Reinkarnation.» München 1986.

194 Mühlmann, W. «Chiliasmus und Nativismus» (Berlin 1961), S. 213.

195 Act. Apost. 2,4–12.

196 Neumann, Therese, siehe Anm. 152. Weitere Literatur dazu: Fahsel, «Therese Neumann, die Mystikerin von Konnersreuth». – Fröhlich, Hans «Konnersreuth heute – Schau eines Arztes». – Höcht, Joh. Maria «Träger der Wundmale Christi» (Wiesbaden 1950). Teodorowicz, Josef (Erzbischof von Lemberg), «Konnersreuth im Lichte der Mystik und Psychologie» (Salzburg 1936). – Boniface, Ennemond «Thérèse Neumann, la stigmatisée» (1957). – Besprechung in der Zeitschrift f. Parapsychologie, 1928, S. 426–433.

197 Mrs. Curran, die als Patience Worth mehrere Erzählungen in altem Englisch schrieb; siehe W. Pr. Prince, «The Case of Patience Worth. A critical study.» (Boston, Mass., 1927).

198 Leary, Timothy «Politik der Ekstase» (Amsterdam 1976), der auf S. 75/76 das Bild der Wiedergeburtenkette mit dem der Ahnenreihe vermengt, was nur als Sonderfall anzusehen ist. Siehe auch Aldous Huxley, «The Doors of Perception», dt. «Die Pforten der Wahrnehmung», München.

199 Moser, Fanny, «Okkultismus», S. 513.

200 Moser, Fanny, «Okkultismus», S. 512.

201 Hermes Trismegistos Poimandres, «Die Smaragdtafeln», nach ägyptischen Vorlagen in Griechisch verfaßt, lateinische Übersetzung von Gerhard von Lisa 1471, in der Renaissance viel kommentiert. Richard Reitzenstein, «Poimandres» (Leipzig 1904).

202 Kammerer, Paul «Das Gesetz der Serie» (Stuttgart und Berlin, 1919), zitiert in Arthur Koestler, «Die Wurzeln des Zufalls» (Bern 1972).

203 Stevenson, Robert Louis «Virginibus Puerisque» (1881).

204 Bergerac, S. de Cyrano de, «L'autre monde», nach dem Zitat in Dumesnil, «L'Immortalité» von mir übersetzt.

205 Bozzano, Ernest «Les manifestations métapsychiques et les animaux» (Paris 1926), p. 121 f., besonders p. 129.

206 In «Le Matin de Paris», No. 771, vom 18./19. August 1979, p. 11. Die Untersuchung führte Prof. Yves Lignon durch.

207 Vortrag des Japaners T. Fukurai, «Erfahrungen in Psychographie mit japanischen Medien» auf dem Internationalen Spiritistenkongreß in London 1928.

208 1. Mose 9,1–7.
209 Bölsche, Wilhelm, «Stammbaum der Insekten» (Kosmos, Stuttgart 1916), S. 53.
Huxley, Julian «Ants», Kap. VI.
210 Quartier, Charles in Revue Métapsychique (Paris, Jahrgang 1932), p. 279f.
211 Driesch, Hans und Entelechisten haben diesen Gedanken in moderner Form definiert.
212 Augstein, Rudolf «Jesus Menschensohn», S. 275.

# Stichwortverzeichnis

transformation

Marcus Allen
**Tantra für den Westen**
Der direkte Weg zur persönlichen Freiheit (8392)

Lynn Andrews
**Die Medizinfrau**
Der Einweihungsweg einer weißen Schamanin (8094)

Itzhak Bentov
**Auf der Spur des wilden Pendels**
Abenteuer im Bewußtsein (7973)
**Comic Book**
Wie die Schöpfung funktioniert (8334)

Joachim-Ernst Berendt
**Nada Brahma – die Welt ist Klang** (7949)

Morris Berman
**Wiederverzauberung der Welt**
Am Ende des Newtonschen Zeitalters (7941)

Arthur J. Deikmann
**Therapie und Erleuchtung**
Die Erweiterung des menschlichen Bewußtseins (8089)

Larry Dossey
**Die Medizin von Raum und Zeit**
Ein Gesundheitsmodell. Vorwort von Fritjof Capra (8327)

Norbert A. Eichler
**Das Buch der Wirklichkeit**
Das I Ging für das Wassermann-Zeitalter (7921)

Piero Ferrucci
**Werde, was du bist**
Selbstverwirklichung durch Photosynthese (7980)

Michael Harner
**Der Weg des Schamanen**
Ein praktischer Führer zur inneren Heilkraft (7989)

Paul Hawken
**Der Zauber von Findhorn**
Ein Bericht (7953)

Jean Houston
**Der mögliche Mensch**
Handbuch zur Entwicklung des menschlichen Potentials (8323)

sachbuch rororo transformation

C 2296/2

transformation

George Leonhard
**Der Rhythmus des Kosmos** (7959)

Lawrence LeShan
**Von Newton bis PSI**
Neue Dimensionen im Umgang mit der Wirklichkeit (7966)

Douglas Lockhart
**Wer den Wind reitet**
Ein westlicher Weg zum Selbst (8370)

Jeff Love
**Die Quantengötter**
Ursprung und Natur von Materie und Bewußtsein (8418)

Bruno Martin
**Handbuch der spirituellen Wege**
Überarbeitete Neuausgabe (7909)

Hermann Meyer
**Astrologie und Psychologie**
Eine neue Synthese (7995)

Peter O'Connor
**Innere Welten**
C.G. Jung verstehen – sich selbst verstehen (8438)

**Psychologie in der Wende**
Grundlagen, Methoden und Ziele der Transpersonalen Psychologie. Eine Einführung in die Psychologie des Neuen Bewußtseins.
Herausgegeben von Roger N. Walsh und Frances Vaughn (8362)

Jeremy Rifkin
**Kritik der reinen Unvernunft**
Pamphlet eines Häretikers (8317)

Theodore Roszak
**Mensch und Erde auf dem Weg zur Einheit**
Ein Manifest (7998)
**Das unvollendete Tier**
Eine neue Stufe in der Entwicklung des Menschen (7913)

sachbuch rororo transformation

C 2296/2 a

# rowohlts enzyklopädie

Eugenio Barba
**Jenseits der schwimmenden Inseln**
Reflexionen mit dem Odin-Theater. Theorie und Praxis des Freien Theaters (415)

Kurt Bayertz
**GenEthik**
Probleme der Technisierung menschlicher Fortpflanzung (450)

Raymond Boudon
**Ideologie**
Geschichte und Kritik eines Begriffs (469) April '88

Eberhard Braun/Felix Heine/Uwe Opolka
**Politische Philosophie**
Ein Lesebuch. Texte, Analysen, Kommentare (406)

Manfred Brauneck
**Theater im 20. Jahrhundert**
Programmschriften, Stilperioden, Reformmodelle (433)

Manfred Brauneck/Gérard Schneilin (Hg.)
**Theaterlexikon**
Begriffe und Epochen, Bühnen und Ensembles (417)

André Breton
**Die Manifeste des Surrealismus** (434)

Dieter Düding/Peter Friedemann/Paul Münch (Hg.)
**Öffentliche Festkultur**
Politische Feste in Deutschland von der Aufklärung bis zum Ersten Weltkrieg
(kulturen und ideen 462)

Hans Eggers
**Deutsche Sprachgeschichte**
Band 1: Das Althochdeutsche und das Mittelhochdeutsche (425)
Band 2: Das Frühneuhochdeutsche und das Neuhochdeutsche (426)

Martin Esslin
**Das Theater des Absurden**
Von Beckett bis Pinter (414)

Iring Fetscher/Herfried Münkler (Hg.)
**Politikwissenschaft**
Begriffe - Analysen - Theorien. Ein Grundkurs (418)

ro
ro
ro

C 2166/12

# rowohlts enzyklopädie

Hugo Friedrich
**Die Struktur der modernen Lyrik**
Von der Mitte des 19. bis zur Mitte des 20. Jahrhunderts (420)

Arnold Gehlen
**Anthropologische und sozialpsychologische Untersuchungen** (424)

Axel Görlitz/Rainer Prätorius (Hg.)
**Handbuch Politikwissenschaft**
Grundlagen – Forschungsstand – Perspektiven
(432)

Peter Gorsen
**Sexualästhetik**
Grenzformen der Sinnlichkeit im 20. Jahrhundert (447)

Siegfried Grubitzsch/Günter Rexilius (Hg.)
**Psychologische Grundbegriffe**
Mensch und Gesellschaft in der Psychologie
Ein Handbuch (438)

Claude Hagège
**Der dialogische Mensch**
Sprache – Weltbild – Gesellschaft
(442)

Gerhard Hauck
**Geschichte der soziologischen Theorie**
Eine ideologiekritische Einführung (401)

Walter Hess
**Dokumente zum Verständnis der modernen Malerei** (410)

Peter R. Hofstätter
**Gruppendynamik**
Kritik der Massenpsychologie (430)

Richard Huelsenbeck (Hg.)
**Dada**
Eine literarische Dokumentation (402)

Johan Huizinga
**Homo Ludens**
Vom Ursprung der Kultur im Spiel (435)

Andreas Huyssen/Klaus R. Scherpe (Hg.)
**Postmoderne**
Zeichen eines kulturellen Wandels (427)

ro
ro
ro

C 2166/12 a

# rowohlts enzyklopädie

Peter Cornelius Mayer-Tasch
**Die Bürgerinitiativbewegung**
Der aktive Bürger als rechts- und politikwissenschaftliches Problem (422)

George L. Mosse
**Nationalismus und Sexualität**
Bürgerliche Moral und sexuelle Normen (448)

Maurice Nadeau
**Geschichte des Surrealismus** (437)

José Ortega y Gasset
**Der Aufstand der Massen** (409)

Peter Moritz Pickshaus
**Kunstzerstörer**
Fallstudien: Tatmotive und Psychogramme
(kulturen und ideen 463)

Erwin Piscator
**Zeittheater**
Das «Politische Theater» und weitere Schriften von 1915 bis 1966 (429)

Robert von Ranke-Graves
**Die Weiße Göttin**
Sprache des Mythos (416)
**Griechische Mythologie**
Quellen und Deutung (404)

Robert von Ranke-Graves/Raphael Patai
**Hebräische Mythologie**
Über die Schöpfungsgeschichte und andere Mythen aus dem Alten Testament (411)

Günter Rexilius/Siegfried Grubitzsch (Hg.)
**Psychologie**
Theorien – Methoden – Arbeitsfelder
Ein Grundkurs (419)

Eli Sagan
**Tyrannei und Herrschaft**
Die Wurzeln von Individualismus, Despotismus und modernem Staat
Hawaii – Tahiti – Buganda
(443)

ro
ro
ro

C 2166/12 c

# rowohlts enzyklopädie

Hartmut Scheible
**Wahrheit und Subjekt**
Ästhetik im bürgerlichen Zeitalter (468)

Günther Schiwy
**Der französische Strukturalismus**
Mode – Methode – Ideologie (405)
**Poststrukturalismus und «Neue Philosophen»** (413)

Susanne Schlicher
**TanzTheater**
Traditionen und Freiheiten
Pina Bausch, Gerhard Bohner, Reinhild Hoffmann, Hans Kresnik
Susanne Linke
(kulturen und ideen 441)

Gert Selle
**Gebrauch der Sinne**
Eine kunstpädagogische Praxis
(kulturen und ideen 467) März '88

Leo Trepp
**Die Juden**
Volk, Geschichte, Religion (452)

Benjamin Lee Whorf
**Sprache – Denken – Wirklichkeit**
Beiträge zur Metalinguistik und Sprachphilosophie (403)

Hans Zygowski (Hg.)
**Psychotherapie und Gesellschaft**
Therapeutische Schulen in der Kritik
(440)

ro
ro
ro

C 2166/12 d